Mediensystem und öffentliche Sphäre in der Krise

Herausgegeben von
Hannah Broecker und Dennis Kaltwasser

Mehr über unsere Autor:innen und Bücher:
www.westendacademics.com
Die Deutsche Nationalbibliothek verzeichnet diese Publikation
in der Deutschen Nationalbibliografie; detaillierte bibliografische
Daten sind im Internet über http://dnb.d-nb.de abrufbar.

Dieses Werk ist lizenziert unter der Creative Commons Lizenz:
CC BY-NC-ND 4.0; weitere Informationen finden Sie unter:
https://creativecommons.org/licenses/by-nc-nd/4.0.
Print-ISBN: 978-3-949925-20-7
E-Pub-ISBN 978-3-949925-21-4
https://doi.org/10.53291/9783949925214
© Westend Verlag GmbH, Waldstr. 12 a, 63263 Neu-Isenburg, 2024
Umschlaggestaltung: Westend Verlag, Neu-Isenburg und Dennis Kaltwasser,
erstellt mit dem KI-Tool Stable Diffusion
Satz: Publikations Atelier, Weiterstadt
Printed in Germany

Hannah Broecker ist promovierte Politikwissenschaftlerin mit einem Fokus auf politische Sicherheitsdiskurse. Derzeit arbeitet sie am Institut für Kommunikationswissenschaft und Medienforschung der Universität München zu Themen demokratischer Öffentlichkeit, der Qualität in der Berichterstattung und insbesondere des Aufbaus neuer Zensurregime.

Dennis Kaltwasser ist Sprachwissenschaftler und Habilitand am Institut für Germanistik der Universität Gießen. Seine Arbeitsschwerpunkte liegen in den Bereichen der Sprachtheorie, der Medienlinguistik und des politischen Sprachgebrauchs.

Inhalt

Mediensystem und öffentliche Sphäre in der Krise

Hannah Broecker, Dennis Kaltwasser, Michael Meyen

Eine Skizze zur Einführung

»In unserem Land ist die Kommunikation zwischen Staat und Gesellschaft offensichtlich gestört«: Dieser erste Satz aus dem Gründungsaufruf des Neuen Forums vom 10. September 1989 wird gerade aus dem Museum geholt. Dies gilt in gewisser Weise auch für den zweiten Satz, der die These unterfüttern soll: »Belege dafür sind die weit verbreitete Verdrossenheit bis hin zum Rückzug in die private Nische oder zur massenhaften Auswanderung.«

Natürlich: Der Exodus aus der DDR ab dem Sommer 1989 ist in der jüngeren Geschichte nach wie vor beispiellos. Allein im Juli und August, den beiden Monaten vor der Gründung des Neuen Forums, verließen rund 54 000 Menschen via Ausreisegenehmigung oder Flucht das kleine Land. Im September und Oktober kamen noch einmal 133 000 dazu (Hertle 2019). In der sehr viel größeren Bundesrepublik lag die Zahl der deutschen Auswanderer seit den frühen 1990er Jahren stabil im niedrigen sechsstelligen Bereich. Für 2014 und 2015 meldete das Statistische Bundesamt hier jeweils knapp unter 150 000. Danach macht die Kurve einen Sprung nach oben und ist dort von 2016 (281 411) bis 2023 (291 924) geblieben.

Über zwei Millionen Deutsche, die in den letzten acht Jahren ihre Heimat verlassen haben: Das ist genauso ein Symptom für die Krise der öffentlichen Kommunikation wie die wachsende Gruppe von Menschen, die es ablehnen, den Rundfunkbeitrag zu bezahlen (2022: rund sieben Prozent der Haushalte) oder sich ganz vom traditionellen Journalismus abwenden. 38,5 Prozent der Schweizer, sagt eine Studie der Universität Zürich vom Oktober 2022, verweigern sich den Nachrichtenmedien, fast doppelt so viele wie 2009 (FÖG 2023: 19). Eine letzte Zahl: Nur 40 Prozent der Deutschen über 16 hatten 2023 »das Gefühl«, ihre »politische Meinung frei sagen« zu können – ein Wert, der in dieser Allensbach-Langzeitstudie bis in die frühen Nullerjahre stabil über 70 Prozent lag (Schatz et al. 2023: 73).

»In unserem Land ist die Kommunikation zwischen Staat und Gesellschaft offensichtlich gestört«: Diese Diagnose zielt in das Herz von Regierungssystemen, die in ihrer Selbstbeschreibung versprechen, dass alle mitreden können oder wenigstens gehört werden, wenn es um die »politische Gestaltung der eigenen Lebensverhältnisse« geht (Lessenich 2019: 18). Demokratie braucht Öffentlichkeit. Demokratie braucht einen Ort, der es erlaubt, alle Themen und alle Perspektiven vor dem Horizont aller zu diskutieren. Öffentlichkeit: Das ist ein Ort der Begegnung, der für die Politik ganz ähnlich funktioniert wie der Markt für die Wirtschaft (vgl. Gerhards/Neidhardt 1990). Was immer der Staat sich ausdenkt, muss vor der Bürgerschaft bestehen. Das heißt auch: Wir müssen darüber sprechen können. Rede und Gegenrede. Alles auf den Tisch. Keiner der Zugänge zum Thema Qualität im Journalismus kommt an der Kategorie publizistische Vielfalt vorbei (vgl. Arnold 2016, Geuß 2018). Die Forderung, Öffentlichkeit herzustellen, wurzelt im Pluralismusmodell. In der Gesellschaft gibt es viele und zum Teil gegensätzliche Meinungen und Interessen, die zunächst gleichberechtigt sind (die Interessen von Einzelpersonen und Außenseitern genauso wie die Interessen, die in Parteien oder Verbänden organisiert sind). Feld der Verständigung ist die Öffentlichkeit. »Prinzipiell darf keine soziale Gruppe, ja nicht einmal ein Individuum, aber auch kein Gegenstand, kein Thema, kein Problem von ihr ausgeschlossen sein« (Pöttker 1999: 219f.).

Wir schreiben diese Zeilen im späten Februar 2024. Die Medienbranche diskutiert wieder einmal über den Umgang mit der AfD. Mike Beuster, Vorsitzender der größten Standesorganisation des Berufs, fordert bei entsprechenden Berichten Warnhinweise wie auf Zigarettenschachteln. Auf der Plattform *Goodimpact*, die sich als Speerspitze eines konstruktiven Journalismus versteht, wird angeregt, ganz ähnlich wie in Luxemburg und Wallonien einen »cordon sanitaire médiatique« zu errichten und »Menschen, die rassistischen, demokratiefeindlichen Gruppen nahestehen«, nicht mehr zu Live-Interviews und Talkshows einzuladen (Petzold 2024). Dass eine »offene Gesellschaft« »Feinde« hat, die es zu bekämpfen gilt, ist seit Karl Popper (1945) kein Paradox mehr, sondern ein Glaubenssatz, der vor allem dort heruntergebetet wird, wo man etwas zu verlieren hat. »Die größte Bedrohung für unsere Demokratie ist der Rechtsextremismus«, hat Olaf Scholz in seiner ersten Regierungserklärung am 15. Dezember 2021 gesagt und damit den Takt der Vernichtung genauso vorgegeben wie ihre Sprache. »Unsere Demokratie«, bedroht von »rechts«. Genauer wird es nicht. Genauer darf es nicht werden. »Die Geschichte aller bisherigen Demokratie«, sagt Stephan Lessenich (2019: 20), ist

»im Kern eine Geschichte der Klassenkämpfe«. Wenn Regierungspolitiker in einem Konzernstaat von »unserer Demokratie« sprechen, dann ist das wörtlich zu nehmen. Lessenich (2019: 38): »›Die da oben‹ wehren sich dagegen, dass ›die da unten‹ meinen, sich auf eine Stufe mit ihnen stellen zu können.« »In unserem Land ist die Kommunikation zwischen Staat und Gesellschaft offensichtlich gestört«: Der Klassenkampf von oben zerstört ähnlich wie in der DDR die öffentliche Sphäre und damit den Ort, an dem Verständnis für die Interessen der anderen entstehen könnte und damit so etwas wie innerer Frieden (vgl. Mausfeld 2023). Der Gründungsaufruf des Neuen Forums spricht ganz im Geist von Demokratie- und Öffentlichkeitstheorie von einem »Interessenausgleich zwischen den Gruppen und Schichten« und fordert einen »demokratischen Dialog über die Aufgaben des Rechtsstaates, der Wirtschaft und der Kultur«. Weiter im Text: »Über diese Fragen müssen wir in aller Öffentlichkeit, gemeinsam im ganzen Land, nachdenken und miteinander sprechen.« Eine Einleitung wie diese ist nicht der Ort, das Propaganda- und Zensurregime zu analysieren, das den Journalismus der Leitmedien seit den späten Nullerjahren wie in einem Sandwich zerquetscht und ihren vorläufigen Höhepunkt im Digital Services Act der Europäischen Union erreicht hat (vgl. Hofbauer 2022, Meyen 2024). Wichtig ist hier das Ergebnis, das in der Medieninhaltsforschung als Gleichklang nachhallt – von der »Flüchtlingskrise« (Haller 2017) über Corona (vgl. Maurer et al. 2021, Rieg 2023) bis zum Ukraine-Krieg (vgl. Maurer et al. 2023). In Kurzform: Es dominiert die Regierungssicht, unterfüttert mit Stimmen von handverlesenen Experten, die als »die« Wissenschaft präsentiert werden, als ob es weder Streit noch Zweifel geben würde und damit auch keine legitimen Gegenpositionen (vgl. Lütge/Esfeld 2021).

Zu einem Problem wird dies auch deshalb, weil alle anderen Kanäle der Öffentlichkeit (etwa: Demonstrationen, Versammlungen, Sachbücher, Konzerte, Vorträge) Leitmedienpräsenz voraussetzen, um allgemeine Sichtbarkeit zu erreichen. Nur hier können und müssen wir unterstellen, dass alle anderen das Gleiche gelesen, gesehen, gehört haben. Niklas Luhmann (1996: 43, 120–122) sagt, dass das »System Massenmedien« Information »so breit« streue, »dass man im nächsten Moment unterstellen muss, dass sie allen bekannt ist (oder dass es mit Ansehensverlust verbunden wäre und daher nicht zugegeben wird, wenn sie nicht bekannt war)«. Auf diese Weise entstehe eine »zweite, nicht konsenspflichtige Realität« – ein »Hintergrundwissen«, von dem man bei jeder Kommunikation ausgehen könne. Zu diesem Hintergrundwissen gehört die Moral, die man öffentlich zeigen muss, um nicht isoliert zu werden (vgl. Noelle-Neumann 1980). Wenn die Leitmedien Demonstrationen, die einen Kurswechsel fordern, ausblenden, kleinreden oder verdammen und dieses Prinzip auch auf die Plattformen des Gegendiskurses anwenden, die im Internet entstanden sind, dann bereiten sie nicht nur Polizeieinsätzen und Zensurgesetzen den Boden, sondern blockieren auch den Austausch zwischen den Öffentlichkeitsebenen, wie er zum Beispiel im Arenamodell beschrieben wird (vgl. Gerhards/Neidhardt 1990), und verhindern, dass die Bevölkerungsgruppen, die sich nicht repräsentiert fühlen, ihre Sicht der Dinge in den politischen Prozess einspeisen können (vgl. Patzelt 2015).

Der neue Strukturwandel der Öffentlichkeit, der an dieser Stelle nur skizziert werden kann, erfasst auch die Universitäten, die im Wahrheitsregime der Gegenwart dazu auserkoren sind, politische Entscheidungen zu legitimieren, und deshalb mit Geld, Leitmedienaufmerksamkeit und offizieller Wertschätzung geködert und »manipuliert« werden (vgl. Kreiß 2020, Lütge/ Esfeld 2021, Meyen 2023). Um dies nur mit einem Beispiel zu illustrieren: Am Institut für Kommunikationswissenschaft und Medienforschung der LMU München, Austragungsort der Tagung, die in diesem Buch dokumentiert wird, ist in den letzten Jahren ein Wildwuchs an Projekten entstanden, die sich um Hatespeech, Fake News und überhaupt alles kümmern, was aus den Tiefen des Internets die Demokratie bedrohen soll (vgl. Mirbach 2021). Gefördert wird dies von Unternehmensstiftungen (etwa: Volkswagen), EU, Ministerien in Bund und Ländern, Bundesbehörden (etwa: Bundeskriminalamt, Robert Koch Institut), Parteien, Parteistiftungen sowie politischen Apparaten wie den Landesmedienanstalten. Die Gunst solcher Sponsoren und eine regierungs- und gesellschaftskritische Wissenschaft schließen sich aus. Vor diesem Hintergrund verwundert es nicht, dass der Institutsdirektor bei der Abrechnung der Reisekosten intervenierte, die Teilnahme von Sprechern kritisierte, die im Herbst 2021 bei der Aktion #allesaufdentisch dabei waren oder für Plattformen wie *Rubikon* (seit April *Manova*) schreiben, und den Verdacht äußerte, dass es sich eher um eine Sektengründung gehandelt habe als um eine akademische Tagung.

Jede Krise birgt auch Chancen. In diesem Buch kann jeder lesen, was vom 22. bis zum 24. Juni 2023 in den heiligen Institutshallen besprochen wurde, in denen bis in die frühen 1990er Jahre das US-Sprachrohr Radio Free Europe residierte. Während sich die Kommunikationswissenschaft, qua Arbeitsteilung eigentlich »zuständig« für Öffentlichkeit, Medien und Journalismus, in Richtung affirmative Forschung bewegt, haben wir Kollegen aus sehr unterschiedlichen Disziplinen sowie aus der Praxis zusammengebracht und durch dieses Aufeinandertreffen hoffentlich einen Erkenntnisgewinn produziert, der die Möglichkeiten inter- und transdisziplinären Arbeitens verdeutlicht und zugleich skizziert, in welche Richtung das Bildungssystem zu reformieren wäre. Jenseits von Status- und Hierarchiedenken, das die Lehre und den Tagungsbetrieb prägt, wurde jeder Vortrag intensiv diskutiert – getragen von Neugier und Offenheit. Dass wir dies hier genauso betonen wie die ausnahmslos positiven Reaktionen auf die Anfrage mitzumachen, sagt viel über den universitären Alltag. Nicht im Band enthalten sind die Beiträge von *Juri Kilian*, Sozialpädagoge an der Universität Kassel, der einen ethnografischen und reich bebilderten Blick auf die Grundrechtsdemonstrationen der Coronajahre und ihre Stigmatisierung in den Leitmedien geworfen hat, sowie von *Hauke Ritz*, Geschichtsphilosoph aus Berlin, der in München »Überlegungen zur Wechselwirkung zwischen Geostrategie, Kulturpolitik und Informationskriegsführung« präsentierte, die demnächst in Buchform erscheinen (vgl. Ritz 2024). Wie die Tagung beginnt auch das Buch mit einem Beitrag von *Michael Esfeld*, seit 2002 Professor für Wissenschaftsphilosophie an der Universität Lausanne und seit 2009 Mitglied der Leopoldina. Der Titel »Wissenschaft, Medien und Öffentlichkeit« verspricht nicht zu viel. Esfeld sagt, dass »die Machtkonzentration in der Hand der Staatsgewalt« zu Missbrauch einlädt und die Zerstörung des »öffentlichen Raums« durch weite Teile von Wissenschaft und Leitmedien erklärt. Sein Vorschlag: Auflösung der Machtkonzentration.

Hannah Broecker, promovierte Politikwissenschaftlerin und derzeit Postdoc am Münchner Institut für Kommunikationswissenschaft und Medienforschung, legt die diskursive Basis der Phänomene frei, die Esfeld beschreibt. Ihr Beitrag zeigt, wie die Norm »freie Meinungsäußerung« in den Kontext Sicherheit gerückt und so ausgehöhlt wurde. Anders formuliert: Die Versicherheitlichung von Normen demokratischer Öffentlichkeit bereitet den Boden für den Aufbau eines Zensurregimes und verändert die Bedeutung von Konzepten wie Demokratie und der Rolle des Bürgers.

Michael Meyen, seit 2002 Professor am gleichen Institut, analysiert in seinem Beitrag »Transparenz« einen Aspekt dieses Diskurses – einen Begriff, der ein Versprechen transportiert, aber zugleich in das »Panoptikum des Überwachungskapitalismus« führt.

Lukas Friedrich, seit 2022 Doktorand bei Michael Meyen, bewegt sich auf diesem Pfad einen Schritt weiter, wenn er vorschlägt, das Konzept »Repräsentationslücke« (Patzelt 2015) zu erweitern, künftig von einer »Repräsentationsinsel« zu sprechen und so den Widerspruch zwischen der Realität der Leitmedien und dem Spektrum an Perspektiven zu thematisieren, die in der Bevölkerung zu beobachten sind.

Helge Buttkereit, Historiker, Journalist und Publizist, bleibt in seiner Studie zu Alternativmedien und Gegenöffentlichkeit nicht bei der Gegenwart stehen, sondern entwickelt auf der Basis von Erfahrungen und Literatur ein »Modell für eine selbstorganisierte Öffentlichkeit«, das genau wie der Beitrag von Michael Esfeld Analyse, Kritik und Zukunft verbindet.

Ganz im Hier und Jetzt bleibt *Sandra Kostner*, Geschäftsführerin im Masterstudiengang »Migration, Diversität und Teilhabe« an der Pädagogischen Hochschule Schwäbisch Gmünd und Vorsitzende des Netzwerks Wissenschaftsfreiheit. Ähnlich wie bei Hannah Broecker geht es auch Kostner um eine Diskursverschiebung. Die Forderung, »Freiheit neu zu denken«, fördert, das zeigt Sandra Kostner eindrucksvoll anhand der Felder Identitätspolitik, Corona und Klimawandel, eine »illiberale Zeitenwende«.

Hans-Martin Schönherr-Mann, politischer Philosoph an der LMU, konzentriert sich auf eins dieser Reizthemen und sucht im »Katastrophen-Diskurs« Corona nach »religiösen Elementen«. Schlagworte aus seinem Beitrag: Machiavelli, Erziehung durch Erschrecken und Furchterzeugen, McCarthy-Panik, platonische Expertenherrschaft.

Matthias Fechner, promovierter Literaturwissenschaftler, Lehrer und Research Associate der DFG-Forschungsgruppe »Lyrik in Transition« an der Universität Trier, nähert sich diesem Thema von einer anderen Seite. Fechner beobachtet, dass politisch bislang unauffällige Menschen in den Coronajahren plötzlich Positionen vertreten haben, die man vorher eher dem Rechts- oder Linkextremismus zugeschrieben hätte – von der Missachtung von Grundrechten über ein Lob auf das Kollektiv bis zur Ausgrenzung von Minderheiten. Als Antwort definiert er einen »Extremismus der Mitte«.

Der Journalist *Patrik Baab* hat dieses Phänomen am eigenen Leib zu spüren bekommen – in einer Medienkampagne, die eine Recherchereise in ukrainische Kriegsgebiete infrage stellte und nicht nur auf seine Reputation als Investigativreporter, gesammelt in unzähligen Berufsjahren, zielte, sondern auch auf seine Position als Lehrbeauftragter im akademischen Kontext. Baabs Erfahrungsbericht bringt einen Journalismus zum Vorschein, der fest in der Hand von Propaganda, Narzissmus und Aufmerksamkeitsökonomie ist.

Um Propaganda und Krieg geht es auch bei *Piers Robinson* und *Jonas Tögel*. Robinson, britischer Medienforscher und einer der Gründer der Arbeitsgruppe SPM (Syria, Propaganda and Media), belegt im Detail und über persönliche Verquickungen, wie Geheimdienste, Militärs und andere staatliche Stellen das öffentliche Bild des Syrienkrieges geprägt haben. Tögel wiederum, wissenschaftlicher Mitarbeiter und Habilitand am Institut für Psychologie der Universität Regensburg, zeichnet auf der Suche nach den Wirkungen solcher Bilder eine lange Linie von der Creel-Commission im Ersten Weltkrieg bis zur kognitiven Kriegsführung der Nato.

Es ist kein Zufall, dass der Beitrag von *Dennis Kaltwasser*, Habilitand an der Professur für Germanistische Sprachwissenschaft an der Universität Gießen, dieses Buch abrundet. Vernunft und Hybris: Der Kampf zwischen der Freiheit des Individuums und dem Streben nach Allmacht im Namen einer überlegenen Rationalität oder unabdingbarer Notwendigkeiten tobt seit der Antike. Dennis Kaltwasser zerlegt den breiten Strom expertokratischer Ideologie, verweist damit auf eine totalitäre historische Konstante im gesellschaftstheoretischen Denken und liefert so gleichsam eine Quintessenz von Tagung und Buch. Die Krise von Mediensystem und öffentlicher Sphäre ist auch und vor allem eine Krise der Begriffe, mit denen wir gesellschaftliche Wirklichkeit beschreiben. Hier liegt die vornehmste Aufgabe kritischer Wissenschaft. Ohne Klarheit bei den Begriffen lässt sich nicht sagen, was ist.

Literatur

Arnold, Klaus (2016): Qualität des Journalismus. In: Martin Löffelholz, Liane Rothenberger (Hrsg.): Handbuch Journalismustheorien. Wiesbaden: Springer VS, S. 551–563.

Forschungszentrum Öffentlichkeit und Gesellschaft (2023): Jahrbuch Qualität der Medien 22. Zürich: Schwabe.

Gerhards, Jürgen; Neidhardt, Friedhelm (1990): Strukturen und Funktionen moderner Öffentlichkeit. Fragestellungen und Ansätze. Berlin: Wissenschaftszentrum Berlin.

Geuß, Annika (2018): Qualität im Journalismus. Eine Synopse zum aktuellen Forschungsstand. Bamberg: University of Bamberg Press.

Haller, Michael (2017): Die »Flüchtlingskrise« in den Medien. Frankfurt am Main: Otto-Brenner-Stiftung.

Hertle, Hans-Hermann (2019): Sofort, unverzüglich. Die Chronik des Mauerfalls. Berlin: Ch. Links.

Hofbauer, Hannes (2022): Zensur. Publikationsverbote im Spiegel der Geschichte. Vom kirchlichen Index zur YouTube-Löschung. Wien: Promedia.

Kreiß, Christian (2020): Gekaufte Wissenschaft. Wie uns manipulierte Hochschulforschung schadet und was wir dagegen tun können. Hamburg: tredition.

Lessenich, Stephan (2019): Grenzen der Demokratie. Teilhabe als Verteilungsproblem. Stuttgart: Philipp Reclam.

Lütge, Christoph; Esfeld, Michael (2021): Und die Freiheit? Wie die Corona-Politik und der Missbrauch der Wissenschaft unsere offene Gesellschaft bedrohen. München: riva.

Maurer, Marcus; Haßler, Jörg; Jost, Pablo (2023): Die Qualität der Medienberichterstattung über den Ukraine-Krieg. Frankfurt am Main: Otto-Brenner-Stiftung.

Maurer, Marcus; Reinemann, Carsten; Kruschinski, Simon (2021): Einseitig, unkritisch, regierungsnah? Berlin: Rudolf-Augstein-Stiftung.

Mausfeld, Rainer (2023): Hybris und Nemesis. Wie uns die Entzivilisierung von Macht an den Abgrund führt – Einsichten aus 5000 Jahren. Frankfurt am Main: Westend.

Meyen, Michael (2023): Wie ich meine Uni verlor. Dreißig Jahre Bildungskrieg. Bilanz eines Ostdeutschen. Berlin: edition ost.

Meyen, Michael (2024): Cancel Culture. Wie Propaganda und Zensur Demokratie und Gesellschaft zerstören. Berlin: Hintergrund.

Mirbach, Alexis von (2021): Jenseits von Gut und Böse. In: Alexis von Mirbach, Michael Meyen: Das Elend der Medien. Köln: Herbert von Halem, S. 12–51.

Noelle-Neumann, Elisabeth (1980): Die Schweigespirale. Öffentliche Meinung – unsere soziale Haut. München: Piper.

Patzelt, Werner (2015): Repräsentationslücken im politischen System Deutschlands? Der Fall PEGIDA. In: Zeitschrift für Staats- und Europawissenschaften 13. Jg., Nr. 1, S. 99–126.

Petzold, Miriam (2024): Kein Recht auf Sendezeit. In: goodimpact.eu (28. Februar 2024).

Popper, Karl (1945): Die offene Gesellschaft und ihre Feinde. London: Routledge.

Pöttker, Horst (1999): Öffentlichkeit als gesellschaftlicher Auftrag. Zum Verhältnis von Berufsethos und universaler Moral im Journalismus. In: Rüdiger Funiok, Udo Schmälzle, Christoph Werth (Hrsg.): Medienethik – die Frage der Verantwortung. Bonn: Bundeszentrale für politische Bildung, S. 215–232.

Rieg, Timo (2023): Qualitätsdefizite im Corona-Journalismus. Eine kommentierte Fallsammlung. In: Research Gate (28. Februar 2024).

Ritz, Hauke (2024): Vom Niedergang des Westens zur Neuerfindung Europas. Wien: Promedia.

Schatz, Roland; Petersen, Thomas; Schmidt, Ralph Erich (2023): Bricht die Mauer des Schweigens? Freiheitsindex 2023 – das Forschungsprojekt des Instituts für Demoskopie Allensbach und Media Tenor International. Zürich: InnoVatio.

Broecker, Hannah, Dennis Kaltwasser und Michael Meyen (2024): Mediensystem und öffentliche
Sphäre in der Krise. Eine Skizze zur Einführung. In: Mediensystem und öffentliche Sphäre in der
Krise, herausgegeben von Hannah Broecker und Dennis Kaltwasser, S. 9–16. Neu-Isenburg: West-
end.

https://doi.org/10.53291/9783949925214_1

Wissenschaft, Medien und Öffentlichkeit

Michael Esfeld

Die offene Gesellschaft und ihr öffentlicher Raum

Eine offene Gesellschaft im Sinne von Karl Popper (1945) ist dadurch ge-kennzeichnet, dass verschiedene Lebensformen, Kulturen, Religionen usw. auf einem Gebiet friedlich miteinander zusammenleben können und sich durch wechselseitigen Austausch sowohl wirtschaftlich (Arbeitsteilung) als auch kulturell bereichern. Eine solche Gesellschaft ist auf einen öffentlichen Raum angewiesen, sodass jeder seine Fähigkeiten und Talente einbringen kann. Dieser öffentliche Raum ist durch keine allgemein geteilte Vorstellung von einem öffentlichen Gut strukturiert. Denn die offene Gesellschaft er-möglicht den genannten Pluralismus gerade dadurch, dass sie nicht durch eine inhaltliche Konzeption eines allgemein geteilten, öffentlichen Gutes zusammengehalten wird – sei dieses Gut religiös, wissenschaftlich oder öko-nomisch begründet. Die Abwesenheit eines solchen Gutes ist das Kriterium, das die offene von der geschlossenen Gesellschaft abgrenzt. Letztere ist da-durch geschlossen, dass sie auf eine allgemein geteilte Vorstellung von einem inhaltlichen, öffentlichen Gut ausgerichtet ist.

Wie Popper (1945, 1957) und andere gezeigt haben, beruht die Kon-zeption eines solchen allgemeinen Gutes immer auf ungerechtfertigten Wis-sensansprüchen: Durch die Naturwissenschaften erlangen wir Kenntnis von Tatsachen. Aber aus Tatsachen folgen keine Normen. Es gibt allerdings auch normative Erkenntnisse. Aber die beziehen sich auf moralische Grundwerte wie Nichtangriff auf Leib, Leben und Eigentum anderer Menschen. Einen Erkenntnisanspruch auf ein inhaltliches allgemeines Gut zu erheben heißt immer, die eigenen Werte absolut zu setzen und damit den Pluralismus der offenen Gesellschaft abzulehnen. Diejenigen, welche solche Wissensansprü-che erheben und sie unter Einsatz von Androhung und gegebenenfalls An-wendung von Zwang durchsetzen wollen, sind daher gemäß Popper (1945) die Feinde der offenen Gesellschaft. Aufklärung im Sinne von Immanuel Kant (1784) – nämlich der Mut, seinen eigenen Verstand zu gebrauchen – führt zur offenen Gesellschaft.

Mit dem Ziel, die weltanschauliche Neutralität des öffentlichen Raumes zu gewährleisten, organisieren in nahezu allen heute bestehenden offenen Gesellschaften die staatlichen Organe den öffentlichen Raum. Diese Organisation betrifft zumindest in Europa nicht nur die Durchsetzung einer Rechtsordnung mit der Gewährleistung von Sicherheit vor Übergriffen gegen Leib, Leben und Eigentum. In unseren Gesellschaften organisiert und finanziert der Staat auch öffentlich-rechtliche Medien, organisiert und finanziert das Bildungswesen, die Wissenschaft und weite Teile der Kultur schaffenden Tätigkeiten wie Kunst, Musik, Theater, Film usw. und reguliert die Wirtschaft. Dadurch erhalten die staatlichen Organe jedoch einen erheblichen Einfluss auf die Medienlandschaft und nahezu eine Monopolstellung in den Bereichen von Bildung, Wissenschaft und Kulturschaffen sowie eine Monopolstellung in Bezug auf das Geldwesen und dessen Gestaltung.

Die Rechtfertigung für diese herausragende Stellung der Staatsorgane ist diese: Wenn die einflussreichsten Medien, die Finanzierung der Kultur schaffenden Tätigkeiten, das Bildungswesen und die Wissenschaft weitgehend in der Hand der Staatsgewalt sind, dann wird dadurch verhindert, dass partikuläre Interessen diese Bereiche dominieren können und damit dem freien Austausch in der offenen Gesellschaft Schaden zugefügt wird. Solche partikulären Interessen sind nicht nur direkte wirtschaftliche Interessen einiger Unternehmer. Es geht auch um die Dominanz bestimmter Weltanschauungen, Moralvorstellungen usw. – kurz, bestimmter inhaltlicher Vorstellungen allgemeiner Güter, die alle akzeptieren sollen.

Diese Organisation des öffentlichen Raumes durch die Staatsorgane bringt eine erhebliche Konzentration von Macht in deren Händen mit sich. Machtkonzentration lädt aber zu Missbrauch ein. Die Krise von Medien und Öffentlichkeit, die der Titel dieses Buches anspricht, ist eine Krise, die durch die Machtkonzentration in der Hand der Staatsgewalt verursacht ist. Entsprechend besteht der Ausweg aus dieser Krise in der Auflösung dieser Machtkonzentration. Diese These versuche ich in diesem Beitrag zu begründen. Die nächsten beiden Abschnitte enthalten eine Diagnose des Machtmissbrauchs und eine Suche nach den Gründen. In Abschnitt 4 lege ich dann meinen Vorschlag für einen Ausweg dar und gehe in Abschnitt 5 abschließend auf den Zusammenhang von Rechtsordnung und offener Gesellschaft ein. Ich stütze mich in diesem Aufsatz auf die Ausführungen in meinem Buch (Esfeld 2023) und erweitere diese in mehreren Aspekten.

Die real existierende Postmoderne

Das Problem, das mit der Machtkonzentration in den Händen der Staatsgewalt verbunden ist, lässt sich am besten im Bereich der Wirtschaft illustrieren und von dort auf Medien, Bildung, Wissenschaft und Kultur übertragen. Am 15. August 1971 setzte US-Präsident Richard Nixon die Bindung des US-Dollars an Gold – die Definition eines US-Dollars als 1/35 einer Feinunze Gold – aus. Durch die damals bestehende Bindung aller anderen Devisen an den US-Dollar wurde damit auch deren Bindung an Gold aufgehoben. Es war somit niemandem mehr möglich, bei einer Zentralbank Einheiten der von der betreffenden Bank herausgegebenen staatlichen Währung gegen einen Sachwert (wie Gold) einzutauschen, der der betreffenden staatlichen Währung zugrunde liegt. Der erste Präsident der europäischen Zentralbank, Willem Duisenberg (2002), lobte explizit den Euro als die erste Währung der Welt, die seit ihrer Einführung durch nichts gedeckt ist.

In den 1960er Jahren geriet die Bindung des US-Dollars an Gold aus den Fugen, weil die US-Regierung in der Innenpolitik immer mehr Wohlfahrtsansprüche befriedigen wollte, ohne Wohlstand zu schaffen (Johnsons »great society«), und in der Außenpolitik Machtansprüche mit militärischen Mitteln durchzusetzen versuchte (Vietnamkrieg). Die Geldmenge wurde ausgeweitet. Infolgedessen drohten die Goldbestände der US-Zentralbank wegzuschmelzen: Es wurden immer mehr Dollar in Umlauf gesetzt, ohne dass der zugrunde liegende Sachwert sich vergrößerte. Die Folge war, dass dieser Sachwert dahinschwand, weil ausländische Zentralbanken vermehrt bei der US-Zentralbank überschüssige Dollar in Gold zu tauschen suchten. Vor die Wahl gestellt, die Machtansprüche der US-Regierung an die Realität anzupassen, an die die Währung gebunden war, oder die Illusion einer Realität zu schaffen, um diese Machtansprüche zu befördern, entschied sich Präsident Nixon für Letzteres.

Seit 1971 ist es den USA und alle anderen Staaten möglich, beliebig Geld zu drucken und damit die Illusion einer Realität zu schaffen: Das Geld hat Kaufkraft für reale Güter und Dienstleistungen. Es selbst ist aber an nichts Reales gebunden, sondern wird per *fiat* geschaffen. Es ist lediglich die Machtkonzentration in den Händen der Staatsgewalt, die die Menschen zwingt, das, was diese Macht per Deklaration in die Welt setzt, als Tauschmittel gegen reale Güter und Dienstleistungen zu akzeptieren. Die sogenannte *Modern monetary theory* (siehe zum Beispiel Wray 2012 und Kelton 2020) ist der theoretische Überbau dieses realpolitischen Unterbaus: Gemäß dieser Theorie ist die Staatsgewalt der Ursprung des Geldes und dazu legitimiert, durch Schaffen von Geld, das an nichts gebunden ist, die Tätigkeiten der Menschen zu lenken.

Mit dem *fiat*-Geld kann der Staat alles finanzieren. Auch das Coronaregime wäre ohne *fiat*-Geld nicht möglich gewesen: Panik vor einem angeblich für die allgemeine Bevölkerung gefährlichen Virus zu schüren, zu suggerieren, Politik sei in der Lage, die Menschen vor diesem Virus zu schützen, und auf dieser Grundlage Menschen dazu zu zwingen, ihre wirtschaftlichen Tätigkeiten einzustellen, setzt voraus, die Menschen mit beliebiger Menge von aus Nichts geschaffenem Geld versorgen zu können, damit die wirtschaftlichen Folgen der Lockdowns nicht sichtbar werden. Gleiches gilt für das Klimaregime: Panik vor einem angeblich gefährlichen Klimawandel zu schüren, zu suggerieren, Politik sei in der Lage, das Weltklima zu steuern, und auf dieser Grundlage Menschen dazu zu zwingen, in großem Umfang ineffiziente und wetterabhängige Energiequellen zu verwenden, setzt voraus, die Preisbildung am Markt durch freiwillige Interaktionen auszuschalten und politisch gewollte Energieträger mit beliebiger Menge von aus Nichts geschaffenem Geld subventionieren zu können.

Fiat-Geld hat weit mehr als nur eine ökonomische Bedeutung. Der 15. August 1971 ist der Beginn dessen, was man als die erste Phase der *real existierenden Postmoderne* bezeichnen kann. Es wird durch reine Macht eine ökonomische Realität geschaffen. Dies ist eine *postfaktische* Realität: Es gibt keine Tatsachen, die diese Realität bestimmen und damit begrenzen. Solange eine Währung hingegen an Gold, Silber oder einen Warenkorb gebunden ist, wird ihre Kaufkraft durch die Sachwerte gestützt, die ihr zugrunde liegen. Deren Verfügbarkeit ist begrenzt. Sie können nicht durch politische Entscheidungen vermehrt werden.

Die Postmoderne – ihre intellektuelle ebenso wie ihre real existierende Seite – ist dadurch gekennzeichnet, den Einsatz von Vernunft als Mittel zur Begrenzung von Macht abzulehnen: Der Einsatz von Vernunft ist selbst nur ein weiteres, wenn auch ausgeklügeltes Mittel, um Macht auszuüben, das von einer bestimmten Gruppe gebraucht wird (vorwiegend weiße Männer). Mit dem *Fiat*-Geld entfällt Vernunft als Mittel, um die Macht der Staatsorgane im Ausgeben von Geld zu beschränken. Guido Hülsmann (2007, 2013) und Thorsten Polleit (2020) beschreiben daher zu Recht das *Fiat*-Geld als das wesentliche Mittel zur Ausdehnung der staatlichen Kontrolle. Dass der Staat durch die oben beschriebenen, weitreichenden Befugnisse Garant der offenen Gesellschaft ist, hängt daran, dass seine Organe den Gebrauch von Vernunft als Mittel zur Begrenzung der Ausübung von Macht durchsetzen. So soll die staatliche Finanzierung von Medien, Bildung, Wissenschaft und Kultur Pluralismus gewährleisten und im wirtschaftlichen Bereich den Wettbewerb um die Entwicklung der besten Produkte ermöglichen. Wenn aber der Staat per *fiat* Realität schafft – Geld zum Beispiel ist das, was der Staat als Geld *setzt* –, dann stellt er nicht mehr die Rahmenbedingungen bereit, um durch den Gebrauch von Vernunft herauszufinden, was der Realität entspricht, sondern pervertiert die offene Gesellschaft.

Diese Perversion trat mit dem Coronaregime offen zutage; sie ist dabei, sich mit dem Klimaregime fortzusetzen. Mit dem Coronaregime trat die real existierende Postmoderne in die zweite, totalitäre Phase ein, in der die Staatsorgane die offene Gesellschaft in eine geschlossene Gesellschaft zu überführen versuchen – und dies unter dem Deckmantel, die offene Gesellschaft zu schützen. Die Staatsorgane setzen per *fiat* durch reinen Machtgebrauch fest, dass etwas ein für die allgemeine Bevölkerung gefährliches Virus ist und dass eine bestimmte medizinische Behandlung eine wirksame und sichere Impfung gegen dieses Virus darstellt. Sie setzen per *fiat* durch reinen Machtgebrauch fest, dass es einen menschengemachten, das Fortbestehen der Menschheit gefährdenden Klimawandel gibt und dass der Umstieg auf bestimmte Energiequellen ein probates Mittel ist, um diesen Klimawandel zu stoppen.

Auf der Grundlage dieser per *fiat* deklarierten Gefahren und Mittel zu ihrer Bekämpfung greifen die Staatsorgane zu verschiedenen Formen von Ausnahmezustand und Notrecht, die es ihnen ermöglichen, sich über die eigentlich in den Verfassungen garantierten Menschenrechte hinwegzusetzen und ein Regime unbegrenzter sozialer Kontrolle zu installieren: Mit dem Coronaregime wurden die sozialen Kontakte bis in den engsten Familienkreis hinein geregelt und Menschen am Ende ihres Lebens gegebenenfalls gezwungen, in Isolation und ohne direkten Kontakt zu ihren Angehörigen zu sterben. Durch die Impfanordnungen unterstand auch der eigene Körper der Verfügungsgewalt des Staates (siehe zum Leib in diesem Zusammenhang Brenner 2022, insbesondere Kapitel 9 und 10). Mit dem Klimaregime kann bis ins Detail geregelt werden, wie man sich fortbewegen, seine Wohnung heizen und sich ernähren darf.

Vernunft als Mittel, um diese Wissensbehauptungen zu überprüfen, wird ausgeschaltet. Die Staatsorgane tun dies über ihre Finanzierung von Medien, Wissenschaft und Kultur. Wie in totalitären Systemen gibt es eine Diskussion in einem von den Staatsorganen vorgegebenen Rahmen: Auch in der Planwirtschaft des real existierenden Sozialismus konnte man beispielsweise darüber diskutieren, ob man mehr Schuhe oder mehr Staubsauger produzieren soll. Aber man durfte nicht darüber diskutieren, ob eine Planwirtschaft überhaupt sinnvoll ist. So konnte man auch im Coronaregime zum Beispiel darüber diskutieren, ob man nur Geschäfte oder auch Schulen schließen soll. Im Klimaregime kann man zum Beispiel darüber diskutieren, ob man zuerst Verbrennungsmotoren oder zuerst Ölheizungen verbieten soll. Aber man durfte nicht darüber diskutieren, ob die Corona-Virenwellen überhaupt für die allgemeine Bevölkerung gefährlich sind, ob die Staatsorgane überhaupt den Verlauf von Virenwellen steuern können und ob sie das tun dürfen mittels Zwangsmaßnahmen und dem Aussetzen von Grundrechten. Ebenso darf man nicht darüber diskutieren, ob der Klimawandel überhaupt im Wesentlichen menschengemacht ist, ob die Staatsorgane überhaupt den Verlauf der Entwicklung des Weltklimas steuern können und ob sie das tun dürfen mittels Zwangsmaßnahmen und dem Aussetzen von Grundrechten. Wer Vernunft gebrauchen möchte, um dieses zu untersuchen, muss damit rechnen, gecancelt zu werden.[1]

Die neuzeitliche Wissenschaft hat sich als Befreiung von den weltlichen Erkenntnisansprüchen einer Staatsreligion und Staatskirche entwickelt. Wissenschaft generell ist dadurch gekennzeichnet, Vernunft als Mittel einzusetzen, um die Ausübung von Macht zu begrenzen. In der Wissenschaft muss man Evidenz und Argumente anführen, die sich in kritischer Prüfung bewähren müssen. Autorität hat in der Wissenschaft keinen Platz. Allein die Qualität der angeführten Daten und Argumente zählt. Bereits René Descartes entwickelt in seiner *Abhandlung über die Methode* (1637) disziplinierte Skepsis als das Kennzeichen von Wissenschaft. Im 20. Jahrhundert charakterisiert Robert Merton (1942) die institutionalisierte Wissenschaft als organisierten Skeptizismus.

In dem Corona- und dem Klimaregime setzen hingegen die staatlichen Organe über die von ihnen finanzierten Wissenschafts-Institutionen inhaltlich fest, was »die Wissenschaft« ist, und fixieren die so festgesetzte Wissenschaft als Norm, der man folgen muss, ausgedrückt in dem Slogan »Follow the science«. Die Absicht dahinter ist, die so festgesetzte Wissenschaft zur Legitimation politischer Zwangsmaßnahmen einschließlich weitgehender Einschränkungen von Grundrechten zu gebrauchen. So hat zum Beispiel die damalige Bundeskanzlerin Angela Merkel am 9. Dezember 2020 im Deutschen Bundestag einen harten Lockdown über die Weihnachtsferien unter Bezugnahme auf eine Stellungnahme der Deutschen Nationalakade-

---

1 So wurde auch mein Buch (Esfeld 2023) zur Präsentation an der Frankfurter Buchmesse 2023 gecancelt. Siehe dazu Kotchoubey (2023). Siehe Shir-Raz et al. (2022) zur Zensur im Coronaregime allgemein.

mie Leopoldina begründet, die nur einen Tag zuvor, am 8. Dezember 2020, veröffentlicht wurde und einen harten Lockdown als »aus wissenschaftlicher Sicht unbedingt notwendig« bezeichnete (siehe Merkel 2020 und Leopoldina 2020).

Damit wird auch der Gebrauch von Vernunft als Mittel zur Machtbegrenzung im Rechtsstaat abgeschafft. Alle Staatsorgane bis hin zu den höchsten Gerichten üben keine Kontrollfunktion mehr aus, sondern sind den von »der Wissenschaft« festgesetzten Zielvorgaben untergeordnet. Die Gerichtsurteile beziehen sich einfach auf die staatlichen Anordnungen und auf das, was von den staatlichen Behörden als angebliche Wissenschaft dargestellt wird, um diese Anordnungen zu legitimieren, statt selbst eine Prüfung der Sachlage und der Verhältnismäßigkeit der staatlichen Zwangsmaßnahmen vorzunehmen (siehe zum Beispiel Bundesverfassungsgericht 2022). Auf diese Weise werden die beiden Grundpfeiler der Moderne, Wissenschaft und Rechtsstaat, unterminiert. Die bisherige offene Gesellschaft droht in eine Gesellschaft abzugleiten, die durch eine weltliche Wissenschafts-Religion geschlossen ist (genauer gesagt handelt es sich um einen Wissenschafts-Aberglauben, der mit ernsthafter Religion nichts zu tun hat).

Auf der Suche nach den Ursachen

Wie konnte es so weit kommen? Gehen wir wiederum von Überlegungen zur Wirtschaft aus: Ohne Eingriffe einer Gewalt, die mit Zwang operiert – das heißt, der Androhung und gegebenenfalls auch Anwendung physischer Gewalt –, wird sich in freiwilligen sozialen Interaktionen ein arbeitsteiliges Wirtschaften entwickeln, in dem man andere von der Nützlichkeit seiner Fähigkeiten und Produkte überzeugen muss. Das heißt: In einem Wirtschaftsleben freiwilliger sozialer Interaktionen muss jeder Unternehmer Kunden von der Qualität seiner Produkte und Dienstleistungen überzeugen und für sein Handeln Verantwortung übernehmen, also für eventuelle Schäden seiner Produkte und Dienstleistungen haften. Gewinne sind privat, Risiken ebenso – wobei »privat« alle freiwilligen Wirtschaftsformen umfasst einschließlich Genossenschaften und dergleichen. Kein Unternehmen kann seine Produkte und Dienstleistungen Kunden aufzwingen oder sich aus der Haftungspflicht befreien, solange eine Rechtsordnung besteht.

Selbst wenn ein Unternehmen, das auch eine Genossenschaft sein kann, zu einer Zeit in einem Bereich eine monopolartige Stellung erlangen sollte, kann es seine Produkte und Dienstleistungen niemandem aufzwingen. Nur der Staat ist Monopolist, der mit Zwang operiert und dem man deshalb auf dem betreffenden Gebiet nicht ausweichen kann. Einen privaten Monopolisten kann man hingegen umgehen. Die betroffenen Konsumenten können sich untereinander und mit anderen zusammenschließen und so Wege finden, den Monopolisten zu meiden. Generell gilt: Wenn man meint, bestimmten privatwirtschaftlichen Akteuren ausgeliefert zu sein, dann ist die angemessene Reaktion, sich mit ebenfalls Betroffenen zusammenzuschließen, wie zum Beispiel Zusammenschlüsse von Arbeitnehmern zu Gewerkschaften, Zusammenschlüsse von Konsumenten zu Verbraucherverbänden usw. Man kann die Zusammenarbeit mit den Monopolisten verweigern, deren Produkte und Dienstleistungen nicht mehr kaufen und im Verbund mit anderen die benötigten Produkte und Dienstleistungen selbst herstellen.

Wenn hingegen die Staatsorgane in das freiwillige, arbeitsteilige Wirtschaften eingreifen, um unter Anwendung von Zwang ein angeblich allgemeines Gut durchzusetzen und angebliches Versagen des freiwilligen Austausches zu korrigieren, dann wird es für Unternehmer zweckrational, im Sinne ihrer Profitinteressen auf die Vertreter der Staatsorgane einzuwirken, ihre Produkte und Dienstleistungen als förderlich für das allgemeine Gut darzustellen und auf diese Weise Subventionen und andere Vergünstigungen von den Vertretern der Staatsorgane zu erhalten.

Damit geht ein auf freiwilligen Interaktionen beruhendes Wirtschaftsleben in den Staatskapitalismus über (im Englischen »crony capitalism«): Die Produktionsmittel bleiben in privater Hand, ebenso wie die unter Einsatz dieser Mittel erzielten Gewinne. Die Risiken werden auf den Staat abgewälzt und damit auf die Bürger, von denen die Staatsorgane Zwangsabgaben erheben können. Gegebenenfalls bewahren die Staatsorgane große Unternehmen sogar vor der Insolvenz unter dem Vorwand, sie seien so groß, dass der Allgemeinheit Schaden zugefügt würde, wenn sie die Risiken für ihr wirtschaftliches Handeln übernehmen müssten (»too big to fail«): private Gewinne, auf die Allgemeinheit abgewälzte Risiken. Dieser Staatskapitalismus kam zunächst in erster Linie im Finanzwesen zum Einsatz, seitdem die amerikanische Zentralbank 1998 den Hedgefonds »Long-Term Capital Management« vor dem Zusammenbruch rettete und dann in der Finanzkrise 2008/2009 und ihren Ausläufern die Eigentümer von Banken systematisch vor dem Verlust ihres Kapitaleinsatzes auf Kosten der Allgemeinheit bewahrte.

Die bisherige Spitze dieser Perversion freiwilligen wirtschaftlichen Austausches in einer offenen Gesellschaft sind die medizinischen Behandlungen, die als Impfungen gegen das Coronavirus angepriesen werden: Es besteht Abnahmegarantie für die Impfstoffe unter Einsatz der staatlichen Zwangsgewalt bis dahin, dass die Injektionen mit diesen Impfstoffen Menschen regelrecht aufgezwungen werden. Die Hersteller müssen für ihre Produkte nicht haften, also keine Entschädigung für Impfschäden bis hin zu Todesfällen leisten; sogar die Kosten eventueller Gerichtsverfahren übernehmen die Staatsorgane. Die Hersteller dieser Produkte erzielen mithin garantierte Profite ohne Risiko. Die entsprechenden Verträge werden nicht einmal offengelegt, obwohl die Bürger die Kosten über Zwangsabgaben tragen. Mit anderen Worten: freies Handeln, ohne für seine Handlungen verantwortlich zu sein. Gunter Frank bezeichnet diese und andere Vorgänge im Coronaregime zu Recht als Staatsverbrechen (siehe Frank 2023 mit ausführlichen Belegen).

Das ist das Ergebnis, wenn die Staatsorgane lenkend in die Wirtschaft eingreifen: Vertreter von Sonderinteressen, denen es gelingt, ihre Profitinteressen als für das allgemein Gute förderlich darzustellen, setzen sich unter Ausschaltung aller Kontrollmechanismen und elementarer Rechtsgrundsätze durch. Das ist wiederum ein Merkmal der real existierenden Postmoderne: Per *fiat*, durch reine Macht, wird etwas als ein allgemeines Gut festgesetzt und allen aufgezwungen unter Missachtung elementarer Menschenrechte wie des Rechts auf körperliche Unversehrtheit. Dass in dem betreffenden Fall von vornherein klar und offensichtlich war, dass die Impfstoffe bestenfalls zwar einen gewissen Selbstschutz vor schweren Verläufen einer Infektion mit dem Coronavirus für gefährdete Personen gewähren können, aber gar nicht in der Lage sind, die weitere Ausbreitung des Virus zu unterbinden, spielte keine Rolle (siehe dazu bereits Doshi 2020). Kritische, unabhängige Wissenschaft ist für die Staatsorgane und die mit ihnen verbundenen Vertreter von Sonderinteressen unerwünscht. Wiederum gilt: Vernunft als Mittel, um Machtausübung einzuschränken, wird ausgeschaltet.

Immanuel Kant sagt in seiner Vorlesung *Naturrecht* (1784): »Recht ist die Einschränkung der Freiheit, nach welcher sie mit jeder andrer Freiheit nach einer allgemeinen Regel bestehen kann. … Wäre aber jeder frei ohne Gesetz, so könnte nichts Schrecklicheres gedacht werden. Denn jeder machte mit dem anderen, was er wollte, und so wäre keiner frei.« (Kant 1979: 1320, Orthografie angepasst) Im Staatskapitalismus der real existierenden Postmoderne gilt hingegen: Einige – nämlich die Vertreter des Staatsapparates und die Vertreter der Sonderinteressen, die sich den Staatsapparat zunutze machen – sind frei ohne Gesetz und machen mit den anderen, was sie wollen. Von Recht und einer Rechtsordnung kann hier keine Rede mehr sein.

Unternehmen, die die Staatsorgane für ihre Profitinteressen einzuspannen versuchen, sind die eine Seite der Medaille. Die intrinsische Tendenz zur Machtausweitung der Funktionsträger der Staatsorgane ist die andere Seite.

Die Organe des modernen Staates verfügen mit dem Monopol der Gesetzgebung (Legislative), der Gesetzesdurchsetzung (Exekutive) und der Rechtsprechung (Judikative) auf einem Territorium über eine gewaltige Machtballung. Diese Machtballung dient dem Schutz vor und der Ahndung von Übergriffen auf Leib, Leben und Eigentum der Menschen in dem betreffenden Gebiet durch andere Menschen. Aber wie weitgehend sollen die Staatsorgane ihre Machtballung einsetzen, um diesen Schutz zu gewährleisten? Um jede Person auf ihrem Gebiet wirkungsvoll vor gewaltsamen Übergriffen anderer Personen auf Leib, Leben und Eigentum zu schützen, müssten die Funktionsträger der Staatsgewalt von jedem zu jeder Zeit den Aufenthaltsort erfassen, alle Transaktionen kennen usw. Damit würde der Rahmen, den der Staat für die Entfaltung der offenen Gesellschaft setzt, jedoch in einen totalen Überwachungsstaat pervertieren. Wo liegt die Grenze, jenseits welcher der Staat von einer Gewalt, die die Freiheitsrechte jeder Person gegen Übergriffe seitens anderer Personen schützt, in eine Gewalt übergeht, die selbst übergriffig gegenüber den Personen auf ihrem Gebiet wird? Das können wiederum nur die Organe der Staatsgewalt festsetzen.

Das Problem ist: Wenn es einmal eine Staatsgewalt gibt, deren Vertreter die Macht des Monopols auf einem Gebiet haben, dann tendieren die Funktionsträger dieser Gewalt dazu, ihre Macht auszuweiten unter dem Vorwand, den Schutz jeder Person auf ihrem Gebiet vor Übergriffen durch andere Personen immer weiter zu verbessern. Aber die Vertreter der Staatsorgane haben von sich aus gar nicht das Wissen, welche Schutzansprüche sie konkret erfüllen sollen, wie sie diese Schutzansprüche gewichten sollen und welche Produkte zur Durchsetzung dieser Schutzansprüche verfügbar und geeignet sind. Sie laden daher Unternehmer geradezu dazu ein, ihnen Produkte zu unterbreiten, mit denen die Staatsorgane ihre Schutzansprüche ausweiten können und im Gegenzug von den wirtschaftlichen Risiken entlastet zu werden.

Meines Wissens hat zuerst Walter Lippmann (1925) diese Zusammenhänge aufgezeigt, das heißt die intrinsische Ausweitung des Staatsapparats im Zusammenspiel mit Unternehmen, die davon profitieren (siehe dazu auch Mosmann 2020). Aus dem Rechtsstaat, der eine Rechtsordnung durchsetzt mit gleichem Recht für alle, wird so der Wohlfahrtsstaat, der unter dem Vorwand des Schutzes vor allen möglichen Lebensrisiken Produkte vertreibt, von denen bestimmte Unternehmen profitieren. Das heißt: Unternehmen, die die Staatsorgane für ihre Profitinteressen nutzen wollen, und Staatsorgane, die auf solche Unternehmen zur Ausweitung ihrer Macht angewiesen sind, verstärken sich wechselseitig, bis aus dem Rechtsstaat ein totaler Überwachungs- und Regulierungsstaat wird. Das ist der realwirtschaftliche Unterbau der Entwicklung, die uns in die real existierende Postmoderne führt und die mit dem Corona- und Klimaregime offen zutage getreten ist.

Hinzu kommt ein intellektueller Überbau, dessen Funktionsweise analog ist. Wenn es einmal eine Staatsgewalt gibt, die die einflussreichsten Medien als sogenannte öffentlich-rechtliche Medien und die Bildung, die Wissenschaft und das Kulturschaffen mehr oder weniger als Monopol finanziert durch den Bürgern auferlegte Zwangsabgaben, dann ist es für die Vertreter von Sonderinteressen im Sinne bestimmter Weltanschauungen, Moralvorstellungen oder politischer Auffassungen zweckrational, den Marsch durch die vom Staat kontrollierten Institutionen anzutreten, um der Gesellschaft auf diese Weise ihre Vorstellungen aufzuzwingen. Das ist viel einfacher und wirksamer als zu versuchen, die Bürger durch Argumente – und damit auf der Basis von Freiwilligkeit statt Zwang – zu überzeugen. Wenn es einer ideologisch weitgehend homogenen Gruppe gelingt, diese Institutionen zu dominieren, dann tritt die Situation ein, die spätestens mit dem Coronaregime offensichtlich geworden ist und die sich mit dem Klimaregime fortsetzt.

Erneut gibt es hier zwei Seiten einer Medaille. Der Versuch ideologisch homogener Gruppen, durch Einflussnahme auf die Staatsorgane das Geistes- und Kulturleben in ihrem Sinne zu steuern, ist die eine Seite. Die andere Seite ist, dass die Staatsorgane ihrerseits zur Rechtfertigung der Machtkonzentration in ihren Händen und deren Ausweitung auf Narrative angewiesen sind, also Intellektuelle und Künstler benötigen, die Narrative liefern, welche diese Machtkonzentration und deren Ausweitung in ihrem Schaffen in ein positives Licht rücken und als förderlich für das allgemein Gute darstellen.

Natürlich kann das Narrativ auch eines sein, welches die Werte der offenen Gesellschaft in den Vordergrund stellt, wie das Narrativ, das im Westen in den Jahrzehnten nach dem Ende des Zweiten Weltkriegs dominierte und relativ gut funktionierende, freiheitlich-demokratische Rechtsstaaten stützte. Aber das Funktionieren dieser Staaten und die Überzeugungskraft dieses Narrativ waren auf die Abgrenzung der Rechtsordnung des Westens von dem kommunistischen Sowjetimperium ausgerichtet. Als letzteres mit dem Fall der Berliner Mauer im November 1989 zusammenbrach, war die Folge nicht »das Ende der Geschichte« (Fukuyama 1989, 1992) in dem Sinne, dass sich die freiheitlich-demokratische, rechtsstaatliche Ordnung des Westens definitiv durchgesetzt hätte.

Das antikommunistische Narrativ des Westens war an einen staatlichen Apparat gebunden, der seine umfangreiche Macht durch die Gewährleistung von Sicherheit vor Übergriffen seitens des Sowjetimperiums rechtfertigte und dafür durchaus gute Gründe anführen konnte: Westberlin beispielsweise hätte es ohne die militärische Präsenz dieses Machtapparates nicht gegeben. Es gab keinen tatsächlichen, wohl aber einen sogenannten kalten Krieg. Mit dem Ende von letzterem wäre bei einem »Ende der Geschichte« auch der Umfang dieses Machtapparates infrage gestellt worden, insbesondere das militärisch-industrielle Konglomerat und die ausufernden Sicherheitsdienste. Das heißt: Um seinen Fortbestand zu gewährleisten, war der umfangreiche staatliche Machtapparat auf ein neues Narrativ angewiesen. Das ist der reale Unterbau der Entwicklung der letzten Jahrzehnte.

Es war eine Illusion zu glauben, dass wir bis zum Auftreten des Coronaregimes mit seinen totalitären Zügen im Frühjahr 2020 in einer gefestigten offenen Gesellschaft und einem gefestigten freiheitlich-demokratischen Rechtsstaat gelebt haben. Dieses war nur deshalb so, weil das bis 1989 vorherrschende antikommunistische Narrativ eine relativ offene Gesellschaft und einen relativ gut funktionierenden Rechtsstaat erforderte. Mit dem Ende dieses Narratives infolge des Zusammenbruchs des Sowjetimperiums war daher zu erwarten, dass ein neues kollektivistisches Narrativ an seine Stelle treten würde und die Säulen der offenen Gesellschaft und des Rechtsstaats, die als Abgrenzung zum Sowjetkommunismus bestanden, hinwegfegen würde. Denn genau das war erforderlich, um den Fortbestand und den weiteren Ausbau des staatlichen Machtapparates zu gewährleisten.

Die Abfolge postmoderner Narrative, die jeweils ein partielles allgemeines Gut postulieren und die Gesellschaft durch konstruierte allgemeine Gefahren in Angst und Schrecken halten – wie das Corona- und das Klima-Narrativ –, leisten genau dies. Mit diesen Narrativen einher gehen mächtige wirtschaftliche Interessen, die auf den Einsatz des staatlichen Zwangsapparates angewiesen sind, um ihre Produkte den Menschen aufzuzwingen, wie die Pharmaindustrie, die Industrie der sogenannten erneuerbaren Energien und, wie inzwischen offensichtlich ist, auch der gesamte militärisch-industrielle Komplex mit der Rüstungsindustrie. Diese Narrative sind der intellektuelle Überbau zu dem genannten real existierenden Unterbau. Das Ergebnis ist das, was ich »real existierende Postmoderne« nenne. Dieses ist die beste Erklärung, weil in ihrem Lichte die Entwicklung, die seit Frühjahr 2020 offen zutage getreten ist, nicht erstaunlich ist, sondern – leider – schlicht und einfach das ist, was zu erwarten war. Diejenigen, die – wie ich – diese Entwicklung nicht erwartet hatten, unterlagen einer Illusion, nämlich der Illusion des Republikanismus (siehe dazu ausführlich Esfeld im Erscheinen).

Ein Ausweg

Die Menschen haben unterschiedliche Überzeugungen, Interessen, Werte, Fähigkeiten und Tugenden. Es wird immer Menschen geben, die totalitäre Ideen verbreiten, ebenso wie Weltuntergangs-Propheten, die andere in Angst und Schrecken versetzen. Ebenso wird es immer Wissenschaftler geben, die die Wissenschaft als weltliche Religion missverstehen und anderen eine angeblich wissenschaftliche Lebensweise aufzwingen wollen (»follow the science«). Es wird auch immer wirtschaftliche Interessen geben, die versuchen, von diesen Ideologien zu profitieren, wie die Pharmaindustrie im Coronaregime, die Industrie sogenannter erneuerbarer Energien im Klimaregime und die ESG-Aushängeschilder-Industrie im Wokeness-Regime. Es wird auch immer Absprachen zwischen diesen Gruppen geben (»Verschwörungen« im heute üblichen Jargon).

All diese Ideologien schicken sich an, einen neuen Menschen zu schaffen, und sind deshalb totalitär: im 20. Jahrhundert im Kommunismus der Mensch, der so lebt, dass, wenn jeder seine Fähigkeiten einbringt, die Bedürfnisse aller befriedigt sind; im Nationalsozialismus der Mensch, der »reinrassig« lebt; im Coronaregime der Mensch, der keine Viren mehr verbreitet (»Zero Covid«); im Klimaregime der Mensch, der Energie ohne Auswirkungen auf die Umwelt verbraucht (»Zero CO_2«); im Wokeness-Regime der Mensch, der nur solche Gedanken hat und äußert, mit denen sich alle wohlfühlen. Allen diesen Ideologien ist gemeinsam, dass die entsprechende Konzeption eines neuen Menschen in sich widersprüchlich ist: Viren, Energieverbrauch, kontroverse Meinungen gehören zum menschlichen Leben. Deshalb führt die Umsetzung all dieser Ideologien stets nur zur Zerstörung der bisherigen Lebensweisen und endet in großem Leid einschließlich vieler Todesopfer.

Es kann daher nicht darum gehen, die Menschen zu ändern, damit sie irgendeinem Ideal von Tugendhaftigkeit näherkommen. Man muss die Menschen so nehmen, wie sie sind. Ebenso wenig kann es darum gehen, Absprachen zu vermeiden. Das Problem mit sogenannten Verschwörungen oder Verschwörungstheorien ist nicht, dass sie falsch, unplausibel oder unbegründet sind. Das Problem ist, dass sie nichts erklären. Denn Verschwörungen gibt es immer. Zu erklären aber ist, wieso sie erfolgreich sind – wenn man meint, dass sie erfolgreich sind.

Konkret: Wenn man das Weltwirtschaftsforum, die Weltgesundheitsorganisation oder die Impfallianz Gavi auflöst und Klaus Schwab, Bill Gates oder wen auch immer man für die Drahtzieher entsprechender »Verschwörungen« hält auf eine einsame Insel verbannt, auf der sie von jeglicher Kommunikation mit dem Rest der Welt abgeschnitten sind, dann würde sich an Folgendem nichts ändern: Die Machtkonzentration beim staatlichen Zwangsapparat bliebe weiterhin bestehen. Damit bliebe auch das Streben der Funktionsträger dieses Apparates auf Erhalt und Erweiterung ihrer Macht bestehen (realer Unterbau). Dazu sind diese sowohl auf Unternehmen angewiesen, die Produkte herstellen, welche der Staatsapparat im Sinne des Erhalts und der Ausweitung seiner Macht einsetzen kann, als auch auf entsprechende Narrative, mit denen die Funktionsträger des Staatsapparates die Bevölkerung in ihren Bann ziehen können (intellektueller Überbau). Daraus folgt: Insofern »Verschwörungen« erfolgreich sind, haben sie Erfolg, weil sie den staatlichen Machtapparat nutzen können und dieser Machtapparat aus ihnen Nutzen zieht. Der Ausweg muss deshalb bei diesem Machtapparat ansetzen: Es geht darum, zu verhindern, dass eine Gruppe Zwang ausüben kann, um ihre Interessen durchzusetzen. Das heißt: Es ist eine Entflechtung der Machtkonzentration beim staatlichen Zwangsapparat erforderlich.

Die Idee einer öffentlich-rechtlichen Organisation von Medien, Bildung, Wissenschaft und Kultur, finanziert durch Zwangsabgaben, ist gescheitert – und zwar definitiv gescheitert. Sie ist nicht an den üblen Absichten bestimmter Personen oder Personengruppen gescheitert, die diese öffentlich-rechtliche Struktur zur Beförderung ihrer – ideologischen oder wirtschaftlichen – Partikularinteressen gebrauchen (»Verschwörung«). Sie ist an dem strukturellen Problem gescheitert, dass sie die Machtkonzentration in den Händen der Vertreter des staatlichen Zwangsapparates impliziert und dadurch in die skizzierte verhängnisvolle Entwicklung hineinläuft, die heute offen zutage getreten ist. Diese Entwicklung mag durch günstige Umstände aufgehalten werden, wie in den Jahrzehnten zwischen dem Ende des Zweiten Weltkrieges und dem Fall der Berliner Mauer; sie ist aber strukturell in der öffentlich-rechtlichen Konstruktion angelegt. Deshalb besteht der Weg zur offenen Gesellschaft darin, die Machtkonzentration in den Händen des staatlichen Zwangsapparates aufzulösen.

Dazu, wie dieses erreicht werden kann, gibt es zahlreiche Arbeiten sowohl zu den Grundlagen als auch zu konkreten Vorschlägen für die Gegenwart sowohl in der klassisch-liberalen und libertären Literatur (siehe zum Beispiel Gebauer 2021 und Krall 2023 für konkrete Vorschläge sowie Nozick 1974 und Rothbard 1982 zu den Grundlagen) ebenso wie zum Beispiel in der anthroposophischen Literatur mit der Idee der Dreigliederung des sozialen Lebens, die auf Rudolf Steiner (1961) zurückgeht (siehe zum Beispiel Mosmann 2020). Gemäß letzterer hat der Staat allenfalls eine Aufgabe im

Rechtsleben, von dem das Wirtschaftsleben ebenso wie das Geistesleben mit Bildung, Wissenschaft und Kunst zu trennen sind.

Wenn Bildung, Wissenschaft und Kunst einschließlich der Medien vom Staatsapparat getrennt sind, dann kann es nicht mehr ihren jetzigen Gebrauch zu politischen Zwecken geben. Wie sich die Wissenschaft zu Beginn der Neuzeit von religiöser Einflussnahme befreit hat, so muss sie sich heute von staatlicher Einflussnahme befreien, um an Wahrheitsfindung orientierte Wissenschaft sein zu können. Paul Feyerabend forderte bereits 1975 (Kapitel 19), nach der Trennung von Staat und Kirche die Wissenschaft ebenfalls vom Staat zu trennen. Die Berechtigung dieser Forderung ist angesichts des politischen Gebrauchs der durch das Staatsmonopol organisierten Wissenschaft offensichtlich. Es wird dann weiterhin Universitäten geben, aber nicht als staatliche Organe. Im Bildungswesen wird es dann eine Pluralität von Schulen mit verschiedener pädagogischer, weltanschaulicher oder auch religiöser Orientierung geben, und Kunst kann sich frei von staatlichen Auftraggebern entfalten.

Diese Befreiung bedeutet allerdings auch den Verzicht auf staatliche Finanzierung durch Zwangsabgaben. Aber ein Geistesleben, das sich durch Zwang statt freiwillige Beiträge finanziert, kann kein freies Geistesleben sein. Die Menschen sind auch freiwillig bereit, je nach ihren finanziellen Verhältnissen für Bildung, Wissenschaft, Kunst und Medien zu bezahlen. Denn die Menschen haben nicht nur materielle, sondern auch geistige Interessen. Allerdings ist es unwahrscheinlich, dass wissenschaftliche Forschung in den Experimentalwissenschaften allein durch freiwillige soziale Gemeinschaften, Gebühren für die Nutzung der Bildungsangebote und Spenden finanziert werden kann. Eine vollständige Trennung zwischen Wirtschafts- und Geistesleben ist daher weder möglich noch sinnvoll. Das Geistesleben ist vielmehr Teil des Wirtschaftslebens in dem weiten Sinne, dass es bei beiden um arbeitsteilige soziale Interaktionen geht, die auf die Befriedigung der Interessen und Bedürfnisse der Mitmenschen ausgerichtet sind. Es gibt keine klare Trennlinie zwischen materiellen und geistigen Interessen. Ein guter Wein zum Beispiel, hergestellt von einem Winzer mit Hingabe zu seinem Beruf, ist sowohl ein materielles wie auch ein kulturelles Produkt, ebenso wie zum Beispiel ein ästhetisch ansprechendes Haus. Je besser es gelingt, die materiellen Grundbedürfnisse durch Arbeitsteilung, Kapitaleinsatz und damit einhergehendem Produktivitäts- und technologischen Fortschritt zu befriedigen, desto mehr Freiraum wird tendenziell für die Entfaltung des Geisteslebens geschaffen.

Es gibt auch offensichtliche wirtschaftliche Interessen an Forschung und der technischen Umsetzung von Forschungsergebnissen. Die Beteiligung von

Unternehmen an Forschung und deren Finanzierung ist dann kein Problem, wenn es nicht zugleich eine Staatsgewalt gibt, auf deren Vertreter die Unternehmer einwirken können, um ihre Produkte den Menschen aufzuzwingen. Wenn es eine solche Staatsgewalt nicht gibt, dann müssen die Unternehmer die Kunden von ihren Produkten überzeugen, und sie müssen für eventuelle Schäden, die sie mit ihren Produkten anrichten, haften. Forschung, die nicht an den Interessen der Menschen orientiert ist und die nicht die Methode der kritischen Prüfung von Wissensansprüchen beachtet, hat dann kurze Beine. Lyssenko-Wissenschaft, das heißt, aus ideologischen Gründen beauftragte Wissenschaft, könnte es dann nicht geben. Der Versuch von Trofim Lyssenko, im Stalinismus Getreideproduktion auf der Basis einer Agrarwissenschaft kommunistischer Prägung durchzuführen (kurz: Pflanzen sind nicht durch Gene, sondern durch Umweltbedingungen bestimmt), endete in Hungersnöten. Auch das aktuelle Beispiel von Lyssenko-Wissenschaft, das ähnlich katastrophale Folgen einschließlich zahlreicher Todesopfer haben könnte wie das Original, nämlich die Entwicklung und der Vertrieb unzureichend geprüfter und in Verletzung aller wissenschaftlichen Standards zugelassener Impfstoffe zur Erfüllung eines politischen Planes, könnte es dann nicht geben.

Wie ein Unternehmen, das Flugzeuge herstellt, an der Erforschung der Wahrheit über die Gravitation interessiert sein wird, wenn es für seine Produkte haften muss, wird die Pharmaindustrie an medizinischer Forschung gemäß wissenschaftlichen Standards interessiert sein, wenn es keinen staatlich organisierten Gesundheitsapparat gibt, der ihre Produkte abnimmt und vertreibt und dabei sogar die Haftpflicht aussetzt. Das heißt auch: Wer riskante Forschung durchführen will, wie zum Beispiel die sogenannte Gain-of-function-Forschung, die auch in dem Institut für Virologie in Wuhan erfolgte, muss haften und eine Versicherung gegen mögliche Schäden abschließen – also erst einmal eine Versicherung finden, die die Risiken absichert. Es gibt dann keine Staatsgewalt, die bestimmte Unternehmen und Forschungsinstitutionen von ihrer Haftungspflicht im Namen eines angeblichen öffentlichen Interesses befreien kann. Kurz: Wenn die Wirtschaft vom Staatsapparat entflochten ist, Kunden von ihren Produkten überzeugen und gegenüber den Kunden für Schäden haften muss, dann hat sie ein Interesse daran, an Erkenntnisgewinn orientierte und deshalb mit methodischem Skeptizismus operierende Wissenschaft zu fördern; denn sie kann der Konfrontation mit der Realität, an der ihre Produkte scheitern können, dann nicht mehr ausweichen.

Allerdings ist davon auszugehen, dass auch weiterhin Produkte erforscht, entwickelt und vertrieben würden, die gesundheitsschädlich sind. Die Tabakindustrie muss seit einiger Zeit zumindest in den USA und Europa in gewissem Maße haften. Die Haftungspflicht hat aber nicht wirtschaftliche Profitabilität verhindert. Die Aktienkurse großer Tabakunternehmen haben sich in den letzten Jahrzehnten nicht schlechter entwickelt als der Aktienmarkt insgesamt. Menschen fragen freiwillig und in Kenntnis der Risiken auch gesundheitsschädliche Produkte nach, weil sie unterschiedliche Präferenzen im Leben haben. Dagegen ist auch nichts einzuwenden, sofern nicht Dritte gegen ihren Willen in Mitleidenschaft gezogen werden. Wie gesagt, der Ausweg aus der jetzigen Situation besteht nicht darin, einen neuen, tugendhafteren Menschen schaffen zu wollen, sondern zu verhindern, dass eine Gruppe Zwang ausüben kann, um ihre Interessen durchzusetzen.

Rechtsordnung und offene Gesellschaft

Ein naheliegendes Bedenken gegen die genannten Vorschläge ist: Wenn Bildung, Wissenschaft, Kultur und Medien von der Finanzierung und Lenkung durch die Staatsgewalt getrennt werden, dann organisiert der Staatsapparat nicht mehr den öffentlichen Raum. Besteht dann nicht die Gefahr, dass die Gesellschaft in verschiedene, sich selbst organisierende soziale Gemeinschaften zerfällt? Dieser Einwand ist unbegründet. Denn diese verschiedenen, sich selbst organisierenden Gemeinschaften leben auf demselben Territorium zusammen. Ihre Mitglieder tauschen sich wirtschaftlich durch Arbeitsteilung und kulturell aus.

Eine offene Gesellschaft benötigt keinen in irgendeiner Weise durch eine zentrale Gewalt organisierten öffentlichen Raum. Der öffentliche Raum organisiert sich selbst durch freiwillige Interaktionen und Kooperationen statt durch Zwang, ausgeübt von einer zentralen Gewalt. Der Rahmen einer offenen Gesellschaft ist nicht ein von der Staatsgewalt gestalteter öffentlicher Raum, sondern eine Rechtsordnung, die gleiches Recht für alle durchsetzt – das heißt, die Verpflichtung für jeden, das Recht aller anderen auf die Gestaltung ihres Lebens zu respektieren und dementsprechend unerwünschte Eingriffe in die Lebensweise anderer zu unterlassen. Die Androhung und Anwendung von Zwang gegen eine Person oder Gruppe von Personen ist daher nur als Reaktion darauf gerechtfertigt, dass diese Person oder Personengruppe die Rechte anderer Personen verletzt, also übergriffig gegen deren Leib, Leben oder Eigentum wird.

Kommen wir auf Kants oben zitierte Definition von Recht aus der Vorlesung *Naturrecht* von 1784 zurück: »Recht ist die Einschränkung der Freiheit, nach welcher sie mit jeder andrer Freiheit nach einer allgemeinen Regel bestehen kann.« (Kant 1979: 1320, Orthografie angepasst) Wie der Titel der Vorlesung bereits angibt, meint Kant mit »Recht« hier das Naturrecht. Eine Rechtsordnung und Rechtsstaaten basieren immer auf dem natürlichen Recht. Wenn Recht gesetzt werden könnte, sodass lediglich das Einhalten einer bestimmten formalen Prozedur hinreichend dafür wäre, dass etwas Recht ist, dann wäre auch nahezu jedes diktatorische und jedes totalitäre Regime ein Rechtsstaat. Naturrecht ist das Recht, das aus der Würde des Menschen folgt, nämlich daraus, um es wiederum mit Kant zu formulieren, jeden Menschen stets als Zweck an sich selbst und nie als bloßes Mittel zu einem Zweck zu behandeln – und sei dieser Zweck ein angebliches allgemeines Gut (siehe zum Beispiel *Grundlegung zur Metaphysik der Sitten* von 1785, zweiter Abschnitt, in Kant 1911: 429, und zur Begründung des Naturrechts ausführlicher Esfeld 2023, Kapitel 2.3 und 2.4).

Wenn, wie sich mit guten Gründen belegen lässt, das Coronaregime mit Zwangsmaßnahmen wie Lockdowns, Impfanweisungen usw. mit der Menschenwürde unvereinbar ist, dann wird dieses Regime nicht dadurch rechtmäßig, dass es gemäß geltenden formalen Prozeduren in Gesetze gegossen wird. Diese Gesetze sind dann vielmehr Unrecht. Genauso wie nur eine wahre Aussage Wissen sein kann und die Wahrheit der Aussage nicht von dem, der sie formuliert, und seiner sozialen Gemeinschaft abhängt, so kann auch nur etwas, das mit dem Naturrecht vereinbar ist, Recht sein. Wie beim Wissen und in der Wissenschaft, so geht es auch im Recht um Erkenntnis und nicht um Setzung. Ob man im Straßenverkehr links oder rechts fährt, ist eine Frage von Setzung (Konvention) und nicht von Erkenntnis (Kognition). Wenn einmal eine solche Konvention in Kraft gesetzt ist, dann sind alle, die die Infrastruktur des Straßenverkehrs benutzen wollen, verpflichtet, diese Konvention zu respektieren. Aber das Recht hat denselben Ursprung wie das Wissen, nämlich herauszufinden, was richtig ist (siehe dazu ausführlich Esfeld (2022–23)).

Im Falle des Wissens im Sinne des wissenschaftlichen Wissens ist keine Autorität erforderlich, die festsetzt, welches der Corpus wissenschaftlicher Erkenntnisse ist. Darüber per Mehrheitsentscheidung abstimmen zu wollen oder eine Person oder ein Gremium einzusetzen, die dieses entscheiden, also Richter über wissenschaftliche Wahrheit sind, wäre offensichtlich absurd und kontraproduktiv in Bezug auf den Fortschritt im Gewinnen von Erkenntnis. Wissenschaft ist intrinsisch anarchisch. Es zählen nur Evidenz und Argument. Es gibt keine Herrschaft, die erforderlich wäre, um irgendetwas als wissenschaftliche Erkenntnis festzusetzen und unter Androhung und gegebenenfalls Anwendung von Zwang durchzusetzen. Es ist kein Problem, dass in der Wissenschaft oft konkurrierende Hypothesen und Theorien nebeneinander bestehen. Im Gegenteil, dieses ist ein Motor des wissenschaftlichen Fortschritts. Es stände dem Gebrauch von Vernunft, auf dem Wissenschaft basiert, entgegen, Konflikte im Anspruch auf wissenschaftliche Erkenntnis durch Einsatz von Zwang aufzulösen, insofern diese sich nicht von selbst durch Evidenzen und Argumente auflösen, die von allen Beteiligten von sich aus anerkannt werden.

Beim Recht verhält es sich anders: Es ist ein Verfahren erforderlich, um bei konkurrierenden Auffassungen darüber, was Recht ist, eine Entscheidung herbeizuführen. Denn dass die Parteien den Konflikt über ihre Auffassungen von Recht in einem konkreten Falle mit Gewalt austragen, wäre das größere Übel als eine Entscheidung darüber, was in dem konkreten Fall Recht ist, durch eine rechtsprechende Gewalt herbeizuführen und unter Androhung und gegebenenfalls Anwendung von Zwang durchzusetzen, auch wenn jedes entsprechende Verfahren für Fehler anfällig ist. Eine Rechtsordnung ist daher mit Anarchie unvereinbar: Zu einer Rechtsordnung gehört ein Verfahren, das, obwohl es fallibel ist, in einer gegebenen Situation etwas als Recht festsetzt und durchsetzt. Diesen Sachverhalt drückt der englische Ausdruck »rule of law« – Herrschaft des Rechts – prägnant aus.

Daraus folgt allerdings nicht, dass eine Rechtsordnung einen Staat erfordert, dessen Organe auf einem Territorium das Monopol der Gesetzgebung (Legislative), der Gesetzesdurchsetzung (Exekutive) und der Rechtsprechung (Judikative) innehaben. Eine Rechtsordnung ist durchaus mit Anarchie in dem spezifisch politischen Sinn der Abwesenheit eines Staates mit Gewaltmonopol auf einem Territorium vereinbar. Die Herrschaft des Rechtes ist die Idee einer Herrschaft ohne Herrscher, einer »rule« ohne »ruler«. Die Entwicklung, die mit dem Corona- und dem Klimaregime offen zutage getreten ist, bestätigt die libertäre These, dass ein Staat mit Gewaltmonopol und Monopol der Rechtsprechung die größte Gefahr für die Rechtsordnung ist, statt ihr stabiler Garant zu sein.[2] Denn die Machtkonzentration, die mit diesem Monopol verbunden ist, befördert eine Entwicklung, die zum Missbrauch dieses Monopols führt, wie in Abschnitt 3 skizziert.

Auch im Recht verhält es sich so wie bei der Wissenschaft: Pluralismus statt Monopol hilft, Fehler zu vermeiden, und ermöglicht Korrekturen, bevor großer Schaden angerichtet ist. Konkurrierende Hypothesen und Theorien

---

2   Die klassische Referenz für diese These ist Rothbard (1982). Siehe im deutschen Sprachraum
     auch Hoppe (1987) und Dürr (2019).

gewähren zu lassen, insofern es Wissenschaftler gibt, die für sie Evidenzen und Argumente anführen, ist dem wissenschaftlichen Fortschritt förderlich statt abträglich. Es verhindert, dass sich bestimmte Hypothesen und Theorien aus Bequemlichkeit festsetzen, statt sich immer wieder durch Evidenz und Argument als die besten verfügbaren bewähren zu müssen. Die Tatsache, dass es keinen privilegierten Zugang zur Erkenntnis in identifizierbaren Institutionen oder Personen gibt, spricht auch im Falle der Rechtsfindung für Pluralismus: Rechtssetzung und Rechtsprechung von unten durch Richter, die in einem konkreten Fall gerufen werden und nur den betreffenden Fall entscheiden, statt von oben durch eine zentralstaatliche oder gar multinationale und in letzter Konsequenz weltumspannende Instanz. Auch in Bezug auf das Recht gibt es ein Argument epistemischer Bescheidenheit, das für die angelsächsische Tradition des »common law« spricht und gegen das zentralstaatliche Gewaltmonopol auf einem Territorium. Bruno Leoni (1961) zum Beispiel hat in seinem klassischen Werk historisch fundiert anhand der europäischen Rechtsgeschichte aufgezeigt, wie basierend auf Rechtsfindung durch Richter in je konkreten Fällen, aus denen »common law« entsteht, sich fortentwickelt und korrigiert, eine stabile Rechtsordnung geschaffen werden kann.

Zusammenfassend ist meine These, dass die offene Gesellschaft keinen öffentlichen Raum benötigt, der durch die Staatsgewalt über öffentlich-rechtliche Medien und die Finanzierung von Bildung, Wissenschaft und Kultur organisiert wird. Eine solche Machtkonzentration bei den Staatsorganen droht vielmehr über kurz oder lang zur Zerstörung der offenen Gesellschaft von innen zu führen. Eine offene Gesellschaft benötigt eine Rechtsordnung, die auf dem Naturrecht beruht. Aber auch bei der Rechtsetzung und Rechtsprechung gibt es allen Grund, nicht den Pluralismus zu suspendieren, der die offene Gesellschaft kennzeichnet: Rechtsfindung durch eine Pluralität rechtssprechender Instanzen in den je konkreten Fällen statt das Monopol von Legislative, Exekutive und Judikative in den Händen einer zentralen Staatsgewalt.

Literatur

Brenner, Andreas (2022): Corona Soma. Leib in Zeiten der Pandemie. Würzburg: Königshausen & Neumann.

Bundesverfassungsgericht (2022): Erfolglose Verfassungsbeschwerde gegen die Pflicht zum Nachweis einer Impfung gegen COVID-19 (so genannte

»einrichtungs- und unternehmensbezogene Nachweispflicht«). Beschluss vom 27. April.

Doshi, Peter (2020): Will covid-19 vaccines save lives? Current trials aren't designed to tell us. In: British Medical Journal 371: m4037.

Dürr, David (2019): Staatliches Unrecht – Natürliches Recht. Warum Anarchismus zutrifft. In: Klaus Mathis und Luca Langensand (Hrsg.): Anarchie als herrschaftslose Ordnung? Berlin: Duncker & Humblot, S. 352–378.

Duisenberg, Willem F. (2002): International Charlemagne Prize of Aachen for 2002. Acceptance speech by Dr. Willem F. Duisenberg, President of the European Central Bank, Aachen, 9 May 2002. https://www.ecb.eu ropa.eu/press/key/date/2002/html/sp020509.en.html

Esfeld, Michael (2023): Land ohne Mut. Eine Anleitung für die Rückkehr zu Wissenschaft und Rechtsordnung. Berlin: Achgut Edition.

Esfeld, Michael (2022–23): Wissenschaftlicher und normativer Realismus. In: Zeitschrift für Rechtsphilosophie. Neue Folge 6–7, S. 9–27.

Esfeld, Michael (im Erscheinen): Die Illusion der *res publica*. In: Jurić, Hrvoje und Knaup, Marcus (Hrsg.): Recht, Staat und Freiheit in (post-) pandemischen Zeiten. Freiburg (Breisgau): Herder 2024.

Feyerabend, Paul (1975): Against method. London: New Left Books.

Frank, Gunter (2023): Das Staatsverbrechen. Berlin: Achgut Edition.

Fukuyama, Francis (1989): The end of history? In: The National Interest 16, S. 3–18.

Fukuyama, Francis (1992): The end of history and the last man. New York: Free Press.

Gebauer, Carlos A. (2021): Grundgesetz 2030. Modernisierungsvorschläge für eine Erhaltungssanierung. Reinbek bei Hamburg: Lau.

Hoppe, Hans-Hermann (1987): Eigentum, Anarchie und Staat. Opladen: Westdeutscher Verlag.

Hülsmann, Jörg Guido (2007): Die Ethik der Geldproduktion. Lüdinghausen: Manuscriptum.

Hülsmann, Jörg Guido (2013): Krise der Inflationskultur. München: FinanzBuch.

Kant, Immanuel (1784): Beantwortung der Frage: Was ist Aufklärung? In: Berlinische Monatsschrift 4, S. 481–494.

Kant, Immanuel (1911): Kants gesammelte Schriften. Band 4. Berlin: Reimer.

Kant, Immanuel (1979): Kants gesammelte Schriften. Band 27.2.2. Berlin: de Gruyter.

Kelton, Stephanie (2020): The deficit myth: modern monetary theory and the birth of the people's economy. New York: Public Affairs Books.

Kotchoubey, Boris (2023): »Land ohne Mut« wird bestätigt. In: Achse des Guten, 28. August 2023.

Krall, Markus (2023): Projekt 10% oder: Warum ein schlanker Staat besser funktioniert. In: Der Sandwirt, 5. Mai 2023.

Leoni, Bruno (1961): Freedom and the law. Princeton: D. van Nostrand.

Leopoldina (2020): 7. Ad-hoc-Stellungnahme zur Coronavirus-Pandemie vom 8. Dezember.

Lippmann, Walter (1925): The phantom public. New York: Macmillan.

Merkel, Angela (2020): Rede von Bundeskanzlerin Dr. Angela Merkel zum Haushaltsgesetz 2021 vor dem Deutschen Bundestag am 9. Dezember 2020 in Berlin.

Merton, Robert K. (1942): Science and technology in a democratic order. In: Journal of Legal and Political Sociology 1, S. 115–126.

Mosmann, Johannes (2020): Das Geheimnis der Macht. Die erweiterte Demokratie – Teil V. In: die Drei Nr. 6, S. 19–27.

Nozick, Robert (1974): Anarchy, state, and utopia. New York: Basic Books.

Polleit, Thorsten (2020): Mit Geld zur Weltherrschaft. München: FinanzBuch.

Popper, Karl (1945): The open society and its enemies. London: Routledge.

Popper, Karl (1957): The poverty of historicism. London: Routledge.

Rothbard, Murray N. (1982): The ethics of liberty. New York: New York University Press.

Shir-Raz, Yaffa et al. (2022): Censorship and suppression of Covid-19 heterodoxy: tactics and counter-tactics. In: Minerva, online 1.

Steiner, Rudolf (1961): Aufsätze über die Dreigliederung des sozialen Organismus und zur Zeitlage 1915–1921. Dornach: Rudolf Steiner.

Wray, L. Randall (2012): Modern money theory: a primer on macroeconomics for sovereign money systems. Houndmills: Palgrave Macmillan.

Esfeld, Michael (2024): Wissenschaft, Medien und Öffentlichkeit. In: Mediensystem und öffentliche Sphäre in der Krise, herausgegeben von Hannah Broecker und Dennis Kaltwasser, S. 19–40. Neu-Isenburg: Westend.

https://doi.org/10.53291/9783949925214_2

Inversion demokratischer Normen:

Von der Versicherheitlichung der Meinungsfreiheit zur Legitimierung von Zensur

Hannah Broecker

Einleitung

Offene Debatte und die Auseinandersetzung unterschiedlichster Perspektiven und Meinungen gehören zum Grundstock demokratisch verfasster Gesellschaften. Es gehört zum Allgemeinwissen, dass nur über freien Austausch die unterschiedlichsten Lebensrealitäten, Wissensbestände aber auch subjektive Perspektiven Eingang in die allgemeine Debatte finden können und so die Möglichkeit für alle Bürger erschaffen werden kann, sich frei und umfangreich sowohl über die Sachlage als auch über dazu existierende Meinungen zu informieren, um auf dieser Basis eine eigene Meinung und Haltung entwickeln zu können (BPB). In Verteidigung dieser Grundlagen wird sich in der deutsch- und englischsprachigen Presse, aber auch seitens staatlicher Akteure, regelmäßig gegen autoritäre Staaten abgegrenzt – mit dem Vorbehalt, die Meinungs- und Pressefreiheit werde dort eingeschränkt, die Machthabenden würden der umfangreichen Kenntnis ihrer jeweiligen Bevölkerung harsche Grenzen setzen und diese unterlägen daher einem Propaganda- und Zensurapparat, der ihnen eine freie Willensbildung unmöglich mache. Kurz: Die grundlegenden Prinzipien der demokratischen Debatte scheinen so unzweideutig wie banal, dass sie kaum noch zu diskutieren sein sollten.

Und doch finden sich in den vergangenen Jahren immer wieder und in steigendem Ausmaß Meinungsäußerungen vonseiten politischer Aktivisten, aktiver Politiker, (internationaler) Nichtregierungsorganisationen und großer Medienhäuser, die sich für deutliche Einschränkungen der freien Meinungsäußerung sowie für die Hervorhebung ›richtiger‹ politischer Perspektiven aussprechen: ein neuer Diskurs für Zensur, dessen Teilnarrative in diesem Artikel weitergehend analysiert werden sollen. Diese finden sich besonders häufig im Zusammenhang mit angenommenen Sicherheitsgefährdungen,

41

etwa dem möglichen Ende der Demokratie unter einer (erneuten) US-Präsidentschaft Donald Trumps, der Bedrohung der Demokratie und des Westens insgesamt durch die russische Außenpolitik – im militärischen wie im informationellen Bereich – sowie im Sicherheitsdiskurs um Covid-19 und dem Klimakrisendiskurs. Begriffe wie Fake News, Mis- und Desinformtionen sind in aller Munde. Sie sind zum festen Bestandteil der Debatte um Öffentlichkeit und insbesondere der Gefährdung der Demokratie, der Gesundheit, der Sicherheit, ja der Gesellschaft als Ganze geworden.

Es bleibt nicht bei Meinungsäußerungen. Seit 2016 ist eine Vielzahl von gesetzlichen Vorhaben zur Einschränkung der freien Meinungsäußerung umgesetzt worden, und weitere Kollaborationen zwischen großen Tech-Plattformen, Suchmaschinen, Regierungen bzw. regierungsnahen Institutionen und Universitäten wurden umgesetzt, um ungewünschte oder als gefährlich gebrandmarkte Meinungen aus der öffentlichen Sphäre zu verbannen, wie etwa im Kontext von Recherchen der Twitter Files (Taibbi 2023a) des Virality Projects (Shellenberger 2023), der Election Integrity Initiative u. v. a. (Taibbi 2023b) gezeigt werden konnte – über Kollaborationen, die Michael Shellenberger als den ›censorship-industrial-complex‹ bezeichnet.

Die hegemonial werdenden Argumentationslinien, die Falschinformationen für gefährlich und zensurwürdig erklären, die sowohl Informationen und Meinungen als auch die Bürger, die sie zum Ausdruck bringen, als gefährlich brandmarken, folgen zum einen fundamental antidemokratischen Argumentationslinien. Zum anderen beeinflusst die Art, wie wir Begriffe gesellschaftlich nutzen, das Verständnis dessen, was Konzepte, wie *Meinungsfreiheit*, der *Bürger* und *Demokratie*, die grundlegende gesellschaftspolitische Normen zum Ausdruck bringen, im geteilten Verständnis bedeuten. In den konkreten Fällen werden diese Bedeutungen nicht nur verändert, sondern in substantiellen Teilen in ihr regelrechtes Gegenteil verkehrt.

Grundlagen der demokratischen Öffentlichkeit

Der aus dem Griechischen stammende Begriff ›Demokratie‹ bedeutet zunächst einmal Volkherrschaft. Das Volk wird hier nicht regiert durch Personen, die über Abstammung oder anderweitige religiöse oder ideologische Begründungen das Recht zur Herrschaft in sich tragen. Stattdessen fußt die Herrschaftsform auf den Annahmen des Naturrechtes, die allen Menschen gleiche Würde, Wertigkeit und Rechte zusprechen (Kant 1785; Esfeld in diesem Band). Die Kernidee besteht also darin, dass sich politische Macht im Kontext der Gleichwertigkeit aller Gesellschaftsmitglieder immer rechtfertigen muss und letztlich nur durch deren Zustimmung zur legitimen Autorität wird. Es ist dieses Prinzip, das eine autonome öffentliche Sphäre unumgänglich macht, in der alle Themen und Perspektiven zunächst unabhängig von Durchsetzungsmacht diskutiert werden können müssen (Benhabib 2000:165). Prinzipiell darf daher keine Perspektive aus dem öffentlichen Diskurs ausgeschlossen werden (Pöttker 1999:219). Wenig verwunderlich ist die Entwicklung demokratischer Normen in Europa eng verwoben mit der Ablösung der Feudalgesellschaften und den Kernideen der Aufklärung verpflichtet (Habermas 1962). So ist etwa Immanuel Kants Ausspruch:

»Aufklärung ist der Ausgang des Menschen aus seiner selbstverschuldeten Unmündigkeit. Unmündigkeit ist das Unvermögen, sich seines Verstandes ohne Leitung eines anderen zu bedienen. Selbstverschuldet ist diese Unmündigkeit, wenn die Ursachen derselben nicht am Mangel des Verstandes, sondern der Entschließung und des Mutes liegt, sich seiner ohne Leitung eines anderen zu bedienen. Sapere, aude! Habe Mut, dich deines eigenen Verstandes zu bedienen!« (Kant 1784)

wegweisend für das Verständnis des Bürgers in einer aufgeklärten, postfeudalistischen Gesellschaftsordnung. Erst das Zusprechen der Vernunftbegabung jedes Einzelnen und der individuelle Mut, diese auch zu nutzen, entlässt die Menschen aus der Vormundschaft anderer und macht sie zu gleichberechtigten Bürgern.

Das Volk regiert sich also selbst auf der Basis der grundsätzlichen Gleichberechtigung aller Gesellschaftsmitglieder. Demokratietheorie begreift die Beteiligung aller Gesellschaftsmitglieder am politischen Prozess als inhärentes Gut und als rationalen Weg, zu möglichst guten Zielvorgaben und Entscheidungen für das politische Kollektiv zu kommen, da unterschiedliche Wissensbestände und Perspektiven einbezogen werden (Habermas 1981). Insofern ist die Aufgabe demokratischer Institutionen auch, eine Plattform zu bieten, auf der unterschiedliche politische Präferenzen, Bedürfnisse und Wünsche miteinander verhandelt werden können und so nicht in einen (gewaltsamen) Antagonismus ausarten, sondern friedliche Artikulationsmöglichkeiten und Kompromisslösungen ermöglichen – eine Art Druckventil. Demnach sind kontroverse Debatten, die auch grundlegend unterschiedliche oder polarisierende Sichtweisen widerspiegeln, durchaus wünschenswert für eine Demokratie. Chantal Mouffe etwa begreift gerade die Abwesenheit solcher grundlegenden Debatten als Entpolitisierung, die sowohl zu politischer Apathie als auch zu Radikalisierung führen kann, da einige Positionen aus dem gemeinsam verhandelbaren Raum ausgeschlossen werden und gerade *keine* Repräsentationsmöglichkeiten mehr erfahren (Mouffe 2013).

Auf der hier skizzierten Basis ist die Meinungsfreiheit sowohl im deutschen Grundgesetz (Art. 5) »Eine Zensur findet nicht statt« als auch in der EU-Charta (Art. 11) festgelegt. Auch der Medien-Staats-Vertrag beruht auf eben den Normen der vielfältigen und neutralen Berichterstattung. Insbesondere die Richtlinien für den öffentlich-rechtlichen Rundfunk sind darauf ausgelegt, diese Bedürfnisse der Gesellschaft zu erfüllen, indem dieser ein besonderes Augenmerk auf die ausgeglichene und neutrale Berichterstattung legen soll, die alle Perspektiven zu Wort kommen lässt (siehe MStV § 26).

Die Inversion demokratischer Normen

Debatten um Falschnachrichten, insbesondere die argumentativen Muster, zugeschriebenen Ursachen und angestrebten Lösungen widersprechen demokratischen Grundsätzen und Normen auf fundamentale Art und Weise. So sprechen die dominanten Narrative über falsche oder fehlgeleitete Nachrichten Bürgern die grundsätzliche Fähigkeit dazu ab, sich im politischen Umfeld eigenständig orientieren und sich eine Meinung bilden zu können. Stattdessen verweisen sie auf die Notwendigkeit, falsche und irreführende Informationen oder Meinungen zu zensieren, aus dem Diskurs auszuschließen und diese teilweise sogar zu kriminalisieren, wie es etwa im neuen Straftatbestand der *Staatsdelegitimierung* bzw. auch der noch ungenauer definierten *Staatsverhöhnung* geschieht. Im neu sich entfaltenden Diskurs, welcher freie Meinungsäußerung für falsch und gar gefährlich erklärt, wird zunächst einmal die Vielfalt von Informationen und Perspektiven selbst zum Sicherheitsproblem deklariert. So formulierte WHO-Generaldirektor Ghebreyesus 2020 »We're not just fighting an epidemic; we're fighting an infodemic«. Im Folgenden fasste die WHO unter ebendiesem Stichwort ›Infodemie‹ ein »Zuviel an Informationen, auch falscher oder fehlleitender Information in der digitalen oder physischen Umwelt während des Ausbruchs einer Krankheit« (WHO a, ohne Datum). Diese führe sowohl zu risikobehaftetem Handeln als auch zu Vertrauensverlust in die Gesundheitsbehörden und könne so Krankheitsausbrüche verlängern (ibid.). Die Vielzahl der Informationen und Informationsquellen überfordere den Bürger, führe zu Verunsicherung, Ängsten und Orientierungslosigkeit, dieser Einschätzung schließt sich auch das Bundesministerium für Bildung und Forschung (BMBF) an (BMBF 2021a; EU, ProWell, kein Datum).

Darüber hinaus werden aber auch einzelne fehlgeleitete (Misinformation) oder bewusst falsche Informationen (Desinformation) regelmäßig als sicherheitsgefährdend aufgeführt. Zuletzt ›transportiert‹ das Konzept der Malinformation, dass auch Informationen, die unseren geteilten Beweisführungsstandards entsprechend als wahr oder wahrscheinlich gelten müssten, durchaus gefährlich und aus dem öffentlichen Raum zu tilgen seien, wenn sie zu falschen Schlüssen genutzt werden (könnten) (Wardle/Derakshan 2017; Böllstiftung 2020; BMBF 2021b Nature 2022).

In der akademischen Literatur, den Veröffentlichungen regierungsnaher Stiftungen wie auch Medienberichten lassen sich insgesamt die folgenden Gefahrennarrative sowohl über ein ›Zuviel‹ an Informationen als auch ›Mis-Des- und Malinformationen‹ zusammenfassen:

a) Die Herstellung von Verwirrung und Zwietracht in der Bevölkerung durch bewusst gestreute Mis- und Desinformation durch autokratische ausländische Akteure (meist Staaten wie Russland, China, Brasilien, Ungarn)

b) Die Zerstörung demokratischer Meinungsbildungsprozesse durch die Manipulation von Information

c) Die Delegitimierung von demokratischen Institutionen durch Kritik an ihnen und ihrer Funktionsweise

d) Die sicherheitsrelevante Beeinflussung von Verhaltensweisen durch falsche (unwissenschaftlich hergeleitete) Informationen und Sichtweisen auf Krisensituationen

e) Die Unterstützung von Gewalttaten, Hass und Hetze durch falsche Informationen und Sichtweisen

Mit diesen Gefahrennarrativen geht jeweils eine Inversion grundlegender demokratischer Normen und Begriffsverständnisse einher, die im Folgenden näher analysiert werden sollen.

Die Inversion der Bedeutung des Bürgers

Im Diskurs für Zensur besteht der Bürger, so wie er in den unterschiedlichsten Demokratietheorien verstanden wird, nicht mehr. Die gesellschaftspolitische Rolle des Bürgers besteht aus Annahmen über dessen Aufgaben, Rechte und ethisch-moralische Position im politischen Gefüge – also der regelhaften Ausübung dieser Position. Der Begriff und die damit verbundenen Normen, Werte und Annahmen im klassischen Demokratiediskurs beruhen zunächst einmal auf a) der Annahme der Gleichwertigkeit aller Bürger und b) der Mündigkeit des Bürgers. Sie basiert weiterhin auf der Annahme des Rechtes (und zumindest der moralischen Pflicht) aller Bürger, c) sich mit politischen Angelegenheiten zu befassen, die eigene Perspektive zur Diskussion zu stellen und d) politische Entscheidungsfindungen und -träger zu hinterfragen und zu kritisieren. Fundamental liegt diesen Annahmen die demokratisch-ethische Notwendigkeit zugrunde, dass e) alle Macht im Staat sich rechtfertigen muss und letztlich nur durch die Zustimmung der Bürger legitimiert werden kann. Die gesellschaftspolitische Rolle des Bürgers ist also die des kritisierenden, evaluierenden, kontrollierenden und letztlich legitimierenden Akteurs aller politischen Macht. Eine wichtige Grundvoraussetzung für die Ausübung dieser Teilnahme am politischen Diskurs ist f) die Akzeptanz demokratisch-kommunikativer Grundnormen – allen voran, dass Akteure nicht an der Ausübung ihrer demokratischen (Rede-)Rechte gehindert, von der Öffentlichkeit ausgeschlossen oder gar tätlich davon abgehalten werden. Es sind diese Rechte und Pflichten, über die sich die Rolle des Bürgers in demokratisch verfassten Gesellschaften von jener in autokratischen oder diktatorisch organisierten Herrschaftsverhältnissen unterscheidet. Alle der genannten Grundvoraussetzungen für das Verständnis der Rolle des Bürgers in demokratisch verfassten Staaten werden im Zensurdiskurs indirekt und teils direkt konterkariert.

Die Unmündigkeit des Bürgers

So wird zunächst die allgemeine Unfähigkeit und Unmündigkeit des Bürgers postuliert. Im Zuge des Corona-Krisendiskurses wie auch des Klima-Krisendiskurses hat sich ein breites Narrativ entwickelt, das explizit vor eigenen Recherchen warnt – im englischsprachigen Diskurs vor dem ›doing your own research‹, im deutschsprachigen Diskurs bezieht sich das Narrativ stärker darauf, nur offiziellen Quellen zu vertrauen (Merkel, 18.3.2020). So führt Siegel im Forbes Magazine exemplarisch aus:

> »Recherchieren Sie beide Seiten und bilden Sie sich Ihre eigene Meinung. Das ist ein einfacher, geradliniger Ratschlag des gesunden Menschenverstands. Doch wenn es um Themen wie Impfungen, Klimawandel und das neue Coronavirus SARS-CoV-2 geht, kann er gefährlich, zerstörerisch und sogar tödlich sein. Die Techniken, die die meisten von uns anwenden, um die meisten unserer Entscheidungen im Leben zu treffen – das Sammeln von Informationen, deren Bewertung auf der Grundlage unseres Wissens und die Wahl einer Vorgehensweise – können zu spektakulären Fehlschlägen führen, wenn es um

eine wissenschaftliche Angelegenheit geht. [...] »auf eigene Faust zu forschen« könnte zu unermesslichem, unnötigem Leid führen« (Siegel 2020, siehe auch Washington Post 2024; Vice 2023).

Der Bürger sollte also unterschiedliche wissenschaftliche Ergebnisse nicht miteinander vergleichen, sie gegenüberstellen oder auch mit Erfahrungen aus dem eigenen Leben in Verbindung zu setzen versuchen. Dieses Narrativ in seinen unterschiedlichen Ausprägungen bezieht sich zuvorderst auf die Argumentation, dass Bürgern in der Regel die Fähigkeiten fehlten, um unterschiedliche Positionen gegeneinander aufzuwiegen und zum richtigen Ergebnis zu kommen. So finden etwa Chin et al. (2023) eine Assoziation zwischen dem Willen selbst zu recherchieren und Fehleinschätzungen über Covid-19, dem Halten falscher ›Glaubenssätze‹ sowie reduziertem Vertrauen in ›die Wissenschaft‹, die ihrerseits im Verlauf des Textes immer wieder mit wissenschaftlichen Institutionen gleichgesetzt wird, während Levy (2022) das eigenständige Recherchieren mit dem irrationalen Glauben an Verschwörungstheorien in Verbindung setzt.

Dieses Narrativ ist eingebettet in das inhaltlich breitere Narrativ, welches davon ausgeht, dass die reine Menge an potenziellen Informationen, aber auch an Kommunikatoren dieser Information unausweichlich zu einer Überforderung der Bürger führe. Schuld an der so entstandenen ›Infodemie‹ ist besonders die Vervielfältigung der Publikationsmöglichkeiten im Internet, die ohne die traditionellen ›gatekeeper‹ (Türhüter) der Medien auskomme (KAS a, kein Datum). Auch das Bundesministerium für Forschung und Bildung formuliert diesen Zusammenhang:

»Durch die Vielfalt an Messenger-Diensten, sozialen Medien sowie Videoplattformen und Blogs hat sich zudem der Charakter und die Nutzung der Medienlandschaft verändert. War der professionelle Journalismus früher noch Torwächter, der die präsentierten Informationen vorab kritisch geprüft und eingeordnet hat, so steht er für viele Menschen heute oftmals gleichbedeutend neben anderen Informationsquellen oder wird gar durch diese ersetzt. Diese Herabstufung bis hin zur völligen Ausblendung von professioneller Informationseinordnung kann eine Gefahr für die Demokratie und freie Meinungsbildung sein.« (BMBF 2021a)

Auch einige traditionelle Medien nehmen diese Rolle ganz selbstverständlich für sich in Anspruch. So schreibt etwa der MDR

»Im Zeitalter der Zeitungen waren es die Journalisten, die täglich entschieden, welche Inhalte an die Öffentlichkeit gelangen. Sie waren
die sogenannten Gate-keeper, sprich Türöffner. Doch soziale Medien
bieten nun jedem Menschen mit Internetzugang die Möglichkeit, die
Arena zu betreten und selbst Inhalte zu veröffentlichen. Die Hürde, am
öffentlichen Diskurs teilzunehmen, sinkt. Allerdings steigt damit die
Anzahl an Falschinformationen.« (MDR 2019)

So würde zum einen ein deutliches Mehr an (Mis-)Informationen und Kommunikation stattfinden und zum anderen deren Qualitätsstandards sinken.
Die Bürger selbst sind allgemein, jedoch insbesondere in wissenschaftlichen
Fragen, nicht fähig, in diesem Kontext unterschiedliche Perspektiven gegeneinander aufzuwiegen oder sich der Limitierung ihres Wissens bewusst zu
werden. So stellt das BMBF weiter fest:

»Gerade in der gegenwärtigen Coronakrise kursieren im Internet viele
Informationen und Schlagzeilen, die darauf abzielen, Menschen zu beeinflussen. Aktuell warnt beispielsweise die Bundesregierung vor besonders vielen Irrtümern und Falschinformationen zu Impfungen und
Impfstoffen. Auch Verschwörungstheorien verbreiten sich zunehmend.
Desinformation im Internet betrifft dabei alle Kanäle, die Bürgerinnen
und Bürger nutzen, um sich online zu informieren und eine Meinung
zu bilden.« (BMBF 2021b)

Deutlich wird hier auch: Der Unhold sitzt im Internet, wo potenziell alle
publizieren können und die Meinungs- und Qualitätswächter der traditionellen Medien fehlen. Eine grundlegende Argumentation für die Rezentrali-
sierung der Informationsinfrastruktur über große und vertrauenswerte Me-
dienkanäle und ein Abwenden von sozialen Medien und Informationen im
Internet, die unterschiedlichsten (unprofessionellen) Akteuren eine gleich-
berechtigtere Basis für die Teilnahme an der Öffentlichkeit bieten, stellen die
grundsätzlichen Ursachenanalyse und Lösungsstrategien dar.

Hier entsteht das Bild des Bürgers als unselbstständig und hilfsbedürftig
mit Bezug auf die Verarbeitung von gesellschaftlich und politisch relevanten
Informationen. Er wird, was seine Informationsumgebung angeht, schutz-
bedürftig und abhängig von Akteuren, die ihm die Information zu richti-
gem Wissen und richtigen Perspektiven darauf ausdeuten. Diese Akteure
sind der Staat, professionelle Journalisten, die für etablierte Medienkonzerne
arbeiten, und soziale Medienplattformen, von denen letzteren ihrerseits auf

Anweisung von Staaten zunehmend die Bürde, falsche Informationen zu zensieren, auferlegt wird.

Der Bürger ist hier nicht mehr die Instanz, die zumindest formal die staatliche Machtausübung kontrollieren und evaluieren kann und durch dessen Zustimmung Staat und Politik erst legitimiert werden. Vielmehr ist er der Machtbefugnis von Staat und Politik unterstellt und von ihr abhängig. Ein Zuwiderhandeln ist nicht nur unvernünftig, sondern potenziell gefährlich für ihn selbst und andere und damit auch sozial der Ächtung würdig. Der Bürger muss die für ihn richtigen Informationen zugeteilt bekommen und entfällt somit als kontrollierende Instanz vollends. Besonders ausufernd ist diese Logik, da sie nicht über reinen Zwang ausgeübt, sondern über die diskursive Infantilisierung des Bürgers auch normativ gerechtfertigt und als nötige Benevolenz dargestellt wird. Es bleibt eine unfähige, unselbstständige Lebensform, die sich alleine gar nicht orientieren kann, zurück. Damit ist auch die grundlegende Idee des sozialen Vertrags (der historisch betrachtet immer schon nur eine Fiktion war) nun auch der Idee nach null und nichtig, da ja gar kein mündiges Wesen, das seine Macht kollektiv an eine zentrale Regierung abtreten könnte, vorhanden ist.

Staatlich-mediales Informationsmonopol
Als Konsequenz der attestierten Unfähigkeit und Schutzbedürftigkeit der Bürger werden der Staat, der mit ihm zusammenarbeitende vertrauenswürdige Ast des Journalismus und (teils durch staatlich-finanzierte Projekte beschäftigte) Wissenschaftler zu den Hütern der zur Verfügung stehenden Informationen und Sichtweisen, bzw. der Wahrheit, aufgebaut und legitimiert. So obliegt es in diesem Diskurs etwa Regierungsinstitutionen, eine vertrauenswürdige digitale Informationsumwelt zu schaffen:

»Die Mechanismen hinter der Erzeugung und Verbreitung von Desinformation zu verstehen, [ist] ein wichtiger Schwerpunkt der vom BMBF geförderten Forschung. Das Ziel: Lösungen für eine vertrauenswürdigere digitale Welt entwickeln.« (BMBF, Forschung gegen Desinformation; BMBF 2021a)

Im Rahmen des vom BMBF geförderten Projekts Dorian, ›Desinformation im Internet aufdecken und bekämpfen‹, werden darüber hinaus die zensorischen Erfolge der EU-Politik in Zusammenarbeit mit Wissenschaftlern, Faktencheckern und großen Tech-Plattformen aufgezählt. So zeige der Bericht an die EU-Kommission, dass diese inzwischen

»hunderttausende Nutzerkonten [sperren], Werbeanzeigen und -ange-bote mit Fehlinformationen rund um das Coronavirus, Impfstoffe und Impfungen. Sie überprüfen und markieren Falschmeldungen, die auf ihren Plattformen verbreitet werden. Facebook zum Beispiel arbeitet dabei weltweit mit rund 50 externen Organisationen – sogenannten »Fact Checkern« – zusammen, die Inhalte in mehr als 25 Sprachen hinsichtlich ihres Wahrheitsgehalts überprüfen. Zu den Teams gehö-ren Nachrichtenagenturen, Medienunternehmen und gemeinnützige Organisationen.« (BMBF 2021b)

Unter dem Stichwort »Empowering users« hält der *EU Code of Conduct against Disinformation* (2022) eine Reihe von Maßnahmen fest, die den Nut-zer schützen sollen. Entgegen der Betitelung können diese Maßnahmen in ihrer Gänze jedoch keinesfalls zu einer Art des Empowerment – der Selbst-ermächtigung – gezählt werden. So sollen Nutzer besser vor Desinforma-tion geschützt werden. Der Code soll sicherstellen, dass die Verbreitung von Desinformationen über technische Lösungen eingeschränkt (also zensiert) wird. Auch sollen verbesserte Maßnahmen ergriffen werden, um Misinfor-mationen zu erkennen, Desinformation zu benennen, und der Zugang zu autoritativen Quellen soll verbessert werden. Die Ermächtigung bezieht sich also keinesfalls darauf, dass Bürger eine Auswahl an Informationen und Perspektiven erhalten und sich selbstständig eine Meinung bilden können, sondern im Gegenteil auf die Reduzierung der als falsch gebrandmarkten In-formationen und der Hervorhebung solcher, die von staatlichen Quellen als richtig identifiziert wurden. Die einzig benannten potenziell selbstermäch-tigenden Komponenten sind Verweise auf die Steigerung von Medienkom-petenz. Im Kontext bisheriger Maßnahmen bleibt zu vermuten, dass es sich bei der Verbesserung der Medienkompetenz jedoch nicht um die Erlernung kritischer Hinterfragungsfähigkeiten handelt, sondern vielmehr um das Wis-sen darum, welche Quellen als vertrauenswürdig gelten (EU 2022).[1] So stellt auch die RAND Corporation als US-amerikanischer Thinktank Werkzeuge zur Verfügung, die dazu beitragen sollen, dass Privatpersonen, Journalisten u. a. Wahrheit von Falschnachrichten unterscheiden können (RAND b, ohne Datum). Keines dieser Werkzeuge basiert jedoch darauf, das Level der

---

1 »Users will be better protected from disinformation through enhanced tools to recognise, understand and flag disinformation, to access authoritative sources, and through media liter-acy initiatives. In particular, the Code will ensure that safe design practices are put in place to limit the spread of disinformation and ensure more transparency of their recommender systems, adapting them to limit the propagation of disinformation.«

Beweislage für oder gegen bestimmte Sachverhalte offenzulegen. Vielmehr handelt es sich auch hier um vordefinierte Wahrheiten.

Auf der legislativen Ebene legt der spätestens zum 17.2.2024 in Kraft tretende *Digital Services Act* (DSA) unter der Zielsetzung der »Festlegung harmonisierter Vorschriften für ein sicheres, vorhersehbares und vertrauenswürdiges Online-Umfeld« (Art. 1, Abs. 1) weitreichende und arbiträr nutzbare Möglichkeiten und Pflichten der Zensur innerhalb der EU fest. So müssen große und sehr große Onlineplattformen unter anderem »ermitteln, analysieren und bewerten«, ob vermittelte Informationen rechtswidrig sind, aber auch ob sie »voraussehbar nachteilige« oder »absehbar nachteilige Auswirkungen« auf die Ausübung von Grundrechten oder »die gesellschaftliche Debatte und auf Wahlprozesse und die öffentliche Sicherheit« sowie auf »geschlechtsspezifische Gewalt, den Schutz der öffentlichen Gesundheit und von Minderjährigen sowie schwerwiegende nachteilige Folgen für das körperliche und geistige Wohlbefinden einer Person« haben könnten und diese ggf. löschen (Art. 34 Abs. 1, siehe auch Art 35). Bei Nichteinhaltung dieser Verpflichtungen drohen den Konzernen Geldstrafen von bis zu »6 % des weltweiten Jahresumsatzes« (Art. 52). Eine klare Weisungsgebundenheit an den nationalen Koordinator sowie die EU-Kommission, die ggf. auch ohne Einblick des nationalen juristischen Systems Sperrungen und Sanktionen durchsetzen kann, sind ebenfalls vorgesehen.

In einer Steigerungsform dieses Narratives wird bisweilen auch die Forderung laut, Bürger hätten ein Recht auf richtige und gute Informationen. So postuliert etwa die Böll-Stiftung (2020:19): Fake News

»gefährden das Recht der Öffentlichkeit, gut informiert zu sein und gesellschaftliche Fragen auf der Grundlage verlässlicher, hochwertiger, korrekter und auf dem öffentlichen Interesse beruhender Informationen diskutieren zu können«.

Das Recht auf aktive politische Partizipation und aktive Evaluation politischer Entscheidungen wird hier mit dem Recht auf ein passiv nutzbares Konsumgut ersetzt. Einerseits zieht dies eine völlige Umkehr des Rechtes auf politische Partizipation und Meinungsäußerung nach sich. Darüber hinaus wird die durch attestierte Unfähigkeit bedingte Schutzbedürftigkeit zu einer Tugend erhoben, auf die ein Recht bestehe, darauf basierende Leistung auch einzuklagen. Eine grundlegende Schwierigkeit, die dabei entsteht, ist die Frage danach, wer bzw. welche Akteure die Richtigkeit und Güte solcher Informationen letztlich sichern. Welche Akteure sollen imstande sein, für die

Allgemeinheit zu definieren, welche Informationen »auf dem öffentlichen Interesse beruh[en]«? Besonders die Frage nach der ›guten Information‹ ist zusätzlich dadurch besonders erschwert, dass der Entscheidung immer auch Werturteile zugrunde liegen müssen: welche Kosten ist wer bereit zu tragen für politische Entscheidungen? Wem werden sie aufgebürdet? Welche Werte und Präferenzen sind von politischen Entscheidungen betroffen?

Im Konzept der Malinformation konzentrieren sich ebendiese Konflikte, da hier explizit formuliert wird, dass Informationen nicht unwahr oder falsch sein müssen, um gefährlich und zensurbedürftig zu sein. Vielmehr können auch – nach unseren Beweisverfahren und -standards – akkurate Informationen zu unguten Zwecken genutzt und damit potenziell gefährlich sein oder auch schlicht nicht der jeweiligen Definition des ›öffentlichen Interesses‹ dienen (Wardl/Derakshan 2017, Böll-Stiftung 2020; vgl. DSA Art. 5). In der akademischen Literatur stellen etwa Chin et al. (2023) eine solche Verbindung her, indem sie inhaltliche Forderungen mit politischen Haltungen korrelieren und die Forderungen so über, ihnen möglicherweise zugrunde liegende, Intentionen zu delegitimieren versuchen. So nutzten etwa

> »Aufrufe selbst zu recherchieren« »häufig eine Sprache, die an demokratische Ideale, persönliche Freiheit und individuelle Ermächtigung appelliert. Starke Unterstützung aber für die eigenständige Recherche könnten stattdessen allerdings auch eine Anti-Expertenhaltung und Misstrauen zum Ausdruck bringen, die zu falschen Glaubenssätzen führen« (o.S., Ü.d.A.).

Des Weiteren wird eine Assoziation zwischen solchen Aufrufen und Gruppen wie QAnon hergestellt. Letztlich sei es möglich, dass Aufrufe dazu, selbst zu recherchieren, nicht die aufrichtige Informationssuche zum Zentrum habe, sondern schlicht eine politische Identität zum Ausdruck brächten, die auf Anti-Establishment und Anti-Eliten-Haltungen basiere (Chin et al 2023). Hier wird also – in einer zutiefst unwissenschaftlichen Art und Weise – formuliert, dass legitime demokratische Forderungen durchaus abzulehnen seien, wenn diese von Akteuren mit der falschen politischen Haltung formuliert werden (könnten). Ein Muster, das sich auch im Phänomen der sogenannten Cancel Culture zunehmend im öffentlichen Diskurs Bahn bricht (siehe Meyen 2024).

Bereits die Annahme, einzelne Gruppen könnten eine solche Definition für die Gesamtbevölkerung vornehmen, ist grundsätzlich nicht mit der demokratischen Kernvorstellung vereinbar, dass ebendieses ›öffentliche Interesse‹ gemeinsam und unter Austausch unterschiedlichster Perspektiven, Wünsche und Lebensbedingungen auszuhandeln ist. Tatsächlich geht etwa die Forschung zum Nudging – dem ›Anschubsen‹ von richtigen Verhaltensweisen – sowie zur Verhaltensökonomie noch einen deutlichen Schritt über diese Grenze hinaus, da sie erforscht, wie sich Haltungen und kulturelle Voraussetzungen für die gesellschaftliche Akzeptanz von politischen Maßnahmen auf grundlegender und längerfristiger Ebene ohne das bewusste Zutun oder Wissen von Bevölkerungsgruppen beeinflussen lassen (Thaler/ Sunstein 2009; siehe auch Broecker 2023).

Letztendlich findet sich in diesem Argumentationsstrang, insbesondere im Fall gut situierter Medienkonzerne und regierungsnaher Parteien und Stiftungen, ein Plädoyer von diesen Akteuren dazu, die allgemeingültige Wahrheit festlegen zu dürfen, ohne dafür grundsätzlicher Kritik ausgesetzt zu werden, und die dieses Bestreben zunehmend über die Kriminalisierung der Hinterfragung ihrer Informationslage und Perspektive abzusichern. Damit dieser argumentative Gang logisch Sinn ergeben kann, müsste die implizite Annahme gemacht werden, dass die politischen, wissenschaftlichen und journalistischen Kräfte, die allein befugt sein sollen, Entscheidungen über die richtige und gute Information ohne substantielle Widerrede zu treffen, zum einen nur die besten Absichten (nach welchem Bewertungsmassstab?) für die gesamte Bevölkerung im Sinne haben und ihnen zum anderen ein allumfassendes Wissen (wer garantiert dessen Richtigkeit?) zur Verfügung steht. Es müsste außerdem garantiert sein, dass ausnahmslos alle Akteure trotz ihrer privilegierten Position, ihrer Macht, hegemoniale Diskurse zu formen und trotz ihrer Einbindung in hochgradig profitorientierte Kontexte (wie etwa der pharmazeutischen Industrie, der Waffen- oder der Klimawandel-Industrie) altruistisch, integer und nicht korrumpierbar sind.

Verbindung des feindlichen Außen mit dem Innen
Ein zweiter, bereits angedeuteter Aspekt des Narrativs der Unmündigkeit des Bürgers ist die Gefahr, die von der Kombination der prinzipiellen Unmündigkeit und dem trotzdem vorhandenen Willen, sich eigenständig eine Meinung zu formieren, ausgeht. So werden die Bürger selbst zur Gefahr deklariert. Zum einen über die gesteigerte Wahrscheinlichkeit, sich nicht an politisch beschlossene Maßnahmen zu halten und somit gefährdenden Verhaltensweisen nachzugehen, als auch über die Unterstützung falscher Perspektiven, die durch böswillige (autokratische) ausländische Eliten in den hiesigen Diskurs gestreut werden. Das feindliche Außen verbindet sich so

mit dem feindlich-gesonnenen Innen, dem eigenen Bürger, entweder durch dessen unbedachte Dummheit und Unwissenheit oder dessen (moralische) Komplizität mit dem bösartigen Außen (wie es etwa der Begriff ›Putinversteher‹ und der Straftatbestand der Kriegsverbrechensleugnung nahelegt). Der Bürger, der selbst zur Gefahr für sich selbst, andere, den Staat oder gar das Überleben der gesamten Menschheit wird, darf und muss damit auch zur Zielscheibe dessen werden, was im hybriden Krieg um die ›hearts and minds‹ nötig ist. Nicht umsonst sind diverse Projekte zur Desinformationsbekämpfung (also der Auffindung und Zensur falscher Informationen und Perspektiven) in Innen- und Außenministerien wie auch in militärischen Einheiten organisiert (BR 2023). Derzeit bedeutet dies zuallererst die Zensur von Informationen und Meinungen auf sozialen Medienplattformen, aber auch auf Internetseiten, die einen Eingriff in die ökonomische Grundlage etwa von Journalisten darstellt. Mit dem Straftatbestand der durch den Verfassungsschutz (un)bestimmten *Staatsdelegitimierung*, für dessen Exemplifizierung das Bundesamt ein Plakat mit der Aufschrift »Diese Politik vernichtet uns alle« gewählt hat, und mit dem neuen Maßnahmenpaket gegen *Staatsverhöhnung* werden nun weitere juristische Komponenten hinzugefügt (BfV ohne Datum; Faeser 2024; Warweg 2024).

In Abgrenzung zum guten Bürger der Kant'schen Lehre ist also der gute Bürger des neuen Zensurdiskurses einer, der nicht den Mut hat, sich seines eigenen Verstandes zu bedienen, dem (scheinbaren) wissenschaftlichen Konsens kritiklos glaubt und folgt und keine eigenen Recherchen unternimmt, in denen er (wissenschaftliche) Meinungen und die Evidenz (auch der eigenen Erfahrung) gegeneinander abwägt. Er übernimmt damit letztlich auch keine Verantwortung für das eigene Handeln, da die Rationalisierung dieses Handelns ja auf andere gesellschaftliche Kräfte ausgelagert wurde.

Die Inversion der Meinungsfreiheit

Ausgehend von der Unmündigkeit des Bürgers wird im Zensurdiskurs auch die Meinungsfreiheit selbst als Gefahr begriffen. Dies geschieht im Kern über zwei Narrative: Zum einen wird argumentiert, die Meinungsfreiheit brächte nicht die besten Informationen und Argumente zur Geltung, sondern die lautesten. Zum anderen wird die paradoxe Vorstellung verfochten, die Meinungsfreiheit der Schwachen in der Gesellschaft sei nur über die Zensur vermeintlich dominanter Positionen herzustellen.

Wissenschaftlichkeit und gefährliche Verhaltensweisen

Ein zentrales Narrativ im Zensurdiskurs postuliert, es seien oft nicht die besten Argumente und die Wahrheit, die sich über demokratische Debatte und Meinungsfreiheit durchsetze, sondern die lautesten Meinungen. Folglich könne die Auswahl der richtigen und guten Informationen und Sichtweisen nicht der demokratischen Auseinandersetzung überlassen werden. Da die falschen Informationen und Meinungen, insbesondere in Krisensituationen, zu gefährlichem Verhalten führen könnten, müssen diese eingehegt werden. So stellt Jason Brennan, Professor an der Georgetown University, in seinem Buch »Against Democracy« heraus, die Demokratie habe keine inhärenten Wert, sondern müsse an ihren Ergebnissen gemessen werden. Diese jedoch wären regelmäßig nicht gut genug und die Demokratie selbst sei die Regentschaft der Dummen und Irrationalen (Brennan 2016). Ähnlich fordert Thomas Brussig in der Süddeutschen Zeitung (2021): »Mehr Diktatur wagen!«, um die Klimakrise bewältigen zu können. Auch das EU-geförderte Projekt ProWell stellt fest, dass falsche Informationen sowohl zu »Verwirrung« als auch zu »risikofreudigem Verhalten« führten (EU, ProWell. Ohne Datum). Sie hätten damit ihre Legitimität auf Öffentlichkeit und Diskussion verwirkt (siehe Nossel 2022).[2] Die allgemeingültige Meinungsfreiheit wird somit als Wert diskreditiert. Nur die wissenschaftlich richtige Perspektive vermag dann auch zu sicherheitsförderndem Verhalten zu führen und hat somit einen legitimen Anspruch auf Repräsentation in der Öffentlichkeit. Diese Logik wird häufig sowohl im Kontext etwa des Corona-Krisendiskurses, als auch des Klima-Krisendiskurses, aber auch der Wahlkampagne von Donald Trump sowie mit dem Pro-Trump »Sturm auf das Capitol« vom 6. Januar 2020 genutzt wird.

Für das Verständnis von Meinungsfreiheit sind diese Auffassungen verheerend. Zunächst bedeuten sie eine unzulässige Engführung der Meinungsfreiheit, für die eine Einschränkung auf wissenschaftliche Ergebnisse nicht vorgesehen ist. So etwa das Alltagserleben der Bürger und somit werden unterschiedliche Auswirkungen von politischen Entscheidungen irrelevant für die Diskussion politischer Entscheidungen. Gleiches gilt für Perspektiven, die nicht in erster Linie auf wissenschaftlichen Erkenntnissen beruhen, sondern soziopolitische und kulturelle Präferenzen oder auch Gefühle zum Ausdruck bringen und somit keiner wissenschaftlichen Rechtfertigung bedürfen.

---

2   »If policies adopted in the name of free speech impair rather than advance those ends, they may not be speech-friendly.«

Bei vielen Informationen handelt es sich zunächst einmal um Beobachtungen (durchaus auch aus dem gelebten Alltag) sowie um Vermutungen (über Zusammenhänge). In regelgeleiteter Form ist dies auch, was wissenschaftliche Studien leisten: Sie stellen Vermutungen auf und bekräftigen oder widerlegen diese anhand von Versuchsreihen. Auch solche Vermutungen können ihren Ursprung in alltäglichen Beobachtungen haben und sind nie frei von persönlichen Hintergründen und Interpretationseinschränkungen. Für die Güte von Informationen und Sachverhalten gelten die Regeln logischer Beweisverfahren und Plausibilisierung: Werden etwa akzeptierte Beweisverfahren für eine Behauptung vorgebracht? Sind diese mit transparent nachvollziehbaren Quellen belegt? Die Beurteilung der Güte von Informationen, Sachverhalten und damit verbundenen Sachzusammenhängen müssen in einer Demokratie allen Diskursteilnehmern offenstehen, da andernfalls eine Enklave von Personen entsteht, denen diese Fähigkeit zugeschrieben wird, und andere, die von der Debatte um politische Entscheidungen grundlegend ausgeschlossen werden. Ein Diskurs, der auf wissenschaftlich richtigen Perspektiven besteht, schließt zunächst einmal alle nicht im wissenschaftlichen Sinn weitergebildete Personen – letztlich aber sogar alle, die nicht in der entsprechenden Fachdisziplin ausgebildet sind – kategorisch von der Beteiligung aus. Auch der Vergleich unterschiedlicher wissenschaftlich generierter Ergebnisse steht der Allgemeinheit damit nicht mehr zu. Es bleibt also nur noch die Auseinandersetzung zwischen Experten – eine Expertokratie unter staatlicher und medial vermittelter Leitung, die ihre Perspektiven in der Öffentlichkeit nicht mehr gegen andere verteidigen muss.

Eine weitere Schwierigkeit der oben benannten Argumentation liegt darin begründet, dass in der Gleichsetzung von Meinungsfreiheit mit wissenschaftlicher Richtigkeit ein autoritäres und damit im Kern unwissenschaftliches Verständnis von Wissenschaft konstruiert wird, wenn als wissenschaftlich richtig das gilt, was von staatlichen und renommierten Wissenschaftsorganisationen für den Stand der Forschung erklärt wird (siehe Chin et al 2022). So argumentiert etwas die Bundesregierung:

>»Offene, pluralistische und demokratische Gesellschaften sind anfällig für illegitime Einflussoperationen, weil sie Akteuren viele Angriffsflächen für offene und verdeckte Aktivitäten bieten. Oft dient Desinformation dazu, das Vertrauen in staatliche Stellen zu untergraben und durch das Befeuern kontroverser Themen gesellschaftliche Konflikte zu vertiefen. Werden beispielsweise Verschwörungs- und Untergangserzählungen im Zusammenhang mit der Corona-Pandemie von fremden

Staaten aufgegriffen und verstärkt, kann dies die öffentliche Sicherheit und Ordnung erheblich gefährden.« (2023)

Wissenschaftliche Richtigkeit wird damit nicht an den vielen unterschiedlichen Beurteilungen unterschiedlicher – auch renommierter – individueller Wissenschaftler oder an der zu beweisenden Güte der vorhandenen Studien festgemacht, sondern über Argumentation der Autorität, die letztlich staatlich gestützt wird. So fanden sich etwa hoch profilierte wissenschaftliche Stimmen, die sich auf der Basis wissenschaftlicher Studien und Datenlagen entgegen der offiziellen hegemonialen Perspektive zum Corona-Krisendiskurs oder auch dem Klima-Krisendiskurs geäußert haben und dies noch tun, ausgeschlossen (siehe Broecker 2023). Diese Informationen, Einwände und Perspektiven haben somit keinen Eingang in die Perspektive auf die wissenschaftliche Wahrheit genommen, sondern wurden zum allergrößten Teil ihrerseits vom Diskurs ausgeschlossen – sei es durch unsachliche Verunglimpfung und Ad-hominem-Attacken, konzertierte Kampagnen in der Medienberichterstattung, Ausschluss aus öffentlich sichtbaren Debattenräumen und Löschungen und Entmonetarisierungen auf sozialen Medienplattformen. Auch die sogenannte ›Kontextualisierung‹ auf sozialen Medien orientiert sich stets an der dominanten, offiziellen Lesart des jeweiligen (Krisen-)Diskurses. Dies widerspricht den Kernprinzipien wissenschaftlicher Betrachtung und Untersuchung auf fundamentale Art und Weise, da Wissenschaft in ihrem Kern Regeln und Prinzipien für den Prozess der Untersuchung von Gegenständen festlegt. Diese Prinzipien beschreiben die Regelhaftigkeit von Beweisverfahren und schließen Autoritätsargumente – ebenso wie das Argument des Konsenses – grundsätzlich aus. Es gilt lediglich die Qualität der Beobachtung und ihre Fähigkeit, die Regelmäßigkeit beobachteter Phänomene beschreiben, erklären und voraussehen zu können. Tatsächlich widerspricht das häufig in Anschlag gebrachte Argument des derzeitigen wissenschaftlichen Konsenses direkt den Beobachtungen von Thomas Kuhn, der historisch nachzeichnen konnte, dass sich falsche Paradigmen und damit vermeintlich unumstößliches Wissen in der Wissenschaft regemäßig über lange Strecken entgegen gegensätzlicher Evidenz halten kann, bis Paradigmen angepasst werden (Kuhn 1976: 57). Dies liegt insbesondere in Machtdynamiken und unhinterfragten Vorannahmen (die ebenfalls Teil von Wissensmachtsystemen sind) begründet (Foucault 2014: 39). Der Konsens von wissenschaftlichen Institutionen zu einem Thema ist also weder ein wissenschaftliches Verfahren noch ein guter Ratgeber für wissenschaftliche Richtigkeit. Insgesamt wird mit diesen Formen, über Wissenschaft zu sprechen, die im Kontext des

Diskurses für Einschränkungen der Meinungsfreiheit genutzt werden, ein Verständnis von Wissenschaft hergestellt, das den tatsächlichen Prinzipien wissenschaftlicher Betrachtung direkt widerspricht und damit ein Paradoxon herstellt. Auf dieser Basis fußt letztlich auch das im Februar 2024 durchgesetzte französische Gesetz zum »Kampf gegen sektiererische Auswüchse«[3] welches in Artikel 4 ausführt:

> »Die Aufforderung zur Aufgabe oder Unterlassung einer therapeutischen oder prophylaktischen medizinischen Behandlung wird mit einem Jahr Gefängnis und 15 000 Euro Geldstrafe geahndet, wenn diese Aufgabe oder Unterlassung als vorteilhaft für die Gesundheit der Zielpersonen dargestellt wird, obwohl sie nach dem Stand der medizinischen Kenntnisse offensichtlich geeignet ist, für sie in Anbetracht der Krankheit, an der sie leiden, schwerwiegende Folgen für ihre physische oder psychische Gesundheit zu haben.«

Noch verschärft wird diese Situation, da es letztlich Journalisten und Medienkonzerne – zunehmend unter dem Druck von staatlichen Stellen – sind, die als Gatekeeper von wissenschaftlicher Wahrheit fungieren und dies nach Willen des Zensurdiskurses auch tun sollen. Damit sind es letztlich fachfremde Kräfte, denen es obliegt zu entscheiden, welche Studien und welche Argumentationslinien glaubwürdig sind, und die wissenschaftliche Wahrheit postulieren oder auch nicht.

Dem zugrunde liegt auch die – regelmäßig als völlig selbstverständlich formulierte – Annahme, dass diejenigen, die Zugang zu Medienrepräsentation haben, so vertrauenswürdig sind, dass sie ihrerseits nicht nur keinerlei Hinterfragung oder Kritik bedürfen, sondern die Gesellschaft als Ganze einer solchen auch nicht ausgesetzt sein sollte. Auch diese Annahme widerspricht der grundsätzlichen Logik, die die Meinungsfreiheit zu einem der Grundpfeiler demokratisch organisierter Gesellschaften hat werden lassen: Keine Perspektive und keine Autorität liegt grundsätzlich außerhalb der Sphäre der Hinterfragung und der Kritik. Nur über diese Kritik und die Notwendigkeit der Rechtfertigung von Autorität lässt sich diese legitimieren. Die Argumentation, dass Gegenrede und alternative Blickwinkel zu denen, die von etablierten Medien geäußert werden und die sich gerade darüber definieren (und im Zensurdiskurs darüber legitimiert werden), dass sie die Perspektive von Regierungen und regierungsnahen Institutionen mittragen, prinzipiell

---

3 »Lutte contre les dérives sectaires«, https://www.senat.fr/leg/pjl23-111.html

unter Verdacht zu stellen und letztlich zu zensieren seien, da sie die Sicherheit von Gesellschaft und Staat gefährdeten, widerspricht den grundlegenden Prinzipien demokratischer Gesellschaften auf das Schärfste. Tatsächlich werden hier autoritäre Prinzipien bedient.

Den benannten Argumenten zum Trotz riegelt der Zensurdiskurs die Debatte um Meinungsfreiheit auch über die Delegitimierung von gegenläufigen Perspektiven ab, indem er dessen Protagonisten pauschal als irrational brandmarkt. Begriffe wie der Corona- oder Klimaleugner etwa zeigen an, dass Personen die Wahrheit nicht anerkennen (Kaltwasser 2022). Der Wissenschaftsleugner leugnet sogar wissenschaftliche Belege und Verfahrensweise – lehnt damit also geteilte Maßstäbe rationaler Wissensproduktion gleich grundsätzlich ab. Der Begriff des Postfaktischen (engl. Post Truth) wurde 2016 sogar zum deutschen und internationalen Wort des Jahres gekürt. Stephan wendet es für *die Zeit* an und demonstriert sogleich, dass der Begriff schlicht als Vorwurf der Irrationalität den politischen Gegnern (hier Donald Trump, »der den menschengemachten Klimawandel leugnet« und Brexit-Befürwortern) gemacht wird, als auch, dass im Kontext dieses Vorwurfes regelmäßig keine Sachargumente oder Beweise vorgebracht werden, sondern schlicht auf Konsenswissen und Autoritätsargumente verwiesen wird:

»… obwohl 99 Prozent der Wissenschaftler, die sich weltweit mit dem Thema auseinandersetzen, nicht den geringsten Zweifel daran haben …«

und

»… obwohl sämtliche ökonomischen Institute erklärten, dass der Brexit dem Land erheblich schaden würde« (Stephan 2016).

So wird etwa argumentiert, die entsprechenden Akteure lehnten Fakten grundsätzlich ab, beriefen sich auf ihr Bauchgefühl, welches sie mit wissenschaftlichen Erkenntnissen gleichsetzten, wie etwa Chin et al. (2023) vermuten. Ähnlich argumentiert auch Nossel in der *L. A. Times*, dass ein Übermaß an Desinformation dazu führen könne, dass Menschen ihr Verständnis davon verlieren, was wahr und falsch ist, und es dadurch unmöglich würde, sie auch mit den besten Beweisen zu überzeugen (L. A. Times 2022). In einer Steigerungsform wird bisweilen insinuiert, es handele sich um Formen der mentalen Krankheit. Unter dem Titel »Verschwörungsmythen im Freundeskreis: Eine Rückkehr ist möglich« formuliert die *taz*

»Deshalb müssen wir uns dringend damit auseinandersetzen, wie wir Verschwörungsgläubige wieder zurück in die Gesellschaft holen, wie wir Stigmatisierung vermeiden, Aussteigerprogramme fördern und präventive Maßnahmen ergreifen, damit Menschen resilient gegen Falschinformationen und Propaganda sind. Wie solche Programme funktionieren könnten, sollten Staat und Zivilgesellschaft so schnell wie möglich ausarbeiten.« (taz 2023)

Auch *t-online* (2021) zeigt sich hilfsbereit und formuliert unter der Überschrift: »Was Sie tun können, wenn der Freund auf Abwegen ist«, wie verschwörungstheoretische Inhalte abgewehrt werden können (auch »wenn man sich nicht so richtig auskennt im Thema«), und *der Spiegel* steigt in die Ratgeberliteratur mit ein und erklärt, was zu tun ist, wenn Freunde und Familie den Klimawandel leugnen und Fakten revidieren (Spiegel 2023).

Der Schutz der Schwachen
Ein dritter Strang der Argumentation für die Zensur von Perspektiven aus dem öffentlichen Diskurs beruft sich darauf, dass eine allgemeine, umfassende Meinungsfreiheit insbesondere den (scheinbar) bereits dominant repräsentierten Gruppen der Gesellschaft zugute käme. Etwa im Kontext der Debatte um den Twitterkauf durch Elon Musk wurde regelmäßig die Perspektive formuliert, die angekündigte ›absolute‹ Meinungsfreiheit würde in besonderem Maße ebendiesen bereits gesellschaftlich dominanten Akteuren dienen und gesellschaftlich schwache Gruppen unterdrücken und sei daher abzulehnen oder sogar zu fürchten. So argumentiert etwa Anand Giridharadas auf *MSNBC*, dass Meinungsfreiheit tatsächlich dadurch eingeschränkt war, dass Menschen, weil sie Frauen waren oder eine bestimmte Hautfarbe hatten, auf Social-Media-Plattformen angegriffen wurden. Die bisher unzulänglichen Versuche, dies zu unterbinden, hätten hier nur kleine Erfolge gezeitigt. Die geplante Rücknahme aller Zensur würde solche Praktiken wiederherstellen und so dazu führen, dass sich Menschen auf sozialen Plattformen nicht sicher und frei fühlen würden, sich frei zu äußern.

»Elon Musk lives in a world in which the only kind of free speech is white men feeling free to say whatever the hell they want. And what he doesn't understand and what a lot of folks don't understand is: speech is actually freer when everybody, everybody [...] can feel safe, can know that they're not gonna be harassed, can know that they're not gonna get outed, can know that they're not gonna get piled on by the Astro-turfed stand of some very rich man.« (MSNBC 2022)

Sunny Hostin teilt diese Meinung auf *ABC* (*The View*) und formuliert die Anklage, dass es hier lediglich um die Meinungsfreiheit heterosexueller wei-ßer Männer ginge (Hostin 2022, siehe auch NPR 2022, Guardian 2023; Poynter 2022).

Die gleiche Logik findet sich auch in großen Teilen der Narrative, die das Verbot von Hatespeech und Mikroaggressionen fordern. Hier wird ar-gumentiert, dass benachteiligte oder sozial schwache Akteure sich im öf-fentlichen Diskurs nur dann auch frei zu Wort melden und sicher fühlen können, wenn sie nicht der Gegenrede und der Kritik anderer, vermeintlich gesellschaftlich stärkerer Akteure ausgeliefert sind (siehe auch Kostner in diesem Band). So argumentiert etwa die irische Justizministerin McEntee, »Hate speech and freedom of speech are two separate things, with the former designed to shut people up and make them afraid« (Euronews 2023). Die paradoxe Argumentation hier lautet also, dass zum Schutz einer Meinungs-freiheit, die alle inkludiert, die Meinungsfreiheit solcher Gruppen, die Ar-gumente gegen bestimmte Diskurse (Gendernormen-Debatte, Pro-Immig-rationsdiskurs, Corona-Krisendiskurs, Klima-Krisendiskurs) vorbringen, zu beschränken sei. Dass es sich hierbei nicht um reine Regeln der Höflichkeit und des regelbasierten Austausches miteinander handelt, ist zum einen da-ran zu erkennen, dass hier nicht zuvorderst das Formulieren von Beleidigun-gen oder Drohungen sanktioniert werden soll (was in gewisser Form eine Parallele zu bereits seit Langem etablierten Regeln im nicht-anonymen öf-fentlichen Raum darstellen würde), sondern es geht explizit um die Formu-lierung von Informationen und Inhalten, die als schädlich wahrgenommen werden. Darüber hinaus ist zu erkennen, dass die gleichen Regeln – also die gleiche Form der Zensur von Gegenrede und verbalen Angriffen – im hege-monialen Diskurs nur einseitig eingefordert werden. So wird es durchaus als akzeptabel angesehen, auch aus gesellschaftlichen Machtpositionen heraus, ganze Bevölkerungsgruppen, die gegen hegemoniale Diskursnormen ver-stoßen, pauschal als Rechtsextreme, Neonazis oder Antisemiten, ›Aluhüte‹, Verschwörungstheoretiker, ›Covidioten‹ u. Ä. zu bezeichnen (Der Spiegel 2020a; Der Spiegel 2020b; taz 2020; Fechner in diesem Band). Im Corona-diskurs war es ebenfalls gesellschaftlich möglich, Maßnahmengegner auch tatsächlich aus lebenswichtigen Bereichen der Gesellschaft auszuschließen. Auch dies bedeutet einen weiteren Bruch mit der Norm der Meinungsfrei-heit, deren Zweck es ist, alle Stimmen sprechbar und hörbar zu machen.

Das Argument der Meinungsfreiheit wird hier wiederum genutzt, um sein exaktes Gegenteil – die Zensur bestimmter Perspektiven – zu legitimieren und zu fordern. Dass es sich hierbei nicht um einen wirkungslosen Randdiskurs handelt, zeigen neue Gesetzesentwürfe und -beschlüsse verschiedener westlicher Staaten. So sieht etwa der Gesetzesentwurf der kanadischen Regierung, die *Online Harms Bill/ C-63*, unter anderem vor, dass Personen, die einen Genozid befürworten oder eine Straftat begehen, deren Motivation auf dem Gefühl des Hasses basierte, dafür lebenslange Haftstrafen bekommen können.[4] Die Entscheidung darüber, welche Begebenheiten (nicht) als Genozid gelten, liegt dabei in staatlicher Hand. Darüber hinaus entsteht hier eine massive Ungenauigkeit darin, was als Befürwortung eines Genozides gelten soll. Gilt etwa bereits die Hinterfragung von Beweisverfahren und -materialien im Fall eines von Staat oder Gericht attestierten Genozids als solche? Im zweiten Fall werden tatsächlich wiederum sehr ungenau definierte Emotionen kriminalisiert. Auch die 2023 verabschiedete irische Gesetzesänderung ›Incitement to Violence or Hatred and Hate Offences‹ sieht sowohl die Strafbarkeit der Genozidleugnung und -trivialisierung vor als auch die Strafbarkeit mit zwischen ein und fünf Jahren Hafttrafe für das »Kommunizieren [...] von Material oder öffentlichem Verhalten, dass wahrscheinlich Hass oder Gewalt gegen eine Person oder Gruppe wegen ihrer geschützten Charakteristika hervorruft«. Diese Vorkehrung gilt auch, wenn das Material nicht tatsächlich zu Anfeindungen geführt hat oder nur die Absicht der Kommunikation bestand.

In der Analyse und Diskussion der Argumentationen für Zensur konnte immer wieder erkannt werden, dass grundlegende demokratische Werte und Normen nicht nur ihrem Sinn entstellt, sondern gegen ihren eigentlichen Sinn und ihre Bedeutung ausgelegt werden. Die Begriffe, die einst ein bestimmtes Repertoire an Praktiken repräsentiert haben, werden hier genutzt, um ein gegenteiliges Repertoire zu stützen, bedienen sich aber (noch) der Legitimität, die über viele Jahrzehnte hinweg mit ihnen assoziiert wurde. Ebenfalls konnte herausgearbeitet werden, dass in den Narrativen des Zensurdiskurses eine Abkehr vom Verständnis dieser Normen über

---

4   318 (1) »Every person who advocates or promotes genocide is guilty of an indictable offence and liable to imprisonment for life.«;
320.1001: Hate Crime, offenses motivated by hatred. »Everyone who commits an offence under this Act or any other Act of Parliament, if the commission of the offence is motivated by hatred based on race, national or ethnic origin, language, colour, religion, sex, age, mental or physical disability, sexual orientation, or gender identity or expression, is guilty of an indictable offence and liable to »imprisonment for life«.

grundlegende und umfassende Prinzipien und hin zur Verschmelzung der Begriffe mit bestimmten Inhalten stattfindet. So bezeichnet der Schutz der Meinungsfreiheit hier nicht mehr das grundsätzliche Prinzip des Schutzes *aller* Meinungsäußerungen, sondern den Schutz von *bestimmten* Perspektiven und Inhalten, während andere Perspektiven und Inhalte für gefährlich erklärt werden.

Inversion der Bedeutung von Demokratie

Zu guter Letzt sollen nun die Implikationen für den Demokratiebegriff diskutiert werden. Prinzipiell konnten hier zwei Narrativstränge festgestellt werden. Einer, der sich auf die Delegitimierung demokratischer Institutionen bezieht, und ein zweiter, der Verwirrung, Spaltung, Zwietracht und Polarisierung zum Fokus hat.

Delegitimierung von demokratischen Institutionen

Im ersten Narrativstrang wird argumentiert, dass eine Delegitimierung demokratischer Institutionen stattfände und dass diese die Demokratie selbst angreife bzw. schwächen würde (RANDa, ohne Datum). Als Delegitimierung demokratischer Institutionen gelten etwa Kritiken, die diesen Institutionen vorwerfen, ihre Arbeit nicht sachdienlich und kompetent, im Sinne der Bevölkerung auszuführen oder auf prinzipiell demokratische Art und Weise auszuführen. So stellt etwa die Böll-Stiftung fest, dass autokratische ausländische Eliten diese moralische Unterminierung fördern und

> »dass der Großteil dieser Inhalte nicht darauf abzielt, die Menschen von einer bestimmten Sache zu überzeugen, sondern darauf, Verwirrung zu stiften und das Vertrauen in demokratische Institutionen – vom Wahlsystem bis hin zum Journalismus – zu unterminieren« (2020:18).

Unterdessen wird der Innen-Staatssekretär Christian Hochgrebe (SPD) zitiert, dass Desinformationskampagnen ein fester Bestandteil der Bedrohung durch fremde Staaten seien:

> »Diktaturen wollten so Demokratien schwächen, Konflikte verstärken, das Vertrauen der Menschen in den Staat untergraben. Vor allem das rechts-extremistische Spektrum sei Adressat und Nutzer solcher Fake-Informationen.« (SZ, 12.2.2024, dpd-Nachricht)

Die Konrad-Adenauer Stiftung ihrerseits hält fest, dass autokratische Staaten das Ziel hegten, politischen Institutionen in Deutschland bzw. die Demokratie als Ganze zu schwächen. Diese Zielsetzung wird auch zur Legitimierung der Sperrung von RT DE und Sputnik vorgebracht (KAS 2022).

Es geht also nicht um Argumentationen, die tatsächlich für die Abschaffung demokratischer Normen und Institutionen plädieren, sondern vielmehr um solche, die sich für die Stärkung demokratischer Werte aussprechen und in diesem Rahmen bestehende Institutionen demokratisch verfasster Staaten in ihrer Funktionsweise kritisieren. Argumentativ wird dies gestützt durch den Versuch des feindlichen (autokratischen) Außen, demokratische Institutionen zu destabilisieren. Das Auswärtige Amt etwa habe in einer Analyse um eine prorussische Desinformationskampagne 50 000 gefälschte Nutzerkonten auf *X* aufgedeckt.

»Häufig tauchte darin der Vorwurf auf, die Bundesregierung vernachlässige die eigene Bevölkerung, um die Ukraine zu unterstützen: ›Ich finde es enttäuschend, dass die Regierung mehr für andere Länder tut als für die eigenen Bürger‹, lautete eine der meistverbreiteten Kurzmitteilungen.« (SZ, 26.1.2024)

Auch die Konrad-Adenauer-Stiftung stellt fest:

»In den letzten Jahren wurde Desinformation zu einer verbreiteten Strategie bei der Destabilisierung anderer Länder. Dabei werden bewusst Falschinformationen verbreitet, um insbesondere in Demokratien Entscheidungen zu beeinflussen oder politische Systeme zu destabilisieren.« (KAS 2023)

In gleicher Form werden auch die etablierten Medien von dieser Kritisierbarkeit entbunden. Unter dem Titel »Desinformation erschüttert das Vertrauen in Medien« wird hier dargelegt:

»Zudem können breit angelegte Desinformationskampagnen zersetzend wirken: Dadurch, dass sie das Vertrauen in Informationen und ihren Wahrheitsgehalt zu erschüttern vermögen, haben gesteuerte Kampagnen die Wirkmacht, die Glaubwürdigkeit auch genuin vertrauenswürdiger Informationsquellen zu beeinträchtigen. Desinformation kann dazu beitragen, dass das Selbstverständnis journalistischer Arbeit, deren Verlässlichkeit und Transparenz erheblich infrage gestellt werden.« (KAS)

Diese Aussage ist besonders interessant, da hier zum einen festgelegt wird, welche Informationsquellen als ›genuin vertrauenswürdig‹ zu gelten haben. Darüber hinaus werden sowohl das Selbstverständnis von Journalisten als auch die Verlässlichkeit und Transparenz ihrer Arbeit als indiskutable und sakrosankte Aspekte des Diskurses gebrandmarkt. Dies sticht besonders hervor, da die Medien im klassischen Demokratieverständnis als ›watchdogs‹ politischer Entscheidungsträger verstanden werden, hier aber von einer partei-affiliierten Stiftung als Hüter der Wahrheit in Schutz genommen werden, was auf mangelnden Abstand hindeutet. Letztlich sind Verlässlichkeit, insbesondere aber Transparenz, Aspekte, die recht einfach zu überprüfen sind. Eine Delegitimierung auf dieser Ebene sollte also mit der Art der Berichterstattung, der Offenlegung von Quellen, Affiliationen und Geldgebern leicht beizukommen sein und somit ihren furchterregenden Kern verlieren. Es wird daher eine klare Verbindungslinie zwischen Kritik und einem Angriff dieses feindlichen Außen gezogen. Auch hier finden wir eine Argumentation vor, die das Innen (den Bürger) mit dem feindlichen Außen gemein machen: schlecht informierte Bürger oder solche, die sich mit der Sache des feindlichen Außen gemein machen (etwa der sogenannte ›Putinversteher‹). Eine substantielle Kritik der Funktionsweise dieser Institutionen wird gewertet als Angriff bzw. Delegitimierung und Schwächung der Demokratie. In dieser Form der Argumentation werden unweigerlich Institutionen, die eine Rolle spielen in der regelgeleiteten Politik von demokratisch verfassten Staaten, gleichgesetzt mit der Demokratie an sich. Sie dürfen deshalb nicht mehr angegriffen oder kritisiert und infrage gestellt werden. Politische Kritik, die sich außerhalb des Rahmens des jeweiligen hegemonialen Diskurses bewegt, der von den Akteuren unterstützt wird, die diese Anklage erheben, wird so politisch unterbunden. Wenn diese Akteure selbst einen substantiellen Einfluss auf den öffentlichen Diskurs ausüben, wie es etwa bei Regierungsinstitutionen oder Leitmedien der Fall ist, wird eine solche Kritik gesellschaftlich massiv erschwert. Die Inanspruchnahme einer Position, von der aus Kritik an der Arbeit staatlicher Institutionen delegitimiert oder unterbunden werden soll, ist in sich zutiefst antidemokratisch. Die einzige im demokratischen Rahmen gegebene Ausnahme von dieser Regel sind Handlungen und Aussagen, die ihrerseits die Grundlagen des demokratischen Meinungsaustausches abzuschaffen suchen oder dieser etwa durch Gewaltausübung oder -androhung direkt zuwiderhandeln. Über den Umweg der Gleichsetzung von (bestimmter) Kritik an demokratischen Institutionen mit dem Versuch, demokratische Normen an sich zu zerstören, suchen Akteure des Zensurdiskurses eine Legitimität für den Ausschluss solcher Stimmen aus dem öffentlichen Diskurs zu legitimieren und das eigene Recht zu etablieren, frei von solcher Kritik sprechen und handeln zu können. Da es sich bei dieser Gleichsetzung um einen geradezu offensichtlichen logischen Fehlschluss handelt, sind es tatsächlich ebendiese Akteure, die sich der Handlung schuldig machen, die sie der Gegenseite vorwerfen: der Einschränkung demokratischer Normen und Grundrechte. Dass es sich hierbei nicht um eine rein normative Delegitimierung handelt, wird etwa in Deutschland durch die Institutionalisierung der benannten Konzepte der *Staatsdelegitimierung* und *Staatsverhöhnung* deutlich. Es sticht ebenfalls heraus, dass die Argumentation, Desinformation oder Malinformation stünden in Verbindung mit der Delegitimierung der Funktionsweise von Institutionen in demokratisch verfassten Staaten, die logische Präsupposition beinhaltet, dass eine solche Kritik nur auf Basis von falschen Informationen getätigt werden könne. Auf rationaler Basis scheint die Politik benannter Institutionen also als unantastbar bewertet zu werden.

Verwirrung, Spaltung und Polarisierung
In einem zweiten Narrativstrang wird argumentiert, dass das Glauben von falschen und sehr diversen Informationen sowie allgemein die Multiplizierung möglicher Informationsquellen zu einer Spaltung und Zwietracht in der Gesellschaft führe. Regelmäßig wird dies dabei mit einer generellen Ablehnung von Fakten bzw. einer postfaktischen Haltung in Verbindung gebracht. Durch die Ablehnung von faktischen Grundlagen sowie das Glauben von falschen Sachgrundlagen würde dann eine gemeinsame Wissensbasis unmöglich werden. Eine solche gemeinsame Wissensbasis sei aber für Demokratien unumgänglich (RANDa, ohne Datum).[5] Hier wird wiederum Personengruppen mit bestimmten, vom hegemonialen Diskurs abweichenden Haltungen oder Schlussfolgerungen vorgeworfen, Fakten abzulehnen. Zum einen wird damit deutlich, dass die Wahrheit bereits bekannt ist, zum anderen wird der diskursiven Gegenseite Irrationalität vorgeworfen.

Einerseits kann natürlich argumentiert werden, dass wenn sich Diskurse loslösen von gesellschaftlich akzeptierten Praktiken der Wissensetablierung, eine gemeinsame Wissensbasis tatsächlich unmöglich werden kann – es sei denn, es handelte sich um eine konzise Neuaushandlung der Mechanismen der Etablierung von Wissen (etwa: neue Standards für Beweisverfahren da-

---

5   »…a rejection of facts can have immediate consequences for individuals. In the case of CO-VID-19, for example, rejecting facts about the disease and how it spreads can lead to health complications and even death.«

für, dass etwas (nicht) der Fall ist). Nun liegt aber in besagtem Narrativ begründet, dass die Proponenten des Zensurdiskurses der Gegenseite schlicht flächendeckend vorwerfen, sich von der Faktenbasis gelöst zu haben. In den allermeisten Texten, die diesen Vorwurf erheben, werden keine konkreten Beispiele benannt, die ein solches Verhalten explizit zeigen. Tatsächlich findet aber regelmäßig eine Verknüpfung statt, die konstatiert, dass sich Gruppen, die von bestimmten Inhalten überzeugt sind, auch von der rationalen Basis und von Fakten abgekehrt hätten. So wird eine solche Nähe etwa zwischen Menschen, die die m-RNA Impfstoffe abgelehnt haben, aber auch zwischen Maßnahmenkritikern im weiteren Sinne sowie solchen Personen, die die Proposition eines vornehmlich menschengemachten Klimawandels in Frage stellen, hergestellt. Mit anderen Worten, denjenigen, die ein gegenhegemoniales Verständnis aktueller Krisendiskurse vertreten – auch wenn sie selbst Jahre, teils jahrzehntelang im jeweiligen Feld gearbeitet und geforscht haben und mit den höchsten Weihen ausgezeichnet sind. Es bliebe also im Einzelnen zu zeigen, inwiefern die entsprechenden Personen sich dabei tatsächlich von der rationalen Argumentations- und Faktenbasis entfernt haben. Eine flächendeckende Verurteilung in dieser Form ist jedenfalls argumentativ nicht haltbar. Vielmehr nimmt sie für sich selbst in Anspruch, die einzige richtige und wahre Position zu repräsentieren, da andere Positionen nur über eine Abkehr von Fakten, Rationalität und durch falsche Informationen zustande kommen könne. Diese Haltung bricht mit einer fundamentalen Grundvoraussetzung für demokratische, offene Auseinandersetzung mit dem Anderen. Chantal Mouffe (2013) zählt sie daher zu den fundamental antidemokratischen Haltungen.

Zentral wird in diesem Konglomerat von Narrativen davon ausgegangen, dass diese unterschiedliche Informations-, Wissens- und Meinungsbasis zu Verwirrung, Spaltung, Zwietracht und Polarisierung in der Gesellschaft führe, welche wiederum demokratiegefährdend sei. Hier stellen sich einige ganz fundamentale Fragen. Zum einen: führen grundlegend unterschiedliche politische Meinungen nicht immer zu Spaltung, Zwietracht und durchaus auch zu Polarisierung? Ist es nicht die Aufgabe demokratischer Institutionen, diese Phänomene so zu binden, dass wir uns trotzdem friedlich über diese sehr unterschiedlichen gesellschaftspolitischen Annahmen, Vorstellungen und Wünsche austauschen können? Ist nicht diese Vielfalt das Lebenselixir und Zeichen einer gut funktionierenden Demokratie? Zum anderen wird hier ein Paradoxon deutlich. Denn der Zensurdiskurs grenzt das demokratische Innen, wie bereits beschrieben, regelmäßig vom autokratischen Außen als Widersacher ab. Im demokratischen Innen herrscht Freiheit und Vielfalt im Gegensatz zum zensierenden und propagandisierenden Außen. Es wird also argumentiert, dass eine Meinungspluralität im Inneren herrsche, der Vorwurf, dass nur ein enger Meinungskorridor de facto zugelassen werde, wird zurückgewiesen. Das widerspricht fundamental der Annahme, dass Perspektiven, die sich so grundlegend entgegenstehen, dass sie zu Spaltung und Zwietracht (engl. discord) führen, gefährlich seien. Ein zweites Paradoxon entsteht, wenn in Gegenwehr gegen das autokratische, zensierende und propagandisierende Außen, im Innern ebenfalls zensiert und falsche Haltungen delegitimiert werden müssen. Letztlich wird Demokratie in diesem Diskurs dann so definiert, dass sie gegen die (falschen) *Inhalte* und Meinungen des feindlichen Außen geschützt werden muss, nicht aber gegen deren kommunikative und politische *Prinzipien*. Damit entsteht (wie schon im Fall der Meinungsfreiheit) eine Zusammenlegung von Demokratie mit bestimmten Inhalten, nicht mit bestimmten Prinzipien. Über den Begriff der Demokratie bzw. des Schutzes der Demokratie wird so am Abbau der Prinzipien gestrickt, die ideengeschichtlich ihren Kern ausgemacht haben. Es bleibt eine Worthülse, die noch eine gewisse Legitimität mit sich bringt, an deren Substanz jedoch argumentativ kontinuierlich gekratzt wird.

Fazit

Ziel dieses Beitrags war es, die Narrative, die den Pro-Zensurdiskurs ausmachen, zu analysieren. Dazu gehört insbesondere eine Analyse der logischen Voraussetzungen und Annahmen, die in bestimmten Argumentationsmustern implizit, wenn auch nicht immer explizit formuliert werden. Die Analyse wichtiger Bestandteile des Zensurdiskurses hat gezeigt, dass bereits die Argumentationswege dafür, dass und welche Sicherheitsrisiken durch falsche und fehlgeleitete Informationen vorliegen, in ihrer Logik fundamental mit demokratischen Grundsätzen und Normen brechen. Auch der monolithische Ansatz, dieses Gefahrenpotenzial über die Löschung von Informationen und Perspektiven – also über Zensur – zu beheben, verdeutlicht das antidemokratische Grundmuster dieses Diskurses. Eine antidemokratische und unwissenschaftliche Annahme tritt etwa zutage, wenn argumentiert wird, man könne ›die Wahrheit‹ bzw. richtige Informationen und Perspektiven über eine Reduktion auf (bestimmte) Expertenstimmen abbilden.

Darüber hinaus hoffe ich überzeugend gezeigt zu haben, dass auch das Verständnis, das wir von der Rolle des Bürgers, den Grundsätzen der Meinungsfreiheit, und letztlich unser Verständnis dessen, was Demokratie bedeutet, neue Bedeutungen annimmt, wenn diese Begriffe im sich entfaltenden Zensurdiskurs mit gänzlich neuen Regeln und Annahmen benutzt werden. Diese Begriffe bedienen sich dann nur noch des Glanzes eines vergangenen Aufklärungs- und Demokratiediskurses. Mit anderen Worten: Diese Begriffe bleiben als Worthülsen zurück, die hier teils in ihr direktes Gegenstück transformiert werden. Dies geschieht in allen drei untersuchten Bereichen vor allem darüber, dass die Begriffe von den Prinzipien gelöst und an ihrer Stelle mit konkreten Inhalten in Verbindung gesetzt werden. Meinungsfreiheit etwa gilt hier nicht mehr als Prinzip, sondern für bestimmte Inhalte, während sie gegen andere Inhalte verteidigt werden soll.

Dass es sich hierbei nicht nur um einen Randdiskurs ohne gesellschaftspolitische Relevanz handelt, wird darüber deutlich, dass eine Vielzahl von staatlichen Behörden diesem Diskurs anhängen und darüber hinaus substantielle Gesetzesänderungen in Deutschland, der EU und auf internationaler Ebene umgesetzt wurden, die auf ebenjenen Narrativen fußen und weitreichende Eingriffe in die öffentliche Meinungsäußerung ermöglichen oder sogar fordern.

Literatur

BBC 2019. Tackling Misinformation. 3.6. Razek, Ahmed.
Benhabib, Seyla (2000). The Embattled Public Sphere. Hannah Arendt, Jürgen Habermas and Beyond. In E. Ullmann-Margalit (Ed.), Reasoning Practically (pp. 164–181). Oxford: Oxford University Press.
BfV/ Bundesamt für Verfassungsschutz ohne Datum: Verfassungsschutzrelevante Delegitimierung des Staates. https://www.verfassungsschutz.de/DE/themen/verfassungsschutzrelevante-delegitimierung-des-staates/verfassungsschutzrelevante-delegitimierung-des-staates_node.html
BMBF (2021a). Demokratische Wahlen. Mit Forschung gegen digitale Desinformationskampagnen. 8. August. https://www.bmbf.de/bmbf/shareddocs/kurzmeldungen/de/2021/07_08/digitale-desinformationskampagnen.html
BMBF (2021b). Safer Internet Day: Forschung gegen Desinformation im Internet. 8. August. https://www.bmbf.de/bmbf/de/home/_documents/forschung-gegen-desinformation-im-internet.html
BMI (a), kein Datum: Desinformation als hybride Bedrohung. https://www.bmi.bund.de/SharedDocs/schwerpunkte/DE/desinformation/artikel-desinformation-hybride-bedrohung.html

Bundesregierung (2023): Illigitime Einflussnahme fremder Staaten. Desinformation als hybride Bedrohung. 31. August. https://www.bundesregierung.de/breg-de/

Broecker, Hannah (2023): Negotiating the future of political philosophy and practice: Renewal of democracy or technocratic governance. In: Kritische Gesellschaftsforschung #1.

Chin et al (2023): »Doing your own research« is associated with COVID-19 misperceptions and scientific mistrust. In: Harvard Kennedy School Misinformation Review June 2023, Volume 4, Issue 3.

Der Spiegel (2020a). Bundespräsident Steinmeier, »Mundschutz empfehlenswerter als der Aluhut«. 14.5. https://www.spiegel.de/politik/deutschland/frank-walter-steinmeier-ueber-corona-debatte-mundschutz-empfehlens werter-als-der-aluhut-a-57dda982-ee56-4f44-a68a-09e0f3728304

Der Spiegel (2020b). SPD-Chefin Esken darf Demonstranten »Covidioten« nennen. 2.9. https://www.spiegel.de/politik/deutschland/saskia-esken-darf-demonstranten-covidioten-nennen-a-c697ef3d-d04b-41f4-a8b4-d2f350fa7138

Digital Services Act (2022): Verordnung (EU) 2022/2065 Des Europäischen Parlamentes und des Rates vom 19. Oktober 2022. https://eur-lex.europa.eu/legal-content/DE/TXT/PDF/?uri=CELEX:32022R2065

Euronews (2023). New hate speech laws kick up a storm in Ireland. 3.5. Askew, Joshua. https://www.euronews.com/2023/05/03/new-hate-speech-laws-kick-up-a-storm-in-ireland

EU (2018). EU Code of Practice on Disinformation. https://digital-strategy.ec.europa.eu/en/library/2018-code-practice-disinformation

EU (2022). The 2022 Code of Practice on Disinformation. https://digital-strategy.ec.europa.eu/en/policies/code-practice-disinformation

EU (ohne Datum). A strengthened EU Code of Practice. https://commis sion.europa.eu/strategy-and-policy/priorities-2019-2024/new-push-eu ropean-democracy/protecting-democracy/strengthened-eu-code-practice-disinformation_en

EU, ProWell Project (ohne Datum). https://prowell-project.com/de/topics/lektion-3-soziale-und-individuelle-risikofaktoren/

EU-Kommission (2018). Aktionsplan gegen Desinformation. https://www.eeas.europa.eu/sites/default/files/aktionsplan_gegen_desinforma tion.pdf

Foucault, Michel. (2014 [1977]). Überwachen und Strafen. Die Geburt des Gefängnisses. Frankfurt am Main: Suhrkamp.

Faeser, Nancy (2024). Twitterkanal des Bundesinnenministeriums. https://twitter.com/NancyFaeser/status/1757388693805977858

Guardian (2023). Elon Musk's hypocrisy about free speech hits a new low. 7.9. Sullivan, Margeret. https://www.theguardian.com/commentis free/2023/sep/07/elon-musks-hypocrisy-about-free-speech-hits-a-new-low

Habermas, Jürgen (1981): Theorie des kommunikativen Handelns. Bd. 2: Zur Kritik der funktionalistischen Vernunft). Frankfurt am Main: Suhrkamp.

Habermas, Jürgen (1962): Strukturwandel der Öffentlichkeit; Jürgen Habermas: Strukturwandel der Öffentlichkeit. Untersuchungen zu einer Kategorie der bürgerlichen Gesellschaft. 5. Auflage, Darmstadt und Neuwied: Hermann Luchterhand Verlag 1971 [1962].

Heinrich-Böll-Stiftung (2020): Fehlinformationen, Desinformationen, Malinformationen: Ursachen, Entwicklungen und ihr Einfluss auf die Demokratie. In: E-Paper Demokratie im Fokus #3.

Hotez, Peter (2021): The antiscience movement. 25.3. In: Scientific American. https://www.scientificamerican.com/article/the-antiscience-move ment-is-escalating-going-global-and-killing-thousands/

Hostin, Sunny (2022). In: The View. https://www.youtube.com/watch?v=ZZrxrz1gqLM auch: https://ijr.com/view-claims-musks-twitter-free-speech-straight-white-men/

Kant, Immanuel (1979): Kants gesammelte Schriften. Band 27.2.2. Berlin: de Gruyter.

Kant, Immanuel (1784): Was ist Aufklärung?. In: Berlinische Monatsschrift 4, S. 481–494.

Konrad-Adenauer-Stiftung (KAS) (2022). Russische Medien in Deutschland. Zwischen Desinformation und Propaganda. https://www.kas.de/de/web/suedbaden/veranstaltungen/detail/-/content/russische-medien-in-deutschland-2

Konrad-Adenauer-Stiftung (KAS) (2022b). Wie versuchen die russischen Staatsmedien Einfluss auf Deutschland zu nehmen? https://www.kas.de/de/web/suedbaden/veranstaltungen/detail/-/content/russische-medien-in-deutschland-2

Konrad-Adenauer-Stiftung (KAS) (2023). Wer glaubt die Desinformation? Die anderen! Roose, Jochen. https://www.kas.de/de/web/politische-bil dung/politsnack/detail/-/content/wer-glaubt-die-desinformation-die-an deren

Konrad-Adenauer-Stiftung (KASa), (kein Datum): Konrad-Adenauer-Stiftung. Abstreiten, Verzerren, Ablenken, Verunsichern. Desinformation ist kein Zufall. https://www.kas.de/de/web/schwerpunktthemen/desinfor mation-bedrohung-und-gefahr

Konrad-Adenauer-Stiftung (KASb), (kein Datum): Desinformation und Hassrede. Das hässliche Gesicht der Meinungsfreiheit. https://www.kas.de/documents/252038/16166715/Wehrhaftere+Demokratie+-+Desinfor mation+und+Hassrede.pdf/00b88966-90e4-4a7b-7e6a-784b4ee286d2?

Kaltwasser, Dennis (2022). Antidemokratische Sprache. In: Carsten Gansel, Fernández Pérez (Hrsg.): Störfall Pandemie und seine grenzüberschreiten den Wirkungen. Literatur- und Kulturwissenschaftliche Aspekte. Göttin gen, S. 141–152.

Kuhn, Thomas (1976): Die Struktur wissenschaftlicher Revolutionen. Frankfurt a. M.: Suhrkamp.

Landesanstalt für Medien, NRW (2020). Was ist Desinformation? Betrach tungen aus sechs wissenschaftlichen Perspektiven. https://www.medie nanstalt-nrw.de/fileadmin/user_upload/NeueWebsite_0120/Themen/ Desinformation/WasIstDesinformation_Paper_LFMNRW.pdf

Levy, Neil (2022): Do your own research! In: Synthese 200:256. https://doi.org/10.1007/s11229-022-03793-w

MDR (2019): Demokratie: Wie beeinflussen soziale Medien die Demokra tie? 20.8. https://www.mdr.de/wissen/medien-und-demokratie-100.html

Merkel, Angela (2020). Ansprache an die Nation (18.3.2020).

Meyen, Michael (2024). Cancel Culture. Wie Propaganda und Zensur De mokratie und Gesellschaft zerstören. Osnabrück: Verlag Hintergrund.

MSNBC (2022). A Future Of Equitable Speech Terrifies Those Like Elon Musk Says Giridharadas. In: TheReidOut, MSNBC. 26.4. https://www.youtube.com/watch?v=jOJc9zNsfUU

Mouffe 2013. Agonistics. Thinking the World politically. London: Verso Books. Nature Human Behaviour (2022). editorial: Science must respect the dignity and rights of all humans 6:1029–1031.

NPR (2022): Elon Musk calls himself a free speech absolutist. What could Twitter look like under his leadership? 8.10. https://www.npr.org/2022/10/08/1127689351/elon-musk-calls-himself-a-free-speech-ab solutist-what-could-twitter-look-like-un

Nossel, Suzanne (2022). How Elon Musk's plans for Twitter could threaten free speech. In: L. A. Times, 27.10. https://www.latimes.com/opinion/ story/2022-10-27/elon-musks-twitter-free-speech-disinformation

Poynter (2022). Though the billionaire tweeted about ›free speech‹ twice on Tuesday, what ›free speech‹ looks like in Musk-owned Twitter remains

far from known. Jones, Tom. 27.4. https://www.poynter.org/commen
tary/2022/elon-musk-touts-free-speech-what-exactly-does-that-mean/

Pöttker, Horst (1999): Öffentlichkeit als gesellschaftlicher Auftrag. Zum Verhältnis von Berufsethos und universaler Moral im Journalismus. In: Rüdiger Funiok, Udo Schmälzle, Christoph Werth (Hrsg.): Medienethik – die
Frage der Verantwortung. Bonn: Bundeszentrale für politi-sche Bildung,
S. 215–232.

RAND Corporation (a) (ohne Datum): Countering Truth Decay Initiative.
About Truth Decay. https://www.rand.org/research/projects/truth-decay/
about-truth-decay.html

RAND Corporation (b) (ohne Datum): Countering Truth Decay Initiative.
https://www.rand.org/research/projects/truth-decay/fighting-disinforma
tion.html

Shellenberger, Michael (2023): Why Renee DiResta Leads The Censorship
Industry. https://public.substack.com/p/why-renee-diresta-leads-the-cen
sorship

Siegel, Ethan (2020) You must not do your own research when it comes to
science. In: Forbes Magazine, 30.6. https://www.forbes.com/sites/starts
withabang/2020/07/30/you-must-not-do-your-own-research-when-it-
comes-to-science/

Steinke, Ronald (2021). Lechts und rinks. In: Süddeutsche Allgemeine
Zeitung. 29.8. https://www.sueddeutsche.de/meinung/querdenker-ver
schwoerungsideologen-coronaleugner-1.5395321

Spiegel (2023). Klimaleugner am Esstisch? SO geht Sara (24) damit um.
Steffens, Regina. 30.5. https://www.spiegel.de/wissenschaft/streit-we
gen-klimawandel-wie-umgehen-mit-leugnern-am-esstisch-a-ae8a1453-
dc6d-4fe2-a1e3-e576299b45cc

Stephan, Felix (2016). »Postfaktisch«: Das Wort des Jahres ist »falsch«. In:
Die Zeit online. https://www.zeit.de/kultur/2016-12/postfaktisch-wort-
des-jahres-post-truth-demokratie-jill-lepore

Süddeutsche (SZ) (2024): Verteidigung: Prorussische Desinformation auf
X aufgedeckt. 26.1. https://www.sueddeutsche.de/politik/verteidigung-
prorussische-desinformation-auf-x-aufgedeckt-dpa.urn-newsml-dpa-
com-20090101-240126-99-760575

Süddeutsche Zeitung (SZ) 2024: Extremismus – Berlin: Fake-Informatio-
nen aus Ausland auf dem Vormarsch. 12.2. https://www.sueddeutsche.
de/politik/extremismus-berlin-fake-informationen-aus-ausland-auf-dem-
vormarsch-dpa.urn-newsml-dpa-com-20090101-240212-99-962990

Süddeutsche Zeitung (2022). Mehr Diktatur wagen! 9.2. Thomas Brussig. https://www.sueddeutsche.de/kultur/corona-diktatur-thomas-brussig-1.5199495?reduced=true

Taibbi, Matt (2023a): The Twitter Files. https://twitterfiles.substack.com/

Taibbi, Matt (2023b): FOIA Exclusive: Did Pharma Companies Help Plan »Virality Project« Censorship Program? https://www.racket.news/p/foia-exclusive-did-pharma-companies

taz (2023). Verschwörungsmythen im Freundeskreis: Eine Rückkehr ist möglich. https://taz.de/Verschwoerungsmythen-im-Freundeskreis/!5937124/

taz (2020). »Covidioten« und Sprachkritik: Am Rande der Gesellschaft. Peter Wissenburger. 3.8. https://taz.de/Covidioten-und-Sprachkritik/!5700025/

Thaler, Richard; Sunstein, Cass (2009). Nudge. Wie man kluge Entscheidungen anstößt. Berlin: Econ Verlag.

t-online (2021): Was Sie tun können, wenn der Freund auf Abwegen ist. 25.6. Holch, Christine. https://www.t-online.de/nachrichten/deutschland/gesellschaft/id_90311718/verschwoerungsglaeubige-und-schwurbler-was-sie-tun-koennen-wenn-der-freund-auf-abwegen-ist.html

Vice (2023). Researchers explain why doing your own research leads to believing conspiracy theories. Guesgen, Miriam. https://www.vice.com/en/article/v7bjpm/scientists-explain-why-doing-your-own-research-leads-to-buying-conspiracies

Wardle, Claire; Derakshan, Hossein (2017): Information Disorder: Toward an interdisciplinary framework for research and policy making. Council of Europe Report DGI (2017)09.

Warweg, Florian (2024). »Demokratiefördergesetz« – Was versteht Bundesregierung konkret unter »Verhöhnung des Staates«? 19.2. Nachdenkseiten https://www.nachdenkseiten.de/?p=111295

Washington Post (2024). Doing your own research is a good way to end up wrong. 17.1. Bump, Philipp. https://www.washingtonpost.com/politics/2024/01/17/do-your-own-research-study/

WHO (a) (ohne Datum): Infodemic. In: https://www.who.int/health-topics/infodemic#tab=tab_1

Broecker, Hannah (2024): Inversion demokratischer Normen: Von der Versicherheitlichung der Meinungsfreiheit zur Legitimierung von Zensur. In: Mediensystem und öffentliche Sphäre in der Krise, herausgegeben von Hannah Broecker und Dennis Kaltwasser, S. 41–742. Neu-Isenburg: Westend. https://https://doi.org/10.53291/9783949925214_3

Transparenz

Michael Meyen

Eine Kategorie als Projektionsfläche für Hoffnungen und Sorgen

Transparenz ist ein »Star« unter den politischen Schlagwörtern der Gegenwart (Schneider 2013: 11) und einer ihrer »Schlüsselbegriffe« (Stehr/Wallner 2010: 9). Diese (erneute) Karriere ist untrennbar mit dem Internet verbunden und hier vor allem mit dem Siegeszug digitaler Plattformen, die unendlich viele individuelle Erfahrungen öffentlich zugänglich machen und dadurch zugleich Legitimationsdruck für alle Institutionen erzeugen, die in der Vergangenheit Normen und Werte bereitgestellt oder diskutiert und so die öffentliche Meinungs- und Willensbildung genau wie das Handeln von Individuen, Gemeinschaften und Gesellschaften entscheidend beeinflusst haben – von der Politik und Behörden über Gerichte, Kirchen, Schulen und Universitäten bis zu Unternehmen und dem traditionellen Journalismus.

Transparenz hat dabei einen Januskopf. Beide Seiten wurden bereits in den 1990er Jahren diskutiert. Für die euphorische Sicht steht vor allem die »Unabhängigkeitserklärung für das Cyberspace« von John Perry Barlow (1996), der »in dem Transparenzversprechen der neuen Informations- und Kommunikationstechnologien ein Universalmittel gegen nahezu alles« sah, was aus seiner Sicht falsch lief: »Machtmissbrauch, Ungerechtigkeit, Monopole und geistiges Eigentum sollten bald der Vergangenheit angehören, wenn nur alle Informationen endlich befreit und jedermann zugänglich wären.« (Schaar 2015: 248) Dabei war schon damals klar, dass das Internet kein herrschaftsfreier Raum ist, Forderungen nach gläsernen Menschen, Organisationen und Prozessen mindestens ambivalent sind und die Omnipräsenz von IT in unserem Leben umfassende Überwachung, Steuerung und Kontrolle mit sich bringen könnte. Anderthalb Jahrzehnte nach dem prophetischen Buch des Bestsellerautors David Brin (1998) über die »transparente Gesellschaft« hat Dave Eggers (2013) den entsprechenden Befürchtungen in seinem Roman »The Circle« ein literarisches Denkmal gesetzt.

Das Spannungsfeld zwischen Hoffnungen und Sorgen spiegelt sich in den wissenschaftlichen und politischen Debatten zum Thema wider. Transparenz wird auf der einen Seite als Mittel gegen den Vertrauensverlust gesehen, der keineswegs nur Politik und Massenmedien betrifft. Wenn wir Wählerschaft und Publikum nur ausreichend Einblick in unsere Arbeit gewähren und Quellen oder Entscheidungsgrundlagen offenlegen, so wird in Parteien, Ministerien, Redaktionen und Chefetagen der Wirtschaft argumentiert, dann werden die Menschen Misstrauen und Zweifel überwinden (vgl. Phillips 2010, Revers 2014, Kennedy et al. 2020). Auf der anderen Seite werden grundsätzliche Bedenken in Sachen Machtmissbrauch, Datenschutz und Manipulation genährt durch das Wissen um die Praxis der Geheimdienste, das spätestens Gemeingut ist, seit Edward Snowden die Weltöffentlichkeit 2013 über die Arbeit der National Security Agency (NSA) informiert hat, durch Berichte über Wahlbeeinflussung (Stichwort Cambridge Analytica, vgl. Alpert 2020) und Big-Data-Management (vgl. Eine et al. 2017), durch den Umgang mit *WikiLeaks*-Gründer Julian Assange (vgl. Bröckers 2019, Melzer 2021) oder durch Erfahrungen mit der Internetzensur, die Tech-Konzerne mit staatlicher Erlaubnis oder Duldung etabliert haben (vgl. Meyen 2024).

Dieser Beitrag hat nicht den Anspruch, die ausufernde Literatur zusammenzufassen, die sich quer durch die sozial- und geisteswissenschaftlichen Disziplinen zieht, sondern konzentriert sich auf zwei Aspekte des Feldes »digitale Ethik«, die zentral sind, wenn man die akademische Verankerung des Autors in der Kommunikationswissenschaft und seine Sozialisation in der DDR mitdenkt (vgl. Meyen 2020): Journalismus und Überwachungskapitalismus. Vorher wird die Begriffsgeschichte skizziert und ein Vorschlag von Manuel Wendelin (2020: 24 f.) aufgenommen, der Transparenz als »Ergebnis individueller Beobachtung« und damit als relativ und graduell versteht, die Kategorie so von Öffentlichkeit abgrenzt (die potenziell gleichen Zugang für alle voraussetzt) und dadurch auch in der Lage ist, die Bedrohung für die »Gegenbegriffe« Privatheit und Geheimnis herauszuarbeiten.

Von links nach rechts? Eine Begriffswanderung

Viele Beiträge zum Thema gehen zurück bis zur Schrift »Zum ewigen Frieden«, in der Immanuel Kant 1795 sein Prinzip der Publizität formulierte und Transparenz an die Legitimität von Herrschaft knüpfte. Frieden sei nur dann möglich, wenn Politik öffentlich gemacht werde. Anders formuliert:

Die Option Krieg scheide aus, wenn die Interessen von Regierungen und Regierten übereinstimmen. Kant ging sogar noch einen Schritt weiter und entzog allen Handlungen die Rechtmäßigkeit, die sich auf andere Menschen beziehen und das Licht der Öffentlichkeit scheuen müssen (vgl. Kant 2011).

David Pozen (2018: 102), Juraprofessor an der Columbia University, hat bei seinem Versuch, die Begriffsverschiebungen im Zeitalter der Digitalisierung nachzuzeichnen, darauf hingewiesen, dass Transparenz an der Wende vom 19. zum 20. Jahrhundert genau wie in den Jahren rund um ›1968‹ ganz folgerichtig mit »fortschrittlichen« oder »linken« Werten wie Gleichheit und Gerechtigkeit, Partizipation und soziale Verbesserungen verknüpft gewesen sei und sowohl auf die Begrenzung von Konzerneinflüssen gezielt habe als auch auf eine Demokratisierung von Herrschaft. Wichtigster Bezugspunkt in diesem Diskurs ist der Anwalt Louis Brandeis (1913), der »Sonnenlicht« vor allem mit Blick auf Unternehmen und Banken als »Desinfektionsmittel« anpries, damit in den USA zur Ikone von Investigativjournalismus und politischem Reformwillen in Richtung Machteinschränkung wurde und so als einer der geistigen Väter eines Gesetzgebungspaketes gesehen werden kann, das dem »Recht auf Wissen« verpflichtet war (Pozen 2018: 115). Herausragend ist hier sicher der Freedom of Information Act von 1966, ein Gesetz, das Vorbild für die weltweite juristische Ausgestaltung von Transparenzzielen wurde (Pozen 2018: 118). In den USA ist es seitdem erlaubt, auf Anfrage mit einigen wenigen Einschränkungen alle Unterlagen einzusehen, die Bundesbehörden gesammelt haben – auch dann, wenn man selbst gar nicht betroffen ist und keinen Grund nennen kann (Alpert 2020). Kurz vor dem Anbruch des Digitalzeitalters gab es offenbar keinen Zweifel, dass eine stärkere Sichtbarkeit von Regierungshandeln den »Output« verbessern und zugleich nicht nur dem Journalismus oder emanzipatorischen Bewegungen zugutekommen würde (Gleichberechtigung, Umwelt, Frieden), sondern auch den sogenannten kleinen Leuten (Pozen 2018: 122).

Mit einem Abstand von mehr als einem halben Jahrhundert ist zu sehen, dass der Freedom of Information Act (FOIA) sowohl Höhe- als auch Kipppunkt der Transparenzbewegung war. Zum einen haben die vielen privaten Anfragen den Behörden einen Vorwand geliefert, journalistische Recherchen auszusitzen und so Debatten zu Fragen von öffentlichem Interesse zu bremsen oder gar zu verhindern (Alpert 2020: 1237). Und zum anderen sorgt das »falsche Versprechen der Verbraucherermächtigung« dafür, dass keine Lobby gegen den Datenfuror von Big Tech wachsen kann, weil sich Gesetze wie der California Consumer Privacy Act von 2018 in der FOIA-Tradition auf den Einzelfall konzentrieren und so zum Beispiel gar nicht in den Blick bekommen, was Shoshana Zuboff (2018) als Überwachungskapitalismus beschrieben hat (Alpert 2020: 1235) und in diesem Handbucheintrag in Abschnitt 5 gewürdigt wird.

Im Zeitalter der Digitalisierung ist Transparenz im öffentlichen Diskurs gegenüber den 1960er und 1970er Jahren trotzdem noch einmal deutlich wichtiger geworden. Dafür steht unter anderem die Diagnose »Transparenzgesellschaft« (Brin 1998, Han 2012, Schneider 2013). Die Bedeutung des Begriffs hat sich allerdings nach »rechts« verschoben (Pozen 2018: 124). Ganz im Geist einer Ideologie, die sowohl den Abbau staatlicher Regulierung predigt als auch den Kampf aller gegen alle und deshalb oft als Neoliberalismus bezeichnet wird, ist Transparenz zu einem Argument für möglichst uneingeschränkte Marktfreiheit geworden (Alpert 2020: 1241 f.) und zu einem Feigenblatt für eine Politik, die heute schon wegen ihrer Komplexität ein ausdifferenziertes Feld mit hohen Anforderungen an den Sachverstand ist und jede Kontrolle von außen auch mit einer »Informationsflut« abblocken kann, die jede Feierabendkontrolle überfordert und die »Entdeckung politischer Normverstöße« mehr als unwahrscheinlich macht (Baumann 2014: 404 f.).

Anders formuliert: Mit dem Versprechen Transparenz und entsprechenden Katalogen (gut sichtbar platziert im Netz) lassen sich Eingriffe vom Gesetzgeber oder von Behörden genauso abwenden wie Wünsche aus dem Wahlvolk, was auch deshalb fatal ist, weil die Analyse von Big Data das Individuum überfordert und selbst dann so gut wie niemand bei der Einordnung und Bewertung mit Konzernen und Apparaten mithalten kann, wenn das Datenmaterial komplett zugänglich ist. Max-Otto Baumann (2014: 405) hat von einem »epistemologischen Paradoxon« gesprochen: »Je schärfer ein Detail betrachtet wird, desto mehr geraten die Strukturen aus dem Blick« – erst recht in einer Zeit, in der die Staatsquoten bei »rund 50 Prozent« liegen und eine »leistungsfähige, hoch spezialisierte Bürokratie und Ministerialverwaltung« so nah »am Stand des wissenschaftlichen Fortschritts operiert«, dass sie auch Forderungen nach mehr »Sonnenlicht« (Brandeis 1913) für ihre Interessen nutzen kann. »Transparenzkapital« wird so zu einem PR-Tool, das Unternehmen oder im weitesten Sinne politischen Organisationen hilft, den Wert der eigenen Produkte und Angebote zu steigern (Cronin 2020: 224).

Treiber und wichtigste Nutznießer der Konzentration von Daten und Auswertungskapazitäten und damit auch der Diskursverschiebung in Sachen Transparenz sind »die internationalen IT-Konzerne« (Weichert 2015: 119), die heute in der westlichen Welt genau wie zum Beispiel in China zusammen mit dem Staat eine »Supermacht« bilden, die andere Formen der Macht (etwa der Kirchen) korrumpiert und zugleich Wissenschaft, Kultur und Technik unterworfen hat (Wolin 2022: 221). Der US-Politikwissenschaftler Sheldon Wolin nutzt den Begriff »Supermacht«, um die »symbiotischen Beziehung zwischen einer herkömmlichen Regierungsform und dem System des ›privaten‹ Regierens« zu beschreiben, »das durch moderne Kapitalgesellschaften repräsentiert wird«. Wolins »umgekehrter Totalitarismus« ist denkbar weit von Kants Prinzip der Publizität entfernt, weil er sich auf »ein kollektives Gefühl der Abhängigkeit« stützt, auf Methoden der »Einschüchterung und Massenmanipulation« sowie auf einen »Gleichklang« der Leitmedien (Wolin 2022: 56, 60 f., 70, 192).

Transparenz vs. Öffentlichkeit

Manuel Wendelin (2020: 25) hat vermutet, dass Transparenz einen »wesentlichen Beitrag zur Theorieentwicklung für eine Kommunikationswissenschaft leisten« könne, »die sich auf die Beobachtung von Kommunikationsprozessen im Internet konzentrieren möchte (vgl. Brosius 2016)«, und zugleich »Erklärungspotenzial« für die Forschung in »datengetriebenen Zeiten« (Hepp 2016) biete, in denen vieles, »was im Verborgenen passiert und nur für wenige (maschinelle) Beobachter transparent ist, öffentliche Folgen haben kann«. Für beides sei es, so Wendelin (2020: 25), notwendig, die Kategorie Transparenz von Öffentlichkeit abzugrenzen und zugleich auf die ambivalenten Beziehungen zu den »traditionellen Gegenbegriffen von Öffentlichkeit« hinzuweisen – Privatheit und Geheimnis.

Wichtigstes Ergebnis dieser konzeptionellen Bemühungen ist die Idee, Transparenz auf der »Meso- und Mikroebene« zu verorten, als »Voraussetzung für Öffentlichkeit« zu betrachten (für ein Phänomen auf der Makroebene, das »mit einem Absolutheitsanspruch« einhergeht) und als ein »Kontinuum« zu verstehen, »auf dessen linker Seite Intransparenz als Gegenbegriff steht«. Transparent ist in dieser Lesart nur das, »was vom jeweiligen Beobachter tatsächlich auch beobachtet wird«. Das erklärt, warum Transparenz »selbst transparent sein« kann: »Als Beobachtung der Beobachtung entsteht ein Wissen darüber, was für welche Beobachter transparent ist und was nicht« (Wendelin 2020: 27). Im Panoptikum, das Jeremy Bentham Ende des 18. Jahrhunderts als Instrument der Disziplinierung entwarf (vordergründig für Gefängnisinsassen, aber darüber hinaus auch als »Prinzip, um die Menschen zu vernünftigem Verhalten im Sinne utilitaristischer Prinzipien zu disponieren«, Baumann 2014: 401), sah der Beobachtende alles und der Beobachtete nichts (vgl. Bentham 2013). Über dieses »Machtgefälle« und die damit verbundenen »sozialen Asymmetrien« (Wendelin 2020: 28 f.) wird in den Abschnitten über den Journalismus der Gegenwart sowie über den Überwachungskapitalismus und seine Folgen zurückzukommen sein.

Vorher soll der Vorschlag von Manuel Wendelin (2020) aufgenommen werden, aus einer systemtheoretischen Perspektive »Leistungs- und Publikumsrollen« zu unterscheiden und die jeweiligen »Beobachtungskonstellationen« zu nutzen, um den Transparenzbegriff weiter zu schärfen. Während im Publikum die »Grenzen des Legitimitätsempfindens« schnell erreicht sind, wenn die Transparenz über das hinausgeht, was man freiwillig öffentlich macht (»Self-Disclosure«), und das »Sammeln, Auswerten und Weitergeben von Nutzungsdaten durch Dritte« so das Recht auf Privatsphäre und informationelle Selbstbestimmung bedroht, müssen »Leistungsrollen« in Politik, Leitmedien oder Wirtschaft die »positiven Assoziationen« mitdenken, die seit Immanuel Kant mit Transparenz verbunden sind. Diese Perspektive hilft, Kampagnen zu »Open Data« oder »Open Government« sowie den Wildwuchs von »Transparenzinitiativen und Transparenzsigeln« zu verstehen und zugleich Whistleblower, Leaking-Plattformen oder Enthüllungsjournalismus einzuordnen – als Bedrohung für jede Form von »Geheimhaltung«, die zwar »generell mit Repressionen und Unterdrückung in Zusammenhang gebracht wird« (Wendelin 2020: 31 f.), aber nach wie vor nicht aus der Politik wegzudenken ist (Horn 2011, Cronin 2020) und auch in der wissenschaftlichen Literatur gegen Initiativen wie *WikiLeaks* verteidigt wird (Roberts 2012).

Um entsprechende Forderungen entschlüsseln und so auch aus der Sicht von Regulierungsbehörden besser bewerten zu können, hat die britische Politikwissenschaftlerin Katharine Dommett (2020) vorgeschlagen, Typ und Form der Transparenz zu unterscheiden, um die es jeweils geht. Dommett nennt dabei vier Typen (Finanzierung, Quellen, Daten, Ziele) und fünf Formen von Transparenz: das Publikum (wer soll erreicht werden), Auffindbarkeit (wie wird die Information sichtbar gemacht), Nachvollziehbarkeit, Verlässlichkeit und Wirkung (was soll herauskommen). Dieser Doppelkatalog kann nicht nur für die Transparenzforschung fruchtbar gemacht werden, sondern zugleich helfen, immer dann Öffentlichkeit herzustellen, wenn Transparenz zum PR-Mittel wird.

Transparenz im Journalismus

Parallel zur Debatte um einen möglichen Verlust des Vertrauens in die traditionellen Medien (Blöbaum 2016, 2021) ist der Ruf nach Transparenz als Kriterium für journalistische Qualität lauter geworden – als Äquivalent oder gar als Ersatz für Objektivität (Weinberger 2009, McNair 2017, Kennedy et al. 2020: 171). Diskutiert werden hier vor allem Einblicke in den Prozess der Nachrichtenproduktion (das Sammeln, Aufbereiten und Verteilen von Informationen) sowie der Publikumsbezug, der von der Nachvollziehbarkeit von Aussagen und Interpretationen durch das Offenlegen von Quellen und Recherchemethoden über den Austausch in Kommentarspalten bis zu gemeinsamen Entscheidungen bei der Wahl von Themen und Interviewanfragen reichen kann (Humprecht 2020: 311 f., Revers 2014, Phillips 2010). Einige Berufsorganisationen haben Transparenz inzwischen zwar in ihren Ethik-Kodex aufgenommen (Vos/Kraft 2017), genau wie in der Politik ist aber auch im Journalismus die Tendenz zu beobachten, dieses Schlagwort vor allem für die strategische Kommunikation zu nutzen und Einblicke in die eigene Arbeit so weit wie möglich zu begrenzen (Chadha/Koliska 2015).

Während sich die empirische Forschung auf messbare Transparenzindikatoren wie das Vorhandensein von Quellen und Links oder die Visualisierung des Materials als Kriterium für die Verständlichkeit konzentriert (vgl. exemplarisch Humprecht 2020) und dabei Agenda Setting, Agenda Cutting (Haarkötter/Nieland 2023) und Framing genauso ausblendet wie finanzielle oder politische Interessen hinter der Nachrichtenproduktion und selbsternannten Kontrolleuren wie den ›Faktencheckern‹, liegen inzwischen ausgefeilte und eingängig formulierte Normenkataloge vor, von denen hier nur ein Beispiel zitiert werden soll, das zugleich auf die zweite Seite der Medaille Transparenz im Journalismus zielt (Liaropolus 2020: 8): »Users need to know the source of what they are reading, who has paid for it, and why the information has reached them. They need to be aware of the data that is collected and what happens to their data.«

Unterscheidet man mit Wendelin (2020: 30) »Leistungs- und Publikumsrollen« im Journalismus, wird eine Hierarchie deutlich, die an das Panoptikum von Jeremy Bentham (2013) erinnert. In den Redaktionen weiß man inzwischen so gut wie alles über die eigene Kundschaft: Klickzahlen, Likes und Shares natürlich, aber auch woher die Leute kommen, wie lange sie bleiben und was nötig ist, damit sie wiederkommen oder gar für Inhalte zahlen (vgl. Meyen 2021: 153). Texte werden uns längst automatisch zugespielt, ohne dass wir die entsprechenden Logiken und Algorithmen kennen (Ha-

rambam et al. 2018, Kossow et al. 2021), und vorher immer häufiger automatisch produziert – eine zentrale Herausforderung für jede journalistische
Ethik im digitalen Zeitalter (Diakopolus/Koliska 2017).

Dem Publikum fehlen nicht nur entsprechende Einblicke in die Produktion und Verbreitung von Nachrichten oder die Platzierung von Werbung
(Reijmersdal/Rozendaal 2020), sondern oft auch Informationen über die
persönlichen Hintergründe der Menschen, die Medienrealität konstruieren.
Der Journalismus beruft sich hier auf seinen Objektivitätsanspruch und ver-
kennt dabei zum einen, wie stark die soziale Position und die Erfahrungen,
die man im Laufe seines Lebens machen kann, den Blick auf die Wirklichkeit prägen, und zum anderen die Homogenität der Redaktionen, die nicht
nur im deutschen Sprachraum längst vom Habitus einer aufstiegsorientierten
Mittelschicht dominiert werden (Klöckner 2019, Meyen 2021: 176–198).
Zur Transparenz im Journalismus muss deshalb auch gehören, Abhängigkeiten, Befangenheiten und die eigene Weltsicht offenzulegen.

Überwachungskapitalismus und das metrische Wir

Das »Machtgefälle« in Sachen Beobachtung und die damit verbundenen
»sozialen Asymmetrien« (Wendelin 2020: 28 f.), die gerade am Beispiel des
Journalismus ausbuchstabiert worden sind, gehen im digitalen Zeitalter weit
über die Produktoptimierung und damit über Ziele wie Publikums- oder
Gewinnmaximierung hinaus. Shoshana Zuboff (2018: 509) hat deshalb das
»Zeitalter des Überwachungskapitalismus« ausgerufen und dabei eine Zukunft entworfen, in der eine »Klasse von Spezialisten« ganz im Geist von
Jeremy Bentham (2013) alle Mittel in der Hand hat, »kollektives Verhalten«
via Wissenschaft und Technologie zu steuern und zu kontrollieren.

Fundament dieser Gesellschaftsordnung ist ein neues Zusammenspiel
von Öffentlichkeit und (fehlender) Transparenz. Während heute auf der
einen Seite Stimmen und Positionen (zumindest potenziell) für alle sichtbar werden, die vor der Digitalisierung an den Gatekeepern der Leitmedien
gescheitert wären, entsteht auf der anderen Seite ein »Schattentext«, der aus
den unendlich vielen Spuren besteht, die wir online und offline im Alltag
hinterlassen, und der »nur von den neuen Priestern, ihren Chefs und deren
Maschinen« in den Schaltzentralen der Digitalkonzerne zu lesen ist (Zuboff
2018: 225).

Ausgangspunkt ist für Shoshana Zuboff dabei unser Wunsch nach einem
effektiven Leben. »Der Überwachungskapitalismus bietet dem Einzelnen

Lösungen in Form von sozialem Verbundensein, Zugang zu Informationen, zeitsparenden Annehmlichkeiten und der Illusion von Unterstützung. Es sind dies die Ressourcen des Ersten Textes. Wichtiger noch: Er bietet Lösungen für Institutionen in Form von Allwissenheit, Kontrolle und Gewissheit« (ebd.: 446). Der »Erste Text«: Im Vokabular von Shoshana Zuboff steht dieser Begriff für das, was wir sehen, wenn wir *Facebook* aufrufen, *Twitter* oder *Instagram*, und was wir dort selbst eingeben und posten. All das füttert den riesigen Datenstrom (»Schattentext«), der uns erst vorhersagbar macht (welche journalistischen Texte interessieren uns zum Beispiel und welche Werbung hat Erfolgsaussichten) und schließlich unser Verhalten formt. Der Überwachungskapitalismus von Shoshana Zuboff muss bei Strafe seines Untergangs Verhalten produzieren, »das zuverlässig und definitiv zu erwünschten kommerziellen Ergebnissen führt«. Noch einmal anders formuliert: Die »Kraft des Vorhersageimperativs« zwingt die Tech-Unternehmen dazu, »die Zukunft zu gestalten, um sie vorhersagen zu können« (ebd.: 235).

Der Überwachungsapparat heißt bei Shoshana Zuboff (2018: 437) »Big Other« – eine »wahrnehmungsfähige, rechnergestützte und vernetzte Marionette, die das menschliche Verhalten rendert, überwacht, berechnet und modifiziert«. Taufpate ist neben George Orwell B. F. Skinner, ein US-Psychologe, der Vorstellungen wie Freiheit, Willen, Autonomie, Absicht und Handeln nur für einen Ausfluss von fehlender Transparenz hielt, den Menschen (den »Anderen«) als »Organismus unter Organismen« sah und zum »Objekt« eines übergeordneten Willens machen wollte (ebd.: 435) – mit Hilfe von Daten, Fakten, Wissen, also maximaler Transparenz, geliefert von wissenschaftlicher Forschung (vgl. Skinner 1948).

Heute gibt es mehr Daten und vor allem mehr Rechnerkapazitäten, als B. F. Skinner je zu träumen wagte. Heute wird die Wirtschaft angetrieben von der »Umwandlung des Lebens in Verhaltensdaten«, »die anderen eine bessere Kontrolle über uns« ermöglichen (Zuboff 2018: 118). Und, nicht zu vergessen: Heute werden auch die Geistes- und Sozialwissenschaften vom naturwissenschaftlichen Modell dominiert. Untersucht wird (fast) nur noch das, was sich beobachten und messen lässt (vgl. Mau 2017). Ein Blick auf die Transparenztypologie von Katherine Dommett (2020) zeigt, warum das problematisch ist: Sichtbar werden nur solche »Daten«, die sich in Zahlen übersetzen lassen. Das Bauchgefühl, das uns sagt, was richtig ist, das Urteil, das abwägt und dabei auch um die Besonderheiten dieses einen Falles weiß, der Blick auf die Welt, der Komplexität und Ungewissheiten anerkennt: All das wird abgelöst durch »quantifizierende Ansätze der Bewertung und Vermessung«. In der Sprache des Soziologen Steffen Mau (2017: 26 f.): Zahlen sind »zur Leitwährung der digitalisierten Gesellschaft geworden«, weil sie »Präzision, Eineindeutigkeit, Vereinfachung, Nachprüfbarkeit und Neutralität« versprechen.

Dass dieses Versprechen hohl ist, wissen alle, die je ›im Feld‹ waren und selbst Daten erhoben haben. Was immer wir beobachten und messen, wird sozial hergestellt. Hinter jeder Zahl steht ein Interesse, und sei es nur das eines Herstellers, der seine Geräte loswerden will. Daraus folgt: »Es hätte auch anders sein können« (ebd.: 16). Das ist wichtig, weil Zahlen (Transparenz!) soziale Felder umbauen und mit ihnen die Gesellschaft insgesamt. Zahlen sind nicht die Wirklichkeit. Sie erzeugen sie erst. Steffen Mau (2017: 92, 127–130) zeigt zum Beispiel der Wissenschaft, wie der Hirsch-Index (eingeführt 2005), der vorgibt, Leistungen in allen Disziplinen vergleichbar zu machen, die akademische Forschung vollkommen verändert hat (weil sich die Menschen im Feld an seinen Kriterien orientieren und alles vermeiden, was nicht in den Index einfließt) und wie das Gleiche durch Rankings (Shanghai, Times Higher Education) auf Organisationsebene passiert. Vermeintliche Transparenz (man kann auf einen Blick erkennen, wo die jeweilige Einrichtung steht) sorgt hier dafür, dass die Welt der Universitäten tatsächlich so wird, wie sich das die Erfinder der Rankings vorgestellt haben – und die Messungen (das, was sichtbar ist oder sichtbar gemacht wird) werden immer besser, wobei die Mechanismen und die Logik hinter den Listen und Verzeichnissen für Menschen ohne Spezialwissen intransparent bleiben (vgl. Remmers/Schaupp 2020).

Fazit: Schlüsselbegriff mit Ambivalenzen

Die Karriere, die der Begriff Transparenz in der jüngsten Vergangenheit gemacht hat, lässt sich mit den sehr unterschiedlichen Projektionen erklären, die er erlaubt. Auf der einen Seite stehen Versprechen: Demokratisierung, Partizipation, Eindämmung oder gar das Ende von Machtmissbrauch und Korruption, Abbau von (Wissens-)Hierarchien, Steigerung oder Rückgewinnung des Vertrauens in Politik oder Journalismus. Auf der anderen Seite kann Transparenz nicht nur als PR-Mittel genutzt werden, um all das der allgemeinen Beobachtung zu entziehen, was eigentlich sichtbar sein müsste, wenn die genannten Versprechen wahr werden sollen, sondern ist immer dann eine Gefahr für Individuen und Gesellschaft, wenn nicht transparent wird, was für wen transparent ist und welche Möglichkeiten sich daraus für diejenigen ergeben, die mehr sehen (können) als andere.

Für eine digitale Ethik erwächst aus dieser Gemengelage erstens der Anspruch, den Begriff Transparenz nicht leichtfertig zu nutzen und stets die Implikationen zu berücksichtigen, die in diesem Beitrag diskutiert wurden. Mit Blick auf den Journalismus ist zweitens eine Debatte über die Kodizes des Berufsstandes nötig, die die Qualitätskriterien neu justiert und dabei auch die skizzierten Ungleichheiten zwischen Redaktionen und Publikum berücksichtigt. Und drittens muss es auf der gesellschaftlichen Ebene darum gehen, den Umgang mit Daten (vgl. Schaar 2015: 248 f.), den Datenbesitz und vor allem die Folgen zu thematisieren, die mit dem Panoptikum des Überwachungskapitalismus zusammenhängen.

Literatur

Alpert, David (2020): Beyond Request-and-Respond: Why Data Access will be Insufficient to Tame Big Tech. In: Columbia Law Review, S. 1215–1254.

Barlow, John Perry (1996): A Declaration of the Independence of Cyberspace.

Baumann, Max-Otto (2014): Die schöne Transparenz-Norm und das Biest des Politischen: Paradoxe Folgen einer neuen Ideologie der Öffentlichkeit. In: Leviathan, S. 398–419.

Bentham, Jeremy (2013): Das Panoptikum. Berlin: Matthes & Seitz.

Blöbaum, Bernd (Hrsg.) (2016): Trust and Communication in a Digitized World. Models and Concepts of Trust Research. Wiesbaden: VS.

Blöbaum, Bernd (Hrsg.) (2021): Trust and Communication. Findings and Implications of Trust Research. Cham: Springer.

Brandeis, Louis (1913): What Publicity Can Do. In: Harper's Weekly, 20. Dezember, S. 10.

Brin, David (1998): The Transparent Society. Will Technology Force Us to Choose Between Privacy and Freedom? New York: Perseus Press.

Bröckers, Mathias (2019): Freiheit für Julian Assange. Don't kill the messenger! Frankfurt am Main: Westend.

Brosius, Hans-Bernd (2016): Warum Kommunikation im Internet öffentlich ist. In: Publizistik, S. 363–372.

Chadha, Kalyani/Koliska, Michael (2015): Newsrooms and Transparency in the Digital Age. In: Journalism Practice, Nr. 2, S. 215–229.

Cronin, Anne M. (2020): The secrecy-transparency dynamic: A sociological reframing of secrecy and transparency for public relations research. In: Public Relations Inquiry, Nr. 3, S. 219–236.

Diakopolus, Nicholas/Koliska, Michael (2017): Algorithmic Transparency in the News Media. In: Digital Journalism, Nr. 7, S. 809–828.

Dommett, Katharine (2020): Regulating Digital Campaigning: The Need for Precision in Calls for Transparency. In: Policy & Internet, S. 432–449.

Eine, Bastian/Jurisch, Matthias/Quint, Werner (2017): Ontology-Based Big Data Management. In: Systems, Nr. 3, S. 45.

Haarkötter, Hektor/Nieland, Jörg-Uwe (Hrsg.) (2023): Agenda Cutting. Wenn Themen von der Tagesordnung verschwinden. Wiesbaden: Springer VS.

Han, Byung-Chul (2012): Transparenzgesellschaft. Berlin: Matthes & Seitz.

Harambam, Jaron/Helberger, Natali/van Hoboken, Joris (2018): Democratizing algorithmic news recommenders: how to materialize voice in a technologically saturated media ecosystem. In: Philosophical Transactions: Mathematical, Physical and Engineering Sciences, Nr. 2133, S. 1–21.

Hepp, Andreas (2016): Kommunikations- und Medienwissenschaft in datengetriebenen Zeiten. In: Publizistik, S. 225–246.

Horn, Eva (2011): Logics of political secrecy. In: Theory, Culture & Society, Nr. 7–8, S. 103–122.

Humprecht, Edda (2020): How Do They Debunk »Fake News«? A Cross-National Comparison of Transparency in Fact Checks. In: Digital Journalism, S. 310–327.

Kant, Immanuel (2011): Zum ewigen Frieden. Mit den Passagen zum Völkerrecht und Weltbürgerrecht aus Kants Rechtslehre. Frankfurt am Main: Suhrkamp.

Kennedy, Helen/Weber, Wibke/Engebretsen, Martin (2020): Data visualization and transparency in the news. In: Engebretsen, Martin/Kennedy, Helen (Hrsg.): Data Visualization in Society. Amsterdam: Amsterdam University Press, S. 169–184.

Klöckner, Marcus B. (2019): Sabotierte Wirklichkeit. Oder: Wenn Journalismus zur Glaubenslehre wird. Frankfurt am Main: Westend.

Kossow, Niklas/Windwehr, Svea/Jenkins, Matthew (2021). Algorithmic transparency and accountability. Transparency International.

Liaropoulos, Andrew (2020): A Social Contract for Cyberspace. In: Journal of Information Warfare, Nr. 2, S. 1–11.

Mau, Steffen (2017): Das metrische Wir. Über die Quantifizierung des Sozialen. Berlin: Suhrkamp.

McNair, Brian (2017): After objectivity? Schudson's sociology of journalism in the era of post-factuality. In: Journalism Studies, Nr. 10, S. 1318–1333.

Melzer, Nils (2021): Der Fall Julian Assange: Geschichte einer Verfolgung. München: Piper.

Meyen, Michael (2020): Das Erbe sind wir. Warum die Leipziger Journalistik zu früh beerdigt wurde. Meine Geschichte. Köln: Halem.

Meyen, Michael (2021): Die Propaganda-Matrix. Der Kampf für freie Medien entscheidet über unsere Zukunft. München: Rubikon.

Meyen, Michael (2024): Cancel Culture. Wie Propaganda und Zensur Demokratie und Gesellschaft zerstören. Berlin: Hintergrund.

Phillips, Angela (2010): Transparency and the New Ethics of Journalism. In: Journalism Practice, S. 373–382.

Pozen, David E. (2018): Transparency's Ideological Drift. In: The Yale Law Journal, Nr. 1, S. 100–165.

Reijmersdal, Eva A. van/Rozendaal, Esther (2020): Transparency of digital native and embedded advertising: Opportunities and challenges for regulation and education. In: Communications, Nr. 3, S. 378–388.

Remmers, Till/Schaupp, Daniel (2020): Licht und Schatten digitaler Transparenz. In: Controlling & Management Review, Nr. 8, S. 26–33.

Revers, Matthias (2014): The Twitterization of News Making: Transparency and Journalistic Professionalism. In: Journal of Communication, S. 806–826.

Roberts, Alasdair (2012): WikiLeaks: the illusion of transparency. In: International Review of Administrative Sciences, Nr. 1, S. 116–133.

Schaar, Peter (2015): Persönlichkeitsrechte im Internetzeitalter: Zwischen Transparenz und Privatsphäre. In: Jahrbuch für Recht und Ethik, S. 245–256.

Schneider, Manfred (2013): Transparenztraum. Literatur, Politik, Medien und das Unmögliche. Berlin: Matthes & Seitz.

Skinner, B. F. (1948): Walden Two. New York: Macmillan.

Stehr, Nico/Wallner, Cornelia (2010): Transparenz: Einleitung. In: Jansen, Stephan A./Schröter, Eckhard/Stehr, Nico (Hrsg.): Transparenz. Multidisziplinäre Durchsichten durch Phänomene und Theorien des Undurchsichtigen. Wiesbaden: Springer VS, S. 9–19.

Vos, Tim P./Craft, Stephanie (2017): The discursive construction of journalistic transparency. In: Journalism Studies, Nr. 12, S. 1505–1522.

Weichert, Thilo (2015): Wenn Grundrechte und Freundschaft in der digitalen Welt unvereinbar werden. In: Jahrbuch für Recht und Ethik, S. 113–125.

Weinberger, D. (2009): Transparency: The new objectivity. In: Knowledge Management World, 28. August.

Wendelin, Manuel (2020): Transparenz als kommunikationswissenschaftliche Kategorie – Relevanz, Ambivalenz und soziale Effekte. Eine öffentlichkeitstheoretische Einordnung. In: Publizistik, S. 21–40.

Wolin, Sheldon S. (2022): Umgekehrter Totalitarismus. Faktische Machtverhältnisse und ihre zerstörerischen Auswirkungen auf unsere Demokratie. Frankfurt am Main: Westend 2022.

Zuboff, Shoshana (2018): Das Zeitalter des Überwachungskapitalismus. Frankfurt am Main: Campus.

Meyen, Michael (2024): Transparenz. In: Mediensystem und öffentliche Sphäre in der Krise, herausgegeben von Hannah Broecker und Dennis Kaltwasser, S. 73-86. Neu-Isenburg: Westend.
https://doi.org/10.53291/9783949925214_4

Wider die Repräsentationsinsel

Lukas Friedrich

Einleitung

Das kommunikations- mithin demokratietheoretische Freiheitsversprechen des Internets hat nicht erst, aber besonders seit dem Frühjahr 2020 Dellen erlitten. Es manifestierte sich, worauf Matthew Hindman (2009) bereits zu Beginn der Smartphone-Ära verwiesen hatte: Die akteurszentrierte Fokussierung auf den Prosumenten missachtet politische Regulierungsmöglichkeiten und die Notwendigkeit reichweitenstarker Vermittler (vgl. Pörksen 2019: 22). Die Abhängigkeit von physischer Infrastruktur, der Status als zivilwirtschaftliches Nachfolgeprojekt des militärischen ARPANETs und die Verbindungen des Silicon Valley mit dem amerikanischen Sicherheitsapparat erzählen die Geschichte eines korporatistischen Projekts. Das Internet hat die Struktur der repräsentativen Öffentlichkeit demnach nicht vollends aufgebrochen. Waren die Chancen, dass der Normaluser tatsächlich zum Meinungsführer aufsteigt, stets gering, werden diese durch neue Regulierungsabsichten weiter erschwert. Dafür sorgen u. a. Floskeln wie *Hass und Hetze im Netz*. Zweifelsfrei erlaubt die Pseudonymität des Internets hässliche verbale Attacken. Dennoch nimmt der Zusatz *im Netz* nichtdigitale Kommunikation aus dem Blickfeld. Die Vokabeln *Hass und Hetze* sind weiterhin so unbestimmt definiert, dass sie auch sogenannte Fake News einschließen.[1] Stimmen, denen in traditionellen Medien kein Platz zur Artikulation gewährt wird, werden in die Zwielichtigkeit des Internets gedrängt und dadurch zum Objekt parteienstaatlich legitimierter Löschung und fallspezifisch juristischer Verfolgung.

---

1 Siehe dazu die Publikation *Hass im Netz* des Projekts *Demokratie leben!* im Auftrag des Bundesfamilienministeriums (2022: 11): »Verfasser von Hassbotschaften und Fake News berufen sich gerne auf das Recht auf freie Meinungsäußerung [...]. Doch auch dieses Recht kennt Grenzen – auch, weil Hass eben keine Meinung ist.« Auf 21 luftig bedruckten Textseiten taucht die Vokabelkombination »Hass und Fake News« acht Mal auf. Was *Hass* von strafrechtlich relevanter Beleidigung unterscheidet und *wer* im Detail *was* als Fake News deklarieren *darf*, muss ebenso offen bleiben, wie die Frage, wer *News* – also Neues – instantan als *Fake* entlarven *kann*.

Die semantische Anknüpfung an die repräsentative Demokratie kommt nicht von ungefähr. Ein »entscheidender Vorteil repräsentativer Demokratie« sei mit Werner Patzelt, »dass im öffentlichen Diskurs Publizisten und Politiker in rationale, unanstößige, diskursiv anschlussfähige Sprache überführen, was sich an Denkweisen oder Interessensbekundungen an den Stammtischen und auf den Internetseiten der Nation ausdrückt«. (2015: 117) Die Akteure ließen sich um Aktivisten, Experten und anderweitige Figuren des öffentlichen Lebens erweitern. Entscheidend sind in Patzelts Nutzung des Diskursbegriffs erstens die Notwendigkeit, Medien und Politik verschränkt zu denken, und zweitens die Abhängigkeit der Stammtischgesellschaft von ihren Repräsentanten. Dies gilt sowohl für den öffentlichen Aushandlungs- als auch für den politischen Umsetzungsprozess, der wiederum einen parlamentarischen Aushandlungsprozess.

Für den Störungsfall »im Prozess der politischen Repräsentation« (Patzelt 2018: 885) bildete sich der Begriff der »Repräsentationslücke« (Mielke 2006: 11) aus. Diese kann sich in zwei Formen ausprägen (vgl. Patzelt 2018: 885 f.): zum einem als Riss zwischen Parteienvertretern und Teilen der Bevölkerung in der weltanschaulichen Ausrichtung. Risse dieser Art sind gängige Phänomene, die sich an der Wahlurne bemerkbar machen. Stefano Bartolini sieht in dieser *vulnerability*, der Flexibilität der Wähler in ihrem Stimmverhalten, sogar eine notwendige Eigenschaft des repräsentativen Wahlsystems (vgl. 2002: 89). Wesentlich bedeutender ist die Repräsentationslücke zweiter Art, die sich in einer Asymmetrie zwischen »medial vermittelte[m] Meinungs- und Präferenzspektrum« und der »Spannweite [...] wie in der Bevölkerung tatsächlich gedacht und geredet wird«, ausprägt (Patzelt 2018: 885). Anders als es Patzelts Argumentation nahelegt, wird zu zeigen sein, dass es sich dabei keineswegs um einen empirischen Sachverhalt handelt, sondern um einen dem repräsentativen Koalitionssystem (vgl. Jesse 2018) immanenten. Das Konzept der Repräsentationslücke – so die These dieses Textes – ist daher nicht in der Lage, diese Dynamik abzubilden. Vielmehr zeigen Umfragen und quantitative Erhebungen in Politik- und Kommunikationswissenschaft, dass die Lücken mittlerweile so groß sind, dass die Frage gestellt werden muss, ob Metapher der Lücke noch passend ist. Ich werde daher vorschlagen, von einer Repräsentationsinsel zu sprechen. Im Anschluss versuche ich zu zeigen, dass die damit verbundenen Probleme mit inkrementellen Behandlungen des repräsentativen Systems nicht mehr kurierbar sind. Der Beitrag schließt mit einem Plädoyer dafür, die Methoden der Repräsentationslegitimierung auf den Prüfstand zu stellen.

Repräsentationssysteme produzieren endogen Repräsentationskrisen

Metaphorische Unschärfe der Repräsentationslücke zweiter Art

Patzelt definiert die Repräsentationslücke zweiter Art als Asymmetrie zwischen den in der Bevölkerung kursierenden Meinungen zu Thema X und dem Meinungskorridor im medialen Diskurs darüber. Wenngleich die normative Aufgabenzuschreibung Nayla Fawzis und Magdalena Obermaiers an den Journalismus, »alle demokratisch akzeptierten Ansichten der Bürger*innen in der Berichterstattung widerzuspiegeln« (2019: 34), einer seltsamen Qualifizierung unterliegt, lässt sich daraus in Verbindung mit der Indexing-These ableiten, dass die insinuierten Asymmetrien, aus denen sich Repräsentationslücken ergeben, derart gestaltet sind, dass vor allem periphere Meinungen nicht mehr massenmedial abgebildet werden. Uwe Krüger beschreibt das Indexing als Prozess, demzufolge führende Massenmedien dazu neigen, »die Spanne der Meinungen und Argumente in der offiziellen politischen Debatte, also in Parlament und Regierung anzuzeigen, zu »indexieren«« (2016: 60). Außerparlamentarische Meinungen – ob demokratisch akzeptiert oder nicht, ist irrelevant, solange sie sich im verfassungsrechtlichen Rahmen der Meinungsfreiheit befinden – bleiben demnach außen vor.

Weiterhin werden Repräsentationslücken, wo auch immer sie auftreten, nicht zwingend geschlossen. Gerd Wielke erkannte eine Repräsentationslücke, die die SPD im Zuge der Agenda 2010 hinterließ (vgl. 2006: 11). Dass Peter Kirsch et al. der Sozialpolitik weniger Unruhepotenzial zuschreiben, weil es »Alternativen mit realistischen Chancen einer Regierungsbeteiligung« gebe (2022: 109), die sich dieser Thematik annehmen, ist, ob der »zu einer »Marktsozialdemokratie« degenerierte[n]« SPD (Nachtwey 2019: 99) und deren wiederholt verkündeter Ablehnung einer Koalition mit der Linkspartei (vgl. Jesse 2018: 257 f.), kaum nachvollziehbar. Die wiederum kämpft ihren eigenen Existenzkampf, der zumindest teilweise der programmatischen Assimilierung unter SPD und Grüne geschuldet ist. Schwer erklärlich wirkt zudem Patzelts Fokussierung auf die Repräsentations»lücke« am rechten Rand, die aus einem Drang »respektable[r] Parteien von der politischen Mitte bis zum linken Rand« entstanden sei (2015: 118). Ohne die »lange Zeit erfolgreiche Strategie der ›asymmetrischen Demobilisierung‹« (Nachtwey 2019: 99) anzugreifen, verweist Krüger die angebliche Linksausrichtung des Mainstreams nachvollziehbarerweise »in den Bereich der Legende« und konstatiert vielmehr das Erwachsen jener »schwarz-rot-grüne[n] Koalition, die auch in

Sachen Freihandel, Waffenexporte, Auslandseinsätze und Kampfdrohnen große Schnittmengen aufweist« (2016: 72), wofür sich Nachtwey später den Ausdruck »Extremismus der Mitte« (2019: 101) borgte. Auch er erkennt darin das Resultat der »historische[n] Ausrichtung des Parteiensystems auf die Mitte« (ebd.: 101).

Wir sehen zwei Probleme der Lückenmetapher. Erstens treten Lückenbildungen nicht am Rand eines Körpers auf. Eine Lücke erfordert eine zumindest weitgehend geschlossene Fassung. Beispielhaft sei hier ein fehlender Schneidezahn genannt. Dem gegenüber bezeichnet niemand einen gezogenen Weisheitszahn als Zahnlücke. Zweitens scheinen Repräsentationsasymmetrien mittlerweile derart langanhaltend, dass das vermittelte Bild einer Lücke, als eines kleinen, mit vergleichbar geringem Aufwand behebbaren Fehlers, der Gesamtsituation nicht länger Rechnung trägt. Ein Blick in die historische Konstituierung der Repräsentation soll zeigen, dass Repräsentationsasymmetrien repräsentativen Koalitionssystemen immanent sind.

Ideengeschichte und Konstituierung des Repräsentativsystems in der BRD

Bevor wir uns der BRD im Besonderen zuwenden, seien hier einige Überlegungen zum Legitimationsprinzip repräsentativer Demokratien an sich, freien Wahlen, angemerkt. Dabei handelt es sich zweifellos um ein »über Jahrhunderte hart und blutig erkämpfte[s] Recht« (Schuler 2019: 40) auf Partizipation und Teilhabe. Auf Basis der Verfassung Belgiens von 1831 bedeutete der Kampf »*für mehr Demokratie [...] von 1850 an*« allerdings »*nicht mehr gegen Wahlen zu kämpfen, sondern für mehr Wahlrecht* [kursiv im Original]« (Van Reybrouck 2016/2013: 107f). In dieser kontraintuitiven Aussage steckt das Studium zeithistorischer Texte wie des *Federalist Papers* von 1787/88 und der »französischen Verfassungsdebatten über die Zuerkennung des Wahlrechts«, in denen »der Terminus Demokratie kein einziges Mal vor[kam]« (ebd.: 89). Auch Simone Weil merkt an, dass falls »es 1789 einen gewissen Ausdruck des Gemeinwillens gegeben hat – obwohl mangels anderer Vorstellungen das repräsentative System übernommen wurde –, dann deshalb, weil es durchaus etwas anderes gab als Wahlen« (2009/1950: 12f). In *Federalist 10* stellt James Madison zunächst fest, dass innergesellschaftliche Interessenskonflikte nicht zu vermeiden seien und dass »the most common and durable source of factions [...] the various and unequal distribution of property« sei (2008/1788: 50). Mithin seien die Konfliktfolgen zu reduzieren, wozu eine »pure democracy«, also »a small number of citizens, who assemble and administer the government in person« (ebd.: 52), nicht in der Lage sei. Vielmehr bedürfe es zweier Komponenten zum effizienten Regieren: einer Gruppe Erlesener, die den Verführungen von Korruption und anderen Lastern widerstehe (vgl. ebd.: 53), und eines möglichst großen Gebiets, über das die gewählte Zentralregierung herrschen kann. Dies sorge dafür, dass gesellschaftliche Mehrheitsbildung, die Ansprüche an die Regierung anmelden könne, erschwert werde (vgl. ebd.: 54). David Graeber räumte auf einer Demonstration am 1. Mai 2015 in London[2] mit dem Mythos der Gründerväter auf: »Actually those guys hated democracy. They said so all the time.«

Laut David Van Reybrouck habe das Wahlrecht westliche Gesellschaften zwar dadurch demokratisiert, indem dessen Ausübung für stetig weitere Bevölkerungsgruppen erstritten wurde. Allerdings täusche der »Wahlfundamentalismus« (2016/2013: 46) darüber hinweg, dass der Urnengang »ausdrücklich als antidemokratisches Instrument in Stellung gebracht wurde« (ebd.: 99), das den Wählern »ein Gefühl des Verpflichtetseins und der Bindung gegenüber den von ihnen Berufenen« hinterlässt (Manin 2007/1995: 122). Bei »Demokratie durch Wahlen« handle es sich also um »selbstgewählten Feudalismus« (Van Reybrouck 2016/2013: 110). Dem kann man entgegenhalten, dass in repräsentativen Systemen das Wählen nicht per se mit Herrschaftsabtritt einhergehen muss. Vor allem Van Reybroucks selektive Zitation des Art. 21 (3) der Allgemeine Erklärung der Menschenrechte (AEMR) wirkt opportunistisch (vgl. ebd.: 46). Demnach bilde der Volkswille die »Grundlage für die Autorität der öffentlichen Gewalt« und müsse »durch regelmäßige, unverfälschte, allgemeine und gleiche Wahlen mit geheimer Stimmabgabe oder in einem gleichwertigen freien Wahlverfahren zum Ausdruck kommen«. Laut Art. 21 (1) AEMR, den er verschweigt, hat jeder »das Recht, an der Gestaltung der öffentlichen Angelegenheiten seines Landes unmittelbar oder durch frei gewählte Vertreter mitzuwirken«. Hier steht die Möglichkeit niedergeschrieben, dass Verfassungsänderungen hin zu anderen Verfahren möglich sind, wenn diese dem Volkswillen entsprechen. In den Verfassungen der Bundesländer ist die unmittelbare Möglichkeit verankert. Im Fall der Reduktion von Demokratie auf den ritualisierten Wahlakt kommt man aber kaum umher, Van Reybrouck zuzustimmen. Nach Graebers Verständnis von Demokratie als frei zugänglichem Diskussionsforum und Selbsthilfeprojekt lokaler Problemlösung, sei das »entire constitutional

---

2   Hier abrufbar: https://bit.ly/3D3uZEd

project […] an attempt to explicitly suppress democracy«. Da selbst die Einführung des universellen Wahlrechts nicht dazu führte, Vermögenswerte gerechter zu verteilen, mithin die größte Sorge der Gründerväter zu realisieren, schließt er: »Very ingenious people have been working on how to do this for years. It's one of the greatest feats of propaganda ever done.« Im Vorwurf der Propaganda ist die Notwendigkeit nach Kontrolle der öffentlichen Meinung als essenzielle Aufgabe repräsentativer Herrschaft eingeschrieben. Damit schließen wir die ideengeschichtlichen Ausführungen und wenden uns kurz der Geschichte der Bundesrepublik zu.

Dem Prinzip der Volkssouveränität folgend, entscheidet jedes Volk selbst, in welcher Form es das Recht auf Herrschaft an Repräsentanten abtritt. Ein dafür typischerweise anberaumtes Referendum fand seit Ende des Zweiten Weltkriegs auf dem Gebiet der Bundesrepublik nicht statt (vgl. Kempen 1990: 358). Das Grundgesetz wurde von einer verfassunggebenden Versammlung erarbeitet, den »hierfür nie gewählten« (ebd.: 365) Parlamenten der westdeutschen Länder zur Abstimmung vorgelegt und nach deren Zustimmung verkündet, obgleich deren Bindung an die Landesverfassungen dies nicht gestattete (vgl. ebd.: 356). Demokratische Legitimität wurde aus der hohen Wahlbeteiligung 1949 abgeleitet. Zeugnis über den bestenfalls teil-demokratischen Prozess der Jahre 1948/49 legen sowohl der Name *Grundgesetz* als auch dessen letzter Artikel, Art. 146 GG a. F.[3], ab: Mit der Einheit beider deutscher Staaten sollte eine gesamtdeutsche *Verfassung* das Übergangswerk Grundgesetz ablösen.

Wenngleich der Eingliederungsprozess der ehemaligen DDR nach Art. 23 GG a. F. formal einwandfrei erfolgte, wurde zwar der ostdeutschen, nicht aber der westdeutschen Bevölkerung die Möglichkeit eingeräumt, über den Anschluss der DDR an die Bundesrepublik abzustimmen. Die massenhafte Republikflucht im Spätsommer und die sich formierenden Proteste im Herbst 1989, die das Ende des SED-Regimes besiegelte (vgl. Rödder 2010: 19f, 35f, 75), sind vom Streben nach Wiedervereinigung strikt zu trennen. Die Zustimmung der Ostdeutschen wurde letztlich aus der Volkskammerwahl vom 18. März 1990 abgeleitet, deren Wahlkampf unter massivem Einfluss des westdeutschen Parteienapparats stand. Die Wahlmöglichkeiten waren de facto auf BRD-Beitritt oder den wie auch immer demokratisierten Fortlauf des SED-Staats unter der Firmierung PDS reduziert (vgl. ebd.: 218ff). Das Resultat war nicht zuletzt der unerwartete und deutliche Sieg der *Allianz für Deutschland*. Jürgen Leinemann rekapitulierte, dass »der politische Betrieb

---

3   Das Kürzel »a. F.« steht für »alte Fassung«.

des Bonner Parteienstaates« bereits vor dem 3. Oktober 1990 begann »die Trümmer der alten und die Ansätze einer neuen politischen Kultur in der DDR platt zu walzen« (2004: 391). Steffen Mensching sah damals die Möglichkeit, »ein soziales Miteinander zu finden, das die Welt weder ökonomisch noch ökologisch zugrunde richtet. [...] Aber die wurde von bundesdeutscher Seite verweigert« (Kellner-Zotz & Meyen 2023: 458). Selbst die Aussagen Ralf Schulers, eines ausgewiesenen Gegners des DDR-Systems, demzufolge der Wandel des Sozialismus als staatstragender Idee »hin zu einem offenen, sozialstaatlichen System« sich »dem westlichen geradezu anverwandelt hätte« (2019: 33) und die Einheit »der deutschen Nation [...] hellste Stunde« (ebd.: 194) war, sind nicht zwangsläufig mit dem Wunsch nach Ad-hoc-Eingliederung verrechenbar. Möglicherweise gestattete die Situation der DDR 1989/90 keine andere Möglichkeit als die unmittelbare Einheit (vgl. Rödder 2010: 205). Deren Abwicklung über Art. 23 GG a.F. ist damit aber nicht zu begründen. Das Argument fehlender Zeit (vgl. ebd.: 283f), um aus dem Beitritt eine Vereinigung im Sinne des Art. 146 GG a.F. zu machen, ist kaum haltbar. Mit dem Grundgesetz und der vom zentralen Runden Tisch erarbeiteten Verfassung für die DDR existierten zwei Vorlagen, die relativ problemlos hätten integriert werden können. Noch niederschwelliger wäre ein Referendum über das Grundgesetz gewesen.

Zur repräsentativen Abbildung der Wählerschaft

Seit Jahren erleben viele westliche Länder eine Homogenisierung der Parteien und die Auflösung des traditionellen Links-rechts-Spektrums (Krüger 2016; Jörke 2017; Vella 2018; Nachtwey 2019; Ungar-Sargon 2021). Dem kontinentaleuropäischen Mehrparteiensystem ist diese Tendenz grosso modo immanent. Die empirische Tatsache des Koalitionszwangs[4] verstärkt die Notwendigkeit der flexiblen Interpretation eigener Parteiprogramme und fungiert gleichzeitig als Projektionsfläche für wechselseitige Schuldzuweisungen. Wahlversprechen bleiben auf der Strecke oder werden als Verhandlungsmasse kompromissfähig. Neben Nachtwey (2019) und Krüger (2016) erkennt auch Dirk Jörke eine »Angleichung der politischen Parteien und ihres Personals«, so dass »Unterschiede zunehmend inszeniert werden

---

4   Siehe dazu unter anderem den Extremfall Bundestagswahl 2013, als alle Dominosteine im Sinne der CDU/CSU fielen, diese die absolute Mehrheit der Parlamentssitze bei 41,7 Prozent Zweitstimmenanteil trotzdem knapp verfehlte.

müssen« und »die symbolische Dimension der Politik« eine »neue Qualität erreicht« habe (2017: 110). Die Autoren schreiben dies unter dem Eindruck der gesellschaftspolitischen Programmatik des Neoliberalismus, des Atomkraftausstiegs, der Euro- und Flüchtlingskrise und mit Blick auf das Parteienspektrum aus SPD, Grünen, Union und in Teilen auch der FDP. Im Sinne der Indexing-These (vgl. Krüger 2016: 60) wurden abweichende Positionen zwar medial abgebildet, insbesondere aber während der Euro- und Flüchtlingskrise von abfälliger Rhetorik begleitet, die die Anschlussfähigkeit ans politisch-mediale Zentrum blockierten. Bartolini verwies auf die Bedeutung wahrgenommener Unterschiede in Relation zu faktischen Unterschieden in den Parteiprogrammen (vgl. 2002: 95). Ist die substanzielle Programmatik andererseits interparteilich homogenisiert, bedarf es Klientelthemen, der symbolischen Dimension, zur Abgrenzung.

Wiederum springt die Notwendigkeit der öffentlichen Sphäre zur Positionierung und damit die Repräsentativität der Volksvertreter ins Auge. Wenn selbst die Parteizugehörigkeit politischer Hochprominenz wie Katrin Göring-Eckardt 2017 nur von gut der Hälfte der Studienteilnehmer korrekt zugeordnet wurde (vgl. Westle 2021: 354), wundert es kaum, dass Christian Mackenrodt lediglich Prominenz und Amtsinhaberschaft als Variablen mit »relativ kleine[m], aber robuste[m] und signifikante[m] Effekt auf das Erststimmenergebnis« ermitteln konnte (2008: 83) und dass generell eklatante Unkenntnis über die Direktkandidaten im jeweiligen Wahlkreis herrscht (vgl. Mackenrodt 2008; Fürnberg 2019; Westle 2021). Das liegt unter anderem daran, dass sich die Berichterstattung selbst in Lokalzeitungen regelmäßig auf wenige prominente Gesichter der Bundespolitik fokussiert (vgl. Günther et al. 2017: 279). Die Unkenntnis der Wählerschaft gilt für Listenkandidaten analog (vgl. Fürnberg 2019: 504). Es scheint daher auch irrelevant, dass Direktkandidaten ihren Wahlkreis fast ausschließlich mit relativer, aber nicht absoluter Mehrheit gewinnen und die Abwahl der Parlamentarier, *das* Versprechen demokratischer Wahlen, aufgrund hoher Positionierung auf den Landeslisten nahezu unmöglich ist. Ohne das periodische Ausscheiden einzelner Fraktionen aus dem Parlament zu ignorieren, kann man Hans Herbert von Arnim folgen, der »dem (Schein-)Wähler« nur noch die Möglichkeit attestiert, »den Nominierten formal abzusegnen«, wodurch dem Volk »sein Recht genommen« werde, »seine Vertreter ins Parlament zu wählen, und sie beim nächsten Mal gegebenenfalls wieder abzuwählen« (2009: 819). Die Gefahr eines dauerhaften Ausscheidens bestehe nur für Mitglieder der anonymen »Masse der Abgeordneten bis hin zum letzten Hinterbänkler« (ebd.: 815), die man aufgrund ihres fehlenden Bekanntheitsgrades schwerlich als

Repräsentanten bezeichnen kann.[5] Von repräsentativer Interessenvertretung kann mithin kaum die Rede sein.

Die Repräsentativität des Parlaments wird noch anderweitig eingeschränkt. Dafür wenden wir den Blick weg von den sich selbst als *regierungsfähig* bezeichnenden Zentrumsparteien und hin zu Kleinparteien und etablierter Opposition. Aufgrund fehlender finanzieller Möglichkeiten generieren Kleinparteien wenig flächendeckende Aufmerksamkeit, was die Überwindung der Fünfprozenthürde massiv erschwert. Die Sperrklausel zieht einen Schutzzaun auf, der die Repräsentation verzerrt und die Parlamentsfraktionen gemäß Zweitstimmenergebnis überrepräsentiert. Neben dem Willen der Nichtwähler verfällt nun auch jener derer, die Parteien wählen, die an der Sperr- oder Grundmandatsklausel scheitern.[6] Bei der Bundestagswahl 2013 wurden 40 Prozent der Wählerschaft nicht mehr im Parlament abgebildet.[7] Wo liegt hier die Untergrenze der Repräsentativität? Umgekehrt fungiert die Sperrklausel auch als Instrument parlamentarischer Koalitionsbildung. Letztmals erreichte ein Zwei-Parteien-Bündnis jenseits der großen Koalition 1990 auf Bundesebene eine Mehrheit nach gültigen Stimmen.

Sollte der Sprung über die Sperrklausel gelingen, stellt sich für eine programmatisch oppositionelle Fraktion die Frage, was aus der Opposition zu leisten ist. Die AfD dient hier als Anschauungsbeispiel. Angesprochen auf deren Umfragewerte, äußerte sich Grünenchef Omid Nouripour im ZDF-Sommerinterview 2023[8] folgendermaßen: »In dieser Situation ist es notwendig, dass die demokratischen Parteien zusammenstehen und klarmachen: der Graben verläuft nicht zwischen Opposition und Koalition in erster Linie, sondern zwischen den demokratischen Parteien auf der einen Seite und Nazis auf der anderen Seite.« Ungeachtet der Wortwahl: Halten sich alle stur an die *Brandmauer*, um im Extremfall auch vor Bündnissen à la *Alle gegen Einen* nicht zurückzuschrecken, bedürfte die AfD zum Regieren einer absoluten Mehrheit. Die Chance darauf ist zumindest auf Bundesebene eine theore-

---

5   Der Running Gag #ARDfragt konnte nur deshalb entstehen, weil es sich bei den vom ÖRR »zufällig befragten Passanten«, deren Parteimitgliedschaften in den TV-Beiträgen unerwähnt blieben, in den meisten Fällen um weitgehend unbekannte Hinterbänkler und/oder Lokalpolitiker handelte.

6   Mit der Wahlrechtsreform von 2023 entfällt die Grundmandatsklausel.

7   28,5 Prozent der Wahlberechtigten wählten nicht oder ungültig. Von den 71,5 Prozent gültigen Stimmen entfielen 4,8 (3,4) Prozent auf die FDP, 4,7 (3,4) Prozent auf die AfD und 6,3 (4,5) Prozent auf sonstige Parteien. Auf die vollständig wahlberechtigte Bevölkerung umgerechnet, verfielen also 39,8 Prozent der Stimmen.

8   Abrufbar hier: https://tinyurl.com/ms5dmas6. Die entsprechende Sequenz beginnt bei 16:30.

tische. Ob die Alternative dann tatsächlich die selbsternannte Alternative wäre, sei an dieser Stelle dahingestellt. Solange die rigorose Ablehnung als Denkrahmen präsent bleibt und sich über Neugründungen keine anderweitigen Koalitionsmöglichkeiten ergeben, bliebe die Partei ein Sammelbecken der Fundamentalopposition. Das Machtpotenzial der Partei dürfte daher von deren gegenwärtigem Aufschwung unberührt bleiben.[9] Das heißt, selbst die Wählerwanderung füllt den luftleeren Raum der Repräsentationsasymmetrie nur zum Teil. Im Sinne der Indexing-These nimmt die Berichterstattung auch Diffamierungen auf. Nouripours infamer Nazi-Vergleich, den er gleichsam über die Partei und ihre Wähler kippte, blieb von ZDF-Mann Theo Koll unhinterfragt im Raum.

Determinanten der Repräsentationsinsel

Angesichts von Umfragewerten der AfD von in der Spitze über 20 Prozent auf Bundesebene, einem hohen einstelligen Prozentwert der Fraktion »Sonstige«, die man aufgrund der Fünfprozenthürde als institutionalisierte Repräsentationslücken bezeichnen kann, einer taumelnden FDP, einer mit der Bedeutungslosigkeit kämpfenden Linkspartei und einem Nichtwähleranteil von ca. 25 Prozent scheint der Teil der Bevölkerung, dessen politischer Wille zumindest weitgehend abgebildet wird, so klein, dass dieser Teil der Bevölkerung auf einer Insel zu leben scheint.[10] Die jenseits der nackten Zahlen präsentierten Formen der Repräsentationsasymmetrien (Missachtung des Wählerwillens, Zentralisierung durch Koalitionszwang sowie Flexibilisierung und letztlich Homogenisierung der Parteiprogrammatiken) zeigen, dass die Bewohner der Insel zuvorderst sich selbst repräsentieren. Allerdings ist der Teil der Bevölkerung, den man vernünftigerweise dort lokalisieren würde, keine homogene Masse, sondern eine Gruppe, die unter sich Konflikte auszuhandeln hat. Die Wahlergebnisse der FDP, seitdem die Liberalen der Ampelkoalition beitraten, sind hierfür das beste Beispiel. Damit ist die Frage aufgemacht, wie man sich einen Platz auf jener Insel ergattert.

Um im Bild des Meeres zu bleiben: Die Referenz auf den psychologischen Eisberg ist an dieser Stelle nicht hilfreich, wenngleich der Wasserspiegel auch

---

9 Das hier gesagte, gilt analog für das BSW, das zumindest auf Bundes- und Landesebene den Äußerungen der Parteispitze zufolge zur *Brandmauer* tendiert.

10 Selbst die Verluste der AfD nach dem sog. Geheimtreffen gingen weder auf das Konto der Ampel noch der Union (s. EU-Wahl). Die Verluste der AfD gehen im Saldo nahezu komplett auf das Konto des BSW.

bei der Inselmetapher von Bedeutung ist. (Individuelle) Tiefenpsychologie und zwischenmenschliche Kommunikation, vor allem die jenseits der phänomenologischen Oberfläche stattfindende, spielen für die hier angesprochenen Vorstellungen der Repräsentation und Nicht-Repräsentation allenfalls eine untergeordnete Rolle. Aufgrund der zeitlichen und räumlichen Trennung erfordert Repräsentation eine sinnlich wahrnehmbare Verbindung zwischen Repräsentanten und Repräsentierten. Weiterhin impliziert der Eisberg als freischwimmendes Objekt – übertragen auf gesamtgesellschaftliche Phänomene – völlige Abkoppelung einer besonderen Gruppe vom Rest der Gesellschaft. Der zweidimensionale Querschnitt einer Insel zeigt hingegen erstens deren Verbundenheit zum Meeresgrund und zweitens die sukzessive Vertiefung des Wassers rund um die Insel. Das heißt, dass auch den Personen, die nicht mehr auf der Insel residieren, nicht abrupt der Boden unter den Füßen entzogen wird. Das Niveau des Wasserpegels in Relation zum Körper des Menschen spiegelt folglich den Grad der Nicht-Repräsentation wider.

Materielle Ausstattung

Das Abstellen auf die materiellen, nicht auf die Eigentumsverhältnisse ist von besonderer Bedeutung. Erstens definiert sich materieller Reichtum nicht einzig und allein über Eigentumsverhältnisse. Zweitens folgen auch die Entfremdungstendenzen, die Karl Marx als das Resultat der kapitalistischen Produktionsweise ableitete, nicht zwingend und ausschließlich aus Eigentumsverhältnissen. Das dichotome Verständnis des historischen Materialismus kennt zwei zentrale Akteure, den Kapitalisten, als Geldbesitzer und damit Eigentümer der Produktionsmittel, und den Proletarier, den Arbeiter (vgl. Marx 1991/1890: 153, 159), der als Extension der Maschine, atomisiert, zum Teil des Produktionsprozesses selbst wird (vgl. ebd.: 168f). Damit geht eine Entfremdung auf drei Ebenen einher: aufgrund der Arbeitsteilung zu seinem Produkt, als Eigentum des Kapitalisten zu sich selbst und letztlich zur Gesellschaft (vgl. ebd.: 579f). Von einer Entfremdung zu den Repräsentanten ist keine Rede. Diese verkürzte Dichotomie bedarf mithin einiger Anmerkungen. Besonders kleine Handwerksbetriebe sind prädestiniert dafür. Nehmen wir einen Kochgesellen, der (mit wenigen Kollegen) unter der Leitung eines Küchenchefs tätig ist. Seine Aufgaben erstrecken sich vom Einkauf über die Herstellung der verschiedenen Speisen bis hin zu deren Übergabe an das Servicepersonal. Hier ist von Arbeitsteilung offenkundig nur dahingehend zu sprechen, als dass der Geselle nicht auch sämtliche Zutaten selbst produziert. Nichtsdestotrotz dürfte sich die Entfremdung des Gesellen zu seinem Produkt auf ein Minimum reduzieren, das sich darin manifestiert, dass der Küchenchef die Speisekarte erstellt und die Rezepte der einzelnen Gerichte vorgibt. Der Küchenchef muss weiterhin nicht notwendigerweise Eigentümer des Restaurants sein, unterliegt aber dennoch weitgehender Handlungsautonomie.

Der Dualismus des historischen Materialismus stößt auch anderweitig an seine Grenzen. Selbst unter der Annahme, dass der erwähnte Chefkoch Eigentümer seines Restaurants sei, ist er kaum als Kapitalist zu bezeichnen, dessen primäre Absicht darin besteht, aus Geld mehr Geld (G-W-G') zu machen (vgl. ebd.: 142). Diese motivationspsychologische Zuschreibung mag für den Fall haltbar sein, wenn der Kapitalist von seinem manifesten, nicht verbrieften Eigentum entkoppelt zum »Schatzbildner« wird (vgl. ebd.: 140f). Plastisch und zugespitzt gesprochen: Es dürfte Aktionär X ziemlich egal sein, ob am anderen Ende der Welt Unternehmen Y, an dem X über sein Depot beteiligt ist, Arbeiter Z entlässt. Resultiert die Investition in das Aktienpaket in Dividende und Kurssteigerungen, hat X sein Ziel erreicht. Die Rechtsform der Kapitalgesellschaft bricht Marx' Dualismus. In der Figur des Vorstandes – de jure Angestellter der juristischen Person und damit Marx folgend kein Kapitalist – kristallisiert sich eine bedenkenswerte Zwittergestalt heraus. Die Bezahlung des Vorstandes erfolgt in aller Regel leistungsbezogen, sprich neben Grundgehalt auch über Bonuszahlungen. Diese werden bisweilen in Form von Aktienanteilen am Unternehmen geleistet, wodurch der Vorstand zu seinem eigenen Teileigentümer wird. Inwieweit der angestellte bzw. berufene Vorstand die Leitung eines Unternehmens als entfremdete Arbeit aufnimmt, ist allenfalls empirisch prüfbar. Der industrielle Großkonzern (Marx' Studienobjekt) bietet weitere zu differenzierende Ebenen: Hochspezialisierte Arbeitnehmer (z. B. in Forschung und Entwicklung), die nicht auf Vorstandsebene in jene Zwitterposition rücken, sind weitere Proletarier, die nur sehr geringfügige Entfremdung zu ihrem Produkt empfinden dürften, gleichzeitig aber materiell oftmals viel besser dastehen als der selbstständige Chefkoch.

Deshalb erkannte Simone Weil auch nicht in den Eigentumsordnungen, sondern in der *Fabrikisierung*, dem zwanghaften Wachstums- und Effizienzstreben (vgl. 2012/1934: 12f), den Kern der Entfremdung. Diese Entwicklung beruhe auf drei Bausteinen: erstens dem technischen Fortschritt und der damit verbundenen naiven Wissenschaftsgläubigkeit als Allheilmittel der Problemlösung (vgl. ebd.: 20ff), zweitens in der natürlichen Existenz individueller Privilegien (ebd.: 41). Wenngleich Weil sie nicht explizit erwähnt, fallen darunter auch wie auch immer geartete Talente, und – ganz entscheidend – drittens der Wille zur Macht (vgl. ebd.: 42). Diese drei Sphären – Wissenschaft, Wirtschaft und Politik – eint eine gewisse Intransparenz. Im Falle der letzten beiden liege diese in der »grundsätzlichen Trennung, die faktisch zwischen Leitungs- und Ausführungsfunktionen besteht« (ebd.: 15), sei es zwischen Administration und Fertigung oder zwischen Politikern und Angestellten im öffentlichen Dienst. Mit Blick auf die Wissenschaften merkt Weil an, dass die große Mehrheit der Bevölkerung aufgrund fehlender Kenntnisse zur Überprüfung des methodischen Vorgehens darauf angewiesen sei, deren Befunde schlicht zu glauben (vgl. ebd.: 21f). Dieser Umstand lässt sich durch »vertieften und verbreiteten Wissenschaftstransfer« als »Therapie gegen die Verunsicherung mancher Teile der Öffentlichkeit und gegen die damit zusammenhängende Inflation von Fake News« (Bechthold-Hengelhaupt: 2021: 149) auch dann nicht kurieren, wenn »Wissenschaft als Garantin der Wahrheit« (ebd.: 145) zu einem monolithischen Block singularisiert und ihre Leistungsfähigkeit überhöht wird. Ungeachtet der Selektion dafür notwendiger Experten, (vgl. ebd.: 146) bleibt dem Laien auch dann nur die Option des Glaubens, sprich des Vertrauens.

Vertrauen in die Institutionen

Der Parameter Vertrauen ist demokratie- und öffentlichkeitstheoretisch von elementarer Bedeutung. Oft ist vom Vertrauen in die Medien die Rede, wenn die notwendigen Voraussetzungen für eine funktionierende Demokratie diskutiert werden (vgl. Prochazka 2022: 61f; vgl. Quiring et al. 2021: 3498; Baum & Haberl 2020: 114; vgl. Jackob et al. 2019: 33). Dessen Konzeptionalisierung ist weitgehend konstant: Vertrauen ist ein relationales Konzept, bei dem ein Vertrauensgeber einem Vertrauensnehmer Handlungslegitimation überschreibt, um damit Wissensasymmetrien auszugleichen. Folglich ist Vertrauen ein Werkzeug, das dem Vertrauensgeber selbst Handlungsfähigkeit ermöglicht, da dieser nicht über unbegrenztes Wissen verfügt und daher auf Hilfe seiner sozialen Umwelt angewiesen ist. In Bezug auf den Journalismus wird nun aus demokratietheoretischer Deduktion die Rolle der freien Presse gefolgert, deren Handlungsfähigkeit zu einem erheblichen Teil auf das Vertrauen der Bürger angewiesen sei. Sebastian Jäckle und Uwe Wagschal (vgl. 2023: 64f) sowie Fawzi und Obermaier (vgl. 2019: 31) erinnern in Anlehnung an David Easton, dass Vertrauen ein dreiteiliger Prozess (Input,

Throughput, Output) sei, aus dem wiederum die Relationalität der beiden Akteure ersichtlich wird. Der Input beschreibt den Vorschuss des Vertrauensgebers, der Output dient als Referenzwert des Vertrauensgebers hinsichtlich der Aufrechterhaltung der Beziehung zum Vertrauensnehmer. Der Throughput subsumiert die Prozesse während der Phase, in der der Vertrauensnehmer Handlungsautonomie genießt.

Auf zwischenmenschlicher Ebene dürfte an diesem Modell wenig zu kritisieren sein. Vertrauen ist Grundbedingung der Handlungsfähigkeit, die immer in Relation zu anderen Akteuren steht und somit Unsicherheiten obliegt. Die Ausgleichsvariable dieser Wissensasymmetrie ist im persönlichen Verhältnis das Vertrauen. Würde A wissen, dass B ihm schaden will, würde A alles daransetzen, die Handlung des B zu verhindern. Weiterhin bedarf es aber auch einer Form des diffusen Vertrauens in die Umwelt. Lebte man immer in der Angst, beim Verlassen des eigenen Sicherheitsbereichs (bspw. der Wohnung) in Gefahr zu schweben, wäre Leben kaum möglich. Daran anschließend bedarf der Mensch als politisches Subjekt und Objekt eines gewissen Selbstvertrauens, um das, was gemeinhin allgemeines Lebensrisiko genannt wird, zu meistern.

Im Verhältnis zwischen Individuum und Institutionen, hier verstanden als verfassungsrechtlich normierte, mithin für eine freiheitlich-demokratische Grundordnung essenzielle, unpersönliche Entitäten, hat die Referenz auf das Vertrauen als notwendige Bedingung jedoch einen Haken. Zwar weisen Jäckle und Wagschal (vgl. 2023: 64) darauf hin, zwischen horizontalen (hier zwischenmenschlichen) und vertikalen (hier zwischen Individuum und Institution) Beziehungen zu unterscheiden, bedenken dabei allerdings weder den Vertrauensvorschuss noch die zusätzlichen Handlungsbefugnisse, die den Institutionen im Rahmen ihres verfassungsrechtlichen Auftrags gewährt werden. Im Fall der Medien sind das u. a. Pressefreiheit, Auskunftsrecht und Informantenschutz (vgl. Prochazka 2022: 61). Die in ihren Kontrollgremien seit Jahrzehnten mit Parteifunktionären und parteipolitisch abhängigen Vertretern zivilgesellschaftlicher Institutionen besetzten Anstalten von ARD und ZDF (vgl. Alemann 1997: 483f), haben, mit der eisernen Faust des staatlichen Gewaltmonopols im Rücken, darüber hinaus eine materielle Sicherheit, die jede Vertrauensnotwendigkeit obsolet macht, weil sich jene Medien nicht über die Qualität ihrer Angebote refinanzieren müssen.

Die zahlreichen Erhebungen von Vertrauensdaten unterstützen dieses Argument. Bernd Blöbaum et al. schreiben von einer »Erzählung [...] einer dramatischen Vertrauenskrise in die Medien«, die sich »als erstaunlich resilientes Narrativ« erweist, »das ziemlich resistent gegenüber anderslautender

Evidenz zu sein scheint« (2020: 4). Diese Aussage legt ein konstant hohes Vertrauensniveau nahe. Trotz des Verweises auf zahlreiche Studien werden die Autoren nur einmal konkret. Laut einer »Repräsentativbefragung« eines Graduiertenkollegs der Universität Münster gab »2019 knapp die Hälfte der Befragten an, den Medien zu vertrauen« (ebd.: 5). Olaf Jandura und Raphael Kösters können in ihren Befunden »keine mediengetriebene Desintegration der Bevölkerung ausmachen«, obwohl auch sie nur »gut die Hälfte der Befragten« mit ihren »politischen Positionen und Meinungen« als medial repräsentiert ausweisen (2018: 117). Fawzi und Obermaier verwundert angesichts der stabilen Langzeitdaten aus Allensbach, wonach »ein Großteil der Deutschen den Medien bereits seit Jahrzehnten wenig Vertrauen entgegenbringt« und andererseits »der Anteil derer, die (großes) Vertrauen in journalistische Medien respektive die Presse haben, seit den 1990er Jahren eher leicht angestiegen« ist, die »Intensität der aktuellen Debatte« (2019: 27). Prochazka (vgl. 2022: 59) erkennt eine Polarisierung, wobei sein Rückblick auf die Jahre 2008 bis 2019 offenlegte, dass sich die Zahl derer mit geringem Vertrauen mehr als verdreifachte, während die Zahl derer mit hohem Vertrauen in die Medien um ca. 50 Prozent zulegte. Die Auswirkung der Coronajahre versuchen Jäckle und Wagschal (vgl. 2023: 72) zu eruieren. Erkennbar ist eine Korrelation von Leitmedien- und Politikvertrauen, wobei eine minimale Tendenz gen Vertrauensverlust zu erkennen ist. Peter Kirsch et al. untersuchten, ob sich die Repräsentationsasymmetrien und der damit einhergehende Vertrauensverlust, die sich durch die Konvergenz der Parteienprogrammatik u. a. während Euro- und Flüchtlingskrise bildeten (vgl. 2022: 98ff), auf die Coronakrise verlängern lassen. Im kurzen Untersuchungszeitraum von Sommer 2020 bis Winter 2020/2021 ergab sich bereits eine erhebliche Verschiebung. Die Zufriedenheit brach um knapp 20 Prozent ein, während die Unzufriedenheit mit der politischen Linie um 50 Prozent zunahm. Wenn Thomas Hanitzsch nun die »Polarisierung« bestätigt, wodurch »die Menschen in Deutschland im Durchschnitt nicht weniger Vertrauen in die Medien haben als vor zehn oder zwanzig Jahren«, ist die Conclusio, dass Journalisten »einem Narrativ [Vertrauensverlust, L. F.]« aufsitzen, »das objektiv falsch ist« (Blazekovic 2023: 19), zumindest dahingehend erstaunlich, als dass diese Veränderung lapidar als wenig problematisch relativiert wird. Dass das Vertrauen über den angesprochenen Zeitraum generell auf einem überschaubaren Niveau ist, bleibt unausgesprochen.

In einer pluralistischen Gesellschaft vertraut nicht jeder Bürger jedem Medium im gleichen Maße. Da außerdem niemand unbegrenzte Handlungsoptionen besitzt, ist den meisten Bürgern die aktive Teilnahme am öffentlichen Diskurs versperrt (vgl. Patzelt 2018). Entsprechend bedarf es, auch nach verfassungsrechtlichem Urteil, der Massenmedien als Sprachrohr der Bürger (vgl. Alemann 1997: 489). Folglich wäre es zuvorderst die Aufgabe verschiedener Medien, das Vertrauen jener Bevölkerungsgruppen zu erarbeiten. Aus der Parteienkonvergenz zur Mitte, die Systemen der »Koalitionsdemokratie« (Jesse 2018: 252) zu großen Teilen immanent ist, leitet sich über die Indexing-These das Problem ab, dass sich Repräsentation zunehmend auf das Zentrum fixiert. Dass dem verfassungsgemäßen Auftrag Öffentlichkeit (vgl. Pöttker 1999: 220) damit nur begrenzt Rechnung getragen wird, liegt auf der Hand. Repräsentation soll als Durchleitungsinstrument der Anliegen der Repräsentierten in den Wahrnehmungshorizont der politischen Entscheidungsträger dienen. Leisten jene Medien, die es in die Pressespiegel der gebietskörperschaftlich relevanten Entscheider schaffen, diese Aufgabe nicht mehr, haben sie keinen Anspruch mehr darauf, Vertrauen einzufordern. Es kommt daher nicht von ungefähr, dass bereits Niklas Luhmann die Vokabel Vertrauen in der *Realität der Massenmedien* nur einmal in einer Fußnote nutzte (2017: 25), die über die Entstehung des Münzgeldes berichtet. Demgegenüber beginnt er mit dem Vermerk, dass wir zwar das, »was wir über unsere Gesellschaft, ja über die Welt, in der wir leben, wissen, [...] durch die Massenmedien [wissen]«, andererseits aber »so viel über die Massenmedien« wüssten, dass »wir diesen Quellen nicht trauen können« (ebd.: 9). Massenmedien bereiten seiner »Theorie des Gedächtnisses der Gesellschaft« (ebd.: 122) folgend »ein Hintergrundwissen« auf, »von dem man in der Kommunikation ausgehen kann« (ebd.: 84). Massenmedien sind Informationsdienstleister, denen die verfassungsrechtliche Konstitution eine derartige Handlungsautonomie zusichert, die einen Vertrauensvorschuss obsolet macht. Eingriffe Dritter – in der Regel der Objekte der Berichterstattung – in jenen Handlungskorridor wurden lange Zeit mindestens durch öffentlichen Aufruhr geahndet. Die Forderung des Kenntnishabens ist also signifikant niederschwelliger als jene des Vertrauens in die Medien.

Zur Funktionsweise der Repräsentationsinsel

Vom Beobachter zum Akteur

Die Idee der Repräsentationsinsel stellt nun nicht mehr auf die Leerstellen der Repräsentation als disparate Phänomene ab, sondern erkennt im politisch-medialen Nexus partieller Repräsentativität das Zentrum der Repräsentationsinsel, mithin des Gesamtsystems. Sind die Hürden zur Positionierung auf der Insel niederschwellig, ist der Zugang in den Nexus höchst selektiv. Materielle Ausstattung und Vertrauen in die Institutionen sind unterschiedlich stark ausgeprägte Prädispositionen, sodass einer der beiden Variablen das Verhältnis zum Zentrum stärker beeinflussen kann als das andere. Beide Variablen stehen sich als Determinanten der Positionierung allerdings weder zwingend konträr gegenüber, noch verhalten sie sich kooperativ zueinander.

Um sich nicht vom Zentrum weg, sondern auf dieses zuzubewegen und darüber hinaus auch zum handelnden Akteur innerhalb dieser Sphäre zu werden, sind materielle Ausstattung und Vertrauen in die Institutionen nur zwei Variablen. Anders gelagert, aber über den Grad der Aktivität entscheidend, ist zunächst der *Wille zur Macht*, der Weil folgend darüber entscheidet, ob sich Privilegien in Unterdrückung wandeln (vgl. 2012/1934: 42). Ohne Machtwillen verweilt der Bürger dahingehend in einer passiven Rolle, als dass er keinen Anspruch auf Repräsentation und Meinungsführerschaft jenseits des sozialen Umfelds anmeldet, in das der Privilegierte bisweilen befördert wird oder in dem er sich aufgrund der Natur der Dinge wiederfindet (vgl. ebd.: 41). Man denke hier in erster Linie an den Status des Elternseins. Der Wille zur Macht ist zunächst selbstreferenziell und steht als Prädisposition jedem offen. Voraussetzung ist ein gesundes Niveau an Selbstvertrauen. Neben dem Willen zur Macht bedarf es weiter des *Zugangs zu den Apparaten der Macht*. Was Weil salopp als Privilegien betrachtet, ist analytisch zu trennen, um die Komplexität des Zugangs eines handelnden Akteurs zum politisch-medialen Nexus partieller Repräsentativität zu erklären.

Die materielle Ausstattung gewährt entweder Sicherheit beim Eintritt über den oftmals langwierigen Weg über die Karriereleiter oder ermöglicht ab einem bestimmten Niveau die mittelbare oder unmittelbare Einflussnahme auf die formal-autonom Handelnden. Ob der Einfluss von Individuum zu Individuum oder über Netzwerke praktiziert wird, ist an dieser Stelle nebensächlich. Die Umkehr des Repräsentationsauftrags liegt in jeder Form der illegitimen Vorteilsnahme (vgl. Rhomberg 2005: 124). Den am schwersten fassbaren Parameter kann man persönliche Privilegien nennen. Darunter subsumieren sich neben Teilen dessen, was Pierre Bourdieu soziales und kulturelles Kapital nennt (vgl. 1986: 16), also persönliche Netzwerke oder meritokratische Auszeichnungen, auch einer Person zumindest weitgehend endogene Charakteristika, wie die oben kurz angesprochenen Talente oder die äußere Erscheinung. Das Vertrauen in die Institutionen ist zumindest dahingehend von Bedeutung, als dass das Vertrauen in die ausgewählte Institution in seiner Scharnierfunktion Akteur und Institution verbindet und somit den Eintritt über die Karriereleiter, als Quereinsteiger oder als wiederkehrender Gast ermöglicht. Eng damit verbunden ist das möglicherweise wichtigste aller Kriterien, worüber sich die Institutionen des politisch-medialen Nexus in einem reziproken Vertrauensverhältnis nach außen absichern: die individuelle dem Zeitgeist angepasste Weltanschauung der handelnden Akteure. Was oben bereits anhand der Präselektion in den Parteiapparaten ausgeführt wurde, gilt im ähnlichen Maße für die Akteure, die über andere Kanäle in den politisch-medialen Nexus strömen.

Abschreckende Abhängigkeiten

Krügers Dissertation über die Einbettung deutscher Alpha-Journalisten in transatlantische Netzwerke erregte die Gemüter. Im Vorwort zur 2. Auflage beschreibt er die veränderte Rezeption der Arbeit, nachdem sie die Grundlage der Sendung *Die Anstalt* vom 29.04.2014 bildete (vgl. 2019: II). Abschließend verknüpft er diesen Befund mit dem ausbleibenden akademischen Durchschlag des »populärwissenschaftliche[n] Nachfolger[s] *Mainstream*« (ebd.: XI). Um dessen zentrales Konzept der »Verantwortungsverschwörung« (2016: 104) geht es im Folgenden. Darunter versteht er eine metaphysische Verbindung zwischen Parteien und Leitmedien, die mitunter ohne klandestine Absprachen »als politisch-mediale Schweigespirale« wirke (ebd.: 125). Krüger rezipiert den symbolischen Satz Leinemanns über die »professionell betriebene Verschwörung zur Unterdrückung von Wirklichkeit« (2004: 250), demzufolge die »Abwehrfront« aus Politik und Berichterstattern »desto entschlossener« zusammenrückte, »je lärmender und aufdringlicher neue Wirklichkeiten bis nach Bonn vordrangen« (ebd.: 251). Unbeachtet der Begrifflichkeit ist entscheidend, dass sich Krüger auf das Außenverhältnis des »symbiotische[n] »Biotop-Modell[s]«« (Alemann 1997: 480) beschränkt. Darunter verstehen Ulrich von Alemann (ebd.: 493) und Markus Rhomberg (2005: 135) – Ulrich Sarcinelli zitierend – eine »Art Tauschverhältnis mit wechselseitiger Abhängigkeit« zwischen Medienvertretern und Politikern. Von Alemann listet fünf Aspekte »reziproke[n] Nutzen[s]« (1997: 493), die sowohl dem Politiker als auch dem Journalisten dienen: persönliche Publicity, Platzierung gewünschter und Rückhaltung ungewünschter Themen sowie gegenseitige Gewogenheit und den Status als Informationsquelle. Dieser dem normativ-antagonistischen Anspruch des Presse-Politik-Verhältnisses zuwiderlaufende Konflikt, der sich in vertrauensvollen Zirkeln unter eins, zwei oder drei manifestiert (vgl. Krüger 2019), ist bei genauer Betrachtung nur schwer zu verhindern: »Für Journalisten ist der Grad von notwendiger beruflicher Distanz und unumgänglicher Nähe schmal, der Weg vom Vertrauen zur Kumpanei äußerst kurz« (Altmeppen & Löffelholz 1998: 114). Daraus ergibt sich »trotz partieller unterschiedlicher Intentionen und Interessen«, dass beide Akteure ein »gemeinsames Ziel, nämlich die Aufrechterhaltung der politischen Kommunikation« (Alemann 1997: 493) verfolgen. Sorgfältig selektierten Aktivisten und Experten kommt dabei die zunehmend zentrale Rolle zu, die Grenzen des politisch Möglichen anzugreifen. Tilman Bechthold-Hengelhaupt wendet berechtigterweise ein, dass das Primat der wissenschaftlichen über die politische Sphäre zum Zusammenbruch letzterer führen würde (vgl. 2021: 147). Politische Macht obliegt der Regierung, die in der zeiträumlichen Wirklichkeit ihre Handlungsoptionen abwägen muss. Da diese zunehmend von geerbten Altlasten beschnitten werden, obliegt es Aktivisten und Experten, scheinbaren Druck auf die Entscheidungsträger auszuüben. Das Innenleben des politisch-medialen Nexus bleibt davon freilich unberührt.

Im systemischen Innenleben gibt es jene Verbindungen und Zirkel in großer Zahl. Daraus ergibt sich ein System der gegenseitigen Abschreckung, das nach innen durchaus brodelnd, nach außen aufgrund jener gegenseitigen Abschreckung aber umso stabilisierender wirkt. Nach außen besteht für alle Beteiligten die Notwendigkeit, den antagonistischen Anspruch der Gewaltenteilung zu wahren. Weder treiben also Medien die Politik noch umgekehrt. Berufspolitik und die ansässige Berichterstattung treiben und vertreiben gegenseitig. Sie treiben einerseits ihre sich wechselseitig bedingende Bedeutung. Sie vertreiben andererseits eine politische Kultur des Gemeinsamen. Essenziell dafür ist die Verteidigung des politisch-medialen Nexus in Form der repräsentativen Demokratie und Öffentlichkeit. Van Reybrouck untersucht einige Fälle partizipativer Losverfahren (vgl. 2016/2013: 121ff), die floppten, weil politische Parteien »häufig ein Interesse« hatten, deliberativ erarbeitete Vorschläge »zu diskreditieren oder schlicht zu ignorieren, denn die Reform des Wahlsystems hätte sie Macht gekostet« (ebd.: 127). Außerdem standen kommerzielle Medien »den *Citizens' Assemblies* oft sehr feindlich gegenüber« (ebd.: 128). Sobald ein Vorschlag öffentlich wurde, »erwiesen sich immer wieder politische Parteien und kommerzielle Medien [als heftigste Gegner]« (ebd.: 129). Die Abneigung folge aus der Theatralik parlamentarischer Politik, die »mitunter großartiges Fernsehen« liefere, wohingegen »deliberative Demokratie [...] wenig Drama« biete und »sich schwer in eine Geschichte gießen« lasse (ebd.: 130). Was hier anhand des Fernsehens ausgebreitet wird, gilt ebenso für Printmedien, Radio und (audiovisuelle) Onlinemedien. In diesem narrativen Politikspiel sind Unfälle nicht nur eingepreist, sie sind systemisch betrachtet notwendig. Die Geschichte zeigt erstens, dass auch Funktionseliten verschiedenartigen Lastern erliegen, und zweitens, dass das, was hinter dem Unwort »Verschwörung« steckt mehr oder weniger regelmäßige politische Praxis ist. Das Aufplatzen von Skandalen befriedigt demnach die Erwartungen der Outgroup. Auf der Mikroebene kann es den Betroffenen die Karriere kosten. Auf der Mesoebene können Parteien oder Medienhäuser von der Veröffentlichung etwaiger Skandale Schaden nehmen. Auf der Makroebene dienen Skandale als Impulse zur Selbsterneuerung.

Fazit: Per Systemfehler aus der Sackgasse

Die Etablierung des politisch-medialen Nexus partieller Repräsentativität hat seit der Jahrtausendwende zu unübersehbaren Repräsentationsasymmetrien geführt, die über das Konzept der Repräsentationslücke (vgl. Patzelt 2018) nicht mehr greifbar sind. Seither bildeten sich in diesen Freiräumen mehrere Gegenöffentlichkeiten. Die Wasserscheide der Coronajahre hat konservative, liberale und sozialdemokratische Internetmedien dieser Gegenöffentlichkeiten dahingehend verzahnt, als dass die dort publizierenden Akteure, ungeachtet ihrer weltanschaulichen Differenzen, die Gefahren erkannten, die mit Erhöhung der sozialen Kosten der freien Meinungsäußerung und insbesondere durch manifeste Beschränkung der Grundrechte einhergehen. Wenn der Weltsystemtheoretiker Immanuel Wallerstein damit richtig liegt, dass »the use of ›imperial‹ force [...] hegemonic power economically and politically« unterminiere und mithin als Zeichen »not of strength but of weakness, first externally then internally« betrachtet werde (2004: 59), ist das militärische zunächst dahingehend zu generalisieren, dass der Einsatz von Gewalt auch auf den Ebenen des Denkens und Sprechens zu verorten ist. Die Periode, die spätestens seit der Weltwirtschaftskrise 2008 einsetzte, ist folglich im Licht des Zerfalls zu sehen, der sich in den Coronajahren endgültig Bahn brach.

Damit schließt sich der Kreis zu der eingangs dargestellten Problematik. Bereits vor der Coronaphase wurde die Meinungsfreiheit durch das Outsourcing von Zensurmaßnahmen beschränkt. Mit dem Ausruf der *Infodemic* durch WHO-Generaldirektor Tedros Ghebreyesus auf der Münchner Sicherheitskonferenz 2020[11] und UN-Generalsekretär António Guterres

---

11 Die Rede ist hier abrufbar: https://t.ly/6QxKi

Mitte April 2020[12], den Karl Lauterbach und Christian Drosten unlängst auf dem World Health Summit 2023[13] erneuerten, bietet das »Imperium« im Kampf um die Gehirne und somit das Denken der Menschen neue Waffen auf. Im Fadenkreuz dieser Waffen stehen zuvorderst nicht die Menschen selbst, sondern Institutionen und Akteure der Informations- und Wissensvermittlung, die das aus dem verfassungsrechtlichen Auftrag der Öffentlichkeitsherstellung abgeleitete Berufsverständnis auch entgegen allen Hürden in die Berufspraxis überführen. Getreu dem Motto »Der Feind meines Feindes ist mein Freund« lässt der Kampf um Aufmerksamkeit, sprich der Kampf um bares Geld, zunehmend auch jene journalistische Phalanx erodieren, die früheren Angriffen auf die Pressefreiheit noch geschlossen entgegentrat (vgl. Diekmann 2023: 376ff). Wurden die zum Teil drastischen Folgen der Wirtschaftspolitik unter der Chiffre *Globalisierung* von weiten Teilen der Leitmedien noch mitgetragen oder gar propagiert (vgl. Altmeppen & Löffelholz 1998: 116), brachen im Zuge der Durchdringung der Welt durch das Internet jene radikal-liberalisierenden Prozesse nun auf den Informationsmarkt durch. Allerdings nicht von oben, sondern als anarchistisches Phänomen von unten. Analog zu den regelmäßig auftretenden Wirtschaftskrisen der produktiven wie unproduktiven Industrie riefen die Platzhirsche der Informationsindustrie in ihrer Wirtschaftskrise still nach dem Staat. Die Subventionierung der Platzhirsche materialisierte sich zum einen über steuermittelfinanzierte Anzeigen verschiedenster Ministerien. Ebenso bedeutend dürfte allerdings die Subventionierung der Aufmerksamkeitssphäre durch ungekannte Zensurmaßnahmen gewesen sein. In schweigender Zustimmung und aggressiver Diffamierung schwangen die unhörbar leisen wie unüberhörbar lauten Schallwellen der Hoffnung, die in den korporatistischen Versuch der Reindustrialisierung der Informationsökonomie gelegt wurden.

Ob dieser erfolgreich sein wird, muss sich zeigen. Am Phänomen der spendenfinanzierten Internetmedien und an den (Nicht-)Reaktionen auf die staatlichen Angriffe auf diese Plattformen lässt sich die Fragilität der Repräsentation im Sinne von Wallersteins (vgl. 2004: 59) Zerfallsthese studieren. Hier manifestierte sich nach 1989 vielleicht zum ersten Mal die Kraft des selbstbestimmten Handelns, die aus Weils Freiheitsverständnis als situationsbedingter, zielgerichteter, somit nicht willkürlicher Verknüpfung von Denken und Handeln resultiert (vgl. 2012/1934: 67f). Das Verbot der Zensur

---

12 Die Rede ist hier abrufbar: https://t.ly/TFnlq
13 Die Paneldiskussion ist hier abrufbar: https://t.ly/OX3BR

sowie die radikale Reduzierung sozialer Kosten der freien Meinungsäußerung sind deren notwendige Bedingungen. Hinreichende Bedingung bildet die Eigeninitiative des Individuums, die quer zum paternalistischen Staat und dessen Arsenal der Abhängigkeitsschaffung steht, von dem es sehenden Auges zerrieben wird. Ultimativ formiert sich daraus ein Angriff auf die ungehinderte Wahrheitssuche und damit auf das metaphysische Fundament des freiheitlichen Miteinanders.

Um provokant zu schließen: Zur Wahrheit gehört, dass sich repräsentative Systeme von Politik und Öffentlichkeit gegenwärtiger Art überlebt haben. Die entstandenen Zentrifugalkräfte sind mit tradierten Methoden nicht mehr zu kontrollieren. Zur Wahrheit gehört auch, dass die handelnden Akteure des politisch-medialen Nexus partieller Repräsentativität keinerlei Interesse daran zeigen, diese Entwicklung anzuerkennen, um emanzipatorischeren Gesellschaftsformen den Weg zu bereiten. Nun muss nicht die Revolution ausgerufen werden. Dennoch zeigt ein Blick in die Vergangenheit, dass die erfolgreichste aller Revolutionen jene der Entsagung war. Aus dem ungebremsten Exodus der Ostdeutschen, die ihrer Führung offenkundig machten, nicht mehr mitzumachen, entwickelten sich die Montagsdemonstrationen, wodurch das SED-Regime gewaltfrei an sein Ende gebracht war (vgl. Rödder 2010: 57). Das Recht auf Verweigerung ist eine der »three primordial freedoms, those which for most of human history were simply assumed: the freedom to move, the freedom to disobey and the freedom to create or transform social relationships« (Graeber & Wengrow 2021: 426). Zu überlegen wäre final, wo die Verweigerung anzusetzen hat. Als formal Handlungsbefugter sitzt die politische Klasse trotz aller äußeren Einflüsse an den Schalthebeln der Macht. Hier bündeln sich Repräsentationsasymmetrien und illegitime Vorteilsnahme. Nur sie ist de jure befähigt, die Entwicklung zu dezentralen, autonomeren Einheiten zu verhindern. In Anbetracht des globalen Siegeszugs des Repräsentativsystems erscheint daher der logische Schluss in der Verweigerung an der Wahlurne zu liegen.

Literatur

Alemann, Ulrich von (1997): »Parteien und Medien«, in: Gabriel, Oscar, Niedermayer, Oskar, Stöss, Richard (Hrsg.), Parteiendemokratie in Deutschland, Opladen: Westdeutscher Verlag, 478–494.
Altmeppen, Klaus-Dieter & Löffelholz, Martin (1998): »Zwischen Verlautbarungsorgan und »vierter Gewalt«. Strukturen, Abhängigkeiten und

Perspektiven des politischen Journalismus«, in: Sarcinelli, Ulrich (Hrsg.), Politikvermittlung und Demokratie in der Mediengesellschaft: Beiträge zur politischen Kommunikationskultur, Bonn: Bundeszentrale für politische Bildung, 97–123.

Arnim, Hans Herbert von (2009): »Wahlgesetze: Entscheidungen des Parlaments in eigener Sache«, in: JuristenZeitung, Nr. 17, Jg. 64, 813–820.

Bartolini, Stefano (2002): »Electoral and Party Competition: Analytical Dimensions and Empirical Problems«, in: Gunther, Richard, Montero, José Ramón, Linz, Juan (Hrsg.), Political Parties: Old Concepts and New Challenges, Oxford: Oxford University Press, 84–110.

Baum, Anna-Luise & Haberl, Theresa (2020): »Medienskepsis und Politikwahrnehmung im Wechselspiel: Populismus als Einflussfaktor auf Politik- und Medienvertrauen«, in Blöbaum, Bernd, Hanitzsch, Thomas, Badura, Laura (Hrsg.), Medienskepsis in Deutschland: Ursachen, Ausprägungen und Konsequenzen, Wiesbaden: Springer VS, 113–132.

Bechthold-Hengelhaupt (2021): »Fake News und Desinformation aus der Sicht der Theorie sozialer Systeme«, in: Schicha, Christian, Stapf, Ingrid, Sell, Saskia (Hrsg.), Medien und Wahrheit: Medienethische Perspektiven auf Desinformation, Lügen und »Fake News«, Baden-Baden: Nomos, 135–151.

Blazekovic, Aurelie von (2023): »Das ist ein Spiel, bei dem alle verlieren«, in: Süddeutsche Zeitung, Nr. 227, 19.

Blöbaum, Bernd, Hanitzsch, Thomas & Badura, Laura (2020): »Medienskepsis in Deutschland: Zur Einführung«, in: Blöbaum, Bernd, Hanitzsch, Thomas, Badura, Laura (Hrsg.), Medienskepsis in Deutschland: Ursachen, Ausprägungen und Konsequenzen, Wiesbaden: Springer VS, 1–28.

Bourdieu, Pierre (1986): »The Forms of Capital«, in: Richardson, John (Hrsg.), Handbook of Theory and Research for the Sociology of Education, Westport: Greenwood, 15–29.

Diekmann, Kai (2023): Ich war BILD. Ein Leben zwischen Schlagzeilen, Staatsaffären und Skandalen, München: Deutsche Verlagsanstalt.

Fawzi, Nayla & Obermaier, Magdalena (2019): »Unzufriedenheit – Misstrauen – Ablehnung journalistischer Medien. Eine theoretische Annäherung an das Konstrukt Medienverdrossenheit«, in: Medien & Kommunikationswissenschaft, Nr. 1, Jg. 67, 27–44.

Fürnberg, Ossip (2019): »Stimmensplitting als eine Form expressiven Wählens? Motive und Effekte aus der Perspektive des Wahlsystems«, in: Zeitschrift für Parlamentsfragen, Nr.3, Jg.50, 494–510.

Graeber, David & Wengrow, David (2021): The Dawn of Everything: A new History of Humanity, London: Penguin Books.

Günther, Elisabeth, Domahidi, Emese & Quandt, Thorsten (2017): »Mediale Sichtbarkeit der WahlbewerberInnen und der Themen der Bundestagswahl 2013. Eine automatisierte Analyse der Online-Berichterstattung«, Studies in Communication and Media, Nr. 3, Jg. 6, 262–299.

Hindman, Matthew (2009): The Myth of Digital Democracy, Princeton: Princeton University Press.

Jackob, Nikolaus, Jakobs, Ilka, Quiring, Oliver, Schultz, Tanjev, Schemer Christian & Ziegele, Marc (2019): »Medienskepsis und Medienzynismus: Funktionale und dysfunktionale Formen von Medienkritik«, in: Communicatio Socialis, Nr. 1, Jg. 52, 19–35.

Jäckle, Sebastian & Wagschal, Uwe (2023): »Politisches Vertrauen in Zeiten der Corona-Pandemie«, in: Gesellschaft. Wirtschaft. Politik., Nr. 1, Jg. 71, 63–77.

Jandura, Olaf & Kösters, Raphael (2018): »Mediale Repräsentationslücken«, in: Meißelbach, Christoph, Lempp, Jakob, Dreischer, Stephan (Hrsg.), Politikwissenschaft als Beruf: Perspektiven aus Wissenschaft und Gesellschaft, Wiesbaden: Springer VS, 111–118.

Jesse, Eckhard (2018): »Warum Koalitionsregierungen den Wähler entmachten (können). Ein demokratietheoretisches Dilemma«, in: Mannewitz, Tom (Hrsg.), Die Demokratie und ihre Defekte. Analysen und Reformvorschläge, Wiesbaden: Springer VS, 251–267.

Jörke, Dirk (2017): »*I prefer not to vote*, oder vom Sinn und Unsinn des Wählens in der Postdemokratie«, in: Richter, Hedwig, Buchstein, Hubertus (Hrsg.), Kultur und Praxis der Wahlen. Eine Geschichte der modernen Demokratie, Wiesbaden: Springer VS, 101–119.

Kellner-Zotz, Bianca & Meyen, Michael (2023): Wir sind die anderen: Ostdeutsche Medienmenschen und das Erbe der DDR, Köln: Herbert von Harlem.

Kempen, Otto Ernst (1990): »Historische und aktuelle Bedeutung der ›Ewigkeitsklausel‹ des Art. 79 Abs. 3 GG. Überlegungen zur begrenzten Verfassungsautonomie der Bundesrepublik«, in: Zeitschrift für Parlamentsfragen, Nr. 2, Jg. 21, 354–366.

Kirsch, Peter, Kube Hanno & Zohlnhöfer, Reimut (2022): Gesellschaftliche Selbstermächtigung in Deutschland. Fridays for Future und Corona-Skepsis im Vergleich, Wiesbaden: Springer VS.

Krüger, Uwe (2016): Mainstream. Warum wir den Medien nicht mehr trauen, München: C. H. Beck.

Krüger, Uwe (2019): Meinungsmacht. Der Einfluss von Eliten auf Leitmedien und Alpha-Journalisten – eine kritische Netzwerkanalyse, 2. Auflage, Köln: Herbert von Halem.

Leinemann, Jürgen (2004): Höhenrausch. Die wirklichkeitsleere Welt der Politiker, München: Karl Blessing Verlag.

Luhmann, Niklas (2017): Die Realität der Massenmedien, 5. Auflage, Wiesbaden: Springer VS.

Madison, James (2008/1788): »The Federalist 10«, in: Goldman, Lawrence (Hrsg.), Alexander Hamilton, James Madison, and John Jay: The Federalist Papers, Oxford: Oxford University Press, 48–55.

Mackenrodt, Christian (2008): »Wie wichtig ist die Person? Zur Bedeutung von Persönlichkeitsfaktoren von Wahlkreisbewerbern bei Bundestagswahlen«, in: Zeitschrift für Parlamentsfragen, Nr. 1, Jg. 39, 69–83.

Manin, Bernard (2007/1995): Kritik der repräsentativen Demokratie (übers. Tatjana Petzer), Berlin: Matthes & Seitz.

Marx, Karl (1991/1890): Das Kapital. Kritik der politischen Ökonomie. Erster Band (4. Auflage), Berlin: Dietz Verlag.

Mielke, Gerd (2006): »Auf der großen Baustelle. Anmerkungen zur Lage der SPD in der Großen Koalition«, in: Forschungsjournal NSB, Nr. 2, Jg. 19, 7–21.

Patzelt, Werner (2015): »»Repräsentationslücken« im politischen System Deutschlands? Der Fall PEGIDA«, in: Zeitschrift für Staats- und Europawissenschaften, Nr. 1, Jg. 13, 99–126.

Patzelt, Werner (2018): »Mängel in der Responsivität oder Störungen in der Kommunikation? Deutschlands Repräsentationslücke und die AfD«, in: Zeitschrift für Parlamentsfragen, Nr. 4, Jg. 39, 885–895.

Pörksen, Bernhard (2019): Die große Gereiztheit: Wege aus der kollektiven Erregung, München: Carl Hanser Verlag.

Pöttker, Horst (1999): »Öffentlichkeit als gesellschaftlicher Auftrag. Zum Verhältnis von Berufsethos und universaler Moral im Journalismus«, in: Funiok, Rüdiger, Schmälzle, Udo, Werth, Christoph (Hrsg.), Medienethik – die Frage der Verantwortung, Bonn: Bundeszentrale für politische Bildung, 215–232.

Prochazka, Fabian (2022): »Vertrauen in Journalismus unter Social-Media-Bedingungen«, in: Schützeneder, Jonas, Graßl, Michael (Hrsg.), Journalismus und Instagram: Analysen, Strategien, Perspektiven aus Wissenschaft und Praxis, Wiesbaden: Springer VS, 59–74.

Quiring, Oliver, Ziegele, Marc, Schemer, Christian, Jackob, Nikolaus, Jakobs, Ilka & Schultz, Tanjev (2021): »Constructive Skepticism, Dysfunctional Cynicism? Skepticism and Cynicism Differently Determine

Generalized Media Trust«, in: International Journal of Communication, Nr. 15, 3497–3518.

Rhomberg, Markus (2005): »Wirklich die »vierte Gewalt«? Funktionsverständnisse für die Massenmedien in der Gesellschaft«, in: Jansen, Stephan, Priddat, Birger (Hrsg.), Korruption – unaufgeklärter Kapitalismus. Multidisziplinäre Perspektiven zu Funktion und Folgen von Korruption, Wiesbaden: Springer VS, 123–140.

Rödder, Andreas (2010): Deutschland einig Vaterland. Die Geschichte der Wiedervereinigung, Bonn: Bundeszentrale für politische Bildung.

Schuler, Ralf (2019): Lasst uns Populisten sein: Zehn Thesen für ein neue Streitkultur, Freiburg im Breisgau: Herder.

Ungar-Sargon, Batya (2021): Bad News. How Woke Media is undermining Democracy, New York City: Encounter Books.

Van Reybrouck, David (2016/2013): Gegen Wahlen. Warum Abstimmen nicht demokratisch ist (übers. Arne Braun), Göttingen: Wallstein.

Vella, Mary Grace (2018): »Non-Voting – Disconnecting from Partisan Politics«, in: Symposia Melitensia, Nr. 14, 405–418.

Wallerstein, Immanuel (2004): World-Systems Analysis: An Introduction, Durham: Duke University Press.

Weil, Simone (2012/1934): Über die Ursachen von Freiheit und gesellschaftlicher Unterdrückung (übers. Thomas Laugstein), Zürich, CH: diaphanes.

Weil, Simone (2009/1950): Anmerkungen zur generellen Abschaffung der politischen Parteien (übers. Esther von der Osten), Zürich, CH: diaphanes.

Westle, Bettina (2021): »Parteiidentifikation und politische Kompetenz – Heuristik statt oder gepaart mit Wissen«, in: Weßels, Bernhard, Schoen, Harald (Hrsg.), Wahlen und Wähler, Wiesbaden: Springer VS, 345–373.

Friedrich, Lukas (2024): Wider die Repräsentationspinsel. In: Mediensystem und öffentliche Sphäre in der Krise, herausgegeben von Hannah Broecker und Dennis Kaltwasser, S. 87-112. Neu-Isenburg: Westend. https://https://doi.org/10.53291/9783949925214_5

Modell für eine selbstorganisierte Öffentlichkeit

Helge Buttkereit

Einleitung

Eine andere Meinung als der Mainstream gilt heute als Verkaufsargument. Im Mai 2023 lasen die Abonnenten von Gabor Steingarts Newsletter das Folgende:

> »Der Kampf für die Meinungsfreiheit ist kein Hobby, sondern eine Verpflichtung für uns alle. [...] Denn dieser Kampf ist für die demokratische Vitalität und die geistige Bewegungsfreiheit einer Nation konstituierend, da sie sonst an ritualisierter Debatte mit eingebauter politischer Floskelsprache zu ersticken droht.«

Ein bekannter deutscher Journalist kritisiert die eigenen Kollegen und die Politik:

> »Sie wollen nicht mehr den Wohlstand der Massen steigern, sondern Essgewohnheiten zensieren und Sprache korrigieren. Sie erklären ihre lustfeindliche Rigidität zur neuen Progressivität – und wundern sich, dass Millionen Menschen sich kopfschüttelnd abwenden. Dass Politiker so sprechen, ist das eine. Dass Journalisten es ihnen nachplappern, bedeutet einen Verrat an den Prinzipien der Demokratie. Wir sind nicht die Souffleure der Mächtigen, sondern ihre geistigen Antagonisten.«

Steingarts Kritik erinnert an vieles, was auch die freien, alternativen Medien der Gegenöffentlichkeit an der Regierung kritisieren. Und er greift das Gefühl derjenigen auf, die sich nicht mehr repräsentiert fühlen. Steingart ist ein geschickter Journalist und ein Unternehmer. Er will die andere Meinung, den anderen Blickwinkel verkaufen. Er will Abonnenten für sein Medienprojekt

The Pioneer gewinnen, die er Pioneers nennt. Pioniere einer neuen Medienwelt. In der geht es anders zu als bei den altbekannten Medien. *The Pioneer* suche nach einer anderen Meinung, wenn alle in die gleiche Richtung schreiben und senden. »Wenn alle A sagen, muss es jemanden geben, der B sagt.«

Gabor Steingart, der ehemalige *Spiegel*-Mann, danach Chefredakteur und Herausgeber beim *Handelsblatt*, will also der sein, der aus Prinzip B sagt. *The Pioneer* stehe für Bürgerjournalismus und begreife Journalismus als Mitmach-Veranstaltung für alle. Ist das Gegenöffentlichkeit? Das, was Steingart in dieser Rundmail an seine Leser schreibt, ist zunächst einmal ein Indiz für die »Repräsentationslücke« (Patzelt 2018) von bestimmten Meinungen (Mirbach/Meyen 2021: 92), denn Steingart will, wie gesagt, die Zahl seiner »Pioneers« erhöhen. Dabei nutzt er die Narrative derer, die sich um alternative, oppositionelle Medien bemühen. Er spricht deren Konsumenten an – und das mit einem hochprofessionell aufgemachten Angebot, mit vielen Journalisten und neuen Ideen. Ohne die Zwänge, jeden Tag ein Printprodukt zu den Abonnenten bringen oder eine Sendestrecke füllen zu müssen, suchen die Mitarbeiter von *The Pioneer* nach neuen Wegen. Und Herausgeber Steingart hat einen potenten strategischen Partner in der Hinterhand: Die Axel Springer AG. Womit im Übrigen auch die Frage nach der Gegenöffentlichkeit geklärt ist. Die Antwort lautet natürlich: nein. Denn Axel Springer ist nicht Gegenöffentlichkeit. Der Konzern ist zweifellos eingebunden in die politischen Eliten. Gegenöffentlichkeit ist wiederum definiert als Opposition zum bürgerlichen Staat und seiner herrschenden Öffentlichkeit, was weiter unten noch näher ausgeführt wird. Wenn Medien wie *The Pioneer* oder auch die Springer-Zeitungen *Bild* und *Welt* in einzelnen Fragen oppositionelle Positionen zum sonstigen Mainstream vertreten, dann sind sie nach meiner Definition Teil einer »kritischen Öffentlichkeit«. Auch dazu später mehr.

Auch ein weiteres Angebot wildert in den Gefilden der oppositionellen Medien: *Nius*. Einige Formate rund um den ehemaligen *Bild*-Chefredakteur Julian Reichelt gab es bereits vor dem Start der Webseite. Sie wurden dort dann gebündelt. Und diejenigen, die sich in der Coronazeit politisiert und vom Mainstream entfernt hatten, wurden gleich mit einer hochprofessionell gemachten Dokumentation über die Schäden durch die Coronaimpfung abgeholt. Auf der Webseite gibt es seitdem Coronakritik neben Berichten über Sex, Prominenz, Mord und Totschlag. *Nius* ist klassischer Boulevard, gibt eine Meinung vor und regt nicht zum Selbstdenken an. *Nius* ist demnach ebenfalls maximal Teil einer »kritischen Öffentlichkeit«.

Beide Medienangebote und deren Ansprache an das Publikum sind ein Hinweis darauf, dass die Gegenöffentlichkeit das Potenzial hat, ein Geschäft aus ihr zu machen, und gleichzeitig, dass ihre Konsumentenschar »abgeholt« werden soll. Michael Meyen (2023b) hat zum Start von *Nius* auf die Geldgeber und ihre Interessen hingewiesen: »Große Namen, großes Geld. Julian Reichelt, Ralf Schuler und Jan Fleischhauer, bezahlt von Frank Gotthardt, der über die digitale Medizin zum Milliardär wurde und anschließend fast zwangsläufig zum Fernsehen, zum Profisport und zum Journalismus gekommen ist. Wer viel mehr besitzt als der große Rest, muss die Masse ablenken und auf andere Fährten locken. Sonst kommen die Leute noch auf dumme Gedanken. Was verspricht uns *Nius* ganz folgerichtig? Genau. Wir sind ›Die Stimme der Mehrheit‹. Schauen Sie selbst, wer oder was dort zu Ihnen spricht.«

Während *The Pioneer* immerhin verspricht, dass die Konsumenten mitmachen können, was schon im Begriff des »Pioneer« durchscheint, und mit Boot oder Bus ins Land rausfährt, geht es bei *Nius* um Beschallung. Das Angebot erfüllt die Kriterien für Boulevardisierung (Lünenborg 2021). Das lenkt ab. Zwar nicht immer von den drängenden Problemen, aber von wirklichen Lösungen.

Aus Sicht derer, die die aktuelle Politik nicht mehr mittragen wollen und auch deshalb andere Medien produzieren, ist angesichts der enormen Konkurrenz (und des Kapitals) der Axel Springer AG oder eines Frank Gotthard guter Rat teuer: Was tun, wenn zum einen die eigene finanzielle Basis schrumpft und zum anderen die potenten Geldgeber das Publikum auf andere Seiten ziehen? Michael Meyen plädiert in der eben zitierten Kolumne für Transparenz. Sie ist auch Bestandteil des Modells einer Gegenöffentlichkeit, um das es in diesem Beitrag gehen soll. Oder zumindest sollte, denn ein ausgearbeitetes Modell kann dieser Beitrag nicht bieten. In diesem Text geht es um die Notwendigkeit einer Gegenöffentlichkeit, die Grenzen der bestehenden Angebote und mögliche Konsequenzen daraus. Um diese aber einerseits ziehen und weitergehende Gedanken zu dem journalistischen Feld auf der anderen Seite des Mainstreams formulieren zu können, bedarf es einer Definition und damit auch eine Abgrenzung der Begriffe. Wer die Defizite des Mediensystems kennt und sie überwinden will, kann nicht einfach nur dagegen sein und immer (oder in einzelnen Punkten) das Gegenteil zu dem vertreten, was gerade Mainstream ist.

Leitmedien, Gegenöffentlichkeit und zwei Beispiele

Den Unterschied zwischen den Leitmedien und der Gegenöffentlichkeit möchte ich zunächst an zwei Beispielen illustrieren, in denen es jeweils um einen Politiker der Bundesregierung geht – um Gesundheitsminister Karl Lauterbach und den Staatssekretär im Wirtschaftsministerium, Patrick Graichen. Journalisten konnten beiden Fehlverhalten nachweisen, die Folgen waren aber unterschiedlich. Lauterbach trat nicht zurück, Graichen schon. Warum? Das hat auch mit der Reaktion der Leitmedien auf die jeweiligen Verfehlungen zu tun. Diese waren unterschiedlich, aber das tut an dieser Stelle nichts zur Sache. Hier geht es um die Reaktion der Medien und die Folgen für die Betroffenen.

Im Falle des Gesundheitsministers geht es um seine Vergangenheit als Professor an der Universität Köln und darüber hinaus. Recherchiert hat die Geschichte Thomas Kubo, ein Quereinsteiger in den Journalismus, der bereits 2022 in seinem Verlag ein Buch zu den vielen Falschaussagen Karl Lauterbachs insbesondere auf *Twitter* veröffentlicht hatte. Danach begann eine Zusammenarbeit mit der Online-Ausgabe des Magazins *Hintergrund*, das zur Gegenöffentlichkeit gezählt werden kann. Die Zusammenarbeit initiierte der Autor dieses Textes und betreute sie teilweise.

Kubo durchleuchtete Lauterbachs Vergangenheit. Dabei wurde ein Muster deutlich: Der Minister hat viel geblendet, bewegte sich oft an der Grenze zur Falschaussage oder überschritt sie. Klar wurde: Lauterbach hat nie wirklich als Arzt gearbeitet, hatte bei Antritt seiner Professur kaum publiziert – seine Dissertation in Harvard wird von Experten als »normativer Essay« beschrieben – und vernachlässigte seine Lehrtätigkeit. Vier Teile der Serie, die diese Aussagen untermauerten, erschienen ohne große Reaktion gegen Ende des Jahres 2022 (Hintergrund 2023a). Das änderte sich, als Kubo Bewerbungsunterlagen in Tübingen einsehen konnte, wo Lauterbach in den 1990er Jahren Professor werden wollte. Nun war offensichtlich, dass Lauterbach bei der Bewerbung falsche Angaben zu Publikationen und Drittmitteln gemacht hatte. Kubo (2023a) veröffentlichte einen weiteren Teil seiner Serie, der bereits nach der Publikation für etwas mehr Aufsehen sorgte – unter anderem, weil der Epidemiologe Klaus Stöhr den Text auf *Twitter* teilte.

Eine Reaktion des Gesundheitsministers blieb aus. Ein Dementi war nicht nötig, es berichtete eben nur die Gegenöffentlichkeit. Das änderte sich, als die *Welt am Sonntag* ihre Version der Geschichte veröffentlichte. Die Redaktion hatte die Recherchen von Thomas Kubo nachvollzogen und bestätigt. Der öffentliche Druck wurde stärker, wenngleich *Tagesschau*, *heute* oder *Süddeutsche Zeitung* die Nachricht nicht brachten. Gegenüber der Ippen-Gruppe sagte der Minister nach der Veröffentlichung durch die *Welt am Sonntag*, er könne sich an das Verfahren nicht mehr genau erinnern. In der Woche nach dem *Welt*-Bericht verteidigte der *Spiegel* Lauterbach, die Vorwürfe seien nicht von Relevanz, gar falsch. Dabei recherchierte der *Spiegel* nicht selbst.

Interessant ist ein weiterer Aspekt: Am Tag nach der Veröffentlichung der *Welt am Sonntag* wurde Lauterbach vom *heute journal* interviewt, wobei seine Vergangenheit nicht Thema war. Er sprach stattdessen erstmals ausführlich über die Nebenwirkung der sogenannten Coronaimpfung (vgl. Hintergrund 2023b). Die maßgeblich von einem Medium der Gegenöffentlichkeit vorgebrachten Vorwürfe prallten letztlich an Lauterbach ab, er blieb Minister. Auch die offizielle Prüfung der Vorwürfe durch die Universität Köln entlastete ihn, aber die Begründung erscheint laut Thomas Kubo (2023b) zweifelhaft, da die meisten der Vorwürfe – das fehlerhafte Publikationsverzeichnis und die Falschangaben bei der Einwerbung von Drittmitteln – fast gänzlich ignoriert wurden.

Anders der Fall Patrik Graichen. Auch die Recherche zu Habecks Staatssekretär fand zunächst vor allem in der Gegenöffentlichkeit statt. *Tichys Einblick* publizierte mehrere Artikel, auch die *Nachdenkseiten* veröffentlichte ein Stück zum Thema. Als der *Spiegel* die Geschichte aufgriff und damit ein Leitmedium, wurden Rücktrittsforderungen lauter – auch im Mainstream. Es ist an dieser Stelle schwer zu sagen, warum er auf dem Höhepunkt der Diskussion um das neue Heizungsgesetz in den Fokus der Kritik geriet, ob er eine Art Bauernopfer war oder ob mit ihm das Gesetz angegriffen werden sollte. Beides könnte dazu geführt haben, dass der *Spiegel* und mit ihm viele andere Medien – recht spät, zwei Wochen nach dem *Spiegel*-Text, auch *Tagesschau* und *heute* – die Verwandtschafts- und Freundschaftsverhältnisse rund um den Staatssekretär im Wirtschaftsministerium thematisierten. Als immer mehr zutage trat – wer suchet, der findet –, musste Graichen gehen (vgl. Hintergrund 2023c).

Die Beispiele machen klar: Was die Medien der Gegenöffentlichkeit schreiben, ist für die Politik irrelevant. Erst wenn die Leitmedien ein Thema aufgreifen, wird es relevant für die Betreffenden. Die Reaktion auf die Lauterbach- und Graichen-Berichterstattung ist eine direkte Bestätigung der These von Michael Meyen (2020: 265):

»Weil wir unterstellen müssen, dass alle anderen das Gleiche gesehen, gelesen, gehört haben, definieren die Leitmedien, was ist und was sein darf, und sorgen so dafür, dass ihre Realitätskonstruktionen in Alltagshandeln und Weltanschauungen übernommen werden. Leitmedien ordnen die Welt und liefern die Kategorien, mit denen wir die Welt beschreiben.«

Das ist die eine Seite. Die andere beschreibt Meyen wie folgt:

>»Was bei *RT Deutsch* erscheint, auf den *Nachdenkseiten* oder bei *KenFM*, kann ich übersehen, ohne Reputation zu verlieren. Oft ist sogar eher das Gegenteil richtig: Wer auf diesen Plattformen publiziert, muss ganz unabhängig vom Inhalt um seine Legitimation fürchten. Das hat Folgen für die Nutzung, die sich am besten mit dem Gegensatzpaar ›muss vs. kann‹ beschreiben lassen.«

Der fundamentale Unterschied besteht darin, dass die Eliten wahrnehmen müssen, was die Leitmedien berichten. Wer die Medien der Gegenöffentlichkeit zitiert, riskiert Reputationsverlust. So erging es Klaus Stöhr, als er Teil fünf der Karlatan-Reihe auf *Twitter* verbreitete. Marcus Klöckner spricht in Anlehnung an Pierre Bourdieu von zwei Medienfeldern, die sich beäugen, aber zwischen denen es keinen Austausch gibt. Der Mainstream bestimme, wer legitimer Sprecher ist und wer nicht. Wer in den Alternativmedien interviewt werde, der kommt im Mainstream praktisch nicht vor (vgl. Meyen 2021: 194 f.).

Die beiden Politiker-Beispiele sind eher untyptisch für das Feld jenseits des Mainstreams. Dort gehe oftmals das Bauchgefühl vor Recherche, so Michael Meyen (2023a). Die Autoren haben in beiden Fällen selbst ausführlich recherchiert und Fakten zutage gefördert, die ohne sie nicht bekannt geworden wären. Das ist klassische journalistische Arbeit, die Zeit, Personal und Ressourcen braucht. Diese haben die Medien der Gegenöffentlichkeit meist nicht. Deshalb setzen sie vielfach vor allem einen Kontrapunkt zur Mainstream-Berichterstattung. Sie formulieren die andere Meinung – oft genug das Gegenteil dessen, was der Mainstream sagt. Der Feind meines Feindes ist mein Freund (vgl. Schattevoy 2023). Auch wenn das eine logische Reaktion ist: Es gehört zu den Grenzen der Gegenöffentlichkeit, zu denen ich noch kommen werde.

Öffentlichkeit und herrschende Meinung

Der Begriff der Öffentlichkeit ist im Laufe des 18. Jahrhunderts parallel mit dem Abwehrkampf des Bürgertums gegen die Zensur und das Arkanprinzip des Absolutismus entstanden und erhielt im 19. Jahrhundert seine heutige Bedeutung (vgl. Hölscher 1978). Staatsgeschäfte sollten öffentlich verhandelt werden, damit die Bürger an diesen teilhaben konnten. Öffentlichkcit ist konstituierend für die bürgerliche Gesellschaft und die parlamentarische Demokratie. Jürgen Habermas (1990: 119) beschreibt in seinem Standardwerk »Strukturwandel der Öffentlichkeit« die historische Entwicklung wie folgt:

> »In der bürgerlichen Öffentlichkeit entfaltet sich ein politisches Bewusstsein, das gegen die absolute Herrschaft den Begriff und die Forderung genereller und abstrakter Gesetze artikuliert, und schließlich auch sich selbst, nämlich öffentliche Meinung, als die einzige legitime Quelle dieser Gesetze zu behaupten lernt.«

Der Gegensatz öffentlich vs. geheim aus der vorbürgerlichen Zeit wird ersetzt durch den Gegensatz öffentlich vs. privat. Öffentlich ist dabei, was die Staatsgeschäfte betrifft, privat ist nicht nur das Privatleben der Bürger, sondern beispielsweise auch die privatrechtlich organisierte Wirtschaft. Aus der öffentlichen Diskussion werden damit Felder ferngehalten, die für das tägliche Leben der Menschen ganz entscheidend sind: die Sozialisation in der Familie und die Arbeitswelt (vgl. Negt/Kluge 1972: 10). Hans J. Kleinsteuber (2005) schreibt in seiner Definition:

> »Öffentlichkeit ist bei freier Zugänglichkeit gegeben, historisch etwa bei Gerichtsverhandlungen und Parlamentssitzungen. Das Grundgesetz der Bundesrepublik schreibt vor (Artikel 42,1): ›Der Bundestag verhandelt öffentlich.‹ In diesem Sinne ist Öffentlichkeit immer dann gegeben, wenn Zugänglichkeit für die Allgemeinheit garantiert ist.«

Nähmen wir diese Definition zur Grundlage, die sich aus dem genannten Gegensatz geheim vs. privat in Bezug auf die Staatsgeschäfte ableiten lässt, so ist in der heutigen Zeit Öffentlichkeit hergestellt – wobei wir zunächst die vielfältigen unterschwelligen und offenen Formen von Zensur außen vor lassen (vgl. Hofbauer 2022). Denn im idealtypischen bürgerlichen Verständnis besteht in der Gesellschaft eine offene Arena, in der sich im freien Meinungsaustausch das bessere Argument durchsetzt. »Öffentlichkeit definiert dabei eine Sphäre außerhalb des Staates, in der Bürger – angestoßen von und artikuliert über Medien – das politische Geschehen kritisch und diskursiv begleiten.« (Kleinsteuber 2005)

Diese Sphäre liegt zwar formal außerhalb des Staates, aber sie bezieht sich auf diesen. Auch die Medien verstehen sich als staatsfern. Gleichzeitig gibt es eine enge Verbindung zu den Mächtigen, mit den Eliten und den Politikern.

Es gibt Drehtüren zwischen Medien und PR in Ministerien. Ulrike Demmer zum Beispiel war vor ihrer Wahl zur Intendantin des RBB stellvertretende Regierungssprecherin und davor beim *Spiegel* und der *Zeit* (Riegel 2023). Solche Beispiele sind Indiz dafür, dass die Medien ihre Funktion nicht (mehr) erfüllen. Die Medienkrise wird zu einer Krise der Demokratie. Bevor es aber darum gehen soll, schauen wir zunächst darauf, wie herrschende Meinungen entstehen.

Zunächst geht es um den scheinbar offenen Austausch der Meinungen in der bürgerlichen Öffentlichkeit. In der herrschenden Öffentlichkeit relativieren sich die einzelnen Meinungen »und heben dadurch ihren jeweiligen Anspruch auf allgemeine, öffentliche Geltung wechselseitig auf«, schreibt Carsten Prien (2019: 118). Durch den Formalismus der herrschenden Öffentlichkeit gebe es keine inhaltliche Begründung dessen, was als allgemein zu gelten hat. Somit ist wahr, »was allgemeinöffentlich für wahr gelte«. Durch die formalistisch geführte Diskussion würden »notwendig die faktischen, auf Macht und Gewalt gründenden Verhältnisse« affirmiert. Die scheinbar stattfindende Diskussion gibt ihnen den Anschein, »sie wären effektiv hinterfragbar oder gar von der Vernunft gerechtfertigt«. Die Scheindiskussion führt also dazu, stetig die herrschenden Verhältnisse zu bestätigen. Der Medienökonom Manfred Knoche (2023: 64):

> »Die journalistische Gestaltung der Medienprodukte als Waren wird generell an übergeordneten gemeinsamen ökonomisch-politischen Interessen und zu gegenseitigem Nutzen der jeweils Mächtigen ausgerichtet.«

Praktisch funktioniert dies unter anderem durch die bereits erwähnte enge Verbindung der Journalisten mit Eliten in Politik und Wirtschaft, die schon durch eine ähnliche Sozialisation hergestellt wird (vgl. Krüger 2016). Rainer Mausfeld (2018: 204) stellt fest, dass diejenigen, die

> »die gesellschaftlichen Sozialisationstendenzen am längsten durchlaufen und somit die herrschende Ideologie tendenziell am tiefsten verinnerlicht haben, auch am ehesten dazu neigen, sich in den Dienst politischer und ökonomischer Machteliten zu stellen«.

Im Zuge ihrer Sozialisierung hätten sie die strukturellen Mechanismen internalisiert, über die sich gesellschaftliche Anerkennung gewinnen lasse.

»In einigen Bereichen – im universitären Bereich insbesondere in Ökonomie und Politologie sowie im politischen Journalismus der Konzernmedien und auf den Leitungsebenen öffentlich-rechtlicher Medien –
weisen diese Mechanismen eine nahezu perfekte Ausprägung auf, so
dass sie von einer systematischen Steuerung von außen im Ergebnis
nicht zu unterscheiden sind.«

Die Reproduktion der herrschenden öffentlichen Meinung ist also allgemein
internalisiert. Bei den Produzenten und den Konsumenten gleichermaßen,
was für die einen zur Verteidigung der scheinbar alternativlosen Verhältnisse
und die anderen zum Ausbruch aus der herrschenden Blase in Richtung
einer Gegenöffentlichkeit führt. Wer warum ausschert, wäre interessant zu
untersuchen, ist aber nicht Thema dieses Beitrags.

Krise der Medien und allgemeine Krisentendenzen

Die angedeuteten Probleme der herrschenden Öffentlichkeit werden von
ihren Kritikern als Medienkrise beschrieben. Michael Meyen (2021) spricht
gar von einer Medienkatastrophe und davon, dass der Kampf für freie Medien über unsere Zukunft entscheide. Meyen bezieht sich bei der Kritik am
Journalismus auf den Kommunikationswissenschaftler Horst Pöttker, der die
Aufgabe der Medien wie folgt definiert hat:

»Öffentlichkeit ist das Prinzip der Schrankenlosigkeit von Kommunikation. Prinzipiell darf keine soziale Gruppe, ja nicht einmal ein Individuum, aber auch kein Gegenstand, kein Thema, kein Problem von
ihr ausgeschlossen sein.« (Meyen 2020: 264)

Heute werde ausgeschlossen und der Diskurs in eine bestimmte Richtung
gedrängt, kritisiert Meyen (2021: 19): »Ich will nicht, dass jemand entscheidet, was ich wissen und wen ich hören darf. Ich will auch nicht, dass mir
jemand sagt, wer die ›Guten‹ sind und wer die ›Bösen‹.«

Viel ist von der Begrenzung des Debattenraums geschrieben worden. Ob
es nun die Flüchtlings-, Ukraine-, Corona- oder Klimaberichterstattung ist,
der Raum des Sagbaren ist enger geworden – sagen die Kritiker. Studien geben ihnen recht, zu nennen wäre beispielsweise die umfassende Arbeit von
Michael Haller zur Flüchtlingskrise. Sie ergab, dass die Leitmedien in dieser
Frage größtenteils die Positionen der (politischen) Elite übernahm (Haller

2017). Im Ukraine-Krieg wiederum ist laut einer Studie der Universität Mainz eine sehr einseitige Position der Medien für Waffenlieferungen zu konstatieren (Maurer et al. 2023), was die These von Harald Welzer und Richard David Precht (2022) untermauert, dass die Medien eine Mehrheitsmeinung gemacht haben – gegen ein Publikum, das sich mehrheitlich eher gegen die Lieferung schwerer Waffen aussprach. Auch eine Studie von Welzer selbst gemeinsam mit Leo Keller legt dieses Ungleichgewicht nahe (2023).

Marcus Klöckner (2021: 395) beschreibt das Problem so:

»In einer gesunden Gesellschaft, die über ein gesundes Mediensystem verfügt, würden Wahrheit und Unwahrheit, würden ›Vernünftiges‹ und ›Unvernünftiges‹ in einem offenen Prozess unter Beteiligung vieler unterschiedlicher Stimmen und Gruppen so ausgeschliffen, dass die meisten Bürger im Großen Wahrheit und Unwahrheit erkennen können. In einem kranken Gesellschafts- und Mediensystem, wo Medien als ideologische Diskurswächter den Raum des Sagbaren so weit verengt haben, dass eine gesunde, lebendige Debatte über die unterschiedlichsten Themen und ›Wahrheiten‹ nahezu unmöglich wird, greifen Weltbildjournalisten jeden an, der anderer Auffassung ist als sie.«

Diese Kritik an den Medien greift allerdings nur einen Teil des Problems auf, denn die Herstellung einer herrschenden öffentlichen Meinung ist trotz gegenteiliger Pluralismus-Vorstellung (deren Kehrseite der Formalismus der bürgerlichen Öffentlichkeit ist) Grundlage der bürgerlichen Öffentlichkeit und damit der bürgerlichen Gesellschaft. Zweifellos ist die Tendenz, den Debattenraum einzuengen und die Verbreiter missliebiger Meinungen aus dem Diskurs zu drängen, deutlich sichtbar (vgl. Rosner 2023). Dies geschieht vor dem Hintergrund einer andauernden und sich zuspitzenden Krise der kapitalistischen Vergesellschaftung, die Alternativen immer notwendiger erscheinen lassen. Die herrschenden Eliten, das Kapital, versucht dagegen krampfhaft, am bestehenden Finanzsystem festzuhalten. Fabio Vighi (2023) erinnert an die globale Finanzkrise 2008, die durch billige Kredite und Privatisierungen (»Austeritätspolitik«) überwunden werden sollte. Damit konnte die Unfähigkeit, neuen Mehrwert zu erzeugen, vorerst kaschiert werden. Das System wird immer unkontrollierbarer. Und so »versucht der Kapitalismus nun, seine Machtstrukturen zu erhalten, indem er von einem liberalen zu einem autoritären Reproduktionsmodell übergeht«. Gleichzeitig erhalte der Kapitalismus »Narrative des Bösen« aufrecht, um die Illusion zu festigen, er sei moralisch fundiert. Das »Meta-Notstands-Szenario« lenkt also laut Vighi von sozioökonomischen Implosionen ab und schafft parallel binäre Konflikte, legitimiert die Zufuhr von Liquidität und täuscht seine eigene Moralität vor. »Um den sich schon lange aufbauenden Entwertungsschock irgendwie zu kontrollieren, haben die Hüter des globalisierten Kapitalismus einen immerwährenden Ausnahmezustand für uns vorbereitet.«

Diese Beschreibung der Krise soll an dieser Stelle genügen, um das Grundproblem ins Gedächtnis zu rufen. Die mannigfaltige Reaktion auf diese Krise in den Medien, insbesondere durch die Medien der Gegenöffentlichkeit im Internet, entsteht dabei gerade auf Basis der neuen technologischen Revolution, die die herkömmlichen Vertriebsstrukturen obsolet macht und gleichzeitig die ökonomische Krise der traditionellen Medien bedingt, die im Folgenden Thema sein soll. Die autoritäre Reaktion auf die neuen Medien, die moralische Einengung des Debattenraums oder die manifeste Zensur durch die Digitalkonzerne und die Regierungen, muss also in einem größeren Rahmen gedacht und verstanden werden.

Neben der inhaltlichen Medienkritik müssen wir, um die Medienkrise richtig zu erfassen, uns auch mit der Medienökonomie befassen und den kapitalistischen Meinungsmarkt anschauen. Denn die Medien existieren nicht unabhängig von der wirtschaftlichen und gesellschaftlichen Entwicklung. Der Medienökonom Manfred Knoche (2014: 255) schreibt:

> »Was fälschlicherweise als ›Zeitungskrise‹ oder gar ›Medienkrise‹ bezeichnet wird, ist nichts anderes als ein kapitalistisch geprägter, strategisch ausgerichteter Transformationsprozess in der Medienindustrie zur Sicherung der individuellen Kapitalakkumulation im Konkurrenzkampf der Medieneigentümer.«

Beim »Wunschbild einer Autonomie des Journalismus« innerhalb kapitalistischer Medienunternehmen handele es sich um einen Fetischismus. Die Journalisten sind demnach keineswegs so frei, wie sie selbst von sich denken (unter anderem, weil sie, hier wäre wieder beispielsweise auf Mausfeld zu verwiesen, die herrschenden Verhältnisse internalisiert haben). Schon Karl Marx (1961: 71) schrieb, dass die erste Freiheit der Presse darin bestehe, kein Gewerbe zu sein. Der Umkehrschluss ist, dass die Presse als Gewerbe nicht frei sein kann. Manfred Knoche (2014: 243) spricht in diesem Zusammenhang von einem Desiderat von Systemtheorie und Wirtschaftswissenschaften, an dem die Vertreter der herrschenden Ordnung notwendig festhalten müssten, um die Ideologie von der freien Presse, der vierten Gewalt, im Kapitalismus aufrechterhalten zu können:

> »Kapitaleigner von Medienunternehmen verfolgen zur Absicherung ihrer ökonomischen Interessen und im gesamtwirtschaftlichen/-gesellschaftlichen Interesse an der Legitimierung und Stabilisierung der kapitalistischen Gesellschaftsformationen in höchstem Maße politische Interessen, die sich in der journalistischen Medienproduktion als machtvolle Bestimmung des ›Contents‹ niederschlagen. Gemäß diesen ökonomischen und politischen Interessen der Kapitaleigner werden Journalisten nach strengen Kriterien ausgewählt und kontrolliert.«

Im Übrigen wird auch im Mainstream angesichts der ökonomischen Krise der Medienbranche, die insbesondere die traditionellen Zeitungsverlage betrifft, eine Krise des Journalismus thematisiert. So hat beispielsweise der stellvertretende Chefredakteur des ORF, Armin Wolf, im November 2018 die Krise des Journalismus als eine Krise der Demokratie beschrieben (und dabei gleichzeitig eine so kurze wie zutreffende Definition des Journalismus als Ware abgeliefert). Florian Zollmann (2021: 449) hat das wie folgt zusammengefasst:

> »Er [Wolf] verwies auf das traditionelle Geschäftsmodell des Journalismus, das darauf beruht, Publikum an die Werbeindustrie zu verkaufen, sowie auf einen zunehmenden Einfluss der Politik auf die Pressefreiheit. Dieses System Journalismus sei durch die Digitalisierung und durch Einschnitte in die Pressefreiheit in seinen Grundfesten erschüttert worden.«

Heute haben die traditionellen Medien den exklusiven Zugang zum Publikum verloren. Sie sind nicht mehr diejenigen, die das Publikum an die Werbeindustrie verkaufen, denn diese hat längst die Möglichkeit der Plattformen im Netz erkannt und schaltet dort ihre Anzeigen zielgruppengenau. Die traditionellen Medien konkurrieren mit globalen Playern wie *Google*, *Facebook* und Co. und sind in der Defensive, da die größte Suchmaschine und die sozialen Netzwerke als Gatekeeper fungieren.

Die Nachricht als Ware wird heute auf dem digitalen Markt verkauft. Dazu kommt die sinkende Zahl an Journalisten als ihre Produzenten, die dabei immer weniger selbst recherchieren können, sondern am Schreibtisch sitzen und Agenturmeldungen oder PR-Texte verwerten. Dies ist, grob zusammengefasst, der Zustand des Medienmainstreams, der ohne einen genaueren Blick auf die kapitalistische Produktionsweise und ihren aktuellen Entwicklungsstand nicht zu verstehen ist. Denn kapitalistische Medienunternehmen sind den Entwicklungen des Marktes ebenso unterworfen wie alle anderen Unternehmen. Dies hat konkrete Auswirkungen auf die Redaktionen, die verkleinert werden, während gleichzeitig die Arbeitsweise der Journalisten rationalisiert wird (vgl. Zollmann 2021).

Die multiple Medienkrise liefert also viele Gründe für eine Gegenöffentlichkeit. Die eine Seite, der Journalist als Produzent, sucht ein neues Standbein, wenn er die Bedingungen in den herkömmlichen Medien nicht mehr akzeptieren will, und erlebt, welche Positionen mittlerweile ausgeschlossen werden. Die andere Seite, der Konsument, findet sich teilweise nicht mehr in den traditionellen Medien wieder und sucht nach Alternativen. Solche gab es bereits vor der aktuellen Krise – die Grundstrukturen des Meinungsmarktes machten immer eine Gegenöffentlichkeit notwendig, früher beispielsweise die Arbeiterpresse –, aber in der aktuellen Krisenlage entstehen wieder verstärkt Alternativen zum Medienmainstream. Im Folgenden soll es um die konkreten Angebote, ihre Grenzen und deren mögliche Überwindung gehen. Zunächst aber möchte ich die Gegenöffentlichkeit näher bestimmen.

Definitionen von Gegenöffentlichkeit

Die bürgerliche Öffentlichkeit kann das Prinzip der »Schrankenlosigkeit der Kommunikation«, wie Pöttker es nennt, nicht erfüllen. Oskar Negt und Alexander Kluge (1972: 134 f.) haben bereits vor über 50 Jahren festgestellt, dass die bürgerliche Gesellschaft kein Interesse an substanzieller, lebender Öffentlichkeit hat, in der die gesellschaftlichen Widersprüche ausgetragen werden. Denn das Privat- und Wirtschaftsleben – und damit der entscheidende Bereich für die meisten Menschen – wird aus der Öffentlichkeit ausgeklammert. Stattdessen habe die bürgerliche Gesellschaft ein großes Bedürfnis nach einer Öffentlichkeit, die eine gesamtgesellschaftliche Synthese darstelle, die Gesellschaft als Ganze und als »Gemeinschaft«.

»Eine solche Synthese kann es jedoch in einer Klassengesellschaft nicht geben, und sie hat auch innerhalb der bürgerlichen Gesellschaft bisher nicht existiert. Deshalb kann man in diesem Zusammenhang nur von Scheinöffentlichkeit sprechen.«

Für die beiden Autoren ist die bürgerliche Öffentlichkeit letztlich nur ein Schein, die Vorstellung davon verdeckt die Rolle der Öffentlichkeit und ihrer Akteure (also der Leitmedien) zur Aufrechterhaltung des Status quo, der kapitalistischen Klassengesellschaft. Schon damals konnten sie schreiben: »Bemerkenswert an ihr [der Scheinöffentlichkeit] ist, dass sich auch die unterdrückten Klassen an ihr orientieren.«

Aus Opposition zum (bürgerlichen) Staat und seiner Widerspiegelung in den Medien entsteht eine Gegenöffentlichkeit. Der Begriff selbst stammt aus der Zeit der Studentenbewegung und findet sich beispielsweise in einer Resolution des SDS (1967: 34), also vom wichtigsten Verband der antiautoritären Bewegung der damaligen Zeit. Die Resolution aus dem Jahr 1967 ist im Zusammenhang mit der Kampagne zur Enteignung des Springer-Konzerns zu verstehen. In ihr ist das Ziel formuliert, »eine aufklärende Gegenöffentlichkeit zu schaffen, die Diktatur der Manipulateure muss gebrochen werden«. In der Zeit der antiautoritären Bewegung und in ihrer Folge entstand dabei nicht nur eine umfassende Gegenöffentlichkeit, sondern sie wurde auch theoretisch unterfüttert.

Negt und Kluge haben in ihrem Buch »Öffentlichkeit und Erfahrung« die Grenzen der bürgerlichen Öffentlichkeit bestimmt und sich dabei intensiv mit »kritischer Öffentlichkeit«, mit »Gegenöffentlichkeit« und mit der »proletarischen Öffentlichkeit« als konkreter Negation der bürgerlichen Öffentlichkeit befasst. Ich habe mich an anderer Stelle ausführlicher damit beschäftigt (Buttkereit 2023) und möchte hier nur knapp die Abstufungen in eigenen Worten wiedergeben und dabei gleich eine Brücke in die heutige Medienrealität auf dem Feld der alternativen, freien, oppositionellen – um einige Eigenbezeichnungen zu nennen – Medien der Gegenöffentlichkeit bauen.

Kritische Öffentlichkeit ist demnach eine Öffentlichkeit im Rahmen der bestehenden Verhältnisse. Sie zeugt davon, dass auch im herrschenden Mediensystem die Verhältnisse kritisiert werden können und eine Pluralität von Stimmen zu Gehör kommt. So finden sich in vielen der Mainstreammedien auch andere Positionen als die, die als maßgebliche Meinung den Diskurs bestimmen. So können Kriegsgegner wie beispielsweise die Politikwissenschaftlerin Ulrike Guérot im Fernsehen auftreten, werden aber von der Mehrheit der Anwesenden in einer Talkshow zurechtgewiesen. Auch damit werden die Verengung des Debattenraumes und die Begrenzung des Spektrums akzeptabler Meinungen verschleiert und dem Publikum die Kosten, die durch das Vertreten einer solchen Meinung entstehen, verdeutlicht (vgl. Schreyer 2022).

Die Gegenöffentlichkeit hat diese Mechanismen erkannt, wendet sich gegen die Verengung des Debattenraums und versucht, anderen, radikaleren, vom Mainstream als abwegig bezeichneten Meinungen einen Raum zu geben. Sie richtet sich damit am Mainstream aus, greift die dortigen Themen auf und fördert zutage, was dort nicht oder, wenn überhaupt, nur am Rande oder in Nebensätzen gesagt werden kann. Der offiziellen Darstellung des 11. Septembers 2001 wurde widersprochen. In der Coronakrise bekamen diejenigen Experten in den Medien der Gegenöffentlichkeit eine Stimme, die anderswo herausgedrängt oder verleumdet werden. Und im Krieg Russlands gegen die Ukraine verweisen viele Publizisten in Medien der Gegenöffentlichkeit darauf, dass der Konflikt nicht erst im Februar 2022, sondern viel früher begann, und argumentieren für eine Verhandlungslösung.

Die Medien der Gegenöffentlichkeit befassen sich mit den Großthemen der Zeit, in denen die Krise der Gegenwart offenbar wird und deren Deutung die Leitmedien einseitig in eine Richtung drängen. Die Abhängigkeit vom herrschenden Diskurs und die Orientierung am Mediensystem – wenn auch in Form einer Negation – stabilisieren in letzter Instanz gerade durch diese Ausrichtung allerdings wiederum die herrschenden Verhältnisse, die die Medien der Gegenöffentlichkeit doch infrage stellen wollen. Diese Grenzen der Gegenöffentlichkeit sollen im folgenden Abschnitt thematisiert werden.

Die »proletarische Öffentlichkeit« von Negt und Kluge (1972: 10) sollte diese Grenzen überschreiten und die blinden Flecke der bürgerlichen Öffentlichkeit überwinden. Mehr noch: Die »proletarische Öffentlichkeit« gibt »die Interessen und Erfahrungen der erdrückenden Mehrheit der Bevölkerung [wieder], so wie diese Erfahrungen und Interessen wirklich sind«. Sie erfordert eine eigenständige Organisationsform, um diese Erfahrungen und Interessen gemeinsam zu erkennen und zu organisieren. Hierfür sei an dieser Stelle zunächst nur auf den Arbeitsfeldansatz des »Sozialistischen Büros« verwiesen, den Oskar Negt (1975) entscheidend mitgeprägt hat (vgl. Oy 2007). Mein »Modell einer selbstorganisierten Öffentlichkeit«, das am Ende dieses Beitrags näher bestimmt werden soll, versteht sich als ein Diskussionsbeitrag dazu, wie eine »proletarische Öffentlichkeit« in der heutigen Zeit Gestalt annehmen könnte.

Bevor das aber zum Thema wird, möchte ich noch kurz auf weitere Definitionen von Gegenöffentlichkeit eingehen. So spricht Jeffrey Wimmer (2010) von drei Komplexitätsebenen, deren Grenzen allerdings fließend seien. Zum einen beschreibt er sie als kritische Teilöffentlichkeiten, die marginalisierte Positionen in alternativen Medien oder in Form von Aktionen in der Öffentlichkeit platzieren möchten. Gegenöffentlichkeiten sind für ihn »Lern- und Erfahrungsprozesse innerhalb alternativer Organisationszusammenhänge«. Außerdem spricht er von »partizipatorischer Öffentlichkeit« oder vom »Partizipationsparadigma« der alternativen Medien sowie von Medienaktivismus. Diese drei Ebenen erleben wir auch in der heutigen Gegenöffentlichkeit. Neben Medienaktivismus, der auf vielfältige Weise zu beobachten ist (etwa durch reichweitenstarke Blogger wie Boris Reitschuster, der mittlerweile eine kleine Redaktion um sich schart), gibt es Medien, die aus Bewegungen wie der Coronamaßnahmenkritik entstanden sind oder auch – wenngleich weniger entwickelt – neue Organisationszusammenhänge, die durch alternative Medien angeregt werden wie beispielsweise die Gesprächskreise der *Nachdenkseiten*. Die Partizipation der Konsumenten geschieht heute auf vielfältige Weise. Neben der schon als klassisch zu bezeichnenden Kommentierung von Beiträgen erleben wir die Übernahme von Artikeln der Leser oder auch die Weiterverbreitung in Blogs und insbesondere in sozialen Medien. Weil die Partizipation heute bei den meisten Medien in der einen oder anderen Weise möglich ist, hat Marisol Sandoval (2011) bereits vor einigen Jahren herausgestellt, dass das Partizipationsparadigma für die Abgrenzung alternativer Medien nicht mehr ausreiche, denn auch im Mainstream wird partizipiert, wobei die Leitmedien auf ihren Websites die Kommentarfunktion größtenteils abgeschaltet haben.

Sandoval hat in ihrer Definition versucht, die Stellung der Medien in der klassischen Tradition der Alternativmedien an der Seite von »progressiven« Bewegungen festzuschreiben. Heute könne man, schreibt Sandoval weiter (2011: 145), zudem nicht mehr eine alternative ökonomische Organisation als notwendige Grundlage der Gegenöffentlichkeit festschreiben, weil sich – im Gegensatz zu vielen früheren Angeboten – die heutigen Alternativmedien professionalisiert haben. Dies liegt auch daran, dass die Produktionsbedingungen bei Onlinemedien deutlich günstiger sind als der Druck von Zeitungen und Zeitschriften oder der Betrieb eines klassischen Rundfunksenders. Bei Sandovals Definition steht die Herrschaftskritik im Mittelpunkt, wobei diese heute auch von konservativen bzw. rechten Medien geübt wird. Bei Sandoval fallen diese allerdings heraus, denn für sie braucht es ein emanzipatorisches Potenzial, das darin bestehe, »den herrschenden, durch die Massenmedien verbreiteten Inhalten kritische Ideen entgegenzustellen und dadurch die Veränderung der bestehenden materiellen Verhältnisse zu fördern«. Dies gelinge nur mit einem möglichst großen Publikum, wobei partizipative und nicht kommerzielle Strukturen hinderlich sein könnten.

An dieser Stelle könnte man noch einmal nachhaken und den doch recht abgegriffenen Begriff des »emanzipatorischen Potenzials« genauer unter die Lupe nehmen. Schließlich sieht sich auch die aktuelle Bundesregierung zumindest teilweise als emanzipatorisch. Allerdings führt das an dieser Stelle zu weit. Vielleicht reicht es festzuhalten, dass die Gegenöffentlichkeit heute vor allem an den Inhalten zu messen und weniger an ihrer Organisation bzw. dem Partizipationsgrad zu erkennen ist.

Gegenöffentlichkeit und ihre Grenzen

Und damit kommen wir noch einmal auf das vielleicht wichtigste Problem vieler Medien der Gegenöffentlichkeit zurück: Inhaltlich spiegeln sie die Themen des Mainstreams. Sie stellen sich auf die andere Seite. Behaupten das Gegenteil. Was Ronald Rottenfußer (2023), Chefredakteur von *Manova*, schreibt, klingt zwar banal, beruht aber auf der Lektüre vieler Artikel in den oppositionellen, alternativen Medien:

> »Die Gefahr dabei ist, dass man nach dem Motto ›Ich unterscheide mich, also bin ich‹ agiert, dass man also eventuelle Stärken der einmal als gegnerisch markierten Denkrichtung in keiner Weise mehr erkennen kann oder will. Dass eine These falsch ist, macht deren Gegenteil nicht automatisch richtig. Die der AfD zugeschriebene Vorgehensweise, sich hauptsächlich über die Verneinung des grünen Zeitgeists zu definieren, ist keine sinnvolle in der weltanschaulichen Auseinandersetzung. Sie macht sich so zum Getriebenen des politischen Gegners, der einen durch die Thesen, die er wählt, in deren Verneinung zwingt und somit indirekt festlegt, was man zu denken hat.«

Es ist klar: Die Leitmedien setzen die Themen, und es ist notwendig und für die Medien der Gegenöffentlichkeit konstitutiv, sich mit diesen Themen und den herrschenden Narrativen auseinanderzusetzen – in wesentlich geringerem Ausmaß setzen sie auch selbst Themen bzw. greifen solche auf, die im Mainstream so gut wie gar nicht vorkommen. Wer aber vor allem die Themen des Mainstreams spiegelt, der bleibt auch abhängig von diesen. Und wer die Meinung einfach umdreht, das Gegenteil des Mainstreamnarrativs behauptet, der hat letztlich keine eigene Meinung, sondern setzt sich nur in Opposition. Diese aber hat dann kein Ziel, keine Richtung, sondern nur einen Gegner.

Roland Rottenfußer (2023) plädiert für dialektisches Denken:

»Dabei meint ›Dialektik‹ nicht das Herausarbeiten der mathematischen Mitte zwischen These und Antithese, meint zum Beispiel nicht den Kompromiss einer zwar über den Mund, jedoch nicht über die Nase gezogenen Coronamaske. Gemeint ist vielmehr das Erscheinen neuer Denkformen am kollektiven Bewusstseinshorizont, wobei die Stärken und Schwächen von Behauptung und Gegenbehauptung analysiert, das Beste aus beiden Betrachtungsweisen übernommen, das Schlechte verworfen und der Gegensatz auf einer höheren Ebene aufgehoben wird. Man betrachtet die Dinge gleichsam aus einer Perspektive außerhalb des Boxrings oder oberhalb von ihm, anstatt mal diesem, mal jenem Kombattanten die Daumen zu drücken.«

Rottenfußer will sich weder die Themen noch die Meinung, die vertreten werden soll, vorschreiben lassen.

Wer nur dagegen ist, der stabilisiert letztlich die herrschenden Verhältnisse, er verhält sich ähnlich wie die Protagonisten des Mainstreams. Roman Schattevoy (2023), der gelegentlich für alternative Medien geschrieben hat, kritisiert, dass dort immer die gleichen Autoren vor allem Meinungsstücke schreiben, sich selbst bzw. gegenseitig zitieren und auf vielen Plattformen zu finden sind.

»Auch hier wird dem Exzeptionalismus gefrönt und es herrscht ein vergleichbarer Gruppendruck. Entsprechend baut sich auch das gleiche System wieder auf – freilich in einer neuen Variante. Insofern stabilisieren die alternativen Medien faktisch das bestehende System. Alternative Medien, die tatsächlich einen Beitrag dazu liefern wollen, einem alternativen System den Weg zu ebnen, müssen sich permanent selbstkritisch hinterfragen «

Dazu kommt, dass die meisten der heute maßgeblichen alternativen Medien ökonomisch zwar abhängig sind von ihren Lesern – Werbung kommt anders als bei den Mainstreammedien nicht oder nur sehr sporadisch als Finanzierungsmittel vor –, es sind aber noch keine anderen Verhältnisse zwischen Produzenten und Konsumenten entstanden. Letztlich sind die Oppositionsbzw. Alternativmedien kleine Unternehmen, die ihre Produkte verkaufen. Sie sind damit ähnlich organisiert wie der Mainstream. Das funktioniert natürlich besonders gut, wenn es eine Identifikation der Leser-, Hörer- oder

Zuschauerschaft mit dem Medium gibt. Aber das abstrakte Verhältnis von Verkäufer und Käufer bleibt bestehen, die Meinungen, Analysen und Nachrichten werden verkauft. Auch wenn die Medien meist um Spenden statt um Abos werben und ihre Produkte (zumindest im Internet) kostenfrei zur Verfügung stellen, werden Meinungen und Nachrichten vermarktet. Und für eine andere Meinung, eine andere Herangehensweise gibt es einen Markt, das haben schließlich auch versierte Medienunternehmer wie Gabor Steingart entdeckt.

Dieses Verhältnis hat nicht nur eine Auswirkung auf die Konsumenten, die letztlich passiv (hin)nehmen müssen, was ihnen vorgesetzt wird – und danach bestenfalls Kommentare hinterlassen dürfen bzw. ihre Geldzuwendung erhöhen oder einstellen können. Sondern auch die Produzenten respektive die Journalisten sind abhängig von den Inhabern der alternativen Medien, wenn sie nicht erfolgreich genug sind, um allein als Einzelblogger zu agieren. Oft steht eine Person im Zentrum eines Mediums, die darüber entscheidet, ob bestimmte Themen überhaupt in reichweitenstarken Medien publiziert und ob die freien Journalisten dafür bezahlt werden. Das schränkt ein und kann letztlich zu einer Schere im Kopf führen.

Wie das Problem der fehlenden Selbstkritik ist auch dieser Aspekt schwer fassbar, da die internen Mechanismen der Redaktionen und deren Organisationsstruktur selten transparent sind. Und wenn Kritik einmal öffentlich wird, dann muss man sie mit Vorsicht behandeln, weil sie meist von Betroffenen geäußert wird, die kaum objektiv sind. Für das reichweitenstarke Magazin *Rubikon* finden wir für das Problem der »Alleinherrschaft« einer Person (und die Probleme einer fehlenden Selbstkritik) allerdings mehrere Quellen. Sowohl die Journalisten bzw. ehemaligen Redakteure Gaby Weber und Wolf Wetzel wie auch die Beiratsmitglieder Rainer Mausfeld, Daniela Dahn, Hans See und Jean Ziegler haben die Machtkonzentration beim Geschäftsführer und Mediengründer Jens Wernicke kritisiert. Die nach außen geforderte offene Debatte werde intern nicht geführt, so die Kritiker. Weber und Wetzel stiegen als Mitarbeiter aus, Mausfeld, Dahn, See und Ziegler als Beiratsmitglieder.

Während das Magazin *Telepolis* die internen Zerwürfnisse bei *Rubikon* thematisierte (vgl. Neuber 2021), wurde darüber ansonsten geschwiegen, was typisch für die Alternativmedien sei, so Wolf Wetzel (2021). Sie kritisierten sich und ihre Strukturen nicht gegenseitig.

»Dieses Verschweigen struktureller Probleme vergrößert die Bereitschaft zur Verschleierung und zu sinnlosen Entgleisungen und endet in Streits, die in aller Heftigkeit in einer kleinen Seitenstraße geführt werden, während die Hauptstraße völlig aus dem Blick gerät.«

Das Magazin *Rubikon* ist mittlerweile Geschichte, Jens Wernicke hat keinen Einfluss auf das Nachfolgemagazin *Manova* und der zu Beginn zitierte Artikel des Chefredakteurs Roland Rottenfußer kann auch als ein Teil des Lernprozesses gelesen werden.

Zusammengenommen gibt es einige Punkte, die bei einer »selbstorganisierten Öffentlichkeit« zu bedenken und zu ändern wären, denn meine Überlegungen bauen auf den Erfahrungen der Alternativmedien, auf ihren Erfolgen und der Kritik an ihnen auf. Der Begriff klingt dabei etwas sperrig, und es wird auch nicht auf den ersten Blick klar, wer sich hier selbst organisiert. Ich möchte zum Abschluss ausführen, was ich damit meine und wie die Schritte dorthin gegangen werden können. Das mache ich im Bewusstsein, dass das Modell beim jetzigen Stand der Überlegungen und der noch fehlenden Umsetzung schemenhaft bleiben muss. Es wird sich in einem Prozess seiner Verwirklichung nicht nur konkretisieren, sondern auch modifizieren.

Selbstorganisierte Öffentlichkeit

Wenn ich die bisherigen Überlegungen zusammenfasse, dann braucht eine neue Form von Öffentlichkeit mehr als den kritischen Bezug auf die Leitmedien. Auch die Unternehmensform spielt eine Rolle, die innere Organisation der Redaktion und ihr Verhältnis zu den Konsumenten.

Wer die herrschenden Verhältnisse kritisiert, der wird über kurz oder lang Überlegungen anstellen, wie sie zu ändern sind. Das gilt auch für die Medien, die einen solchen Prozess begleiten. An dieser Stelle sind wir zunächst nicht weit entfernt von den Erfahrungen und Versuchen früherer Gegenöffentlichkeiten. Zunächst muss die Frage offenbleiben, welche Faktoren dafür verantwortlich sind, dass einige der einstigen Medien der Gegenöffentlichkeit, als prominentestes Beispiel wäre sicher die *taz* zu nennen, mittlerweile den Staat gegen Kritik verteidigen und autoritäre Tendenzen rechtfertigen und teilweise – beispielsweise beim Thema Impfpflicht – sogar fordern. Eine Analyse der (Fehl-)Entwicklungen ist sicher sinnvoll, aber hier nicht zu leisten.

Stattdessen schauen wir auf eine Auffassung von Gegenöffentlichkeit, bei der es weniger um die Inhalte, sondern vor allem um die subversive Tätigkeit geht. Christoph Spehr (2002) beschreibt in Anlehnung an Negt und Kluge Gegenöffentlichkeit als Praxisform:

»Die Gegenmacht einer emanzipativen Gegenöffentlichkeit, ihre Fähigkeit zur Subversion, liegt weniger in den einzelnen politisch korrekten oder unkorrekten Bildern und Inhalten oder in deren Verweigerung; sie liegt in letzter Instanz nicht im geschickten Bau immer raffinierterer Megaphone oder Störsender. Sie liegt in der Vorstellung einer möglichen, anderen Kombination der verschiedenen Wünsche und Selbstauffassungen, welche die Vision eines veränderten kollektiven Publikums (oder TeilnehmerInnenkreises) beinhaltet. Insofern geht es trotz aller Pluralität multipler Öffentlichkeiten und Gegenöffentlichkeiten immer auch um die eine Gegenöffentlichkeit, die in ihrer Zusammensetzung, Praxis und Kombination (aus bejahten und ›frustrierten‹ Wünschen, Selbstentwürfen und Handlungsoptionen) die Kooperation einer befreiten Gesellschaft vorwegnimmt.«

Natürlich enthält diese Überlegung wieder Begriffe, die genauer definiert werden müssten. Was genau meint Spehr mit »emanzipativ« und »befreiter Gesellschaft«? An dieser Stelle soll der Hinweis genügen, dass es um die Überwindung der kapitalistischen Vergesellschaftung geht, die Grundlage für die derzeitigen Krisen und damit auch für die Medienkrise mit all ihren Facetten ist. Mir sind an der zitierten Definition zwei Dinge wichtig. Zum einen die Kooperation der Beteiligten mit Blick auf ein verändertes kollektives Publikum und die Subversion innerhalb der bestehenden Verhältnisse. Denn selbst wer das Bestehende fundamental kritisiert, muss in den herrschenden Verhältnissen agieren. Um nun aber nicht die Verhältnisse zu reproduzieren, braucht es innerhalb der Organisation der Kritiker eine Praxisform, die den eigenen Zielen entspricht. Konkret geht es um eine kooperative, gemeinwirtschaftliche, möglicherweise genossenschaftliche Gesellschaftsform sowie um eine Organisationsstruktur, die auch intern demokratisch verfasst ist. Die »selbstorganisierte Öffentlichkeit« hat zudem die Aufgabe, die Trennung von Produzenten und Konsumenten, von Medienschaffenden und ihren Lesern, Zuhörern oder Zuschauern aufzuheben und ein kooperatives Verhältnis aufzubauen.

Wenn die wirklichen Bedürfnisse der Konsumenten zur Sprache kommen sollen, dann dürfen sie nicht mehr in abstrakter Weise als Staatsbürger oder Privatperson angesprochen werden, dann müssen diese Bedürfnisse innerhalb der »selbstorganisierten Öffentlichkeit«, gesammelt und verallgemeinert werden. Hier böte eine kritische Weiterentwicklung des Arbeitsfeldansatzes des »Sozialistischen Büros« eine gute Grundlage (vgl. Prien 2019, Creydt 2021). Die Aufgabe der Journalisten wäre es, die wirklichen Bedürfnisse der

Menschen herauszuarbeiten. Dabei bietet sich durch ein neues Verhältnis zwischen den beiden Seiten der Kommunikation auch ein Rück- bzw. Diskussionskanal an, über den nicht nur Kritik und Selbstkritik, sondern auch Ergänzungen durch die Leser »eingesammelt« werden können. Ein Medium, das sich auf diese Weise organisiert, wäre dann wirklich »volkstümlich« und würde die Abgehobenheit vieler Alternativmedien, die Rüdiger Rauls (2023) kritisiert, überwinden helfen.

Die »selbstorganisierte Öffentlichkeit« entsteht nach diesem Modell durch die selbstbestimmte Organisation des kritischen Publikums mit den kritischen Journalisten. Es braucht mehr als »nur« ein Medium mit neuen, anderen, pluralistischen Themen, sondern auch neue Verhältnisse innerhalb einer Redaktion sowie zwischen Redaktion und Publikum, um die Felder berücksichtigen zu können, die in der bürgerlichen Öffentlichkeit nicht vorkommen bzw. um die Themen jenseits des hegemonialen Diskurses zu identifizieren und zu formulieren. Sie nimmt die Gedanken von Oskar Negt und Alexander Kluge zur proletarischen Öffentlichkeit auf und geht davon aus, dass die Bewusstwerdung der Klasse nur in einem Prozess geschieht, an dem die »selbstorganisierte Öffentlichkeit« einen wichtigen Anteil hat. Diese noch sehr allgemeinen Überlegungen klingen wie eine Utopie und vor allem sehr abstrakt. Deswegen möchte ich zum Abschluss auf mögliche Realisierungsschritte eingehen. Vorher nur kurz ein Verweis darauf, dass nicht nur Manfred Knoche (2014) die Medien von kapitalistischen Gesellschaftsmodellen entkoppeln will. Michael Meyen (2021: 152) spricht in diesem Zusammenhang von einer »vierten Medienrevolution«:

»Verlage und Sender in Gemeinschaftsbesitz – weit weg vom Zugriff einer Politik, die Rundfunkgebühren an Wohlverhalten und Reichweite koppelt, und von Eigentümern, die Rendite über den Auftrag Öffentlichkeit stellen.«

Auch Florian Zollmann (2021) fordert, dass »die Nachrichtenproduktion größtenteils von einem System geleistet werden muss, das von wirtschaftlichen und staatlichen Interessen unabhängig zu organisieren ist«. Langfristig sollten »Privateigentum, Konzernorganisation, Profit, Markt und Wettbewerb« keine wesentliche Rolle spielen. Angesichts der aktuellen Kräfteverhältnisse müsse eine Bewegung aufgebaut werden, die dies fordert und umsetzt. Diese müsste allerdings staatsfern sein, um nicht in neue Abhängigkeiten zu gelangen (vgl. Klöckner 2021: 417).

Der Weg hin zu einer »selbstorganisierten Öffentlichkeit« und zu gemein-wirtschaftlichen Medien ist ebenfalls als Prozess zu verstehen und müsste verschiedene Interessengruppen einbeziehen. Dabei wäre im ersten Schritt an eine neue Form der Organisation von Journalisten zu denken. Die Idee ist erst einmal einfach (und nicht neu): Journalisten, die mit dem derzeitigen Mediensystem und ihren Auswirkungen auf die freie Berichterstattung unzu-frieden sind, schließen sich zusammen. Sie entwickeln gemeinsam Publika-tionsformen und binden gleichzeitig die Konsumenten ein. Dabei könnten neue Medien entwickelt werden, oder aber es könnten mit den Journalisten assoziierte Medien sich der Organisation anschließen. Dabei entstünde eine Keimform der neuen Öffentlichkeit, die nicht mehr abhängig ist von Ein-zelpersonen und das Publikum einschließt. Ziel wäre, dass diese Keimform, nennen wir sie der Einfachheit halber zunächst Medienkooperative, sowohl organisatorisch als auch inhaltlich über die bisherige Gegenöffentlichkeit hinausweist. Die Medienkooperative wäre dann eine konkrete Utopie im Sinne von Ernst Bloch (1980: 71 f.), der das Verhältnis von Nah- und Fern-ziel wie folgt umschrieben hat: »Aber wenn das Nahziel oder die Nahziele das Fernziel nicht in sich impliziert enthalten, so sind sie zwar nicht null und nicht, aber nicht einmal Nahziele.«

Das Nahziel wäre in dieser Vorstellung die Organisation der beteiligten Journalisten, die ihre Arbeit künftig kooperativ und, soweit es geht, unab-hängig von äußerem Einfluss vom Kapital leisten können. Sie enthielte aber gleichzeitig auch ein utopisches Moment als Fernziel: ein gemeinwirtschaft-lich statt kapitalistisch organisiertes Mediensystem. Dabei wäre es die ent-scheidende Aufgabe der Medienkooperative, sich nicht ausschließlich mit der täglichen journalistischen Arbeit zu beschäftigen, sondern eine koopera-tive, gemeinwirtschaftliche Vergesellschaftung, die den Kapitalismus ablöst, immer mit im Blick zu behalten und die Arbeit danach auszurichten. Dabei ist das Ziel gleichzeitig nicht abstrakt, sondern ändert sich gegebenenfalls durch die eigene Praxis so, wie sich die Produzenten selbst durch die Praxis verändern.

Dieses Prinzip hat bereits Walter Benjamin (2011: 523 f.) formuliert, der schrieb, dass die Arbeit des Autors, der die Bedingungen der Produktion durchdacht habe,

»niemals nur die Arbeit an Produkten, sondern stets zugleich die an den Mitteln der Produktion sein wird. Mit anderen Worten: seine Pro-dukte müssen neben und vor ihrem Werkcharakter eine organisierende Funktion besitzen.«

Zwar formulierte Benjamin dies noch mit Blick auf eine starke Arbeiterbewegung, von der heute nicht die Rede sein kann, aber das Grundprinzip können wir übernehmen: Benjamin wollte aus »Lesern oder Zuschauern Mitwirkende« machen.

Eine Medienkooperative als Keimform, als konkrete Utopie könnte also zunächst einmal Verschiedenes ausprobieren und dabei Erkenntnisse sammeln, die für den Aufbau einer gemeinwirtschaftlichen Öffentlichkeit von Bedeutung sind. Gleichzeitig könnte ein solches Medium über alternative, oppositionelle Medien, ihren Aufbau, ihre Struktur und ihre Inhalte informieren, sich parallel weiterentwickeln und dabei möglichst wachsen – durch Einschluss von Journalisten und Medien, die sich ihm anschließen oder durch die Kooperative übernommen werden. Dies hätte neben den Folgen für den Inhalt auch konkrete Folgen auf die Haltung der Journalisten in der Kooperative.

Da sie als bereits gemeinwirtschaftlich organisierte Kollegen in einem Arbeitsfeld mit den Kollegen in den kapitalistischen Betrieben arbeiten, die potenziell Mitstreiter in der Medienkooperative bzw. selbst Teil der Gemeinwirtschaft werden können, bleiben sie in der Kritik an den Kollegen sachlich. Sie sind insofern konstruktiv – sowohl, was den Aufbau der selbstorganisierten Öffentlichkeit angeht, als auch, was das kollegiale Verhältnis zu den abhängig beschäftigten Kollegen betrifft, deren Zwänge im kapitalistischen System sie anerkennen. Inhaltlich bedeutet die Ausrichtung auf ein Fernziel, dass die Arbeit zukunftsgerichtet ist. Vor diesem Hintergrund kann eine freie Diskussion »sachkundig und sachbezogen« geführt werden, die damit »zunächst frei sein [kann] von jedem anderen Interesse als dem durch den Inhalt bestimmten« (Prien 2019: 119).

Der Inhalt ist dabei nicht beliebig und richtet sich an den Interessen der Konsumenten aus. Die konkreten Formen, die Qualitätskriterien für diese selbstorganisierte Öffentlichkeit müssen dabei im praktischen Aufbauprozess entwickelt werden. Diese würden sich an den klassischen Merkmalen für guten Journalismus orientieren (zu nennen wären intensive Recherche, mehrere Seiten zu Wort kommen lassen, Wahrhaftigkeit und Transparenz der Quellen), die hier wirklich zur Anwendung kommen können, da kein übergeordnetes Interesse des kapitalistischen Inhabers eines Medienunternehmens diesem Grenzen setzen würde. Themenfindung und Recherche könnten in Verbindung von Produzenten und Konsumenten geschehen, sodass die benannten Fehlstellen der bürgerlichen Öffentlichkeit in diesem Prozess beseitigt werden könnten. Ich verstehe dabei die »selbstorganisierte Öffentlichkeit« als Verlaufsform, die erst durch die praktische Umsetzung Schritt für Schritt ihre Möglichkeiten entfaltet.

Eine so entstehende Medienkooperative müsste sowohl für Journalisten als auch für weitere Medien der Gegenöffentlichkeit anschlussfähig sein, und in ihr müsste sich ein kooperatives Verhältnis unter den Journalisten wie auch zu den Konsumenten herausbilden. In diesem Prozess der Selbstorganisation kann eine neue Form von Öffentlichkeit entstehen, die dann mit gutem Recht »selbstorganisierte Öffentlichkeit« genannt werden könnte.

Literatur

Benjamin, Walter (2011): Der Autor als Produzent. In: Gesammelte Werke II. Frankfurt am Main: Zweitausendeins, S. 513–527.

Bloch, Ernst (1980): Abschied von der Utopie? Vorträge. Frankfurt am Main: Suhrkamp.

Buttkereit, Helge (2023): Eine Meinung unter vielen? Zur Definition von Gegenöffentlichkeit und der Überwindung ihrer Grenzen. In: Kritische Gesellschaftsforschung #2.

Creydt, Meinhard (2021): »Politischer Produktionsprozess« und »Arbeitsfeldansatz«. Zwei für heute relevante Impulse des »Sozialistischen Büros«. URL: http://www.meinhard-creydt.de/cms/wp-content/up loads/2021/03/2021_sozialistischesburo_1.pdf

Haller, Michael (2017): Die »Flüchtlingskrise« in den Medien. Tagesaktueller Journalismus zwischen Meinung und Information. Frankfurt am Main: Otto-Brenner-Stiftung.

Habermas, Jürgen (1990): Strukturwandel der Öffentlichkeit. Untersuchungen zu einer Kategorie der bürgerlichen Gesellschaft. Frankfurt am Main: Suhrkamp.

Hintergrund (2023a): Der Karlatan. In: Hintergrund, 21. Februar.

Hintergrund (2023b): Von der Gegenöffentlichkeit in die »amtierenden« Medien. In: Hintergrund, 17. März.

Hintergrund (2023c): Ein Posten zu viel. In: Hintergrund, 5. Mai.

Hölscher, Lucien (1978): Öffentlichkeit. In: Brunner, Otto; Conze, Werner; Kosselleck, Reinhart (Hrsg.): Geschichtliche Grundbegriffe, Band 4, Stuttgart: Klett-Cotta, S. 413–467.

Hofbauer, Hannes (2022): Zensur. Publikationsverbote im Spiegel der Geschichte. Wien: Promedia.

Kleinsteuber, Hans J. (2005): Öffentlichkeit. In: Journalistikon.

Klöckner, Marcus B. (2021): Zombie-Journalismus. Was kommt nach dem Tod der Meinungsfreiheit. München: Rubikon.

Knoche, Manfred (2014): Befreiung von kapitalistischen Geschäftsmodellen. Entkapitalisierung von Journalismus und Kommunikationswissenschaft. In: Lobigs, Frank; von Nordheim, Gerret (Hrsg.): Journalismus ist kein Geschäftsmodell. Baden-Baden: Nomos, S. 241–266.

Knoche, Manfred (2023): Medien, Journalismus und Öffentlichkeit im Familien-Privateigentum. Zur Kritik der politischen Ökonomie kapitalistischer Medienunternehmen. In: Selma Güney et al. (Hrsg.): Eigentum, Medien, Öffentlichkeit. Frankfurt am Main: Westend, S. 55–75.

Krüger, Uwe (2016): Mainstream. Warum wir den Medien nicht mehr trauen. München: C. H. Beck.

Kubo, Thomas (2023a): Der Karlatan. Folge 5. In: Hintergrund, 21. Februar.

Kubo, Thomas (2023b): Colonia obscura – der Minister mauert, und die Universität mauert mit. In: Hintergrund, 6. September.

Lünenborg, Margreth (2021): Boulevardisierung. In: Journalistikon.

Maurer, Marcus; Haßler, Jörg; Jost, Pablo (2023): Die Qualität der Medienberichterstattung über den Ukraine-Krieg. Frankfurt am Main: Otto-Brenner-Stiftung.

Marx, Karl (1961): Debatten über Preßfreiheit und Publikation der Landständischen Verhandlungen. In: Marx, Karl; Engels, Friedrich: Werke, Band 1. Berlin: Dietz, S. 28–77.

Mausfeld, Rainer (2018): Warum schweigen die Lämmer? Wie Elitendemokratie und Neoliberalismus unsere Gesellschaft und unsere Lebensgrundlagen zerstören. Frankfurt am Main: Westend.

Meyen, Michael (2020): Die Leitmedien als Problem. In: Journalistik, Nr. 3, S. 262–273.

Meyen, Michael (2021): Die Propagandamatrix. Der Kampf für freie Medien entscheidet über unsere Zukunft. München: Rubikon.

Meyen, Michael (2023a): Journalismus besser machen. In: Manova, 7. März.

Meyen, Michael (2023b): Mehr Transparenz wagen. In: Manova, 21. Juli.

Mirbach, Alexis von; Meyen, Michael (2021): Das Elend der Medien. Schlechte Nachrichten für den Journalismus. Köln: Herbert von Halem.

Negt, Oskar; Kluge, Alexander (1972): Öffentlichkeit und Erfahrung. Zur Organisationsanalyse von bürgerlicher und proletarischer Öffentlichkeit. Frankfurt am Main: Suhrkamp

Negt, Oskar (1975): Erfahrung, Emanzipation und Organisation. In: links, Juli/August, S. 1, S. 11–13.

Neuber, Harald (2021): Im Kriegsjournalismus. In: Telepolis, 7. Juni.

Oy, Gottfried (2007): Spurensuche Neue Linke. Berlin: Rosa-Luxemburg-Stiftung.

Patzelt, Werner (2018): Mängel in der Responsivität oder Störungen in der Kommunikation? Deutschlands Repräsentationslücke und die AfD. In: Zeitschrift für Parlamentsfragen, Nr. 4, S. 885–889.

Precht, Richard David; Welzer, Harald (2022): Die Vierte Gewalt. Wie Mehrheitsmeinung gemacht wird, auch wenn sie keine ist. Frankfurt am Main: S. Fischer.

Prien, Carsten (2019): Rätepartei. Zur Kritik des Sozialistischen Büros. Oskar Negt und Rudi Dutschke. Ein Beitrag zur Organisationsdebatte. Seedorf: Ousia Lesekreis.

Rauls, Rüdiger (2023): Volkstümlicher werden. In: Manova, 29. August.

Riegel, Tobias (2023): Die Drehtür zwischen Medien und Politik: Ex-Regierungssprecherin wird RBB-Intendantin. In: Nachdenkseiten, 20. Juni.

Rosner, Ortwin (2023): Dynamik des Hasses: Zur Metamorphose der Medien unter dem Corona-Regime. In: Urban, Andreas (Hrsg.): Schwerer Verlauf. Corona als Krisensymptom. Wien: Promedia, S. 149–172.

Rottenfußer, Roland (2023): Alternative Einäugigkeit. In: Manova, 29. Juli.

Sandoval, Marisol (2011): Warum es an der Zeit ist, den Begriff der Alternativmedien neu zu definieren. In: Z. Zeitschrift Marxistische Erneuerung, Nr. 87, S. 139–148.

Schattevoy, Ruben (2023): Alternative Medien stabilisieren bloß das bestehende System. In: Transition News, 18. Mai.

Schreyer, Paul (2022): Ein Moderator sieht rot. In: Multipolar, 3. Juni.

SDS (1967): Resolution zum Kampf gegen Manipulation und für die Demokratisierung der Öffentlichkeit. In: Neue Kritik 44, S. 28–34.

Spehr, Christoph (2002): Gegenöffentlichkeit. In: Linksnet, 20. Juli.

Steingart, Gabor (2023): In eigener Sache. In: The Pioneer, 21. Mai.

Welzer, Harald; Keller, Leo (2023): Die veröffentlichte Meinung. Eine Inhaltsanalyse der deutschen Medienberichterstattung zum Ukrainekrieg. In: Neue Rundschau, 25. April.

Wetzel, Wolf (2021): Rubikon – Warum es ganz schwierig ist, nicht zu scheitern. In: Wolf Wetzel, 7. Juni.

Wimmer, Jeffrey (2010): Gegen-Öffentlichkeiten im 21. Jahrhundert. In: Vorgänge Nr. 192.

Vighi, Fabio (2023): Die Untergangsschleife: COVID-19 und das Zeitalter der kapitalistischen Dauerkrise. In: Urban, Andreas (Hrsg.): Schwerer Verlauf. Corona als Krisensymptom. Wien: Promedia, S. 21–46.

Zollmann, Florian (2021): Gegen die Zwänge des Marktes: Konturen eines demokratischeren Mediensystems. In: Borchers, Nils S. et al. (Hrsg.):

Transformation der Medien – Medien der Transformation. Frankfurt am Main: Westend, S. 447–471.

Buttkereit, Helge (2024): Modell für selbstorganisierte Öffentlichkeit. In: Mediensystem und öffentliche Sphäre in der Krise, herausgegeben von Hannah Broecker und Dennis Kaltwasser, S. 113-139. Neu-Isenburg: Westend. https://https://doi.org/10.53291/9783949925214_6

Illiberale Zeitenwende

Von der individuellen zur agenda- und machtkonformen Freiheit[1]

Sandra Kostner

Die im Grundgesetz verankerten individuellen Freiheitsrechte begrenzen den Spielraum staatlichen Handelns. Menschen, die gesellschaftspolitischen Ideologien anhängen, neigen dazu, diese Begrenzung nicht zu akzeptieren, weil sie sonst ihre Ideologien nicht – oder nur sehr begrenzt – in Politik übersetzen können. Wenn sich Ideologen als auf dem Boden der freiheitlich-demokratischen Grundordnung stehend verstehen, sehen sie sich der Notwendigkeit gegenüber, Wege zu finden, die es ihnen zugleich ermöglichen, massiv in die Freiheitsrechte anderer einzugreifen und dabei zu behaupten, dass dies grundrechtskonform geschehe.

Die Vereinbarkeit des eigentlich Unvereinbaren vollziehen sie, indem sie Freiheit umdeuten. Begründet wird die Umdeutung damit, dass es angesichts spezifischer Herausforderungen und Bedrohungslagen unumgänglich sei, Freiheit neu zu denken. Zu verstehen ist unter neu gedachter Freiheit, dass ein (zumeist ideologisch oder machtpolitisch) definiertes Allgemeinwohl Vorrang vor individueller Freiheit haben muss. Ohne diese Umdeutung, so wird suggeriert, können Gefahren nicht abgewehrt werden. Wer Freiheit nicht neu denken möchte, gefährdet in dieser Logik wahlweise die Identität oder die Gesundheit seiner Mitmenschen oder wie im Falle des Klimawandels sogar die gesamte Menschheit.

Die Transformateure des Freiheitsbegriffs beurteilen den Freiheitsgebrauch anderer Menschen danach, ob er ihren Zielen nutzt oder schadet: Er gilt als gut und förderwürdig, wenn er der Umsetzung der Ziele dient; demgegenüber gilt er als schlecht und wird sanktioniert, wenn er es nicht tut.

---

1 Bei diesem Text handelt es sich um eine leicht modifizierte Fassung meines Beitrags »Bedrohte Meinungsfreiheit oder Meinungsfreiheit als Bedrohung?« (Kostner 2023).

Allein an diesem Vorgehen zeigt sich der illiberal-autoritäre Impetus, der dieser Transformation des Freiheitsbegriffs innewohnt. Ferner liegt der Umdeutung der illiberal-autoritäre Habitus zugrunde, dass man selbst im Besitz einer absoluten Wahrheit ist und dass die Freiheit anderer Menschen weniger zählt als die eigene Überzeugung. Wenn, insbesondere in diskursbestimmenden Teilen der Gesellschaft, solche Haltungen an Gewicht gewinnen, wirkt sich dies negativ auf das Meinungsklima aus.

Ein guter Indikator dafür, wie es in Deutschland um das Meinungsklima bestellt ist, sind die seit 1953 durchgeführten Erhebungen des Instituts für Demoskopie Allensbach. In 70 Jahren stimmten nur zu drei Befragungszeitpunkten weniger als 50 Prozent der Aussage zu, dass man in Deutschland »seine politische Meinung frei sagen kann«. Das war in den Jahren 2021, 2022 und 2023. So hatten 2021 nur noch 45 Prozent der Befragten das Gefühl, dass man seine politische Meinung frei äußern könne, während 44 Prozent angaben, dass man hier lieber Vorsicht walten lasse. Im Folgejahr hatte sich das Meinungsklima wieder etwas liberalisiert: 48 Prozent sagten, dass man seine politische Meinung frei äußern könne, während 37 Prozent dachten, dass es besser sei, mit politischen Meinungsäußerungen vorsichtig zu sein. Die leichte Verbesserung des Meinungsklimas setzte sich 2023 nicht fort. Im Gegenteil: Erstmals in 70 Jahren waren mit 44 Prozent mehr Befragte der Ansicht, dass bei politischen Meinungsäußerungen Vorsicht geboten sei, als dass man frei sagen kann, was man denkt. Davon zeigten sich nur noch 40 Prozent überzeugt (Institut für Demoskopie Allensbach 2021, Rech 2023).

Auffällig ist zudem der rapide Rückgang der Befragten im Lauf des letzten Jahrzehnts, die die Freiheit der politischen Meinungsäußerung als gegeben ansahen. In keinem anderen Zeitfenster seit 1953 ist der Anteil der sich frei fühlenden Befragten so stark zurückgegangen wie zwischen 2011 und 2021: nämlich um 21 Prozentpunkte. Eingetrübt hatte sich das freiheitliche Meinungsklima schon ab den frühen 1990er Jahren, wobei sich der Abwärtstrend zwischen 1991 und 2011 eher schleichend vollzog. Fühlten sich 1991 noch 78 Prozent der Befragten frei, in der Öffentlichkeit zu politischen Themen Stellung zu beziehen, waren es 20 Jahre später nur noch 66 Prozent. Dieser Abwärtstrend folgte auf zwei Jahrzehnte (1953 bis 1971) eines sich liberalisierenden Meinungsklimas, das im Jahr 1971 mit 83 Prozent der Befragten, die sich frei fühlten, ihre politische Meinung öffentlich kundzutun, den höchsten Freiheitswert erzielte, und auf zwei Jahrzehnte (1971 bis 1991) eines weitgehend stabilen freiheitlichen Meinungsklimas, in denen jeweils etwa 80 Prozent angaben, sich frei äußern zu können (Institut für Demoskopie Allensbach 2021, Rech 2023).

Diese historische Einordnung verdeutlicht, in welch außergewöhnlichem Maß im letzten Jahrzehnt freiheitsfeindliche Tendenzen an Dynamik gewonnen haben. Das wirft Fragen auf, die nachfolgend adressiert werden sollen: Welche Themen haben zu dem zunehmend als unfreiheitlich empfundenen Meinungsklima besonders stark beigetragen? Ist bei den betroffenen Themen eine Verbindung zur Umdeutung von Freiheit erkennbar? Und mit welchen Strategien werden Diskursräume verengt?

Zur Beantwortung dieser Fragen werden drei Themen analysiert: zwei ideologisch geprägte Themen, die seit 2011 stark an Gewicht gewonnen haben (Identitäts- und Klimapolitik), und eines (Coronapolitik), das 2020 unvermittelt über die Gesellschaft kam. Aufgrund des unmittelbaren Bedrohungsgefühls, das viele Menschen empfanden, waren sie eher als unter »normalen« Umständen bereit, Freiheitseinschränkungen mitzutragen, und zeigten sich offen für Forderungen von Politikern, Journalisten oder Wissenschaftlern, die darauf hinausliefen, Freiheit in »pandemischen Zeiten« neu zu denken. Die Coronapolitik ist beendet, aber der Umgang mit Andersdenkenden hat Spuren im Meinungsklima hinterlassen, die aller Wahrscheinlichkeit nach noch lange nachwirken werden. Denn: Nie zuvor in der Bundesrepublik haben so viele Menschen quasi über Nacht erlebt, wie sie aufgrund einer abweichenden Meinungsäußerung zur Zielscheibe moralischer Delegitimierung wurden. Überdies haben die Coronajahre zutage gefördert, unter welchen Umständen Menschen willens sind, Freiheitsrechte preiszugeben und der Umdeutung von Freiheit das Wort zu reden. Ideologisch motivierte Kräfte werden daraus ihre Schlüsse gezogen haben und entsprechende Strategien entwickeln, wie sie ihr Transformationsbestreben der Gesellschaft mithilfe eines transformierten Freiheitsbegriffs voranbringen können.

Meinungsfreiheit unter dem Läuterungsrad

Die Themen, die von den Allensbach-Befragten als »heikel« eingestuft werden, weisen darauf hin, dass das repressive Meinungsklima insbesondere von Vertretern einer identitätslinken Läuterungsagenda erzeugt wird. Denn es sind die Themen, auf denen ihr Fokus liegt, nämlich Muslime/Islam, Migration und Geschlecht/Gender/sexuelle Orientierung, bei denen die meisten Befragten der Allensbach-Umfragen sagten, dass man aufpassen müsse, wie man sich äußert (Köcher 2019).

Studien zur Wissenschafts- und Meinungsfreiheit an Universitäten zeigen ebenfalls, dass es die genannten Themen sind, bei denen die meisten Lehrenden und Studierenden Einschränkungen wahrnehmen beziehungsweise bei denen die meisten Studierenden Einschränkungen für notwendig erachten. So befragte das Allensbach-Institut im Auftrag des Deutschen Hochschulverbands und der Konrad-Adenauer-Stiftung im Oktober 2021 rund 1000 Wissenschaftler. Das Ergebnis: 40 Prozent gaben an, dass sie sich »in ihrer Lehre durch formelle oder informelle Vorgaben zur Political Correctness stark oder etwas eingeschränkt« fühlten. 18 Prozent sagten, dass »Political Correctness« verhindere, dass man bestimmten Forschungsfragen nachgehen könne. Bei der Befragung zwei Jahre zuvor lag der Anteil noch bei 13 Prozent. Insbesondere die Geistes- und Sozialwissenschaften sind davon betroffen, da sie viele Themen bearbeiten, auf die sich die Läuterungsagenda mit ihrem sichtbarsten Instrument der Political Correctness auswirkt. Hier ist der Anteil der Wissenschaftler in den letzten beiden Jahren von gut einem Drittel auf über die Hälfte gestiegen (Forschung & Lehre 2020 und 2021, Kostner 2022a: 14).

Eine etwa 1000 Studierende der Sozialwissenschaften an der Goethe-Universität Frankfurt umfassende Studie, die 2020 der Frage nachging, ob die Meinungsfreiheit auf dem Campus gefährdet sei, kam ebenfalls zu dem Ergebnis, dass es die Themen Islam, Geschlecht/Gender/sexuelle Orientierung und Migration sind, die besonders von Einschränkungsbestrebungen betroffen sind. So vertraten 83 Prozent der befragten Studierenden die Meinung, dass Personen, die der Ansicht seien, Homosexualität sei unmoralisch, nicht an Universitäten lehren dürften. 64 Prozent vertraten diesen Standpunkt hinsichtlich der Ansicht, dass es »biologische Unterschiede in den Talenten zwischen Männern und Frauen« gäbe. Zudem waren zwischen einem Drittel und der Hälfte der Befragten dagegen, Redner mit abweichenden Meinungen zu den Themen Islam, Geschlecht und Migration an der Universität zu dulden. Und ein Drittel möchte die Bücher von Autoren, die solche Meinungen vertreten, aus der Universitätsbibliothek entfernt sehen. Studierende plädieren aber nicht nur für Einschränkungen, sondern sind auch selbst davon betroffen, vor allem wenn sie nicht dem unter der untersuchten Studierendenpopulation dominierenden linken politischen Spektrum angehören. Ungefähr ein Viertel gab an, schon einmal für eine Äußerung persönlich angegriffen worden zu sein, und ein Drittel sagte, dass sie bei diesen Themen vermieden, ihre Ansichten in Seminardiskussionen offenzulegen (Revers/Traunmüller 2020, Kostner 2022a: 15).

Was hat dieses sich eintrübende Meinungsklima mit der oben erwähnten identitätslinken Läuterungsagenda zu tun beziehungsweise was ist unter dieser Agenda zu verstehen? Die identitätslinke Läuterungsagenda wird von Personen vorangetrieben, die sich selbst politisch links verorten und die Menschen schematisch in Träger von Opfer- oder Schuldidentitäten einteilen. Ihre Läuterung unter Beweis stellen müssen diejenigen, die aufgrund eines Abstammungsmerkmals für die Unterdrückung, Abwertung und Diskriminierung spezifischer Gruppen verantwortlich gemacht werden und denen deshalb eine Schuldidentität verordnet wird. So müssen sich Männer als geläutert gegenüber Frauen zeigen, Heterosexuelle gegenüber Homosexuellen, sogenannte »Cis-Männer und Cis-Frauen« gegenüber Menschen mit einer Transgenderidentität, »Weiße« gegenüber »Nichtweißen«, Nichtmigranten gegenüber Migranten sowie Christen gegenüber insbesondere Muslimen. Dabei gibt es eine Läuterungspyramide: Ganz oben stehen diejenigen, die Unterdrückungs- und Abwertungserfahrungen geltend machen können, die mit der »westlichen Erbsünde« schlechthin verbunden werden, also mit Rassismus und Kolonialismus (vgl. Kostner 2019, 2019a, 2022a).

Um als geläutert zu gelten, reicht es für Träger von Schuldidentitäten nicht, individuell nachweisen zu können, dass sie nicht rassistisch, sexistisch, islamophob, homo- oder transphob sind. Erst wenn kein Träger einer Schuldidentität mehr in irgendeiner Form ein Denken und Handeln erkennen lässt, das als rassistisch etc. interpretiert werden könnte, kann der Einzelne aus dem Schuldstatus entlassen werden. Dieses Abhängigkeitsverhältnis ist der Grund dafür, dass diejenigen, die nach Läuterung streben, versuchen, Druck auf diejenigen auszuüben, die sie als Angehörige »ihrer« Schuldgruppe sehen. Verstärkt wird der Druck von Akteuren der jeweiligen Opferseite, die sich bewusst sind, dass sie nur so lange von der Schuldseite materielle und moralische Kompensationsleistungen einfordern können, wie dort bei einer hinreichend großen beziehungsweise wirkmächtigen Gruppe ein Läuterungsbedürfnis besteht. Daher ist der inzwischen weit fortgeschrittene Abbau von Ungleichbehandlungen für die Akteure auf der Opferseite ein zweischneidiges Schwert: Einerseits ist dieser ein großer Gewinn für sie, andererseits büßen sie so sukzessive ihre gesellschaftliche Wirkmächtigkeit ein. Um den Läuterungsdruck aufrechtzuerhalten, fokussieren sie sich deshalb zunehmend auf Gefühlsverletzungen (ebd.).

Sie machen sich dabei die Vorgehensweise des *Concept Creep* zunutze. Der Begriff *Concept Creep* wurde von Nick Haslam (2016), einem australischen Sozialpsychologen, geprägt, um das Phänomen analytisch zu fassen, das insbesondere seit Beginn der 2000er Jahre um sich greift: die zunehmende Ausdehnung der Vorstellung dessen, was Menschen als Gewalt erleben und was sie emotional schädigt. Diese Ausdehnung findet ihren sprachlichen Ausdruck in Neologismen wie: Mikroaggression, Mikroangriff, Mikroübergriff, Mikroinvalidierung sowie Mansplaining oder Whitesplaining. Es werden also etablierte Begriffe für gewalttätiges, teilweise strafrechtsrelevantes Handeln verwendet, um sie durch die Vorsilbe »Mikro« auf Gefühlsverletzungen übertragen zu können, die bis dato nicht mit Gewaltakten beziehungsweise einem emotionalen Schädigungspotenzial assoziiert wurden (Kostner 2022a: 16).

Aus Sicht der Vertreter einer identitätslinken Läuterungsagenda können nur Träger von Opferidentitäten emotionale (Mikro-)Verletzungen geltend machen. Andersherum heißt das, dass nur die Träger von Schuldidentitäten sprachliche Gewaltakte begehen können. Deshalb gibt es auch kein weibliches Pendant zum »Mansplaining«, denn nur Frauen als Träger einer Opferidentität können die Worte von Männern als herablassend erleben. Das Gleiche gilt für den Neologismus »Whitesplaining«, der für Äußerungen von »Weißen« insbesondere zu den Themen Rassismus und Antidiskriminierung verwendet wird, wenn das Gesagte nicht im Einklang mit der Läuterungsagenda steht (Kostner 2022a: 16f).

Ob ein mikroaggressives oder mikroinvalidierendes Verhalten vorliegt, wird allein der Beurteilung der Person überlassen, die sich durch eine Äußerung verletzt fühlt. Dabei ist die Devise handlungsleitend, dass die der Mikroinvalidierung etc. bezichtigte Person nicht absichtsvoll verletzend agieren muss. Darüber hinaus gilt es, die Träger von Opferidentitäten nicht nur vor Gefühlsverletzungen in konkreten sozialen Interaktionen zu schützen, sondern auch vor emotionalen »Schädigungen« durch öffentliche Debatten oder durch Objekte wie Bücher, Gemälde, Statuen und Straßennamen. Aus diesem Grund gilt es, alle Meinungsäußerungen zu unterlassen und Objekte zu entfernen (Bücher, Statuen, Gemälde) oder umzubenennen (Straßen), die bei Opfern irgendeine Form von emotionalem Unbehagen oder Erinnerungen an Diskriminierungserfahrungen auslösen *könnten*. Dabei gilt: Die Behauptung eines Opfers, dass jemand oder etwas seine Gefühle verletzt habe, darf nicht hinterfragt werden, da dies wahlweise als Mikroinvalidierung oder Mikroaggression erlebt werden könnte, womit die mangelnde Läuterung der Schuldseite nicht nur durch die Gefühlsverletzung, sondern auch durch deren Infragestellung als bewiesen angesehen wird (Kostner 2022a: 17).

An den Universitäten, an denen besonders viele Anhänger der identitätslinken Läuterungsagenda lehren und studieren, allen voran in Nordamerika, fordern daher Studierende, dass ihr Campus ein »Safe Space« zu sein hat: ein Raum, in dem kein Opferidentitätsträger in Kontakt mit etwas kommt, das er als diskriminierend oder verletzend empfinden könnte. Ferner fordern sie, dass Lehrende sogenannte »Triggerwarnungen« für Seminartexte aussprechen, in denen Wörter vorkommen oder Ideen präsentiert werden, die Opfer von Diskriminierungen retraumatisieren könnten. Tun Lehrende das nicht, führt das nicht selten dazu, dass Studierende sich bei Leitungsebenen beschweren. Das hat teilweise erhebliche Konsequenzen für die Lehrenden, bis hin zum Jobverlust.

Es liegt auf der Hand, dass die Orientierung daran, was von Angehörigen spezifischer Gruppen als emotional verletzend, diskriminierend oder retraumatisierend empfunden werden kann, massive Folgen für das Diskursklima in einer Gesellschaft hat. Wenn der Schutz *vor* Meinungen wichtiger ist als der Schutz *von* Meinungen, bleibt die Meinungsfreiheit in ihrer verfassungsrechtlichen Intention, das heißt als Recht des Individuums anderen gegenüber seine Meinung kundzutun, auf der Strecke. Und wenn Menschen aufgrund eines Abstammungsmerkmals eine legitime oder illegitime Stimme zugesprochen wird, wenn ihnen aufgrund dieses Merkmals vorgeschrieben wird, was sie zu wem in welchen Worten sagen dürfen, dann büßt das Grundrecht auf Meinungsfreiheit ab dem Moment deutlich an Vitalität ein, ab dem die selbsternannten Diskurswächter über eine hinreichend große institutionelle oder gesellschaftliche Macht verfügen, um mithilfe von sozialen Sanktionsmitteln den Preis für eine Meinungsäußerung so erhöhen zu können, dass er vielen zu hoch wird.

Dass die von Studien belegte Verengung des Meinungskorridors bei allen Themen, die von der identitätslinken Läuterungsagenda tangiert werden, gerade im letzten Jahrzehnt stark zugenommen hat, ist maßgeblich darauf zurückzuführen, dass die Läuterungsentrepreneure an den Universitäten, in den Medien, aber auch in der Politik nunmehr eine kritische Masse ausmachen, die es ihnen ermöglicht, den Preis für missliebige Meinungsäußerungen stark anzuheben.

Eine preistreibende Funktion sollen auch Meldestellen haben, wie die von der Amadeu Antonio Stiftung 2023 eingerichtete »Meldestelle Antifeminismus«. Es handelt sich hierbei um ein Portal, wo anonym Äußerungen oder Handlungen gemeldet werden können, die von jemandem als »sexistisch, frauen- oder queerfeindlich« betrachtet werden. Als Beispiele für »antifeministische Vorfälle« werden auf der Homepage der Stiftung neben Angriffen auf und Bedrohungen von »Frauen und trans Personen« genannt:

- »Mobilisierung gegen die Gender-Ideologie« mithilfe von Stickern und Flyern, die einen antifeministischen Inhalt transportieren;
- »organisierte Kampagnen gegen geschlechtergerechte Sprache«;
- die Bezeichnung von Gender Studies als »unwissenschaftlich« oder »Geldverschwendung« und
- Publikationen, die Begriffe wie »Homo- und Translobby« oder »Gender-Ideologie« beinhalten.

Es werden demnach bewusst Straftaten und Kritik an »feministischen« oder »queeren« Positionen vermengt. Gerechtfertigt wird dies damit, dass es bei der Meldestelle darum ginge, Antifeminismus umfangreich zu erfassen, und dass dabei die »Erfahrungen der Betroffenen« im Mittelpunkt stünden.

Es ist aber nicht von der Hand zu weisen, dass ein solches Portal, auf dem die gemeldeten Vorfälle per Mausklick einsehbar sein sollen, auch dazu dient, Kritik an feministischen/queeren Positionen zu delegitimieren. Es geht wohl darum, den Preis für Positionen, die von Mitarbeitern der Stiftung als antifeministisch eingestuft werden, so hochzuschrauben, dass möglichst viele, die auf ihre moralische Reputation bedacht sind, davon Abstand nehmen. Das von Lisa Paus (Bündnis 90/Die Grünen) geführte Bundesministerium für Familien, Senioren, Frauen und Jugend fördert die Meldestelle mit 133 000 Euro (Achterberg 2023). Dies verdeutlicht, dass der Schutz vor bestimmten Meinungen bei Themen, die mit der Läuterungsagenda in Verbindung stehen, an politischer Rückendeckung gewinnt. Damit erreicht die Diskursverschließung eine andere Dimension: Es ist das eine, wenn private Akteure zum Mittel des Konformitätsdrucks greifen, um Andersdenkende aus dem Diskurs zu drängen, es ist aber etwas anderes, wenn der Staat – und sei es in diesem Fall nur über Geld – Maßnahmen unterstützt, die der Diskursverengung dienen.

Einen Schritt weiter als der Bund geht die Ministerin für Kinder, Jugend, Familie, Gleichstellung, Flucht und Integration von Nordrhein-Westfalen, Josefine Paul (ebenfalls Bündnis 90/Die Grünen). Ihr Haus verkündete am 1. Juli 2022, dass vier Meldestellen eingerichtet würden, »die Vorfälle auch unterhalb der Strafbarkeitsgrenze erfassen, analysieren und dokumentieren«. Die Meldestellen beziehen sich auf vier Themen, die eng mit der Läuterungsagenda verknüpft sind:

• Queerfeindlichkeit,
• antimuslimischer Rassismus,
• Antiziganismus und
• anti-Schwarzer, antiasiatischer und weitere Formen von Rassismus.

Übertragen wurde der Aufbau der Meldestellen an Interessenverbände – ein Schritt, der nahelegt, dass gemeldete Vorfälle in erster Linie durch die Brille der subjektiven Betroffenheit interpretiert werden (sollen). Hinzu kommt, dass Interessenverbände Ressourcen bekommen, wenn sie für den Staat Aufgaben übernehmen, und dass diese Ressourcen mittel- und langfristig vor allem dann fließen werden, wenn die Notwendigkeit der jeweiligen Meldestelle durch ein entsprechendes Volumen an Meldungen begründet werden kann. Das lädt Mitglieder dieser Verbände nachgerade dazu ein, die Sprachsensibilität bezüglich dessen, was als Diskriminierung empfunden werden könnte, fortwährend zu erhöhen. Das verheißt nichts Gutes für das Meinungsklima in Bezug auf die vier Themen, zu denen die Meldestellen eingerichtet werden, insbesondere, wenn andere Bundesländer diese NRW-Initiative aufgreifen sollten.

Meinungsfreiheit second, »Klimarettung« first

Die Umfragen und Studien zur Meinungsfreiheit heben bislang schwerpunktmäßig auf identitätspolitische Themen ab, was damit zu tun hat, dass bei diesen über einen längeren Zeitraum ein Kostendruck aufgebaut wurde. Hinzu kommt, dass »Verstöße« gegen die Läuterungsagenda lautstark skandalisiert werden, wodurch sie die Öffentlichkeit erreichen. Exemplarisch seien hier nur die regelmäßig inszenierten Empörungsrituale genannt, wenn jemand einen Begriff verwendet, der von läuterungskonformen Sprachregelungen abweicht. Oder die Kämpfe um die »richtige« genderinklusive Sprache, zu der von immer mehr Institutionen (verbindliche) Leitfäden vorgelegt werden. Wer sich weigert, agendakonform zu gendern, erleidet schnell Nachteile, beispielsweise in Bewerbungsverfahren, wenn im Vorstellungsgespräch der fehlende Glottisschlag als Missachtung von Menschen mit Transgenderidentitäten gewertet wird.

Ein weiteres Thema, das in jüngerer Zeit zu einem verminten Gelände wurde, ist der Klimawandel. Einen Einblick darin, wie schwierig ein offener Diskurs zu diesem Thema zumindest an Universitäten ist, gibt die oben erwähnte, vom Allensbach-Institut durchgeführte Befragung von 1000 Wissenschaftlern im Oktober 2021. Die Hälfte der Befragten war der Meinung, dass es an einer Universität nicht erlaubt sein sollte, den Klimawandel zu bestreiten. Mittlerweile wird häufig bereits unter »den Klimawandel bestreiten« gefasst, wenn jemand in Zweifel zieht, dass der Klimawandel ausschließlich oder dominant anthropogen verursacht wurde. Insofern ist davon auszugehen, dass die Antworten der Befragten sich nicht nur auf das Bestreiten des Klimawandels beziehen, sondern auch auf die Anzweiflung der anthropogenen Ursachen sowie der Ausprägungsformen und Folgen (siehe etwa Puttfarcken 2020).

Zur Kontextualisierung der von den Befragten gegebenen Antworten: Auf der »Erlaubtheitsskala« lag das Bestreiten des Klimawandels deutlich hinter den Themen »sich der gendergerechten Sprache verweigern« und »einen Rechtspopulisten zu einer Podiumsdiskussion einladen« (80 respektive 74 Prozent wollten dies erlaubt sehen) sowie eindeutig vor den Themen »Rassenforschung betreiben« (34 Prozent), »den Islam als Religion ablehnen« (33 Prozent) oder »das Grundgesetz ablehnen« (6 Prozent). Auch die Antworten auf die Frage: »Mit welchen dieser Verhaltensweisen würde man an einer Universität auf erheblichen Widerstand stoßen, egal, ob von den Studierenden oder von der Universitätsleitung?« zeigen, dass das Bestreiten des Klimawandels zu den heikelsten Themen gehört. Bei der Befragung 2019/20 stuften 63 Prozent der Befragten dies als Widerstand hervorrufendes Thema ein, 2021 waren es sogar 70 Prozent. Damit wurde 2021 das Bestreiten des Klimawandels als heikler von den Befragten eingestuft als die Einladung eines Rechtspopulisten zu einer Podiumsdiskussion (67 Prozent), die Ablehnung des Islams als Religion (65 Prozent) oder sich der gendergerechten Sprache zu verweigern (47 Prozent) (Institut für Demoskopie Allensbach 2021a).

Der Grund für den bezüglich des Klimawandels zunehmend als repressiv empfundenen Diskursraum ist, dass dieses eigentlich naturwissenschaftliche Thema, das umfangreiches Wissen voraussetzt, um eine fundierte Meinung vertreten zu können, im letzten Jahrzehnt stark moralisiert und dergestalt auch emotionalisiert wurde. Überdies reagierten maßgebliche politische Institutionen auf den Klimawandel mit einer Transformationsagenda, wodurch dieses Thema politisiert wurde. Ziel dieser Agenda ist es, eine CO_2-neutrale Lebensweise zu erreichen, womit tiefgreifende Umgestaltungen von Wirtschaft und Gesellschaft einhergehen. Exemplarisch sind hier das deutsche Klimaschutzgesetz sowie die von der Bundesregierung im Juni 2022 ins Leben gerufene *Allianz für Transformation* zu nennen. Das Klimaschutzgesetz legt fest, dass Deutschland bis zum Jahr 2045 »Treibhausneutralität« zu erreichen habe, und gibt konkrete CO_2-Minderungsziele vor, die auf dem Weg dorthin einzuhalten sind. Die *Allianz für Transformation* soll als Dialogforum zwischen Politik, Wirtschaft, Wissenschaft und Vertretern der Zivilgesellschaft zur Zielerreichung beitragen (Bundesregierung 2022 und 2022a). Die EU hat einen *Green Deal* beschlossen, der dazu dient, das Leben und Wirtschaften der EU-Bürger so umzugestalten, dass bis 2050 Klimaneutralität verwirklicht wird.

Im Zuge vor allem der Moralisierung, aber auch, wenngleich in schwächerem Maße, der Politisierung des Klimawandels erfolgte eine Zweiteilung von Meinungen, die sich erkennbar an den Mechanismen der identitätspolitisch motivierten Diskursverschließung orientiert hat. Argumente werden daher nunmehr auch beim Klimathema nahezu reflexartig als ideologisch-moralisch gut oder schlecht kategorisiert. Gut, und somit in der Regel öffentlich sanktionsfrei vortragbar, ist die Sichtweise, dass der Mensch durch die Verbrennung von fossilen Energieträgern eine globale Erwärmung verursacht habe, die, wenn nicht schnell eine massive Reduzierung der CO_2-Emissionen erfolge, unausweichlich und unumkehrbar zu einer »Klimakatastrophe« oder einem »Klimakollaps« führe. Diese Perspektive vertrat beispielsweise der UN-Generalsekretär António Guterres bei seiner Rede auf der UN-Klimakonferenz in Scharm El-Scheich im November 2022. Er wandte sich mit alarmistischen Worten an das Publikum: »We are on a highway to climate hell with our foot still on the accelerator« und »We are in the fight of our lives, and we are losing«. Er führte weiter aus: »Greenhouse gas emissions keep growing, global temperatures keep rising, and our planet is fast approaching tipping points that will make climate chaos irreversible« (zitiert nach Frangoul 2022).

Der moralische Druck, beim Thema Klimawandel die »gute« Meinung zu vertreten, wird – wie oben exemplarisch durch die Äußerungen von Guterres illustriert – dadurch aufgebaut, dass eine existenzielle Gefahr für den Fortbestand der Menschheit, der Flora und Fauna, ja sogar des Planeten heraufbeschworen wird. Einzig dadurch, dass man sich die »gute« Meinung zu eigen macht, könne die existenzielle Bedrohung noch abgewendet werden. Denn jeder Zweifel an diesem Katastrophenszenario, jede Debatte über die Validität wissenschaftlicher Studien oder über alternative Reaktionsweisen auf Klimaveränderungen wird als Zeitverschwendung auf dem Weg zur Weltrettung angesehen. Wer davon überzeugt ist, dass die Welt bedroht ist und dass er den einzig möglichen Weg kennt, dieser Bedrohung zu entkommen, der neigt verständlicherweise zu großer Unduldsamkeit gegenüber abweichenden Meinungen und Lösungsvorschlägen. Wer vom eigenen Standpunkt und der daraus abgeleiteten gesellschaftstransformatorischen Agenda das Überleben des Planeten abhängig macht, betreibt eine maximale Form der Moralisierung, die – wenn erfolgreich – auf eine hermetische Verschließung des Diskursraums hinausläuft.

Die Verschließung des Diskursraums kann aber auch für Politiker in Regierungsverantwortung attraktiv sein, und zwar dann, wenn diese – aus Überzeugung oder aufgrund eines im Zusammenspiel von aktivistischen Wissenschaftlern, Medien, einschlägigen Denkfabriken und NGOs erzeugten Handlungsdrucks – gesetzlich festgelegt haben, bis wann ein Land klimaneutral werden muss und Wirtschaft und Gesellschaft zu diesem Zweck einem massiven Transformationsprozess unterwerfen. Dieser Prozess bringt absehbar nicht nur Gewinner hervor, da das Verbot von bestimmten Techniken (beispielsweise Verbrennungsmotoren) oder Bauweisen (die EU will, dass ab 2030 nur noch klimaneutral gebaut werden darf) zum Verlust von Arbeitsplätzen sowie zum Verlust von Teilhabechancen an Wohneigentum führt.

Es steht also politisch viel auf dem Spiel für diejenigen, die ihre Gesellschaften einem Transformationsprozess aussetzen. Idealerweise würden sich Politiker gerade dann, wenn schwerwiegende Entscheidungen getroffen werden, einem offenen demokratischen Diskurs stellen. In der Realität gewinnt aber die menschliche Neigung, sich unangenehmen Debatten zu entziehen, oftmals die Oberhand; zumal dann, wenn es keine starke Opposition oder zu wenige reichweitenstarke Medien gibt, die von den Regierenden diesen Diskurs einfordern. Um sich dem Diskurs zu entziehen, erklären Politiker – unterstützt von Medien, Wissenschaftlern und NGOs, die ihren Kurs befürworten – ihre Entscheidungen für im Grunde alternativlos, gerne mit Verweis auf »die« Wissenschaft, welche so gut wie einhellig (97 Prozent) der Meinung sei, dass die Welt unweigerlich auf eine Katastrophe zusteure, wenn die Nutzung fossiler Energieträger nicht bis spätestens 2050 beendet werde (Reimer/Staud 2021, Dyer 2010, Schellnhuber 2015, Latif 2022).

Das »Follow-the-Science«-Prinzip zur Begründung alternativloser Entscheidungen ist aus zwei Gründen hochproblematisch. Es gibt erstens nicht »die« Wissenschaft, die der Gesellschaft absolute Gewissheiten zur Verfügung stellen könnte (siehe Michael Esfeld in diesem Band). Wissenschaft lebt vom Widerspruch, vom Zweifel und vom Prinzip der Falsifizierbarkeit. Wissenschaft ist dynamisch, es gibt zwar zu bestimmten Zeiten zumeist einen mehrheitlich geteilten Erkenntnisstand, dieser kann sich aber – die Wissenschaftsgeschichte weist viele dieser Beispiele auf – als falsch herausstellen, weil er mit wissenschaftlichen Methoden widerlegt wird. Insofern ist Wissenschaft keine stabile Grundlage für politische Entscheidungen, schon gar nicht für solche von großer intergenerationaler Tragweite. Denn: Werden Erkenntnisse falsifiziert, müsste die Politik angepasst werden, was bei einem Transformationsprozess kein leichtes Unterfangen ist. In einer solchen Situation ist es eine naheliegende Handlungsoption, Forschung mithilfe von Förderprogrammen möglichst auf dem politisch opportunen Erkenntnisstand einzufrieren beziehungsweise wissenschaftliches Erkenntnisstreben in diese Richtung zu lenken. Wird diese Option (in großem Rahmen) genutzt, besteht die Gefahr, dass die inhaltlich tangierten Forschungsbereiche ihre Vitalität, ihre Offenheit für neue Erkenntnisse und letztlich auch ihre Korrekturfähigkeit verlieren.

Hinzu kommt zweitens, dass (so attraktiv es für Politiker auch sein mag, sich auf die Autorität »der« Wissenschaft zu berufen, um Entscheidungen den Rang der Unangreifbarkeit zu verleihen) dieses Vorgehen einem einer Demokratie würdigen Ringen um die beste politische Lösung abträglich ist, die darauf basiert, dass sie unterschiedliche Erkenntnisse und Handlungsalternativen berücksichtigt hat. Noch problematischer ist es, wenn Politiker und die ihre Entscheidungen unterstützenden Medien, Wissenschaftler und NGO-Vertreter versuchen, sich dem sachlichen Diskurs zu entziehen, indem sie Wissenschaftler, deren Forschungsergebnisse das Klimakatastrophennarrativ infrage stellen, oder generell Personen, die zu einer abweichenden wissenschaftlichen Bewertung kommen beziehungsweise andere Lösungsvorschläge unterbreiten, moralisch delegitimieren. Der häufigste Diskreditierungsbegriff lautet: Klimaleugner, gefolgt von Klimaskeptiker oder Klimawandelskeptiker. Auffällig ist zudem das Bestreben, abweichende Forschungsergebnisse und Handlungsmöglichkeiten als politisch »rechts« darzustellen. Auf diese Weise werden politisch erst einmal neutrale wissenschaftliche Erkenntnisse nicht nur politisiert, sondern gezielt diskreditiert, weil alles, was als »rechts« gilt, gleichbedeutend ist mit moralisch verwerflich (siehe Quent et al. 2022).

Diese Vorgehensweisen bleiben nicht folgenlos für das Diskursklima: Ist eine bestimmte Position erst einmal als moralisch verwerflich und »rechts« stigmatisiert, steigen die sozialen und moralischen Reputationskosten für diejenigen, die solche Positionen (unabhängig davon, wie valide und faktenbasiert diese sind) in den öffentlichen Diskurs einbringen möchten, mit dem Ergebnis, dass viele lieber aus dem Diskurs aussteigen als sich dem Risiko der moralischen Stigmatisierung und sozialen Ausgrenzung auszusetzen.

Überdies ist die gesellschaftliche Transformationsagenda zur Verhinderung der »Klimakatastrophe« mit dem Motiv der Schuld und der daraus resultierenden Notwendigkeit zur moralischen Läuterung verbunden (siehe Hans-Martin Schönherr-Mann in diesem Buch). Denn schuld am drohenden »Klimakollaps« sei einzig und allein das kapitalistische Wirtschaftssystem im Westen, das maßgeblich auf der Nutzung fossiler Energien sowie auf der Ausbeutung aller »Nichtweißen« beruhe. Letztere werden demnach als doppelte Opfer perzipiert: einmal als Opfer der Ausbeutung und einmal als Opfer des Klimawandels, von dem sie in erster Linie betroffen seien. Mithilfe dieser Argumentation wurde die Läuterungsagenda für »Weiße« anschlussfähig an die Klimarettung gemacht: Wer Kritik an der gesellschaftlichen Transformationsagenda zur Rettung des Weltklimas übt, dem wird von Läuterungsentrepreneuren unterstellt, dass er eine zumindest latent rassistische – wahlweise eurozentristische – Gesinnung habe. Denn hätte er diese nicht, müsste er einsehen, dass er mit seinem klimaschädlichen

Handeln »Nichtweißen« die Existenzgrundlagen zerstöre (Quent et al. 2022: 47-72, Wiedemann 2018).

Als Zeichen der moralischen Läuterung wird hingegen gewertet, wenn jemand anerkennt oder fordert, dass Antirassismus Hand in Hand mit der Abkehr von der eigenen CO_2-intensiven Lebensweise sowie der Zahlung von »Klimareparationen« westlicher Länder an den »Globalen Süden« gehen muss. Ein konkreter Schritt in diese Richtung ist der auf der UN-Weltklimakonferenz im November 2022 beschlossene Fonds zum Ausgleich klimabedingter Schäden. Über diesen Fonds sollen reiche Länder, die als Klimawandelverursacher betrachtet werden, ärmeren Ländern Entschädigungen für Wetterereignisse zahlen, die auf den anthropogen verursachten Klimawandel zurückgeführt werden (Diekhans 2022, Schwarz 2022).

Ebenfalls geläutert zeigt sich derjenige, der fordert, dass westliche Länder Migration aus allen anderen Ländern unbegrenzt zulassen müssen, weil sie wegen ihrer klimaschädlichen Lebensweise für die schwierige Lage dort verantwortlich seien. Die Folge der Verknüpfung von Läuterungsagenda und Klimarettung ist eine sich gegenseitig verstärkende Diskursverschließung. Sich vergegenwärtigend, dass Läuterungs- und Klimarettungsagenda vor allem von Personen, die politisch Bündnis 90/Die Grünen zuneigen, geteilt werden, ist es wenig verwunderlich, dass die Allensbach-Befragungen in den letzten Jahren zutage förderten, dass es »die Grünen-Anhänger« sind, die »mit Abstand am wenigsten Meinungsklimadruck« empfinden (Institut für Demoskopie Allensbach 2021). So sagten 2023 bei der Befragung 75 Prozent der Anhänger von Bündnis90/Die Grünen, dass man seine politische Meinung frei kundtun könne. Bei den Anhängern der Koalitionspartner auf Bundesebene waren es hingegen nur 42 Prozent (SPD-Wähler) und 28 Prozent (FDP-Wähler). Damit fühlten sich die Anhänger der FDP sogar noch unfreier als die der CDU, von denen sich 39 Prozent frei in ihrer Meinungsäußerung fühlten. Am unfreisten fühlten sich die Anhänger der AfD. Lediglich elf Prozent der befragten AfD-Anhänger hatten den Eindruck, dass sie frei reden könnten (siehe Rech 2023, Statista 2024).

Meinungsfreiheit als Gesundheitsbedrohung

Im Gegensatz zur Läuterungs- und Klimarettungsagenda, die mit gesellschaftstransformatorischen Absichten verbunden sind, handelte es sich beim Coronavirus um eine situativ entstandene Angst vor einer Gesundheitsbedrohung, die sich jedoch in den Jahren 2020 und 2021 in besonderem

Maße negativ auf das Diskursklima ausgewirkt hat. Die Gründe hierfür sind zuvorderst darin zu sehen, dass Bundesregierung und Landesregierungen ein medizinisches Problem politisiert haben, das heißt, dass sie versucht haben, es mit der Handlungslogik ihres gesellschaftlichen Teilsystems, also mit Machtinstrumenten, zu lösen. Um die vom Coronavirus ausgehende Gesundheitsgefahr einzudämmen, wurden Maßnahmen verordnet, die tief in die Freiheitsrechte von Individuen eingriffen (Lockdowns, Ausgangssperren, Kontaktbeschränkungen, Impfpflicht). Dies stieß – zumal in einer freiheitlich-demokratisch verfassten Gesellschaft – zwangsläufig bei Teilen der Bevölkerung auf massiven Widerstand.

Schon aus demokratischen Gründen wäre es geboten gewesen, auf einen offenen Diskurs mit Andersdenkenden anstatt auf eine Verengung der Perspektiven zu setzen: konkret auf die Perspektiven, die dem jeweils eingeschlagenen Maßnahmenkurs dienlich waren. Aber auch inhaltlich wäre dies der zielführendere Weg gewesen, da »eine politisch-strategische Selektion (…) in komplexen Krisen, die von Nicht-Wissen und Unsicherheit geprägt sind, besonders problematisch« ist. Denn gerade in einer solchen Situation »bedarf die Politik eines besonders breiten und pluralistischen Zugangs von Wissenschaftlern und Wissenschaftsdisziplinen. Wird dieser Zugang aus politischen Gründen strategisch verengt, führt die Verwissenschaftlichung der Politik zur Politisierung der Wissenschaft. Das *evidence based policy making* droht dann in ein *policy based evidence making* verkehrt zu werden« (Merkel 2021).

Die Diskursverengung vonseiten politischer Akteure mag dem Umstand geschuldet gewesen sein, dass sie der Versuchung nachgegeben hatten, einer zu erheblichen Teilen verunsicherten Bevölkerung zu signalisieren, schwere Erkrankung und Tod könnten vermieden werden, wenn nur alle den jeweils verfügten Maßnahmen Folge leisten. So erzeugten sie selbst einen enormen Erfolgsdruck, der das politische Klima prägte. Diejenigen, die nicht bereit waren, Maßnahmen zu befolgen, oder die an bestimmten Maßnahmen Kritik übten, wurden schnell mit moralischen Diskreditierungen und der Unterstellung konfrontiert, mit ihrer Kritik Gesundheit und Leben ihrer Mitmenschen zu gefährden. Wer sich durch seine abweichende Position selbst zu einem Gefährder der Gesundheit seiner Mitmenschen machte, durfte – ja musste nachgerade – aus dem Diskurs ausgegrenzt werden. Diese Haltung wurde auch von vielen Medien sowie dem Teil der Bevölkerung unterstützt, der die staatlichen Maßnahmen begrüßte, weil er ein starkes Schutzbedürfnis hatte und in der Befolgung staatlicher Maßnahmen durch alle Mitglieder der Gesellschaft eine Möglichkeit sah, das persönliche Bedrohungsgefühl zu minimieren (siehe Kostner 2022, Kulms 2021, Luft 2024, Maurer et al. 2021).

Für diesen Teil der Bevölkerung wurde in den Pandemiejahren der Satz: »Es gibt keine Freiheit, andere zu gefährden«, zur handlungsleitenden Devise. So einleuchtend dieser Satz auf den ersten Blick erscheinen mag, so sehr entpuppt er sich bei genauer Betrachtung gerade in Bezug auf ein Atemwegsvirus als Totengräber jeglicher individuellen Freiheit – also auch der Meinungsfreiheit. Der Grund dafür ist, dass Gefährdung in diesem Fall an etwas festgemacht wird, worüber Menschen keine Kontrolle haben: ihre Fähigkeit ein- und auszuatmen und dabei Viren aufzunehmen und abzugeben. Das Freiheitsfeindliche an diesem Gefährderverständnis ist, dass jeder qua seines Menschseins ein Gefährder ist. Es wurde suggeriert, dass einzig mittels der Befolgung spezifischer staatlicher Maßnahmen (wie dem Tragen von Masken, dem Befolgen von Ausgangssperren und Kontaktverboten, Testpflichten und allen voran der Impfung) der Mensch – bis zu einem gewissen Grad – den Status des »viralen Gefährders« abstreifen und seine Freiheitsrechte (zumindest in Teilen: man denke an die 3G-/2G-Regeln) wahrnehmen kann.

Der Grund dafür, dass sich viele Menschen dieses Gefährderverständnis zu eigen machten und auf seiner Grundlage forderten, die Freiheit anderer Menschen einzuschränken, liegt in einem starken Schutzbedürfnis. Dieses führte nicht nur dazu, dass Menschen andere mieden, die sie als Gefährder sahen – beispielsweise Ungeimpfte –, sondern verleitete sie auch dazu, sich einem sachlichen Austausch von Argumenten darüber zu verschließen, ob bestimmte Handlungen einer anderen Person überhaupt ein Infektionsrisiko darstellen. Interessant ist an diesem Punkt, dass sich das Bedrohungsgefühl auch auf Meinungsäußerungen erstreckte. Dies war vermutlich eine Folge der Sorge, dass jede Debatte über die Notwendigkeit und Verhältnismäßigkeit von Schutzmaßnahmen zu deren Nichteinführung oder Aufhebung hätte führen können. Offenbar wuchs bei einigen das subjektive Schutzgefühl proportional zur Eingriffsintensität in die Freiheitsrechte der anderen. Das galt auch in Bezug auf Wortmeldungen: Je stärker maßnahmenkritische Äußerungen diskreditiert wurden, desto geringer wurde die Sorge, dass Maßnahmen zurückgefahren werden. All das zeigt, dass Angst nicht nur die Seele auffisst, sondern auch mächtige Diskursblockaden errichtet (Kostner 2022: 128 f.).

Vor dem Hintergrund, dass viele Menschen das Coronavirus mit einer unmittelbaren existenziellen gesundheitlichen Bedrohung assoziiert haben, ist es wenig verwunderlich, dass sie sich der von großen Teilen der Politik und von vielen reichweitenstarken Medien betriebenen Moralisierung des Debattenraums angeschlossen haben: Sie wollten – unter dem Eindruck einer gesundheitlichen Notlage stehend – das Richtige tun, denken und sagen, was oftmals gleichbedeutend damit war, moralisch auf der »guten« Seite zu stehen. In einem von Bedrohungsgefühlen dominierten und moralisch aufgeheizten Klima ist es leichter als sonst, einen von Nüchternheit und Sachlichkeit getragenen Diskurs durch persönliche Diffamierungen zu ersetzen. Denn ein solches Klima leistet der Einteilung von Menschen in moralisch »Gute« und »Schlechte«, die dementsprechend auch moralisch »gute« oder »schlechte« Meinungen vertreten, erheblichen Vorschub und ist die Voraussetzung dafür, dass Menschen Diffamierungsbegriffe leichter über die Lippen kommen. Man erinnere sich daran, wie ubiquitär und mit welcher Selbstverständlichkeit 2020 und 2021 in Politik, Medien und in der Gesellschaft Begriffe wie Covidiot, Coronaleugner, Aluhut oder Verschwörungstheoretiker, Schwurbler und nicht zuletzt Impfgegner Verwendung fanden (Klöckner/Wernicke 2022). Wer mit einem dieser Delegitimierungsbegriffe belegt wurde, dessen Argumente durfte, ja musste man fast schon, wenn man sich nicht selbst verdächtig machen wollte, ignorieren oder besser noch stigmatisieren.

Davon waren auch renommierte Wissenschaftler (wie Jay Bhattacharya, Martin Kulldorf, John Ioannidis oder der Medizinnobelpreisträger Luc Montagnier) betroffen, wenn sie Kritik an Maßnahmen übten und andere Wege der Pandemiebekämpfung vorschlugen. Regierungspolitiker entschieden sich im März 2020 dafür, Stimmen aus der Wissenschaft zu folgen, die nicht-pharmazeutischen Interventionen (NPI) das Wort redeten. Die – wie beim Klimawandel – zur Diskursverschließung ausgegebene Parole lautete: »follow the science« oder »die« Wissenschaft sagt, und deshalb handeln wir entsprechend. Der Öffentlichkeit sollte so vermittelt werden, dass der NPI-basierte Maßnahmenkurs »alternativlos« war. Viele reichweitenstarke Medien fuhren ebenfalls diesen Kurs, sodass die Signale an die Öffentlichkeit auf Diskursverengung ausgerichtet waren (Klöckner/Wernicke 2022).

Den Höhepunkt erreichte die mittels moralischer Stigmatisierung betriebene Diskursverengung, die von Forderungen nach einer Neuinterpretation des Freiheitsbegriffs flankiert wurde, im Zeitraum November 2021 bis Februar 2022. Im Zentrum stand das Thema Impfverweigerung und damit verbunden Impfpflichten. Diejenigen, die sich aus unterschiedlichen Gründen nicht impfen lassen wollten, sahen sich insbesondere in dieser Zeit mit moralisch schwerwiegenden Vorwürfen konfrontiert. Ihnen wurde vorgeworfen, dass sie dadurch, dass sie den solidarischen Akt der Impfung verweigerten,

Gesundheit und Leben ihrer Mitmenschen gefährdeten und gleichzeitig verhinderten, dass alle wieder ihre Freiheitsrechte in vollem Umfang wahrnehmen können (Bor et al. 2022, Szymanski 2022). Zur Illustration einige Stimmen ranghoher Politiker aus dieser Zeit:

- Bundeskanzler Olaf Scholz teilte am 24. Januar 2022 auf Twitter einen Gesprächsauszug aus einem Interview, das er der *Süddeutschen Zeitung* gegeben hatte. Er tweetete: »Wer sich entscheidet, sich nicht impfen zu lassen, trifft die Entscheidung nicht für sich allein. Er entscheidet mit über das Schicksal all derer, die sich deshalb infizieren.«
- Der baden-württembergische Ministerpräsident Winfried Kretschmann (Bündnis 90/Die Grünen) sagte in einem Interview mit der *taz* am 27. Dezember 2021: »Jetzt in der Pandemie ist es verstörend, dass sich eine starke Minderheit weigert, sich auf der Grundlage von Tatsachen impfen zu lassen. Spätestens seit Kant ist der Freiheitsbegriff immer an die Vernunft gebunden. Und jetzt sehen wir uns mit starken Kohorten konfrontiert, die sich rationalen Argumenten verschließen.«
- Sein niedersächsischer Kollege Stephan Weil (SPD) teilte die Bevölkerung in der ARD-Sendung *Hart aber fair* am 15. November 2021 in »vernünftige« Geimpfte, die sich »keine Vorwürfe machen« müssten, »und die Anderen« ein, die so tun würden, »als wenn diese Pandemie nichts mit ihnen zu tun hätte«. Außerdem unterstellte er den 20 Prozent der ungeimpften Erwachsenen, dass ihr Anteil ausreichend sei, »um eine ganze Gesellschaft in Angst und Schrecken zu versetzen«.
- Seine beiden CDU-Kollegen Reiner Haseloff (Sachsen-Anhalt) und Tobias Hans (Saarland) forderten den konsequenten Ausschluss Ungeimpfter aus dem gesellschaftlichen Leben. Haseloff am 2. November 2021 in der ZDF-Sendung *Lanz* mit der Forderung, Ungeimpfte moralisch unter Druck zu setzen, indem man ihnen sagt: »bitte tritt nur ran, wenn du geimpft bist, du gefährdest mich«. Hans am 9. Dezember 2021 in der ZDF-Sendung *Maybrit Illner* mit den Worten: »Zuerst einmal müssen wir eine klare Botschaft an die Ungeimpften senden: Ihr seid jetzt raus aus dem gesellschaftlichen Leben. Deshalb machen wir konsequent 2G.«
- Und die FDP-Politikerin Marie-Agnes Strack-Zimmermann sendete in einem Videointerview mit der *Welt* am 15. November 2021 die so moralisch aufgeladene wie spalterische Botschaft an die »Impfverweigerer«, dass sich diese »im Klaren sein müssen, dass sie nicht als Minderheit die Mehrheit, ich sag das mal, terrorisieren dürfen und deswegen auch mit entsprechenden Regeln entsprechend konfrontiert werden.«

Es gab viele weitere Stimmen, die Ungeimpfte als Gefährder brandmarkten, sie als unvernünftig herabwürdigten und ihnen die Schuld für Corona-Erkrankungen bei Geimpften gaben (Klöckner/Wernicke 2022). Solche Schuldzuweisungen und öffentliche Verächtlichmachungen durch Politiker sind generell problematisch. Erschwerend kam hier noch dazu, dass zum Zeitpunkt der Äußerungen schon bekannt war – zumindest hätte bekannt sein müssen –, dass die Impfungen hinsichtlich der Virusübertragung nicht wie versprochen wirkten, dass also sowohl Geimpfte als auch Ungeimpfte sich infizieren und das Virus übertragen konnten (siehe Johnson et al. 2021). Dieser Aspekt ist separat aufzuarbeiten. Hier soll es nur darum gehen, was diese Äußerungen von führenden Politikern in reichweitenstarken Medien und die Affirmation solcher Aussagen in vielen dieser Medien für das Diskursklima bedeuteten.

Auffällig ist zunächst, dass Ungeimpfte (wie generell Maßnahmenkritiker) kaum selbst zu Wort kamen. Das war wohl teilweise der Fall, weil sie sich bewusst aus dem Diskurs zurückzogen, um nicht von der durch das Land rollenden Stigmatisierungswelle erfasst zu werden. Wer macht sich schon gerne öffentlich zur Zielscheibe von Unterstellungen, dass man unsolidarisch und unvernünftig sei oder gar seine Mitmenschen absichtlich gefährde? Abschreckend wirkte sicherlich auf nicht wenige, dass, wenn Ungeimpfte (Maßnahmenkritiker) doch einmal zu Diskussionen eingeladen wurden, das Gespräch nicht auf Augenhöhe erfolgte, sondern allzu selbstverständlich zum Anlass genommen wurde, um diese Personen moralisch in die Mangel zu nehmen. Ist erst einmal ein Diskursraum geschaffen worden, in dem es als normal gilt, dass bestimmte Positionen gebrandmarkt sind, muss jeder potenzielle Diskursteilnehmer, der eine solche Position vertritt, davon ausgehen, dass seine Argumente bestenfalls ignoriert, schlimmstenfalls als Ausweis seiner moralischen Verkommenheit gewertet werden und er mit entsprechenden Vorwürfen überzogen wird.

Wie schwierig es phasenweise war, maßnahmenkritische Argumente oder Verständnis dafür, dass sich Menschen nicht impfen lassen wollten, in den Diskurs einzubringen, illustriert die Reaktion auf Svenja Flaßpöhlers (Chefredakteurin des *Philosophie Magazins*) Beiträge in der Sendung *Hart aber fair* am 15. November 2021. Selbst geimpft, was sie in der Sendung betonte, sagte sie, dass sie es »falsch und fatal« fände, Menschen »zu kriminalisieren, die vom Recht Gebrauch machten, Eingriffe in ihren Körper abzulehnen. Sie rügte, dass Ungeimpfte als ›unterschiedsloses dummes Kollektiv‹ hingestellt würden« (Standl 2021). Zudem zeigte sie Verständnis dafür, dass sich Menschen aus den unterschiedlichsten Gründen nicht impfen ließen. Moderator, Mitdiskutanten und Besprechungen der Sendung zeigten sich bestrebt, Flaßpöhler dafür, dass sie sich verweigerte, die Stigmatisierung Ungeimpfter mitzutragen, ins diskursive Abseits zu stellen. So beispielsweise Peter Fahrenholz (2021) in der *Süddeutschen Zeitung*, der ihr die Verbreitung »kruder Thesen«, »gefühlter Wahrheiten« und eine Portion Irrationalität unterstellte. Der *Chilling Effect*, der von solchen öffentlichen Delegitimierungsversuchen ausgeht, ist nicht zu unterschätzen, da Menschen sich überlegen, ob ihnen eine Meinungsäußerung wichtig genug ist, um den Preis eines sozialen Reputationsverlusts zu zahlen.

Als einem meinungsoffenen Diskursklima abträglich kann ferner die Einrichtung des neuen extremistischen Phänomenbereichs »verfassungsschutzrelevante Delegitimierung des Staates« durch den Verfassungsschutz im April 2021 gesehen werden. Dieser Phänomenbereich wurde in Reaktion auf die Proteste gegen die Maßnahmenpolitik eingerichtet. Problematisch an diesem neuen Phänomenbereich ist, dass er mit überdehnbaren »Gummibegriffen« arbeitet und darauf hinausläuft, »heftige Kritik an der Regierungspolitik als ›delegitimierend‹ und daher extremistisch aus dem demokratischen Diskurs« zu verdrängen (Murswiek 2022). Diese Schlussfolgerung legt die Definition des Verfassungsschutzes zu diesem Phänomenbereich nahe; so heißt es im *Verfassungsschutzbericht* (S. 112):

»Sie [die Akteure dieses Phänomenbereichs, S. K.] machen demokratische Entscheidungsprozesse und Institutionen von Legislative, Exekutive und Judikative verächtlich, sprechen ihnen öffentlich die Legitimität ab und rufen zum Ignorieren behördlicher oder gerichtlicher Anordnungen und Entscheidungen auf. Diese Form der Delegitimierung erfolgt meist nicht durch eine unmittelbare Infragestellung der Demokratie als solche, sondern über eine ständige Agitation gegen und Verächtlichmachung von demokratisch legitimierten Repräsentantinnen und Repräsentanten sowie Institutionen des Staates und ihrer Entscheidungen. Hierdurch kann das Vertrauen in das staatliche System insgesamt erschüttert und dessen Funktionsfähigkeit beeinträchtigt werden.«

Der Verfassungsschutz führt hier die für einen freiheitlich-demokratisch verfassten Staat äußerst fragwürdige Unterteilung in »legitime« und »delegitimierend-extremistische« Kritik an Coronamaßnahmen ein. In letztere Kategorie ordnet er Äußerungen ein, die er als »ständige Agitation« und als Verächtlichmachung von demokratisch legitimierten Entscheidungen wertet. Das kann letztlich auf alle oppositionellen Äußerungen angewendet werden, wenn die Kritik an der Regierungspolitik nur heftig genug und persistierend vorgebracht wird. Insofern trägt die Definition des neuen Phänomenbereichs die Gefahr in sich, dass der Verfassungsschutz mit dessen Hilfe versucht sein könnte, »oppositionelle Strömungen zu delegitimieren« (Murswiek 2022). Nun ist aber Kritik in der Demokratie, auch wenn sie heftig, beständig und ungerechtfertigt erfolgen sollte, nicht nur erlaubt, sie ist sogar »das Lebenselixier der Demokratie«; sie ist der Boden, auf dem der demokratische Diskurs erst gedeihen kann (ebd.).

Auffällig ist, dass der Verfassungsschutz überhaupt nicht in Betracht zieht, dass heftige, auch verächtlichmachende Kritik eine Folge der tief in Grundrechte eingreifenden Entscheidungen gewesen sein mag, bei denen sich die Regierung obendrein einem Diskurs über die Sinnhaftigkeit und Verhältnismäßigkeit weitgehend verweigerte. Die Folgen für das Diskursklima und die Meinungsfreiheit betreffend, ist es zudem als bedenklich einzustufen, dass der Verfassungsschutz den neuen Phänomenbereich auch nach der Pandemie aufrechterhalten will, weil er in seinem Bericht für das Jahr 2021 davon ausgeht, »dass bekannte Akteure bisheriger Protestinitiativen neue Themen besetzen, um den demokratischen Staat zu delegitimieren« (S. 119). Konkret benennt er »eine verstärkte Thematisierung der politischen Maßnahmen zur Bewältigung des Klimawandels« vonseiten der »Akteure des Phänomenbereichs«, wodurch »einem Verlust des Vertrauens der Bevölkerung in die Funktionsfähigkeit des demokratischen Staates Vorschub geleistet« würde (S. 120).

Nur: Es mag auch Misstrauen in der Bevölkerung befördern, wenn staatliche Organe Kritiker von Regierungsentscheidungen als Extremisten abstempeln und auf diese Weise die Regierung dabei unterstützen, sich unangenehmen Debatten zu entziehen. Dem Diskursklima im Land schadet es auf jeden Fall, wenn Regierungskritiker wissen oder sich zumindest der Eindruck bei ihnen festsetzt, dass sie vom Verfassungsschutz zum Extremisten erklärt werden können, wenn sie heftige Kritik in Bezug auf spezifische Politikfelder üben.

Insgesamt lässt sich zum Thema »Meinungsfreiheit als Gesundheitsbedrohung« festhalten, dass der politische und mediale Umgang mit dem Coronavirus vor allem im Zeitraum Frühjahr 2020 bis Frühjahr 2022 zu einer Spaltung der Gesellschaft in diejenigen führte, die sich durch die von Maßnahmenkritikern in Anspruch genommene Meinungsfreiheit bedroht sahen, und in diejenigen, aus deren Perspektive die Meinungsfreiheit durch die praktizierte Diskursverweigerung und Stigmatisierung Andersdenkender bedroht war. Insbesondere mithilfe des Instruments der Stigmatisierung wurde ein Klima der Unfreiheit geschaffen, das der Inanspruchnahme der Meinungsfreiheit abträglich war. Aber genau diese spiegeln den Verwirklichungsgrad des Grundrechts auf Meinungsfreiheit in einer Gesellschaft. Ein noch tiefgreifenderes, da institutionell verankertes Bedrohungspotenzial für die Meinungsfreiheit könnte aus der Einrichtung des neuen Phänomenbereichs »verfassungsschutzrelevante Delegitimierung des Staates« resultieren, und zwar dann, wenn der Verfassungsschutz den interpretationsoffenen Phänomenbereich nutzen sollte, um allgemein gegen Regierungskritiker vorzugehen. Anders gesagt: Wenn das weisungsabhängige Bundesamt für Verfassungsschutz diesen juristisch unbestimmten Phänomenbereich dazu nutzen sollte, um die Regierung vor der Kritik des Bürgers zu schützen, womit die Funktion der Grundrechte, welche den Bürger vor dem Staat schützen sollen, pervertiert würde.

Transformation des Freiheitsbegriffs: von der individuellen zur agenda- und machtkonformen Freiheit

Die oben analysierten Themen Identitäts-, Klima- und Coronapolitik haben ihre Spuren im Freiheitsverständnis der Gesellschaft hinterlassen: Ein Teil der Menschen wurde sich bewusst, wie kostbar individuelle Freiheitsrechte sind und dass diese immer wieder von Neuem verteidigt werden müssen, weil in neuem Gewand illiberal-autoritäre Trends auftreten; ein anderer Teil hat sich aus unterschiedlichen Beweggründen, zuvorderst aufgrund eines Bedrohungsgefühls, die agenda- und machtpolitischen Narrative zu eigen gemacht, die darauf abzielen, individuelle Freiheitsrechte einem Gemeinwohlinteresse unterzuordnen. Bei allen drei Themen treten daher auch besonders tiefe gesellschaftliche Verwerfungen zutage: zwischen Menschen, die sich der Umdeutung von Freiheit und damit auch einem illiberalen Zeitgeist widersetzen, und denjenigen, die diese Umdeutung vorantreiben oder sich zumindest von ihrer Notwendigkeit im Zuge einer Gefahrenabwehr überzeugen lassen. Aus Sicht beider Seiten steht viel auf dem Spiel, was sich an einem oftmals unversöhnlichen Ton gegenüber denjenigen auf der jeweils anderen Seite äußert.

In Gang gesetzt wurde diese illiberal-autoritäre Entwicklung von Menschen, deren Ziel die ideologiegesteuerte Transformation der Gesellschaft ist. Solange sich diese Menschen in einer gesellschaftlichen Randposition befinden, bleibt ihr transformatorisches Bestreben ohne nennenswerte Auswirkungen auf das öffentliche Meinungsklima. Schaffen sie es aber, Schlüsselpositionen in der Politik, in Institutionen und in den Medien zu besetzen oder diese zumindest ihrer Agenda gewogen zu stimmen, lässt ein repressiver werdendes Meinungsklima nicht lange auf sich warten. Denn sie versuchen dann offensiv, alle Meinungsäußerungen und wissenschaftlichen Erkenntnisse zu unterdrücken, die sie als »agendaschädlich« einstufen: Beides sehen wir in den letzten Jahren eindeutig vermehrt in Bezug auf die Läuterungs- und Klimarettungsagenda.

Unduldsamkeit gegenüber Andersdenkenden hat ferner die Haltung von Menschen geprägt, die sich vom Coronavirus bedroht fühlten, weshalb sie oftmals harsch auf Personen reagierten, die einen offenen, von Sachargumenten getragenen Diskurs hinsichtlich der Pandemiepolitik führen wollten. Bei der Schaffung eines hochgradig asymmetrischen Debattenraums spielten aber auch bei der Läuterungs- und Klimarettungsagenda Bedrohungsszenarien eine gewichtige Rolle. Die Vertreter der Läuterungsagenda sehen die Identitäten von Opfergruppen durch unsensible Äußerungen bedroht. Das reicht bis hin zu Vorwürfen, dass jemandem, der sagt, dass es im biologischen Sinne nur zwei Geschlechter gäbe, unterstellt wird, er wolle Transgenderpersonen das Existenzrecht absprechen (siehe beispielsweise Zängler 2022). Diejenigen, die Angst vor einer »Klimakatastrophe« haben, befürchten, dass Diskussionen die Rettung des Klimas so lange verzögern könnten, bis es zu spät zum Handeln ist, weshalb sie den Diskurs verweigern.

Die einem ideologischen Geist sowie einem Bedrohungsgefühl entspringende Unduldsamkeit hat insbesondere in den letzten Jahren zugenommen, was erklärt, warum es zwischen 2011 und 2021 einen so starken Einbruch bei den Allensbach-Umfragen hinsichtlich der Frage gab, ob man seine politische Meinung in Deutschland frei äußern kann. Hinzu kommt, dass mittlerweile die Vertreter der Läuterungs- und Klimarettungsagenda über hinreichend Diskursmacht verfügen, um an der Preisspirale für ideologisch inopportune Meinungen zu drehen. Das führt dazu, dass sich immer mehr Menschen mit nicht agendakonformer Meinung dazu entscheiden, aus dem Diskurs auszusteigen. Je mehr Menschen wiederum aus dem Diskurs aussteigen, desto exponierter sind diejenigen, die weiterhin versuchen, abweichende Standpunkte einzubringen. Sie müssen sich einer immer größeren diskursiven Übermacht erwehren, was sukzessive schwieriger wird und auch werden soll, da es das Ziel des stetig steigenden Preisdrucks ist, Menschen diskursiv auf Linie zu bringen – entweder durch Übernahme der agendakonformen Meinung oder durch Verstummen.

Zur Erzeugung des preisgesteuerten Konformitätsdrucks werden drei Sanktionsinstrumente eingesetzt: die moralische Diskreditierung, die soziale Ausgrenzung und die institutionelle Bestrafung, wobei die moralische Diskreditierung die Rechtfertigungsgrundlage für die anderen beiden Instrumente bildet. Erleichtert wird die moralische Diskreditierung durch den *Concept Creep*, der den Übergang von einer Kultur der Resilienz zu einer Kultur der Vulnerabilität markiert. Durch die Aus- und Überdehnung der Vorstellung dessen, was Menschen gefährdet und wovor sie geschützt werden müssen, wurde auch das Feld der möglichen moralischen Verfehlungen erweitert.

War früher ein Rassist, wer Menschen nach biologischen Merkmalen hierarchisierte, ist heute ein Rassist, wer etwas sagt, egal mit welcher Intention, das von einem »Nichtweißen« als verletzend empfunden werden könnte. Der Schutz von Gefühlen, wenn es sich um Träger von Opferidentitäten handelt, ist moralisch gegenüber dem Schutz der Meinungsfreiheit zu priorisieren. Bei der Klimarettungsagenda und dem »Kampf gegen Corona« wird das Gefährdungspotenzial von Menschen, die missliebige Ansichten äußern, gerne mit dem »Leugner-Etikett« markiert. Wer als Klima- respektive Coronaleugner etikettiert wird, dessen Argumente gelten moralisch als verwerflich. Kritik wird mit Leugnung gleichgesetzt, und Leugnung mit der Gefährdung des Planeten beziehungsweise von Menschenleben.

Eine moralische Diffamierungsstrategie, die die Läuterungs- und Klimarettungsagenda ebenso betrifft wie den »Kampf gegen Corona«, besteht darin, abweichende Meinungen mit dem Etikett »rechts« zu versehen (siehe Puttfarcken 2020 und Quent et al. 2022). Dergestalt wird der »Kampf gegen rechts« zweckentfremdet und zunehmend in einen Kampf gegen Personen, die sich bei diesen Themen der Meinungskonformität verweigern, überführt – gänzlich unabhängig davon, welchen politischen Standpunkt die derart moralisch Stigmatisierten vertreten.

Insbesondere bei den Themen Klimawandel und Pandemie wird zum maximal möglichen Moralisierungsgrad gegriffen, um die Stigmatisierung und Ausgrenzung abweichender Meinungen zu rechtfertigen. Bei beiden Themen werden Andersdenkende mit einer existenziellen Bedrohung verknüpft: bei Corona mit einer unmittelbaren Gesundheitsgefahr und beim Klima mit einer mittelbaren Gefährdung der Existenzgrundlagen nachfolgender Generationen beziehungsweise der Menschen im »Globalen Süden«. Das handlungsleitende Motto in beiden Fällen ist: Wer andere gefährdet, kann nicht nur kein legitimer Diskurspartner sein, sondern er muss zum Wohle eines höheren Kollektivgutes stigmatisiert und aus dem Diskurs ausgeschlossen werden. Der Wert individueller Freiheitsrechte, wie der Meinungsfreiheit, verblasst angesichts der postulierten existenziellen Bedrohung. Letztendlich führt dies dazu, dass Meinungsfreiheit nur dann als schützenswert betrachtet wird, wenn sie so eingesetzt wird, dass sie der jeweiligen Gefahrenabwehr dient. Formal existiert das Grundrecht auf freie Meinungsäußerung dann zwar weiter, aber in der Praxis entsteht ein zunehmend asymmetrisches Diskursfeld, auf dem macht- und agendakonforme Meinungen geschützt sind oder gar belohnt werden, während für abweichende Meinungen ein immer höherer Preis zu entrichten ist.

Zusätzlich fällt auf, dass eine Beweislastumkehr vorgenommen wird: Um eine Meinung als moralisch verwerflich zu diskreditieren, ist nicht mehr zu beweisen, dass sie einem Dritten schadet. Nunmehr gilt es für denjenigen, der eine problematisierte Meinung äußert, zu beweisen, dass durch seine Meinungsäußerung niemandem unmittelbar oder mittelbar ein emotionaler und physischer Schaden zufügt werden könnte. Damit ist auch nicht mehr die Einschränkung der Meinungsfreiheit rechtfertigungsbedürftig, sondern ihre Inanspruchnahme. Ferner wird Meinungsfreiheit umdefiniert: Sie wird nicht mehr, wie im Grundgesetz intendiert, als politisch und moralisch neutrales Grundrecht betrachtet, das der kommunikativen Selbstbestimmung des Individuums dient, sondern sie wird in den Dienst einer Agenda gestellt; anders gesagt: Das Grundrecht auf Meinungsfreiheit wird sowohl politisch als auch moralisch normiert. Die agenda-/machtkonforme Normierung der Meinungsfreiheit dient ferner dazu, die moralische Diskreditierung, soziale Ausgrenzung und institutionelle Bestrafung von Andersdenkenden zu legitimieren.

Dies geschieht seit der Coronazeit auf der obersten Ebene, wie die Schaffung des Phänomenbereichs »verfassungsschutzrelevante Delegitimierung des Staates« durch das dem Geschäftsbereich des Bundesinnenministeriums zugeordneten Bundesamts für Verfassungsschutz bezeugt. Dass dieser von oben vorangetriebene Normierungsprozess von Meinungen nicht auf Corona beschränkt bleibt, zeigen gegenwärtige Entwicklungen im Zusammenhang mit dem seit Januar 2024 intensivierten »Kampf gegen rechts«. So hat die Bundesinnenministerin Nancy Faeser (SPD) am 13. Februar 2024 in einer gemeinsamen Pressekonferenz mit dem Präsidenten des Bundesamts, Thomas Haldenwang, verkündet, dass »diejenigen, die den Staat verhöhnen«, es »mit einem starken Staat zu tun bekommen« müssen. Haldenwang will die Grenze dessen, was sagbar ist, ohne den Verfassungsschutz auf den Plan zu rufen, am so unbestimmten wie problematischen Begriff der »Staatswohlgefährdung« festmachen. Das sind für eine freiheitlich verfasste Gesellschaft äußerst bedenkliche Entwicklungen, denn sie sind ein unverkennbares Zeichen für die illiberale Zeitenwende, in der wir uns befinden.

Da Menschen ihre moralische Reputation nicht gleichgültig ist und soziale Ausgrenzung und insbesondere institutionelle Bestrafung mit erheblichen Konsequenzen (vom Verlust von Freundschaften bis hin zum Jobverlust) einhergehen können, hält diese Trias der Sanktionsinstrumente viele von unliebsamen Diskursbeiträgen ab. Das mag zwar den jeweiligen Agendavertretern zugutekommen, ist aber ein massives Problem für ein freiheitliches Gemeinwesen: Dieses lebt davon, dass ein freier Austausch der Argumente erfolgt, der die Grundlage dafür bildet, die bestmögliche Lösung für gesellschaftliche Fragen zu finden. Meinungskonformität führt nicht nur zur geistigen Verarmung einer Gesellschaft. Sie befördert auch die Radikalisierung der Meinungslager: Je homogener Meinungsgruppen werden, desto stärker neigen sie dazu, ihre ursprünglich zwar einseitigen, aber zumeist moderaten Meinungen zu radikalisieren, weil das ausgleichende Element des Widerspruchs wegfällt (siehe Sunstein 2011). Und je radikalisierter die öffentlich dominante Meinung wird, desto mehr neigen ihre Vertreter dazu, sie mit freiheitsfeindlichen Mitteln durchzusetzen. Je radikaler sich die Vertreter der wegen fehlender Agenda- oder Machtkonformität delegitimierten Meinungen ausgegrenzt sehen, umso wahrscheinlicher ist es, dass sie sich in meinungshomogene Räume mit Gleichgesinnten zurückziehen, wo es ebenfalls zur Radikalisierung von Meinungen kommen kann. Und es wächst bei ihnen das Bedürfnis, sich gegen die Delegitimierung und Ausgrenzung zur Wehr zu setzen. Erfolgt die Delegitimierung von Vertretern des Staates und/oder der reichweitenstarken Medien, besteht die Gefahr, dass Menschen sich zunehmend von diesen abwenden.

Darüber hinaus führen radikalisierte Positionen dazu, dass die inhaltliche und menschliche Entfremdung von den jeweils Andersdenkenden zunimmt. Je geringer der von sozialer Nähe und Verständnis getragene Austausch zwischen Menschen ist, desto geringer werden die Hemmungen, Andersdenkende als Inkarnation des moralisch Verwerflichen zu perzipieren und entsprechend zu behandeln. Und: Je enger der Debattenraum wird und je mehr Menschen deshalb öffentlich nicht mehr sagen, was sie denken, desto wahrscheinlicher ist es, dass sich Menschen nicht mehr vertrauen. Denn: Wenn man nicht mehr davon ausgehen kann, dass jemand, das, was er sagt, auch denkt, dann wächst das Misstrauen. Demokratie lebt aber gerade vom gegenseitigen Vertrauen. Auch vom gegenseitigen Vertrauen darauf, dass der andere einem die gleichen Rechte einräumt, die er für sich in Anspruch nimmt. In diesem Fall: das Recht, seine Meinung zu äußern und eine von Fairness und Wohlwollen getragene Auseinandersetzung mit dieser Meinung im öffentlichen Diskurs führen zu können. Der Soziologe Karl Otto Hondrich sprach treffend vom soziomoralischen Grundgesetz der Reziprozität. Wer dem anderen die Anhörung seiner Meinung verweigert oder diese massiv diskreditiert, verletzt dieses für den sozialen Frieden und den Zusammenhalt in einem Land so wichtige Grundgesetz (Hondrich 2006).[2] Es ist problematisch genug, wenn Personen bei einem Thema keine Reziprozität erfahren. Sind sie davon thematisch mehrfach betroffen, ist die Wahrscheinlichkeit hoch, dass sie sich verbittert von der sie ausgrenzenden Gesellschaft abwenden.

Es mag zwar für verschiedene Akteure (Politik, Medien, Wissenschaft, Denkfabriken etc.) opportun erscheinen, bei Themen, die ihnen wichtig sind, Meinungskonformismus mittels Diskursverschließung anzustreben. Aber eine lebendige Demokratie kann sich genau das nicht leisten. Sie ist auf ein Klima der Freiheit angewiesen, in dem unterschiedliche Positionen zur Diskussion gestellt werden können. Nur dann kann sie die bestmöglichen Entscheidungen herbeiführen, nur dann bleibt sie korrekturfähig und nur dann kann sie die soziale Bindungskraft entwickeln, die notwendig ist, um eine meinungsdiverse Gesellschaft zusammenzuhalten. Eine Einbeziehung unterschiedlicher Standpunkte in den demokratischen Willensbildungsprozess und ein respektvoller Umgang mit den Personen, deren Positionen sich nicht durchsetzen, ist die Voraussetzung dafür, dass Menschen sich als Teil des demokratischen Systems betrachten können. Wer die Akzeptanz und somit den Fortbestand der Demokratie sicherstellen will, ist im besten Eigeninteresse gut beraten, allen Mitgliedern der Gesellschaft eine faire Beteiligung am demokratischen Willensbildungsprozess zuzugestehen.

Literatur

Achterberg, Beatrice (2023): Demokratie braucht keine Denunzianten – und keine »Antifeminismus«-Meldestelle. In: Neue Zürcher Zeitung, 21. Februar.

Bor, Alexander, Jørgensen, Frederik und, Petersen, Michael Bang (2022): Discriminatory Attitudes Against the Unvaccinated During a Global Pandemic. In: Nature, Dezember.

Bundesregierung (2022a): Klimaschutzgesetz. Generationenvertrag für das Klima. 7. November.

Bundesregierung (2022): Klimaneutrale Wirtschaft, Digitalisierung und nachhaltige Arbeit im Fokus. 14. Juni.

---

2   Hondrich bezog seine Ausführungen zu den soziomoralischen Grundgesetzen auf Einwanderung, aber diese Beziehungen strukturierenden Gesetze, insbesondere das auf Gegenseitigkeit, entfalten ihre Wirkung bei allen sozialen Interaktionen.

Diekhans, Antje (2022): Entschädigungen für Afrika. »Wir wollen nur, was uns zusteht«. In: tagesschau.de, 8. November.

Dyer, Gwynne (2010): Schlachtfeld Erde: Klimakriege im 21. Jahrhundert. Stuttgart: Klett-Cotta.

Fahrenholz, Peter (2021): Wenn gefühlte Wahrheiten auf Fakten treffen. In: Süddeutsche Zeitung, 16. November.

Forschung & Lehre (2021): Wissenschaftler sehen Political Correctness kritisch. 18. November.

Forschung & Lehre (2020): Hochschullehrer beklagen zunehmende Bürokratie. 12. Februar.

Frangoul, Anmar (2022): We're on a »highway to climate hell«, UN chief Guterres says, calling for a global phase-out of coal. In: CNBC, 7. November.

Haslam, Nick (2016): Concept Creep: Psychology's Expanding Concepts of Harm and Pathology. In: Psychological Inquiry, 27 (1), S. 1–17.

Hondrich, Karl Otto (2006): Einwanderung ist Zumutung. In: Die Welt, 6. Mai.

Institut für Demoskopie Allensbach (2021): Die Mehrheit fühlt sich gegängelt. Dokumentation des Beitrags von Dr. Thomas Petersen in der Frankfurter Allgemeinen Zeitung Nr. 136 vom 16. Juni 2021, S. 8.

Institut für Demoskopie Allensbach (2021a): Das geistige Klima an den Universitäten. Ergebnisse einer Online-Befragung von Hochschullehrern. Online-Präsentation, 18. November. In: Konrad-Adenauer-Stiftung.

Johnson, Carolyn Y., Abutaleb, Yasmeen, Achenbach, Joel (2021): CDC study shows three-fourths of people infected in Massachusetts coronavirus outbreak were vaccinated but few required hospitalization. In: Washington Post, 30. Juli.

Klöckner, Marcus, Wernicke, Jens (2022): »Möge die gesamte Republik mit dem Finger auf sie zeigen.« Das Corona-Unrecht und seine Täter. München: Rubikon.

Köcher, Renate (2019): Grenzen der Freiheit. Der Raum für die Meinungsfreiheit wird kleiner, so sieht es eine Mehrheit der Bürger. Denn mehr Themen werden zu Tabuzonen. In: Frankfurter Allgemeine Zeitung, 23. Mai.

Kostner, Sandra (2023): Bedrohte Meinungsfreiheit oder Meinungsfreiheit als Bedrohung? In: Maria-Sibylla Lotter (Hrsg.): Probleme der Streitkultur in Demokratie und Wissenschaft. Baden-Baden: Karl Alber, S. 99–128.

Kostner, Sandra (2022): Droht ein gesellschaftliches Long Covid? In: Sandra Kostner und Tanya Lieske (Hrsg.): Pandemiepolitik. Freiheit unterm Rad? Eine interdisziplinäre Essaysammlung. Stuttgart: ibidem, S. 127–141.

Kostner, Sandra (2022a): Hochschulen in den 2020er-Jahren. Intellektuelle Vielfalt oder intellektuelle Lockdowns? In: Sandra Kostner (Hrsg.): Zeitschrift für Politik, Sonderband 10, S. 7–30.

Kostner, Sandra (2019): Identitätslinke Läuterungsagenda. Genese des Analysekonzepts und Ziele des Bandes. In: Sandra Kostner (Hrsg.): Identitätslinke Läuterungsagenda. Eine Debatte zu ihren Folgen für Migrationsgesellschaften. Stuttgart: ibidem, S. 7–16.

Kostner, Sandra (2019a): Identitätslinke Läuterungsagenda. Welche Folgen hat sie für Migrationsgesellschaften? In: Sandra Kostner (Hrsg.): Identitätslinke Läuterungsagenda. Eine Debatte zu ihren Folgen für Migrationsgesellschaften. Stuttgart: ibidem, S. 17–73.

Kulms, Johannes (2021): Krebsgenesene über Ungeimpfte: »Ich will mit euch nichts mehr zu tun haben«. In: Deutschlandfunk Kultur, 22. November.

Latif, Mojib (2022): Countdown. Unsere Zeit läuft ab – was wir der Klimakatastrophe noch entgegensetzen können. Freiburg: Herder.

Luft, Stefan (2024): Der Firnis der Zivilisation ist dünn. Gruppenbezogene Menschenfeindlichkeit in der Pandemiepolitik. In: Sandra Kostner (Hrsg.): Die Wir-gegen-die-Gesellschaft. Warum der von Arthur M. Schlesinger vor 30 Jahren diagnostizierte Samen der identitätspolitischen Spaltung aufgegangen ist. Stuttgart: ibidem, S. 227–261.

Maurer, Marcus, Reinemann, Carsten, Kruschinski, Simon (2021): Einseitig, unkritisch, regierungsnah? Eine empirische Studie zur Qualität der journalistischen Berichterstattung über die Corona-Pandemie. Hamburg: Rudolf Augstein Stiftung.

Merkel, Wolfgang (2021): Neue Krisen. Wissenschaft, Moralisierung und die Demokratie im 21. Jahrhundert. In: Aus Politik und Zeitgeschichte, 71, S. 26–27.

Murswiek, Dietrich (2022): Wer delegitimiert hier wen? In: Legal Tribune Online, 24. November.

Puttfarcken, Lena (2020): Die Szene der »Klimawandelleugner«. In: SWR 2 Wissen, 16. Februar.

Quent, Matthias, Richter, Christoph, Salheiser, Axel (2022): Klimarassismus. Der Kampf der Rechten gegen die ökologische Wende. München: Piper.

Rech, David (2023): Nur 40 Prozent der Deutschen glauben, Meinung frei äußern zu können. In: Die Zeit, 19. Dezember.

Reimer, Nick, Staud, Toralf (2021): Deutschland 2050. Wie der Klimawandel unser Leben verändern wird. Köln: Kiepenheuer & Witsch.

Revers, Matthias, Traunmüller, Richard (2020): Is Free Speech in Danger on University Campus? Some Preliminary Evidence from a Most Likely Case. In: Kölner Zeitschrift für Soziologie und Sozialpsychologie 72, S. 471–497.

Schellnhuber, Hans Joachim (2015): Selbstverbrennung. Die fatale Dreiecksbeziehung zwischen Klima, Mensch und Kohlenstoff. München: C. Bertelsmann.

Schwarz, Susanne (2022): Klima-Reparationszahlungen auf der COP. Wer soll das bezahlen? In: taz, 12. November.

Standl, Michi Jo (2021): Impf-Streit bei »Hart aber Fair«: Plasberg gerät mit Philosophin aneinander. In: Münchener Merkur, 17. November.

Statista (2024): Haben Sie das Gefühl, dass man heute in Deutschland seine politische Meinung frei sagen kann, oder ist es besser, vorsichtig zu sein?

Sunstein, Cass (2011): Going to Extremes. How Like Minds Unite and Divide. Oxford: Oxford University Press.

Szymanski, Adam (2022): On the Scapegoating of the Unvaccinated: A Media Analysis of Political Propaganda During the COVID-19 Pandemic. In: Critical Society Studies 1 (2022), S. 239–258.

Wiedemann, Charlotte (2018): Im postkolonialen Treibhaus. In: taz, 10. August 2018.

Zängerl, Theresa (2022): Dissens über Lehrfreiheit. Studierende an der Uni Leipzig werfen Dozenten transfeindliche Lehrinhalte vor. In: kreuzer, 14. Oktober 2022.

Kostner, Sandra (2024): Illiberale Zeitenwende. In: Mediensystem und öffentliche Sphäre in der Krise, herausgegeben von Hannah Broecker und Dennis Kaltwasser, S. 141-170. Neu-Isenburg: Westend. https://doi.org/10.53291/9783949925214_7

Die Wiederkehr der Apokalypse. Religiöse Elemente im Katastropheniskurs

Hans-Martin Schönherr-Mann

Einleitung

Irgendwann in den Nullerjahren verbreitete sich die Rede von der Krise in Politik und Medien inflationär und steigerte sich in den 2010er Jahren zur Dramatik, sodass sich die Rede von Krise in die der Katastrophe transformierte. Simples Beispiel: Erst sprach man von der Klimaerwärmung, dann von Klimakrise und schließlich von der Klimakatastrophe. Die Weltfinanzkrise wurde mit der Weltwirtschaftskrise 1929 verglichen, einer Katastrophe.

Als es indes wirklich gefährlich war, nämlich während des Kalten Krieges, als eine Unzahl von Atomraketen aufeinander gerichtet waren, da beruhigte man die Bevölkerung mit Sprüchen wie: ›Mit der Aktentasche über dem Kopf kann man überleben.‹ Es muss nicht immer der Weltuntergang sein, der droht, aber je nach Sachlage der größte anzunehmende Unfall. Ob in der Politik, in den Medien oder in der Medizin: Man argumentiert andauernd mit einem Worst-Case-Szenario, das eine Angelegenheit umso schrecklicher erscheinen lässt. Freilich glauben die Sender solcher Botschaften zumeist nicht selbst an diese. Vielmehr möchten sie die gewünschte Reaktion beim Adressaten einer solchen Drohung erreichen. Das Worst-Case-Szenario stellt dabei eine kleine Apokalypse dar, nicht den Untergang der Welt als Ganze, aber den Untergang einer kleinen der vielen Welten, in denen die Menschen heute leben.

Richtig apokalyptische Ausmaße erreicht die Klimadebatte, in die andere Debatten wie vor allem jene um Gesundheit einfließen. Egal, wie der Sommer war: Jedes Unwetter verwandelt man in eine Katastrophe, deren Nachrichten um die ganze Welt gejagt werden. Die Medien kolportieren jede Äußerung apokalyptischer Dimension mit Begeisterung. Mit nichts kann man die Aufmerksamkeit der Menschen leichter okkupieren, leben die Medien schließlich davon. Ergo gibt es eine Seelenverwandtschaft zwischen den Massenmedien und jeglicher Art von Katastrophendiskurs.

Weil es sich bei Voraussagen notorisch um die Zukunft handelt, werden freilich ständig Dinge behauptet, die es nicht gibt. Die Zukunft hat keinen ontologischen Status, sie ist nicht und wird auch niemals sein, weil Zukunft nun mal notorisch das ist, was nicht ist. Über die Zukunft lassen sich keine Seinsaussagen machen. Wie schreibt doch Hegel (1970: 27) wegweisend, sicher zu einem Zeitpunkt, als die Zukunftsorientierung von Politik, Gesellschaft und Wissenschaft noch nicht derart weit verbreitet war wie heute:

»Wenn die Philosophie ihr Grau in Grau malt, dann ist eine Gestalt des Lebens alt geworden, und mit Grau in Grau lässt sie sich nicht verjüngen, sondern nur erkennen; die Eule der Minerva beginnt erst mit der einbrechenden Dämmerung ihren Flug.«

Hegel hat für die Wissenschaft zumindest damit bis heute recht behalten. Denn, wie schreibt der US-Umweltwissenschaftler Vaclav Smil (2023: 281) – in *Nature* der meist Rezensierte:

»Der Entwicklungsweg, den eine Gesellschaft nimmt, wird von vielen Faktoren beeinflusst: der Unberechenbarkeit menschlichen Verhaltens, von plötzlichen Diskontinuitäten lange stabil gewesener historischer Flugbahnen, […] von unserer Fähigkeit, gezielt sinnvolle Veränderungen herbeizuführen. […] Und weil dabei oft widersprüchliche Naturphänomene zutage treten […], ist es unmöglich, mit Gewissheit vorauszusagen, wo wir – im Hinblick auf den Verbrauch fossiler Brennstoffe, das Tempo der Entkarbonisierung oder die ökologischen Folgen unseres Tuns – 2030 oder 2050 stehen werden.«

Smil hält Voraussagen über einen längeren Zeitraum als zehn Jahre für nicht sinnvoll. Freilich bleiben alle Arten von Voraussagen bezweifelbar. Auch die Wissenschaft kann nicht in die Zukunft schauen, höchstens auf künstlich-experimenteller Ebene. Die obsessive Orientierung an der Zukunft, noch dazu an einer fatalen – freilich würde das für eine lichte genauso gelten –, präsentiert sich derart als ein metaphysischer Orientierungspunkt der Politik, der Medien wie der Gesellschaft, es verlängert sich dadurch indes ein religiöses Verständnis.

Geschichte und Gegenwart der Apokalypse

Der Weltuntergang, wie er von Öko- und Klimaradikalen gepredigt wird und auf dessen Topoi des Worst-Case-Szenarios gerade Mediziner im Allgemeinen und medizinische Coronapolitiker im Besonderen zurückgreifen, ist eine christliche Erfindung. Vorläufer ist die vom Judentum erwartete Ankunft des Messias, der – ähnlich wie Jahwe im *Tanach* – eingreift, die Bösen in den Ofen steckt, die Guten aber weitermachen lässt.

Will man die Ankunft des Messias aufschieben, muss man die Welt verbessern, genauer: moralisieren. In diesem Sinne heißt es im *Lehrgedicht von der messianischen Zeit* von Gershom Scholem aus dem Jahr 1918: »Was du sahst hat sich verwandelt / jedes Wesen ist verjüngt / jeder der im Aufschub handelt / in die Welt Erlösung bringt.« (Scholem 2019: 708) Das heißt: Man muss dazu die Menschen zum richtigen Handeln anhalten.

Diese Vorstellung vom Aufschub der Wiederkehr des Messias taucht im zweiten Thessalonicherbrief des Apostels Paulus in Form des Katechon auf. Dazu bemerkt Johannes Fried (2016: 67) in seiner *Geschichte des Weltuntergangs*: »Da ist dunkel von einem Mysterium des Unrechts die Rede, das einer aufhalte, bis er entfernt werde, von dem Auftritt des ›Sohnes des Verderbens‹.« Das entspricht noch dem Aufschub als einer wichtigen jüdischen Tugend, die eine noch weiterreichende Bedeutung erhält, wenn der radikale christliche Wanderprediger Johannes um 100 – nicht zu verwechseln mit dem Evangelisten – seine *Offenbarung* schreibt, die als letztes Buch der Bibel als einziges in die Zukunft blickt, um dabei die Vision eines finalen Weltuntergangs zu entwerfen.

Was wäre daran so schlimm? Nun, dann kann niemand mehr für den Verstorbenen beten – eine nicht unwichtige Angelegenheit, wenn es um das finale Seelenheil geht. Wenn der Weltuntergang bevorsteht, dann muss man so leben, dass man auf der Seite des Heils steht – was der Apokalypse ihren pädagogischen Charakter verleiht, ähnlich wie im Judentum, nur unvergleichlich eindringlicher, drohender, vernichtender, ergo noch viel erschreckender als die Ankunft des Messias und dadurch pädagogisch umso nachhaltiger.

In den christlichen Gemeinden hatten sich solche Untergangsszenarien entwickelt und zwar nach der Zerstörung des Tempels in Jerusalem im Jahre 70 durch den späteren Flavier-Kaiser Titus als Feldherr in Judäa. Da der christliche Weltuntergang noch bedrohlicher als der jüdische war, entwickelten sich auch im Christentum aufschiebende, katechontische Initiativen. Fried (2016: 67) schreibt:

»Tertullian (150–220) sah die Aufgabe des geheimnisvollen Verzögerers positiv: [...] ›Wir Christen wissen, dass der Fortbestand des Römischen Imperiums das schlimme, dem ganzen Erdkreis bevorstehende Ende und die drohenden entsetzlichen Leiden der Welt aufhält.‹«

Die Idee ›Rom als ewige Stadt‹, die Weltuntergang und damit Jüngstes Gericht aufhält, reicht bis zu Karl des Großen Entscheidung, nicht einen christlichen Kaisertitel anzunehmen, sondern den traditionellen römischen. Denn seine Intellektuellen hatten ihm versichert, dass der Weltuntergang nicht mehr fern sein könnte, da die Welt nach einer Lesart der Bibel 6000 Jahre alt werden würde und man in der Bibel nachrechnen kann, wie alt die Welt schon sein musste, wenn allein Noah 700 Jahre alt wurde und Abraham 160.

In den folgenden Jahrhunderten vor 1000 und dann vor 1500 genoss die *Offenbarung des Johannes* eine ungeheure Popularität und wurde unzählige Male auch nur als einzelne Schrift, dafür aber häufig reich bebildert reproduziert. David und Ulrike Ganz (2016: 17) schreiben:

»Tatsächlich unterscheidet sich der Umgang mittelalterlicher Buchmaler mit der Johannes-Offenbarung markant von der Behandlung anderer Themen. Am klarsten tritt dies am Umfang der Zyklen hervor, die schon in karolingischer Zeit über 70 Darstellungen umfassen. Der Rekordwert liegt bei 159 Miniaturen in der *Bible moralisée*-Handschrift von Paris (um 1350/55). Kein anderer Stoff hat das gesamte Mittelalter hindurch zu einem solchen Bilderreichtum in der Buchproduktion angeregt wie die Apokalypse. Die Herstellung bebilderter Handschriften war zu allen Zeiten ein unvergleichlich viel aufwendigeres Unternehmen als die bloße Abschrift eines Textes. Diesen Aufwand zu treiben, setzte spezifische Erwartungen an den Mehrwert der Bilder voraus, die über die Leistung einer bloßen Illustration hinausgehen mussten.«

Allein der Titel *Bible moralisée* drückt aus, was man sich für einen Mehrwert von den Bildern erwartete, nämlich die Moralisierung durch Schrecken, die, wie man annahm, der Text alleine nicht erreichte. Der Mehrwert war ein pädagogischer: Erziehung durch Erschrecken und Furchterzeugen. Heute setzen das die modernen Bildmedien intensiv fort. Hans Jonas stützt sich 1979 bei seiner Begründung der ökologischen Ethik auf dieses apokalyptische Modell. Die Unmoralität der Menschen liegt heute in der Entwicklung einer ausufernden Technik, mit der die Welt als Planet ausgebeutet und zerstört wird. Freilich ist sich Jonas bewusst, dass man nicht mehr mit der Hölle drohen kann, sondern mit einer Zukunft, in der die Welt zerstört wird. Da er sich dabei auf die Wissenschaften beruft, kann es sich natürlich nur um Prognosen handeln und nicht um göttliche Unheilsgewissheiten. Daher müssen diese Prognosen so behandelt werden, als böten sie göttliche Gewissheit, die keinen Ausweg zulässt. Das ist nach Jonas die erste Pflicht der ökologischen Ethik. Da aber der Weltuntergang noch weit entfernt ist und sich viele daher davor nicht fürchten müssen, fordert Jonas (1984: 65) eine zweite Pflicht, nämlich die zur Furcht:

>»Die Einnahme dieser Haltung, das heißt die Selbstbereitung zu der Bereitschaft, sich von dem erst gedachten Heil und Unheil kommender Geschlechter affizieren zu lassen, ist also die zweite ›einleitende‹ Pflicht der gesuchten Ethik, nach der ersten, es zu einem solchen erst einmal zu bringen.«

Im Grunde hat Jonas damit verraten, wie der apokalyptische Diskurs unter modernen Bedingungen funktioniert, sodass man sich vor ihm nicht mehr fürchten müsste. Wenn man freilich die erste Pflicht erfüllt und die Voraussage als Faktum unterstellt, dann muss man sich fürchten wie *Die letzte Generation*. Dann leitet man aus dieser Furcht auch eine Berechtigung ab, in das Leben seiner Mitmenschen zu intervenieren. Freilich begeht man dann zwei logische Fehlschlüsse: Auch ein unterstelltes Faktum kann nicht den ontologischen Status des Faktums für sich reklamieren. Außerdem leitet man aus einem unterstellten Faktum, das auch nur aus deskriptiven Sätzen bestehen kann, normative Sätze ab.

Jonas scheint sich dieses Fehlers bewusst zu sein. Sonst bedürfte es keiner Pflicht zur Furcht. Pflicht schaltet im Sinn von Kant deskriptive Begründungen aus: Man erfüllt seine Pflicht um ihrer selbst willen. Freilich ist Pflicht für Kant freiwillig, Jonas aber denkt offenbar im Stil des 19. Jahrhunderts, als man daraus einen äußeren Zwang gemacht hat, nämlich die Wehrpflicht einführte. Kant rationalisiert damit auch die christliche Ethik, nach der man aus Gottesfurcht moralisch ist, was nun mal nicht mehr funktioniert, wie es Jonas auch einsieht. Die Frage ist, ob er lügt, wenn er schreibt:

>»Die Unheilsprophezeiung wird gemacht, um ihr Eintreffen zu verhüten; und es wäre die Höhe der Ungerechtigkeit, etwaige Alarmisten später damit zu verspotten, dass es doch gar nicht so schlimm gekommen sei: ihre Blamage mag ihr Verdienst sein.«

(Jonas 1984: 218) Falsch ist das allemal. Denn das lässt sich niemals verifizieren. Daher bleibt der Verdienst notorisch fragwürdig. Zudem folgt Jonas zwar dem eigenen Prinzip Furcht, übersieht aber geflissentlich, dass Prognose kein Faktum ist. Es wird zwar behauptet, den Untergang verhindern zu wollen. Was sich allerdings gegebenenfalls beobachten lässt, ist, dass die Menschen durch die apokalyptische Drohung ihr Verhalten ändern.

In den großen christlichen Kirchen verflüchtigt sich nach 1500 das apokalyptische Denken und spielt heute keine wesentliche religiöse Rolle mehr, höchstens in apokalyptischen Sekten. Umso verwunderlicher ist, dass dieses zutiefst religiöse apokalyptische Denken nach 1500 von den sich entwickelnden modernen Wissenschaften aufgegriffen wurde. So stellt Fried (2016: 35) fest:

»Die Endzeit verflüchtigte sich tatsächlich nicht mit der Wissenschaft. Der Weltuntergang findet auch für sie statt; die Prognostik streift sich lediglich andere, eben naturwissenschaftlich und kosmologisch gefärbte Kleider über.«

Aber vielleicht ist das nicht so verwunderlich. Schließlich ist die Apokalyptik nicht nur eine Pädagogik, sondern auch eine Ressource, mit der man Aufmerksamkeit erregt. Beides zusammen aber bietet gerade Wissenschaftlern die Chance, vor allem von staatlicher Seite Förderungen zu erhalten. Wenn man Politikern eine große Gefahr ausmalt, dann werden sich die Politiker genötigt sehen, entsprechende Forschungen finanziell zu unterstützen. So schreibt Fried (2016: 251):

»Astronomen, Physiker, Biologen oder Chemiker erweisen sich als Kinder ihrer Zeit und sind der Herkunft ihrer Kultur verpflichtet, ständig auf der Suche nach Anfängen und Untergängen, und nun immer häufiger nach neuen Erden für den bevorstehenden Untergang der alten, vertrauten.«

Nicht nur Politiker fahren auf apokalyptische Prognosen ab, sondern vor allem auch die Medien. So bemerkt Fried (2016: 232):

»Heutige Filmkunst wiederholt und propagiert – je jünger, desto eindringlicher – die Prognose eines endgültigen Untergangs von Erde und Menschheit, die sich seit Jahrhunderten im ›Westen‹ eingenistet hat.«

Die Rationalität in Wissenschaften und Medien wird dadurch umso mehr infrage gestellt. Ja, der gesamte Prozess der Säkularisierung erweist sich als Farce, wenn sich die Menschen heute von apokalyptischen Drohungen beeindrucken lassen – und besonders die Vertreter der Rationalität in den Wissenschaften.

Furchterzeugung als Mittel der Politik

Wahrscheinlich der erste, der die Weltuntergangspanik seiner Zeit aus ihrer göttlichen Begründung in eine natürliche transformierte, war Leonardo da Vinci. Aus Versteinerungen von Meeresgetier im Gebirge schloss er auf gewaltige Meereswellen, die die menschliche Kultur zerstören könnten. Überhaupt betrachtete er den Menschen als Feind der Natur, die sich aber nicht beherrschen lassen würde. So schreibt sein Biograf Volker Reinhardt (2018: 87):

>»Als Frucht aller Anstrengungen, die Natur zu verstehen, ergab sich am Ende die Erkenntnis, dass der Mensch wie die Tiere und Pflanzen eine beschränkt, endliche Kreatur ist, die den ewig gültigen Gesetzen des Werdens und Vergehens genauso unterworfen ist wie diese.«

Leonardos Zeitgenosse Niccolò Machiavelli setzt den apokalyptischen Zeitgeist politisch um. Er bringt die Methode der Herrschaft, mit der schon seit Jahrhunderten regiert wurde, auf den Begriff und macht ihn offenkundig, wenn er dem Fürsten rät:

>»Da die Liebe zu den Menschen von ihrer Willkür und die Furcht von dem Betragen des Fürsten abhängt, darf ein kluger Fürst sich nur auf das, was in seiner Macht und nicht in der der andern steht, verlassen. Er soll, wie gesagt, nur darauf hinarbeiten, den Hass zu vermeiden.« (Machiavelli 1980: 70)

Das umschreibt rational die apokalyptische Pädagogik. Leo Strauss wirft ihm denn auch vor, er hätte dem Volk verraten, wie Herrschaft funktioniert. Er hätte das nicht publizieren dürfen, sondern den Fürsten unter vier Augen darauf hinweisen sollen. Freilich verschweigt Strauss selbst diese apokalyptische Pädagogik in der Lehre von Machiavelli. Stattdessen schreibt er 1958: »Eine zeitgenössische Tyrannei hat ihre Wurzeln im Denken Machiavellis, im machiavellschen Prinzip, dass der gute Zweck jedes Mittel rechtfertigt.« (Strauss 1984: 13)

Von der von Machiavelli empfohlenen Politik der Furcht ist nicht die Rede. Vielleicht sollte das doch nicht zu sehr verwundern, handelt es sich schließlich um die nach wie vor überall gängige Praxis der Politik, auch in demokratischen Ländern. Strauss verschweigt diese daher bei Machiavelli, um sie vor der Bevölkerung heute geheim zu halten, um diese mit der apokalyptischen Pädagogik weiterhin lenken zu können. Allerdings muss sich für Strauss die Politik in platonischer Tradition am Guten orientieren. Antimachiavellistisch dürfte sie dann nicht jedes Mittel einsetzen. Doch Strauss schreibt über Aristoteles und die klassische Philosophie:

>»Eine wohlgesittete Gemeinschaft wird nicht in den Krieg ziehen, es sei denn, es handele sich um eine gerechte Sache. Was sie aber während eines Krieges tun wird, das hängt bis zu einem gewissen Grad von dem ab, was ihr der Feind – möglicherweise ein absolut gewissenloser und barbarischer Feind – zu tun aufzwingt. Es gibt keine im voraus definierbaren Beschränkungen, es gibt keine bestimmbaren Grenzen für das, was zur gerechten Repressalie werden kann. Aber der Krieg wirft seine Schatten auf den Frieden.« (Strauss 1977: 165)

Eine gerechte Gesellschaft darf dann im Krieg mit einem ungerechten Feind auf fragwürdige Mittel setzen. Strauss veröffentlicht *Naturrecht und Geschichte* 1953, das Jahr, in dem der Koreakrieg endete. Der dortige Oberkommandierende Douglas MacArthur wollte 39 nordkoreanische und chinesische Städte mit Atombomben bewerfen lassen, was zu seiner Ablösung im April 1951 führte und beinahe zu einer Staatskrise, war der General in den USA doch äußerst populär. Und 1945 hatten die USA die Atombombe zweimal eingesetzt. Aber nicht nur das scheint Strauss 1953 rechtfertigen zu wollen, auch die fragwürdigen Methoden der um diese Zeit grassierenden McCarthy-Panik.

Vor diesem Hintergrund und angesichts des Verschweigens der apokalyptischen Pädagogik erscheint Strauss mit seinen Bemerkungen als der eigentliche Machiavellist. Strauss definiert Machiavellismus so um, dass Politik dessen Ratschläge unbehindert befolgen kann. Unterstützt von den Medien wurde die apokalyptische Pädagogik Machiavellis fleißig in der Coronapolitik umgesetzt, wo man die Bevölkerung mit steigenden Todeszahlen und hässlichen Bildern aus Hospitälern in Angst und Schrecken versetzte, damit sie brav machen, was der medizinische Souverän verlangt. Derselbe Machiavellismus findet in der Klimapolitik statt und wird selbst von Protestbewegungen betrieben.

Das Sicherheitsdispositiv zwischen Politik und Medien

Der seit 500 Jahren in der modernen Politik, den Medien und den Wissenschaften vorherrschende religiös apokalyptische Diskurs hat indes noch einen weiteren staatlichen Hintergrund, nämlich die Sicherheit der Bevölkerung als Staatszweck. Die mittelalterliche Herrschaft im christlichen Abendland hatte den Zweck, die göttlich gegebene Ordnung zu bewahren. Das wird durch die Religionskriege des 17. Jahrhunderts erschüttert. Denn die religiösen Bürgerkriege hatten ja ungeheure Opfer gekostet, die es nicht nur um der Menschen willen unbedingt zu vermeiden galt, sondern vor allem um der Staaten willen, die entdeckten, dass sich ihre Macht wesentlich der Größe der Bevölkerung verdankt. Thomas Hobbes legitimierte die absolute Herrschaft der Staaten über ihre Bürger just damit, dass nur eine solche Herrschaft den Frieden gewährleisten und damit die Bevölkerung vor dem Bürgerkrieg bewahren kann.

Hobbes hatte dabei auch begriffen, dass man die Bürger nicht mehr durch die Priester lenken kann, wenn es konkurrierende religiöse Vereinigungen gibt. Er gesteht den Menschen daher zu, im Privaten den Kult zu pflegen, an den sie glauben. In der Öffentlichkeit aber müssen sie der Staatskirche huldigen, die der Souverän bestimmt. Nicht nur um dieser Möglichkeit willen, sondern vor allem, weil sie dann vom Staat geschützt werden, der ihr Leben und ihre Unversehrtheit sicherstellt, sollen sie sich dem *Leviathan* unterwerfen. So insistiert Hobbes (1984: 155),

> »dass die Menschen, die ihren Souverän wählen, dies aus Furcht voreinander tun und nicht aus Furcht vor demjenigen, den sie einsetzen. Hier unterwerfen sie sich aber dem, vor dem sie Angst haben. In beiden Fällen handeln sie aus Furcht«.

Furcht ist also das entscheidende Motiv, mit dem der Staat seine Bürger lenkt, womit Hobbes einerseits das Denken Machiavellis fortschreibt, dass der Staat nun mal Furcht erzeugen kann, sich aber nicht der Liebe seiner Bevölkerung zu versichern vermag. Aber Hobbes erkennt über Machiavelli hinaus, dass der Staat zwar fürchten machen kann, aber nicht das Gefühl der Sicherheit erzeugen, das von den Bürgern selber abhängt. Für Leo Strauss

(1977: 192) begründet Hobbes damit den Liberalismus, den er als politischen Hedonismus bezeichnet und den er für absurd hält, weil Hobbes dem Individuum ein Recht einräumt, für das es gar keine Kompetenz besitzt:

> »Wenn aber jeder noch so törichte Mensch von Natur aus darüber richten kann, was für seine Selbsterhaltung notwendig ist, dann kann mit Recht alles als für die Selbsterhaltung unerlässlich angesehen werden: alles ist dann von Natur aus gerecht. Wir können dann von einem Naturrecht der Torheit sprechen.«

Nach Strauss muss der Untertan sich vom Staat sagen lassen, dass er sicher ist, und darf daran nicht zweifeln, weil ihm letztlich dazu das Wissen und der Überblick fehlen. Wenn sich die Leute heute das nicht mehr sagen lassen, bedroht solcher Ungehorsam die Stabilität des modernen Staates – und schuld daran ist der Liberalismus, der die Menschen für mündig erklärt, während sie doch herrschaftsbedürftig sind. Statt sich vom Staat lenken zu lassen, beurteilen sie ihre Sicherheitslage ja nicht nach reiflicher Überlegung, sondern aus einem Gefühl heraus, von Affekten geleitet, neigen sie zudem dazu, ihre Lage falsch einzuschätzen.

Aber lassen sie sich ihre Sicherheitslage nicht von den Medien oder im Internet erzählen? Ja, aber das verwirrt sie weniger, weil sie heute von den Medien gelenkt werden – eine Lenkung, die an die Stelle des früheren Gehorsams und der Unterwürfigkeit tritt. Schließlich bezieht die Bevölkerung ihre Information gemeinhin aus den Massenmedien. Gerade von konservativer Seite beklagt man sich seit Jahrzehnten darüber, dass das nicht hinlänglich im konservativen Sinne geschieht. Jedenfalls steuern die Medien weitgehend die Meinungen der Bevölkerung, sodass es nicht verwundert, wenn sich die konservative Kritik am Liberalismus stärker gegen die Medien als gegen die Leute richtet. Aber sie verliert damit an Gewicht, beeinflussen schließlich konservative Kreise auch viele Medien.

Es verwundert dann nicht, wenn plötzlich die Klage ertönt, dass die mediale Lenkungsmacht heute durch das Internet gestört wird. Nicht nur im Sinn von Platon und Strauss wäre es daher vernünftiger, wenn der Staat Internet und Medien kontrollieren würde. Dann greift die Demokratie auf Methoden autoritärer Staaten zurück: die Parallele zwischen Totalitarismus und Demokratie, die doch kein offizieller Demokrat gerne hört. Unverdächtiger ist, wenn Medien und Politik kooperieren, wenn es gelingt, einen hegemonialen Diskurs durchzusetzen. Dann folgen die Medien aus Eigeninteresse wie in der Corona-, Kriegs- und Klimapolitik.

Ganz anders als Strauss interpretiert John Rawls (2008: 70) Hobbes' Unterwerfungsvertrag, wenn er schreibt:

»Ich glaube, (Hobbes) wollte ein überzeugendes philosophisches Argument vorbringen, aus dem sich ergibt, dass ein starker und durchsetzungsfähiger Souverän mit allen Machtbefugnissen, die einem Souverän nach Hobbes zustehen, das einzige Gegenmittel gegen das große Übel des Bürgerkriegs ist, das alle Personen verhüten wollen müssen, da es ihren Grundinteressen zuwiderläuft. Hobbes möchte uns davon überzeugen, dass die Existenz eines solchen Souveräns die einzige Möglichkeit darstellt, zu bürgerlichem Frieden zu gelangen.«

Damit geht Rawls vom Faktum der Mündigkeit aus, die er an anderer Stelle auch als Faktum des Pluralismus bezeichnet, gibt es nun mal in modernen Gesellschaften miteinander konkurrierende Lehren, von denen manche nicht kooperieren wollen. Einerseits widersetzen diese sich hegemonialen Bestrebungen, andererseits streben praktisch alle kommunitarischen Lehren – heute dominant rechte, aber natürlich auch immer noch linke und religiöse – die absolute Macht an.

Strauss will von vornherein dem Staat die Legitimation attestieren, solche Lehren auch mit Gewalt zu unterdrücken. Rawls hält das für ein aussichtsloses, undemokratisches und illiberales Unterfangen. Strauss geht es darum, dass die Menschen dem Staat zu dienen haben, der Staat gegenüber den Menschen einen Primat besitzt, während für Rawls der Staat den Menschen zu dienen hat, der Mensch gegenüber dem Staat den Primat hat. Damit steht Strauss Hobbes näher; denn letzterem geht es ja darum, dass der Staat durch die Verhinderung des Bürgerkriegs eine innere Stabilität erhält, die ihn stärkt – vor allem auch dadurch, dass dann die Bevölkerung wächst und sich nicht gegenseitig dezimiert. Auf jeden Fall stützt sich der Staat dabei selbst in liberaler Perspektive auf die Furcht der Bürger voreinander und dem Staat gegenüber, sodass dieser mit dem Staatszweck der Lebenssicherung seine eigene Stärke entfaltet, einerseits durch den daraus folgenden auf Furcht beruhenden Gehorsam der Menschen und andererseits durch die dadurch erreichte Stabilität. Deswegen übergeht Strauss das eigentliche machiavellistische Prinzip, das heute in jeder Hinsicht ausufert.

Machiavelli und Hobbes gelten als die Vordenker und Begründer des modernen Staates. Aber niemand weist daraufhin, dass sie dabei die christliche apokalyptische Pädagogik verlängern, auch nicht Foucault und auch nicht Agamben, wiewohl beide nach den religiösen Hintergründen des modernen

Staates fahnden. Für Foucault muss der moderne Staat primär administrativ dafür sorgen, dass sich die Bevölkerung entwickelt, um dadurch die Macht des Staates zu stärken, der damit umso besser in die Lage versetzt wird, Kriege zu führen. Wie es Hobbes vordachte, erweitert sich die Staatstätigkeit in einem Maß, das der mittelalterliche Feudalismus noch nicht kannte. Um das aber zu leisten, verliert die staatliche Funktion der Souveränität an Bedeutung, die noch im 16. Jahrhundert bei Jean Bodin dem Zerfall des Feudalsystems widerstreiten soll und dann einen jahrhundertelangen Niedergang erlebt.

Die Organisation von Staat und Gesellschaft durch eine ausufernde Bürokratie, die immer weiter in alle möglichen Lebensbereiche eingreift, bezeichnet Foucault als Gouvernementalität. Diese besteht in der

»aus den Institutionen, den Vorgängen, Analysen und Reflexionen, den Berechnungen und den Taktiken gebildete(n) Gesamtheit, welche es erlauben, diese recht spezifische, wenn auch sehr komplexe Form der Macht auszuüben, die als Hauptzielscheibe die Bevölkerung, als wichtigste Wissensform die politische Ökonomie und als wesentliches technisches Instrument die Sicherheitsdispositive hat.« (Foucault 2004: 162)

Nach den Religionskriegen entdeckt der werdende moderne Staat die Bevölkerung als Gegenstand der Politik, die es zu hegen und pflegen gilt. Das heißt: Sie muss generiert und gelenkt werden – und zwar durch Organisation der Verwaltung, der Polizei, der Justiz und der Medizin. Obendrein müssen dazu die Volkswirtschaft organisiert werden, der Verkehr ermöglicht, Städte gebaut, die Landwirtschaft entwickelt und Handwerksbetriebe aufgebaut werden.

Damit wird die Sicherheit zu einer staatlichen Aufgabe, was zuvor den Menschen weitgehend selbst überlassen war, die sich bestenfalls auf Nachbarschaftshilfe stützen konnten. Hobbes hat das bereits erkannt. Für Foucault entwickelt sich dabei ein Sicherheitsdispositiv, zu dem diverse staatliche Tätigkeiten genauso gehören wie die materiellen Mittel, derer sich der Staat dazu bedient. Dabei verlängert der werdende moderne Staat ein religiöses Prinzip der Menschenlenkung, nämlich das Pastorat, das das Christentum entwickelt, nach dem das Verhältnis von Priester und Gläubigen dem des Schafhirten zu seiner Herde entspricht. Das heißt, dass die Menschen gerade nicht mündig sind. So schreibt Foucault (2004: 336): Der Souverän

»sieht sich von diesem Moment an mit neuen Aufgaben belastet, betraut, konfrontiert, und diese neuen Aufgaben sind gerade diejenigen der Seelenleitung. Es gab also keinen Übergang vom religiösen Pastorat zu anderen Formen der Verhaltensführung, der Leitung, der Führung. Es gab in Wirklichkeit eine Intensivierung, eine Übersetzung, eine allgemeine Ausweitung dieser Frage und dieser Techniken der Verhaltensführung. Mit dem 16. Jahrhundert treten wir in das Zeitalter der Verhaltensführungen, in das Zeitalter der Führungen (...) in das Zeitalter der Regierungen ein.«

In der Tat: Trotz diverser Bemühungen um Mündigkeit und demokratische Partizipation nach dem Zweiten Weltkrieg hat sich das Betreuungsverhältnis des Staates gegenüber seiner Bevölkerung intensiviert. Das betrifft natürlich die polizeiliche Ordnung, vor allem aber die sozialstaatliche Lenkung, besonders durch das Gesundheitswesen. Selbstredend gilt das auch für das Bildungswesen, die Wirtschaftspolitik, die Umweltpolitik, die Kontrollen der Landwirtschaft und der Ernährungsindustrie, praktisch alle Aktivitäten des modernen Staates.

Souveränität und nackter Körper

Giorgio Agamben hält Foucaults Betonung des Pastorats für unzulänglich. Um den historischen Background des modernen Staates auszuleuchten, vermisst er bei Foucaults Liberalismusanalyse das Konzept der göttlichen Vorsehung, mit dem sich sowohl die Trinitätslehre als auch die liberale Vorstellung Adam Smiths von der unsichtbaren Hand erläutern lässt. So schreibt Agamben (2010: 138): »Um so merkwürdiger ist es, dass in der Vorlesung von 1977–1978 (Geschichte der Gouvernementalität I) jeglicher Hinweis auf den Begriff der Vorsehung fehlt.« Agamben führt vor, dass diese liberale Vorstellung, dass das private Laster zur öffentlichen Tugend avanciert, die christliche Vorstellung fortschreibt, dass Gott hintergründig die Welt lenken würde. Das ist der Sinn der Trinitätslehre, die den Einwand zu widerlegen sucht, dass Gott eine derart chaotische Welt offenbar doch nicht lenkt, während die frühen Christen eine solche Lenkung behaupten. Bei Paulus treten göttliche Souveränität und Herrlichkeit einerseits und andererseits die Regierungstätigkeit des vom Gottessohn gelenkten Heiligen Geistes mit seinen Engeln auseinander. Gottvater setzt die Rahmenbedingungen, die *Beamten des Himmels* setzen sie hintergründig um. Die Vorstellung einer unsichtbaren lenkenden Hand durchzieht das christliche Denken und wird auch noch von Martin Luther aufgegriffen.

Das scheint Carl Schmitts berühmter These recht zu geben: »Alle prägnanten Begriffe der modernen Staatslehre sind säkularisierte theologische Begriffe.« (Schmitt 1979: 43) Doch Agamben widerlegt diese These, besonders eindrucksvoll in *Herrschaft und Herrlichkeit*. Nicht nur die liberale ökonomische Vorstellung einer unsichtbaren Hand, sondern auch das Modell der Monarchie sind religiös vermittelt. Vielmehr hat die Monarchie mit der Trinität einen gemeinsamen philosophischen Ursprung in der Oikos-Lehre des Aristoteles, der Lehre der Hauswirtschaft, die von einem Hausherrn ausgeht, der die Regeln erlässt, umgesetzt von einem Verwalter oder der Gattin mithilfe des Gesindes.

Nachdem im 3. Jahrhundert die Demokratien niedergingen und an deren Stelle Monarchien traten, werden diese gemäß der Oikos-Lehre verstanden. Nicht nur die Monarchie, sondern auch die Christen greifen auf die Oikos-Lehre zurück. Daher sind die Christen für Agamben (2010: 61) die ersten ökonomischen Menschen:

> »Die Aristotelische Gleichsetzung von Monarchie und Ökonomie, die auch in der Stoa weit verbreitet war, gehört gewiss zu den Gründen, die die Kirchenväter bewusst oder weniger bewusst dazu bewogen haben, das trinitarische Paradigma nicht in politischen, sondern in ökonomischen Termini zu formulieren.«

Wenn bei Foucault die staatliche Lenkung der Menschen einen pastoralen Charakter hat, sieht Agamben einen ökonomischen. Arbeit hatte in der Antike weder einen ethischen noch einen politischen Wert. Wie in der Antike, vor allem aber im Feudalismus sind jene Menschen aus der Politik ausgeschlossen, die arbeitend nur das nackte Leben reproduzieren. Man könnte meinen, dass sich das im 18. Jahrhundert ändert, als das nackte Leben in die Politik aufgenommen wird und mit Rechten versehen. Auf diese kann man sich gegenüber übergriffigen Staaten berufen, auch wenn sie ob der Ausrufung von Ausnahmezuständen letztlich doch zumindest rechtlich wirkungslos bleiben.

Das sieht Agamben ganz anders, wenn er bereits 1995 in *Homo sacer* schreibt:

> »Die Erklärung der Menschenrechte stellt die originäre Figur der Einschreibung des natürlichen Lebens in die juridisch-politische Ordnung

des Nationalstaates dar. Jenes natürliche nackte Leben, das im Ancien Régime politisch belanglos war und als kreatürliches Leben Gott gehörte und das in der antiken Welt (wenigstens dem Anschein nach) als *zoé* klar vom politischen Leben (*bíos*) abgegrenzt war, wird nun erstrangig in der Struktur des Staates und bildet sogar das irdische Fundament der staatlichen Legitimität der Souveränität.« (Agamben 2015: 136)

Die ersten Erklärungen der *Virginia Bill of Rights* und der französischen Nationalversammlung 1789 sollten Menschen vor der übergriffigen Macht des Staates schützen, in dem ihre Würde und ihre körperliche Unversehrtheit betont wurden.

Doch just Letztere bezieht nicht nur das nackte Leben in einen rechtlichen Zusammenhang ein. Vielmehr dient dieser Lebensschutz den Staaten dazu, individuelle Grundrechte bei Bedarf aufzuheben – und zwar unter Berufung auf den Schutz des nackten Lebens. Nun kann man zwar ein Menschenrecht auf Gesundheit einführen, was unter soziale Grundrechte fallen würde, die ja auch fleißig von Sozialstaatlern gefordert werden, aber mit den ursprünglichen individuellen Schutzrechten vor dem Staat nichts zu tun haben. Vielmehr sollen diese sozialen Grundrechte gerade vom Staat gewährleistet werden, der sich dadurch legitimiert sieht, mit dem Ausnahmezustand zu regieren und die Grundrechte just zum Schutz des nackten Lebens aufzuheben. Agamben bemerkt, dass seit dem Ersten Weltkrieg die Regierungskunst auch in westlichen Demokratien zunehmend mit Maßnahmen des Ausnahmezustands regiert. Freilich versucht man das zu kaschieren. Agamben (2004: 22):

»aber entsprechend der gegenwärtigen Tendenz in allen westlichen Demokratien wird die Erklärung des Ausnahezustands zunehmend ersetzt durch eine beispiellose Ausweitung des Sicherheitsparadigmas als normaler Technik des Regierens.«

Im Dienst der Sicherheit gerade des nackten Lebens ist jede Einschränkung von Rechten erlaubt. Agamben widerspricht zwar Carl Schmitt, der den Ausnahmezustand an den Rechtszustand rückkoppeln will. Das ist für Agamben ein Fehlschluss. Der Ausnahmezustand hebt den Rechtszustand auf. Das kann diesen nicht schützen. Aber wenn für Schmitt der Souverän über den Ausnahmezustand entscheidet, in dem der Mensch auf das nackte Leben reduziert wird, weil er keine Rechte mehr hat, dann gehören Souveränität und nacktes Leben zusammen. Wenn der Ausnahmezustand seit dem Ersten

Weltkrieg zu einem gängigen Mittel der Regierungskunst geworden ist, dann hat die Souveränität gegen Foucaults These von der Gouvernementalität an Macht gewonnen und gerade nicht an Bedeutung verloren, im Gegenteil. Aber sowohl Foucault als auch Agamben übergehen die mit beiden verbundene machiavellistische Politik der Furchterregung mit ihrem christlich apokalyptischen Migrationshintergrund.

Dabei hat Foucault die Rolle, die die Medizin in der Gouvernementalität spielt, früher als Agamben erkannt, eine Rolle, die sich problemlos auf die Politik eines medizinisch begründeten Souveräns im Ausnahmezustand übertragen lässt, sodass sich in dieser Hinsicht Foucault und Agamben dort begegnen, wo Medizin und nacktes Leben zusammengehören. In *Geburt der Klinik* beschreibt Foucault 1963 die Funktion und die Macht der Medizin in der modernen Gesellschaft. Als Gegenstand des medizinischen Blicks reduziert sich der Mensch auf das nackte Leben. Dabei drängt sich die Medizin dem Menschen als die Rationalität der Gesellschaft auf. Wer die ärztlichen Forderungen nicht erfüllt, präsentiert sich mit Rousseaus *Amour propre* als egoistisches Individuum, anstatt sich durch den natürlichen *Amour de soi* mit dem Gemeinwohl bzw. der Solidargemeinschaft gemeinzumachen. Foucault (2005: 52):

»Die Medizin darf nicht mehr bloß die Gesamtheit der therapeutischen Techniken und des dazu erforderlichen Wissens sein; sie wird auch eine Erkenntnis des *gesunden Menschen* einschließen, d. h. sowohl eine Erfahrung des *nichtkranken Menschen* wie eine Definition des *Modellmenschen*. In der Lebensführung der Menschen beansprucht sie eine normative Rolle, die sie nicht bloß zur Erteilung von Ratschlägen für ein vernünftiges Leben befugt, sondern sie zur Lehrmeisterin für die physischen und moralischen Beziehungen zwischen dem Individuum und seiner Gesellschaft macht. Sie situiert sich in der für den modernen Menschen maßgeblichen Randzone, in welcher ein bestimmtes organisches, leises, leidenschaftsloses und muskulöses Glück ganz eng mit der Ordnung einer Nation, mit der Stärke ihrer Armeen, mit der Fruchtbarkeit eines Volkes und mit dem langsamen Gang seiner Arbeit verbunden ist.«

Die Gouvernementalität betreibt keine Politik, sondern Biopolitik und befördert dadurch eine Medizinisierung der modernen Gesellschaft. Vor diesem Hintergrund erscheint der Mensch als jenes Mängelwesen Arnold Gehlens, das Institutionen und Technologien braucht, um vom Lebensdruck entlastet zu werden. So stellt Gehlen (1957: 1) fest, dass

»die Technik seit ihren Anfängen triebhafte, unbewusste, vitale Be-
stimmungsgründe hat: Die konstitutionell menschlichen Merkmale
des Handlungskreises und des Entlastungsprinzips stehen als Determinanten hinter der gesamten technischen Entwicklung.«

Das scheint umso mehr für die Medizin zu gelten, lassen sich viele Menschen
doch begeistert verarzten, weil sie sich gegenüber Krankheit hilflos fühlen –
was ihnen die Medizin medial gestützt eingibt –, sodass sie nach Entlastung
suchen müssen. Daher wird die medizinische Bevormundung auch von vielen Menschen gewünscht.

Vielleicht war die Medizin um die Mitte des Jahrhunderts noch gar nicht
so bedrängend bzw. wurde ihre soziale Macht von vielen nicht gespürt. Vielleicht war ihre Worst-Case-Pädagogik nicht so alternativlos, weil sowohl ihre
Hilfen wie ihre Prognosen nicht so weit reichten wie heute, sodass sich das
Einflößen von Angst in Grenzen hielt. Aber was in den Foucault'schen me-
dizingenealogischen Schriften wie bei Agamben weitgehend fehlt, das ist die
apokalyptische Pädagogik der Furchterzeugung, obwohl diese in der Medizin
spätestens heute eine wesentliche Heimstatt hat, bei der es zwar nicht um
den Untergang der Welt, aber um das Ende des Individuums geht. Man
könnte fast den Eindruck gewinnen, als würde man von Strauss über Gehlen zu Foucault und Agamben den Kern des Machiavellismus geflissentlich
übersehen, weil man diesen für die Politik als unvermeidlich ansieht. Foucault und Agamben hätten ihn trotzdem bemerken dürfen. Jedenfalls begeg-
nete die Medizin dem Menschen bis ins letzte Drittel des 20. Jahrhunderts
als eine staatliche Autorität, der man wie dem Militär in der militarisierten
Gesellschaft des 19. Jahrhunderts selbstredend zu gehorchen und sich im
Krieg zu opfern hat. Vielleicht war die Furchterzeugung daher noch nicht
so notwendig wie seit etwa 50 Jahren, als viele Menschen den Anspruch
auf Mündigkeit, Emanzipation und politische Partizipation erhoben. Daher
musste sich die Medizin einerseits patientenfreundlich aufführen, weil sie
dadurch die Menschen leichter dazu brachte, sich das gefallen zu lassen, was
die Medizin für richtig hält. Andererseits bedurfte sie dazu umso stärker der
Furchterzeugung durch das Worst-Case-Szenario.

So hat Foucault mit dem Pastorat das Modell dieser scheinbar freundli-
chen Medizin beschrieben. Wie der Schäfer sich um jedes einzelne Schaf der
Herde kümmert, der Pastor um jeden einzelnen Gläubigen, so bemüht sich
der Arzt um jeden einzelnen Menschen, wiewohl der Trend der Massenmedi-
zin dem widerspricht und zu Klagen führt, dass der Besucher vom Arzt nicht
genügend Aufmerksamkeit erfährt. Aber just wenn die Autorität des Arztes

keinen militärischen Charakter mehr hat, der Hilfesuchende nicht gehorchen muss, dann muss man ihn erschrecken, um ihn dazu zu bewegen, die medizinischen Vorgaben zu erfüllen. In gewisser Hinsicht ist die apokalyptische Pädagogik ein Kind von Mündigkeit, Emanzipation und Demokratie.

Die Macht der Staatsmaschine

Der elitäre Anspruch, die Menschen zu lenken, ist keine neue Attitüde und keine, die sich auf die Demokratie beschränken würde. Außer dem Anarchismus gibt es keine politische Konzeption, die sich nicht auf Eliten stützen würde. Platon (1958: 459 c, 181), an dem sich Strauss orientiert: »Es scheint, dass unsere Herrscher allerlei Täuschungen und Betrug werden anwenden müssen zum Nutzen der Beherrschten.« Natürlich handelt es sich bei diesen Herrschern um Philosophen, die lange ausgebildet wurden. Aber wem dienen der Philosoph und dessen Weisheit? Einem erfundenen bzw. konstruierten Allgemeinwohl, wie es die *Politeia* präsentiert, das von sich behauptet, es wäre das Gute für alle. Wer dem widerspricht, ist entweder egoistisch, verbrecherisch, politisch übergriffig oder verrückt. Machiavelli rät dem Fürsten dasselbe wie Platon und kaschiert nicht mal die Grausamkeit. Aber ob Demokratie oder Monarchie: Beide erzeugen durch ihre Institutionen und durch die Lenkung der Menschen ein ›Gehäuse der Hörigkeit‹, das der sozialistisch orientierte Ökonom Johann Karl Rodbertus im 19. Jahrhundert bereits im pharaonischen Ägypten bemerkte und auf das sich Max Weber in seiner frühen Schrift über die *Agrarverhältnisse im Altertum* 1897 bezieht, wenn er schreibt:

> »Mit zunehmender Rationalisierung der staatlichen Bedarfsdeckung kann daraus der ›autoritäre *Leiturgiestaat*‹ werden, der planmäßig die Deckung der Staatsbedürfnisse durch ein kunstvolles System von öffentlichen Lasten erstrebt und die ›Untertanen‹ als reine Objekte behandelt.« (Breuer 2022: 47)

Wie vor allem das Gesundheitswesen sowie die zunehmende Juridifizierung des Alltagslebens unterstreichen, lenkt der moderne Staat – ob besonders sozial ausgerichtet und ob mehr oder weniger demokratisch – die Bevölkerung mittels pastoraler und machiavellistischer Methoden, die durch apokalyptische Topoi pädagogisch intensiviert werden. Politik und Massenmedien spielen dabei zusammen, sodass sich die furchterzeugende Berichterstattung in eine politische Lenkung der Bevölkerung transformiert. Die Macht des modernen Staates über seine Bevölkerung wurde seit dem 19. Jahrhundert kaum thematisiert oder dem Totalitarismus zugeschrieben. Webers (1979: 188) berühmtes Wort vom »stahlharten Gehäuse« bezieht sich auch nicht auf den Staat, sondern auf die Wirtschaftsordnung, als hätte er selbst seine frühen Einsichten ad acta gelegt. Ansonsten wird die Übermacht des Staates höchstens aus neoliberaler Perspektive thematisiert und damit eine Deregulierung der Wirtschaft gefordert.

Die Linke wie die Ökologen hoffen, mit dem Staat ihre Ziele durchzusetzen. Dazu muss der Staat mächtig sein. Daraus entsteht die weit verbreitete Kritik, der Staat wäre gegenüber der kapitalistischen Wirtschaft zu schwach, um soziale oder ökologische Interessen durchzusetzen. Vor dem Hintergrund des neoliberalen Abbaus des Sozialstaates spricht Colin Crouch (2008: 29) von *Postdemokratie*:

> »Je mehr sich der Staat aus der Fürsorge für das Leben der normalen Menschen zurückzieht und zulässt, dass diese in politische Apathie versinken, desto leichter können Wirtschaftsverbände ihn – mehr oder minder unbemerkt – zu einem Selbstbedienungsladen machen.«

Dass dadurch die Spielräume und Rechte der Menschen abgebaut werden könnten und der sozial versorgte Bürger dafür sozialpflichtversichert leben muss, wie es der Sozialstaat fordert, wird geflissentlich übergangen. Der populäre Verweis auf die Macht des Kapitalismus lenkt von der Übermacht des Staates ab, die anscheinend gar nicht groß genug sein kann. So betont auch Wolfgang Streeck (2017: 256) die Wirtschaft als Gefahr für die Demokratie: »Mit der neoliberalen Revolution und dem mit ihr verbunden Übergang zur ›Postdemokratie‹ kam dann aber eine neue Art von politischem Betrug in die Welt, die Expertenlüge.« 2017 konnte er nicht ahnen, dass sich der Sozialstaat während der Coronapolitik unter Berufung auf Experten durchsetzen wird und dabei in eine Expertokratie ausläuft.

Wahrscheinlich als eine der ersten linken Theoretiker haben Gilles Deleuze und Félix Guattari (1979: 302) im *Anti-Ödipus* die gefährliche Macht des Staates erkannt: »Der Staat, seine Polizei und seine Armee bilden ein gigantisches Anti-Produktionsunternehmen, doch innerhalb der Produktion selbst und sie bedingend.« Für Deleuze und Guattari schafft der Staat die Bedingungen, damit sich die Ökonomie entfalten kann, die im Kapitalismus seine Macht beeinträchtigt. Trotzdem ist der Staat wie im Ancien Régime in die Wirtschaft involviert, an der er sich als produktiver Akteur beteiligt, nicht nur als unproduktiver, der den Mehrwert abschöpft. In den *Tausend Plateaus* verschärfen Deleuze und Guattari (1992: 502) den Primat des Staates als Staatsmaschine gegenüber dem sozialen und ökonomischen Sektor. Der Staat wird von Eliten getragen, die in die Gesellschaft und in die Wirtschaft integriert sind:

> »Die großen Körperschaften eines Staates sind differenzierte und hierarchisch gegliederte Organismen, die einerseits über das Monopol an einer Macht oder Funktion verfügen, andererseits ihre Repräsentanten vor Ort haben. Sie haben eine besondere Beziehung zu Familien, weil sie das Familienmodell und das Staatsmodell an beiden Enden miteinander verbinden und selber wie ›Großfamilien‹ von Funktionären, Angestellten, Verwaltern oder Pächtern leben.«

Dann hat die Staatsmaschine die Aufgabe, die Bevölkerung wie der antike Leiturgiestaat zu kontrollieren, zu versorgen und auszubeuten – und gefügig zu machen. Dann hat die marxistische Unterscheidung zwischen Staat und Bürgertum ein adäquates Staatsverständnis verhindert. Pierre Bourdieu (2014: 600) ist der Auffassung, dass die Französische Revolution nicht von der Bourgeoisie durchgeführt wurde, sondern dass der Robenadel die staatliche Gewalt gänzlich usurpierte, die er eigentlich schon kontrollierte, aber noch mit dem König teilen musste:

> »All die Debatten über die Französische Revolution als bürgerliche Revolution sind falsche Debatten. Ich denke, dass die Probleme, die Marx zum Staat, zur Französischen Revolution, zur Revolution von 1848 gestellt hat, katastrophale Folgen hatten, weil sie sich allen aufgezwungen haben, die in allen Ländern über den Staat nachdachten.«

Die Macht des Staates gegenüber Wirtschaft und Gesellschaft bzw. eines kleinen elitären Teils derselben als Träger des Staates (man denke an die Elite-Universität ENA) hat sich im 21. Jahrhundert massiv verstärkt – beginnend mit dem Krieg gegen den Terror, der Weltfinanzkrise, der Eurokrise, der Coronapolitik, dem Kriegs- und Klimadiskurs, wenn die Staaten grenzenlos Schulden aufnehmen und kaum jemand dagegen protestiert, weil man ihnen droht, im anderen Fall käme es zu einer sozialen und politischen Katastrophe.

Medizinische Moralisierung statt kapitalistischem Hedonismus

Politisch, sozial und medial sind in die Diskurse ethische Elemente eingewandert – vermittelt durch apokalyptische Topoi, die in den Medien ungeheure Popularität genießen. Sie können sich dabei pädagogisch präsentieren, also pastoral – Foucault behält gegenüber Agamben doch recht –, was sich in Zeitschriften und im öffentlich-rechtlichen Rundfunk verbreitet hat, wenn ein Musiksender wie *Bayern 3* jungen Leuten ständig Moral predigt. Das hätten sich die Rolling Stones so nicht vorgestellt, aber diese hört man dort zu ihrem Glück selten und, nebenbei, sind die Herrschaften auch älter geworden. Der Rock'n'Roll verkörperte noch in den 1970er Jahren den Hedonismus einer jungen Generation, die nicht mehr der Gesellschaft dienen wollte, was nichts daran änderte, dass diese Musik von AFN auch zu Kriegszwecken eingesetzt wurde.

Diesen Hedonismus empfahl Foucault (1989: 113) der Moderne als Lebenskunst, indem er sich auf eine antike Ethik beruft, wenn er schreibt:

> »Was in den Augen der Griechen die ethische Negativität schlechthin darstellt, ist nicht, dass man beide Geschlechter liebt; auch nicht, dass man sein eigenes Geschlecht dem andern vorzieht; sondern dass man gegenüber den Lüsten passiv bleibt.«

Freilich soll man die Lüste beherrschen, nicht deren Sklave werden. Nur dann kann man die Lüste im eigenen Sinne ausleben und zum Beispiel verhindern, dass man durch Kinder in die Ehe und die Generationenfolge eingespannt wird. Henry Miller (1970: 248):

> »Obwohl ich nur wenig gelesen hatte, hatte ich doch die Beobachtung gemacht, dass die Menschen, die am meisten im Leben standen, die das Leben formten, die das Leben selbst waren, wenig aßen, wenig schliefen, wenig oder nichts besaßen. Sie fühlten keine illusionäre Verpflichtung, für den Fortbestand ihrer Angehörigen und Anverwandten oder die Erhaltung des Staates zu sorgen.«

Gegen solchen Hedonismus entwickelt John Rawls 1971 das liberale Konzept einer ›wohlgeordneten Gesellschaft‹, in der die Kinder schon an die Rente denken. Vor allem aber Christen, Traditionalisten, Sozialisten, von Faschisten ganz zu schweigen, sie alle bekämpfen diesen Hedonismus heute als Konsumismus im Kapitalismus, der sich den hehren Zwecken der christlichen Ethik, der Nation oder dem Sozialstaat nicht unterordnet. Dazu erfindet man heute eine romantische Liebe, die mit der Romantik nichts zu tun hat, weil sich die Liebe erst im Jenseits realisiert. Denn romantisch soll man heute seinen Gefühlen freien Lauf insoweit lassen, dass unkontrolliert Kinder in die Welt gesetzt werden, was man nicht – als Frau seiner Lüste – kontrolliert verhindern soll.

Diesen antiken Hedonismus hat das Christentum seit seinen Anfängen bekämpft und besiegt. Die Sexualität wurde zur Sünde erklärt und in die Ehe eingesperrt. Um das durchzusetzen, erklärten die Kirchenväter die Menschen für unmündig, damit sie sich von den Priestern lenken lassen. Foucault (2019: 71):

»Als frühreife und unfolgsame Kinder haben sie sich der Vernunft entzogen, die der *Paidagogos* nun gerade einer Menschheit beibringen muss, die nur erneuert werden kann, wenn sie sich als ›Kind‹ versteht.«

Genauso soll man sich ökologisch belehren lassen.

Das Christentum stützt sich seit seinen Anfängen auf eine Pädagogik, zu der die Apokalyptik eine Art Brandbeschleuniger darstellt. Was heute in den Medien, in der Politik wie in den Wissenschaften an Alarmismus stattfindet, verlängert diese christliche Tradition und wird dadurch metaphysisch und trotz aller Beschwörungen ihrer Wissenschaftlichkeit unglaubwürdig. Wenn Medien und Wissenschaften glauben, ihre Aufgabe sei, den Menschen vorzuschreiben, wie sie zu leben haben, stellen sie nichts anderes dar als eine Verlängerung religiöser Pädagogik. Wissenschaft ist eine Religion, und die Medien sind ihre Missionare.

Der Katholizismus leitet die christliche Ethik aus einer Weltanschauung ab. Vor der verführerischen Welt musste man sich hüten. Der Protestantismus verschärft das, indem die Welt als solche entwertet wird, die man in jeder Hinsicht beherrschen muss, weil sie ansonsten immer noch verführerisch sein könnte. Das aber muss umso mehr vermieden werden, wenn man Sünden durch keinerlei Buße wie im Katholizismus mehr gutmachen kann. Also gilt es für den Protestanten, Sünden strukturell zu meiden, was eine intensive ethische Disziplinierung erfordert. Weber (1979: 323) schreibt:

»Die Welt ist dennoch, als Schöpfung Gottes, dessen Macht sich in ihr trotz ihrer Kreatürlichkeit auswirkt, das einzige Material, an welcher das eigene religiöse Charisma durch rationales ethisches Handeln sich bewähren muss, um des eigenen Gnadenstandes gewiss zu werden und zu bleiben.«

Diese protestantische Ethik hat nach Weber die Entstehung des Kapitalismus befördert und die Natur entwertet. Aber mit der von ihr beförderten perfekten Selbstbeherrschung lässt sie sich für beliebige Zwecke einsetzen, auch für die modernen ethischen Vorgaben, seien sie medizinisch, militärisch oder ökologisch.

Die protestantische Ethik in der Form, in der sie Kant formalisierte, erfüllt die universellen Ansprüche von Medizin und Wissenschaften und unterfüttert wunderbar eine soziale Ethik der umfassenden Solidargemeinschaft, weil sie keine inhaltlichen normativen Ansprüche stellt. Abweichende individuelle Rechte, die nicht in den Verfahren der Institutionen verankert sind – gleiche medizinische Leistungen, die man aber auch über sich ergehen lassen muss –, lassen sich derart höchstens oberflächlich legitimieren. Man denke an die Impfpflicht. Dann begrenzt die Ethik ob ihres Universalismus nicht die Macht des Staates über das Individuum. Vielmehr kann man mit ihr jederzeit die Ausweitung der Staatstätigkeit legitimieren und den Individuen entsprechende Maßnahmen angedeihen lassen.

Das spiegelt sich in gesundheitspolitischen Ansprüchen. So fordert Ellis Huber (2000: 285) eine umfassende Solidargemeinschaft:

»Ein erneuertes Gesundheitswesen wird zum Hoffnungsträger für die Gesellschaft zwischen globalen Kapitalmärkten und individualisierter Auslieferung an Not und Krankheit; zum Motor also für eine neue Solidarität und neue Gemeinschaftlichkeit.«

Am Gesundheitswesen soll die Welt genesen: Diese Solidarität ist primär Verpflichtung und bietet keine Spielräume außerhalb des Gesundheitswesens bzw. stellt einen Zwang dar, dieser Gemeinschaft anzugehören ähnlich einer verpflichtenden Mitgliedschaft in einer Religionsgemeinschaft.

Christian Thielscher (2022: 265) bringt das auf einen verschärften Begriff, der individuelle Rechte jenseits medizinischer Bestimmungen nur als Ausnahmefall kennt:

»Koppelt man Menschsein an die Genetik, dann ist das Leben wichtiger als Selbstbestimmung. Wenn es unterschiedliche Grade von Menschsein gibt, nicht unbedingt. […] So […] ist es auch bei Schwangerschaften (häufig) möglich, unerwünschte Abtreibungen zu vermeiden – etwa durch einen bewussteren Umgang mit Sexualität und Verhütungsmethoden«.

Im letzteren Fall werden die individuellen Rechte nach Maßgabe entsprechender Eliten ausgebremst bzw. die Sexualität durch das entsprechende enthaltsame Verhalten oder pharmazeutische Mittel gelenkt.

Im ersteren Fall, wenn man seine Identität durch seinen genetischen Code erhält, dann ist man im Sinn von Agamben definitiv auf das nackte Leben reduziert. Die Medizin darf mit dem Individuum machen, was sie will, so lange sie sein Leben erhält. Wie dieses Leben aussieht, spielt dabei keine Rolle, individuelle Rechte sind damit aufgehoben. Der Mensch ist nur noch *zoé* und vom *bíos* ausgeschlossen. Entweder gibt es gar keine Politik mehr, weil diese durch eine Expertenherrschaft ersetzt wird, bei der Demokratie nur stören würde. Oder die Politik hat sich durch Experten im platonischen Sinn realisiert, in die sich die Bevölkerung auch nicht einmischen darf, die keine Parrhesia hat, also kein Recht, politisch die Stimme zu erheben, das heißt: politischen Rechte und keine Teilhabe, befindet sie sich unter Bedingungen des Ausnahmezustands auf das nackte Leben reduziert.

McCarthyisierung von Medien und Wissenschaften

Dergleichen lassen sich nur verängstigte Menschen gefallen, die allemal Angst um ihr nacktes Leben haben, sei es als Angst vor dem Tod oder dem Weltuntergang. Medizinische wie politische Pädagogik – die Ökonomie operiert mit der Angst vor dem Arbeitsplatzverlust – wird dabei medial massiv unterstützt. Das Thema Gesundheit ist nicht erst durch die Coronapolitik überall in den Medien präsent. Die Medizin präsentiert ständig Risiken, die die Medien begierig weiterverbreiten, was für beide Kunden bringt, die sich von Worst-Case-Szenarien haben erschrecken lassen und die man prophylaktisch zu immer weiteren Untersuchungen drängt. Immerhin wird das auch innerhalb der Medizin manchmal skeptisch beäugt.

Aber während der Coronapolitik durfte niemand den medizinisch-politischen Verlautbarungen widersprechen, wollte er sich nicht als ein Leugner qualifizieren lassen, der durch dieses Wort mit dem Auschwitz-Leugner gleichgestellt wurde. Wer heute den offiziellen Verlautbarungen der Klimawissenschaftler nicht huldigt, gilt auch als Leugner. Solche Ausdrücke wie der von den »Corona-Schutzmaßnahmen« werden in den Medien ständig wiederholt, was Züge einer Indoktrination entfaltet und wie in totalitären Staaten Kritiker zu Staatsfeinden macht. Wer dagegen die Stimme erhebt, zweifelte obendrein an der Wahrheit, werden diese Ausdrücke doch immer mit dem Hinweis ihrer wissenschaftlichen Begründung versehen, sodass das Bündnis von Politik und Medien durch die Wissenschaften erweitert wird. Das präsentiert sich dann als ein wissenschaftlicher, medialer und politischer Komplex, der den Kern einer Expertenherrschaft darstellt. Auch das Wort vom Experten hat in den Medien eine inflationäre Verbreitung gefunden.

Dass Wissenschaften grundsätzlich eine relative Erkenntnis zustande bringen, die sich häufig nach einiger Zeit als falsch herausstellt oder durch andere Interpretationen relativiert wird, das wird in einer Welt wissenschaftlicher Experten fleißig verdrängt. Kritiker werden aus dem Diskurs ausgeschlossen. Diese Sachlage erinnert an die McCarthy-Ära in den USA, die etwa 1946 begann und bis 1955 andauerte und in der es für viele existenzgefährdend war, den Kommunistenjägern zu widersprechen. Im März 1953 wird Hannah Arendt vom renommierten Politikwissenschaftler Carl Joachim Friedrich zu einer Tagung nach Boston eingeladen, auf der der außenpolitische Vordenker der US-Regierung, George Kennan, der zuvor die Eindämmungspolitik gegenüber der Sowjetunion erfunden hatte, wie Arendt davor warnt, dass man nicht dieselben Methoden anwenden dürfe wie die totalitären Staaten.

Als sich 2021 einige Schauspieler in einem Sketch über die Coronapolitik lustig machten, wurde ihnen gedroht, sie dürften im öffentlich-rechtlichen Rundfunk nicht mehr auftreten. Auf diesen politisch-medialen McCarthyism trifft in den Wissenschaften zu, was man in den *Tausend Plateaus* lesen und auf die Medien übertragen kann:

»Die Wissenschaft als solche ist wie alles andere, sie birgt ebenso viel Wahnsinn in sich, der ihr eigen ist, wie Ordnungen und Neuordnungen, und derselbe Wissenschaftler kann an beiden Aspekten beteiligt sein, mit seinem eigenen Wahnsinn, seiner eigenen Polizei, (. . .) – all das als Gelehrter.« (Deleuze und Guattari 1992: 198)

Heidegger (1984: 4) hat das 40 Jahre früher auf den schlichten Satz gebracht: »Die Wissenschaft denkt nicht.« Jacques Rancière kritisiert 1995 die wissenschaftliche Begründung von Politik und ihre Vermittlung durch die Medien als Realisierung des platonischen Modells der Herrschaft weiser Eliten. Diese dürfen sich auch der Lüge bedienen, um die Bevölkerung zu lenken: die Lüge als Medium!

So manche Vertreter linker Politik propagieren eine solche Herrschaft als Realisierung sozialer Gleichheit, weil mittels Expertenwissen jeder richtig behandelt wird. Rancière (2002: 115) widerspricht dem:

»Die Verbindung des Wissenschaftlichen und des Medialen ist also nicht der Beginn der Herrschaft der gleichheitlichen Kontingenz. Sie ist sogar genau das Gegenteil davon. Sie ist das Gefangensein der Gleichheit zwischen Beliebigen in einer Reihe von Gleichwertigkeiten und Kreisläufen, die die radikalste Form des Vergessens darstellt.«

Mit der Expertenherrschaft – ob der der Wissenschaften oder der Medien – wird nicht endlich die soziale Gleichheit hergestellt, sondern Platons Schichtenmodell auf Dauer geschaltet, weil diese Herrschaft als Gleichheit ausgegeben wird. Die Ungleichheit zwischen Experten und Bevölkerung wird als richtig und vernünftig ausgegeben, als Realisierung der Gleichheit.

Das ändert sich auch nicht dadurch, dass sich die Politik an Umfragen orientiert, die angeblich die Meinung der Bevölkerung vermitteln. Erstens prägen die Meinungsforscher durch ihre Methoden (durch die gestellten Fragen) die Antworten vor, sodass sie die Meinungen überhaupt erst generieren. Zweitens bleibt diese Meinung die einer Bevölkerung, die selbst nicht die Stimme erheben kann, die aus dem Diskurs ausgeschlossen ist und durch die Meinungsbefragung nicht eingeschlossen wird. Stattdessen verdeckt die Meinungsbefragung nur, dass die Bevölkerung durch die Expertenherrschaft keine Stimme, keine Sprache hat.

Diese Stimme übernehmen Wissenschaften und Medien. Rancière (2002: 115):

»Die ›Meinungsforschung‹ ist tatsächlich nicht nur die Wissenschaft, die die Meinung zum Gegenstand nimmt. Sie ist die Wissenschaft, die sich unmittelbar als Meinung verwirklicht, die Wissenschaft, die nur in diesem Vorgang der Spiegelung Sinn hat, wo eine Meinung sich im Spiegel sieht, den ihr die Wissenschaft als ihre Identität vorhält.«

Die Bevölkerung kann nicht sprechen. Und wenn sie sich einen Sprecher wählt, hat sie auf ihre eigene Sprache schon verzichtet. Die Meinungsforschung tritt selbst an die Stelle der Bevölkerung.

Es hat sich wenig geändert seit dem Aufstand der Plebejer auf dem Aventin 494 v. Chr. Rancière (2002: 35):

»Die Position der unbeugsamen Patrizier ist einfach: Es gibt keinen Ort, um mit den Plebejern zu diskutieren, aus dem einfachen Grund, weil diese nicht sprechen. Und sie sprechen nicht, weil sie Wesen ohne Namen sind, ohne *Logos*, das heißt ohne symbolische Einschreibung im Gemeinwesen. Sie leben ein rein individuelles Leben, das nichts überträgt außer das Leben selbst, reduziert auf seine Reproduktionsfähigkeit. Derjenige, der ohne Namen ist, *kann* nicht sprechen.«

Die Plebejer konnten kaum lesen und schreiben. Da die Jahre nach den Konsuln benannt wurden, wollten sich die großen Adelsfamilien wie die Julier durch einen Konsul in die Geschichte Roms einschreiben.

Derart präsentiert sich wieder der Unterschied zwischen *zoé* und *bíos*, spätestens wenn die Demokratie nicht durch den Kapitalismus – wie Crouch und Streeck glauben –, sondern durch die platonische Expertenherrschaft postdemokratische Züge angenommen hat. Heute kann die Bevölkerung nicht sprechen, weil sie nicht über das Expertenwissen verfügt, weil sie nicht zur ent-sprechenden Elite gehört, weil ihre Stimmen nicht vernommen werden, höchstens von der Kunst. Das hebt die Bevölkerung aus dem Status nackter Körper nicht heraus, sondern belässt sie dort, indem wissenschaftliche Experten wissen, was für die Bevölkerung gut ist, und mit anderen politischen Experten darüber zu einem Konsens gelangen, der dann von den medialen Experten verbreitet wird. Fast ein Jahrzehnt vor Crouch hat Rancière den Begriff Postdemokratie in die politische Philosophie eingeführt, nämlich 1995. Freilich bezeichnet er damit die Konsensdemokratie der *Theorie des kommunikativen Handelns* von Jürgen Habermas. Denn solche Konsensdemokratie verschleiert als herrschaftsfreier Diskurs, dass die Bevölkerung aus dem Konsens ausgeschlossen wird, handelt es sich dabei doch schließlich um ein Ideal, das sich kaum umsetzen lässt. Rancière (2002: 112): »Als Herrschaft der *Meinung* hat die Postdemokratie zur Aufgabe, die verstörte und verstörende Erscheinung des Volks (. . .) zum Verschwinden zu bringen.«

Die Medialisierung der Politik versteht Jean Baudrillard dagegen als eine Art Abschied von der Metaphysik, weil dadurch die Illusion einer vermeintlich harten Realität verloren geht, in der sich Politik angeblich realisiert, sei es als Ausnahmezustand oder als demokratischer Staat. Die medial aufbereitete Politik – und das lässt sich auf die Wissenschaften übertragen – realisiert Politik nur noch als Simulation, in der ihre Realität liegt. Baudrillard (2006: 73): »Demnach lässt sich sagen, dass es keine Politik mit Ausnahme einer virtuellen mehr gibt (und keine Politik des Virtuellen).« Information ist Simulation und Glauben daran, was realistischer ist, weil es virtuell ist. Gegenüber einer religiös orientierten Politik hat sich damit wenig geändert: Es geht heute nur darum, das medial Simulierte wie das Religiöse zu glauben. Moderne Politik beruft sich auf die wissenschaftliche Wahrheit. Das Christentum berief sich bei seinen Anfängen anders als die antiken Kulte auch auf die Wahrheit.

Freilich gibt es zwischen Baudrillards Simulation und der christlichen eine Differenz, wenn Baudrillard (1992: 128) schreibt: »Etwas von dieser radikalen Metaphysik des Scheins, von dieser Herausforderung mittels Simulation ist noch in der Kosmetikkunst unserer Zeit und im modernen Schmink- und Modeapparat enthalten.« Just solchen äußeren Schein haben die Kirchenväter massiv bekämpft: Die Schönheit hat teuflischen Charakter, weil sie zur Sünde verführt. Seither wird die simulierte Schönheit von allen Anti-Hedonisten vehement bekämpft, nicht nur von religiösen – und zwar zumeist recht erfolgreich, freilich mit gewissen epochalen Unterbrechungen.

Solche positiven Effekte sieht Rancière (2002: 115) weder hinsichtlich der Schönheit noch hinsichtlich der Politik:

»Die Herrschaft der ›Simulation‹ ist also nicht der Ruin der platonischen Metaphysik [...] Sie ist die paradoxe Verwirklichung ihres Programms: einer von der Wissenschaft beherrschten Gemeinschaft, die jeden an seinen Platz stellt mit der Meinung, die zu diesem Platz passt.«

Platons politische Ordnung elitärer Herrschaft ist demnach eine große Simulation, die sich heute auf Massenmedien und Wissenschaften stützt. Wenn sich diese Simulation dabei intensiv pastoraler und apokalyptischer Rhetorik bedient und die Bevölkerung nicht darüber lacht, dann wird Philipp Blom (2011: 20) rechtbehalten:

»Unsere theologisch konditionierten Hirne denken lieber in Bildern wie Erlösung und Verdammnis und damit auch Belohnung und Strafe, als mit der Erwartung einer Zukunft voller Zufälle und Zwänge, unvorhersehbar, sinnlos, ohne Ziel.«

Denn diese letztere

»Möglichkeit, die Menschheit könnte sich auch noch einige weitere Jahrtausende irgendwie durchmogeln (die bei weitem wahrscheinlichste); sie könnte einige Katastrophen vermeiden und andere erleiden, am Ende aber weder dem Himmel noch der Hölle wesentlich näher sein als heute, entspricht unseren kulturellen Instinkten deutlich weniger«.

Literatur

Agamben, Giorgio (2004): Ausnahmezustand. Homo sacer II.1. Frankfurt am Main: Suhrkamp.

Agamben, Giorgio (2010): Herrschaft und Herrlichkeit. Zur theologischen Genealogie von Ökonomie und Regierung (Homo sacer II.2). Frankfurt am Main: Suhrkamp.

Agamben, Giorgio (2015): Homo sacer. Die souveräne Macht und das nackte Leben. Frankfurt am Main: Suhrkamp.

Baudrillard, Jean (1992): Von der Verführung. München: Matthes & Seitz.

Baudrillard, Jean (2006): Die Intelligenz des Bösen. Wien: Passagen Forum.

Blom, Philipp (2011): Böse Philosophen. Ein Salon in Paris und das vergessene Erbe der Aufklärung. München: Carl Hanser.

Bourdieu, Pierre (2014): Über den Staat. Vorlesungen am Collège de France 1989–1992. Berlin: Suhrkamp.

Breuer, Stefan (2022): Max Weber in seiner Zeit. Politik, Ökonomie und Religion 1890–1920. Wiesbaden: Harrassowitz.

Crouch, Colin (2008): Postdemokratie. Berlin: Suhrkamp.

Deleuze, Gilles; Guattari, Felix (1979): Anti-Ödipus. Kapitalismus und Schizophrenie, Bd. 1. Frankfurt am Main: Suhrkamp.

Deleuze, Gilles; Guattari, Felix (1992): Kapitalismus und Schizophrenie: Tausend Plateaus. Berlin: Merve.

Foucault, Michel (1989): Der Gebrauch der Lüste. Sexualität und Wahrheit 2. Frankfurt am Main: Suhrkamp.

Foucault, Michel (2004): Geschichte der Gouvernementalität I. Sicherheit, Territorium, Bevölkerung. Vorlesung am Collège de France 1977–1978. Frankfurt am Main: Suhrkamp.

Foucault, Michel (2005): Die Geburt der Klinik – Eine Archäologie des ärztlichen Blicks. Frankfurt am Main: Suhrkamp.

Foucault, Michel (2019): Die Geständnisse des Fleisches – Sexualität und Wahrheit 4. Berlin: Suhrkamp.

Fried, Johannes (2016): Dies Irae. Eine Geschichte des Weltuntergangs. München: C. H. Beck.

Ganz, David; Ganz, Ulrike (2016): Visionen der Endzeit. Die Apokalypse in der mittelalterlichen Buchkunst. Darmstadt: Philipp von Zabern 2016.

Gehlen, Arnold (1957): Die Seele im technischen Zeitalter. Hamburg: Rowohlt.

Hegel, Gottfried Wilhelm (1970): Grundlinien der Philosophie des Rechts. Frankfurt am Main: Suhrkamp.

Heidegger, Martin (1984): Was heißt Denken? Tübingen: Max Niemeyer.

Hobbes, Thomas (1984): Leviathan. Frankfurt am Main: Suhrkamp.

Huber, Ellis (2000): Heilkunst in der postindustriellen Gesellschaft. In: Möller, Peter-Alexander (Hrsg.): Verantwortung und Ökonomie in der Heilkunde. Frankfurt am Main: Peter Lang, S. 273–293.

Jonas, Hans (1984): Das Prinzip Verantwortung. Versuch einer Ethik für die technologische Zivilisation. Frankfurt am Main: Suhrkamp.

Machiavelli, Niccolò (1980): Der Fürst. Wiesbaden: VMA-Verlag.

Miller, Henry (1970): Sexus. Reinbek: Rowohlt.

Platon (1958): Politeia. Hamburg: Rowohlt.

Rancière, Jacques (2002): Das Unvernehmen. Politik und Philosophie. Frankfurt am Main: Suhrkamp.

Rawls, John (2008): Geschichte der politischen Philosophie. Frankfurt am Main: Suhrkamp.

Reinhardt, Volker (2018): Leonardo da Vinci – Das Auge der Welt. Eine Biographie. München: C.H. Beck.

Schmitt, Carl (1979): Politische Theologie. Vier Kapitel zur Lehre von der Souveränität. Berlin: Duncker & Humblot.

Scholem, Gershom (2019): Poetica. Berlin: Suhrkamp.

Smil, Vaclav (2023): Wie die Welt wirklich funktioniert. Die fossilen Grundlagen unserer Zivilisation und die Zukunft der Menschheit. München: C.H. Beck.

Strauss, Leo (1977): Naturrecht und Geschichte. Frankfurt am Main: Suhrkamp.

Strauss, Leo (1984): Thoughts on Machiavelli. Chicago: University of Chicago Press.

Streeck, Wolfgang (2017): Die Wiederkehr der Verdrängten als Anfang vom Ende des neoliberalen Kapitalismus. In: Geiselberger, Heinrich (Hrsg.): Die große Regression. Berlin: Suhrkamp, S. 253–274.

Thielscher, Christian (2022): Wirtschaft und Gerechtigkeit. Wiesbaden: Springer VS.

Weber, Max (1979): Die protestantische Ethik I. Gütersloh: Siebenstern.

Schönherr-Mann, Hans-Martin (2024): Die Wiederkehr der Apokalypse. Religiöse Elemente im Katastrophen-Diskurs. In: Mediensystem und öffentliche Sphäre in der Krise, herausgegeben von Hannah Broecker und Dennis Kaltwasser, S. 171-200. Neu-Isenburg: Westend. https://doi.org/10.53291/9783949925214_8

Gibt es einen »Extremismus der Mitte«?

Annäherung an ein instabiles Phänomen

Matthias Fechner

Positionsbestimmung

Während der Coronajahre vertraten bislang unauffällige Menschen der politischen Mitte plötzlich Positionen, die man vorher eher dem Rechts- oder Linkextremismus zugeschrieben hätte. Artikuliert wurde von ihnen nicht selten die Missachtung von Grundrechten, das Primat des Kollektivs, das Ausgrenzen gesellschaftlicher Minderheiten, der Ruf nach immer strengeren Verordnungen – in einer Lage, in der gerade der Mitte die Aufgabe zugekommen wäre, mäßigend und einigend zu wirken. Häufig beruhten die Forderungen jener »Extremisten der Mitte« auf einer Haltung, die Theodor W. Adorno für die »autoritäre Persönlichkeit« definiert hatte. In meinem Beitrag unternehme ich eine Annäherung an dieses äußerst liquide, temporäre Phänomen, das (scheinbar) ebenso schnell wieder verschwand, wie es gekommen war. Dabei versuche ich auch, den Anteil der Medien an seiner Entstehung zu berücksichtigen.

Zuerst eine Positionsbestimmung: Wenn ich vom Extremismus der Mitte spreche, meine ich kein klar definiertes Phänomen mit Organisationsstrukturen und festen Protagonisten. Anders als der Extremismus von links oder rechts erscheinen die extremen Ausprägungen der Mitte als temporär, liquide, werden nicht in *eigenen* Organisationsformen und auch nicht längeren, ideologisch unterfütterten Abhandlungen sichtbar. Vermutlich ist das folgerichtig. Denn die Mitte verfügt bereits über Organisation und ideologische Ausrichtung. Man findet sie in den entsprechenden Parteien, in den Medien, den Gewerkschaften und großen Kirchen, in den Berufsverbänden, im öffentlichen Dienst sowieso auch in Sportvereinen wie überhaupt im Ehrenamt. Der aufflackernde Extremismus wird in ihr jedoch emotional verstärkt, drängt geradezu aus der Mitte hervor, verwandelt sich damit aber in etwas Neues.

Dessen wichtigste Eigenschaft ist eine zweidimensionale Verortung zwischen den Extremen. In der eindimensionalen Betrachtung kann auf einer politischen Skala lediglich festgestellt werden, wo sich die Mitte ideologisch befindet. In der Zweidimensionalität aber wird die – soziometrisch sogar messbare – Intensität, die extreme emotionale Ausprägung politischer Haltungen sichtbar, die wiederum die politische Praxis beeinflusst. Die kürzlich durchgeführte MIDEM-Studie des Teams um Hans Vorländer präzisiert diese Perspektive (Herold 2023). Dort wurde in mehreren europäischen Staaten überprüft, wo bei bestimmten Themen – Klimawandel, Zuwanderung, Gleichstellung von Frauen, Sozialleistungen und ihre Finanzierung – eine *affektive* Polarisierung auftritt. Das heißt, welche Befragten andere Meinungen bzw. das politisch Andere am kategorischsten ablehnen. Dabei stellte sich in allen Staaten heraus, dass Großstädter und ältere Menschen mit hohem Bildungsabschluss und gutem Einkommen den höchsten Grad an affektiver Polarisierung aufweisen, ebenso wie »die Wählerinnen und Wähler von linken bis linksextremen sowie grünen und ökologischen Parteien« (Herold 2023: 7). Einen Einfluss hatte auch, wie stark sich die Befragten mit einem Thema verbunden fühlten. Die größte Spaltungswirkung, die stärkste Ablehnung des politisch Anderen trat dabei bei den Themen Zuwanderung, Covid-19-Pandemie und Sozialleistungen und ihre Finanzierung auf. In Deutschland zeigten sich die extremsten Reaktionen bei den Anhängern der AfD – und der Grünen (Herold 2023: 10).

Festzuhalten bleibt, dass in der Befragung auch im politisch progressiven Lager, der gegenwärtigen gesellschaftlichen Mitte, emotional extreme Reaktionen dokumentiert werden konnten. Komplementär dazu definierte Uwe Backes (2011: 28) den Extremismus in seinem Streben nach Autokratie, Antipluralismus und Antidemokratismus. Politische Ziele also, die vor allem angesichts einer gefühlten oder echten Bedrohungslage – wie etwa in den Coronajahren – auch in der gesellschaftlichen Mitte artikuliert werden können. Doch der Extremismus der Mitte ist nicht zwingend mit den Massen identisch, deren Psychologie bei Gustave Le Bon (1961) und deren Symptomatik bei Elias Canetti 1960 beschrieben wird, übrigens gleichfalls in Bezug auf das Verhalten in Epidemien. Eine Masse kann ebenso nach links oder nach rechts außen tendieren. Und auch die ideologischen Komponenten der Mitte, aus denen ein Extremismus hervortritt, sind selbstverständlich variabel, haben sich im Laufe der Geschichte geändert.

Seymour Martin Lipset (1960) konnte diesen »Extremismus der Mitte« im Nazi-Kleinbürgertum Anfang der 1930er Jahre verorten. Doch Lipsets These möchte ich auf keinen Fall direkt auf gegenwärtige Phänomene des Extremismus anwenden. Natürlich kann nicht in Abrede gestellt werden, dass die kleinbürgerliche Mitte den Aufstieg des Nationalsozialismus befördert hat. Lipset aber bezieht sich auf einen anderen gesellschaftlichen Kontext, auf eine andere soziale Schicht: ein autoritätshöriges, vom Abstieg bedrohtes, relativ homogenes Kleinbürgertum. Und damals bildete der Nationalsozialismus zwar eine breite Strömung, aber keine ideologische Mitte. Er war in seinem Extremismus bereits vorhanden, organisatorisch und ideologisch manifest, strebte zur Macht, als er attraktiv für die Masse der kleinbürgerlichen Mitte zu werden begann.

Dagegen scheint ein Joseph McCarthy besser ins Schema zu passen. Der Senator aus Wisconsin hatte für die Vereinigten Staaten der 1950er Jahre persönlich durchaus progressive und gemäßigte Ansichten, etwa Homosexualität oder Antisemitismus betreffend.[1] Zum Extremisten wurde McCarthy, indem er eine Tendenz des damaligen Mainstreams auf die Spitze trieb, in eine Phobie, eine Manie verwandelte: die Furcht vor dem Kommunismus. Wichtiger noch: Der Extremismus der Mitte benötigt bestimmte soziale Konstellationen, Bedrohungen von innen oder außen, um aufzutreten, zu wuchern. Er wird nicht notwendigerweise durch Massen transportiert, sondern durch die Aktivitäten von Einzelnen, die aus der Masse hervortreten, die echte oder scheinbare Bedrohungen in extremer Weise attackieren, versuchen, der Masse eine Richtung zu geben. Und dann wieder in ihr verschwinden.

Ich möchte an dieser Stelle ein hypothetisches Beispiel geben, an dem ich illustriere, was ich in diesem Kontext genau als »extremistisch« bezeichne. Man stelle sich einen westlichen Staat vor, der durch eine Reihe islamistischer Anschläge erschüttert wird. Um das Sicherheitsgefühl der Bürger, die gesellschaftliche Wehrhaftigkeit, auch ihre Solidarität zu stärken, entwirft das Innenministerium nun ein Gesetz, nach dem Moslems – die in dieser Lage aufgrund der Algorithmen eine erhöhte Bedrohung darstellten – weitgehend vom gesellschaftlichen Leben ausgeschlossen wären. Demnach dürften Moslems nicht mehr in Restaurants speisen, keine Fernzüge und Flugzeuge mehr nutzen, auch der Zutritt zu bestimmten Rathäusern, zu Theatern und Kinos

---

1 McCarthys engster Verbündeter war der jüdische Staranwalt Roy Cohn. McCarthy wurden mehrere homosexuelle Affären nachgesagt, die er nicht bestritt. Er entstammte einer strenggläubigen katholischen Familie, war also kein WASP (weißer, angelsächsischer Protestant).

wäre ihnen verwehrt. In den Kantinen mancher Unternehmen richtete man getrennte Essecken mit einfacherer Ausstattung ein. Die Qualitätsmedien erklärten und unterstützten diese Maßnahmen mit der selbstverständlichen Autorität evidenzbasierter Vernunft. Doch der Nachweis eines Übertrittes zum Christentum oder einer anderen großen Weltreligion verschaffte allen Moslems sofort wieder volle gesellschaftliche Teilhabe. Der Übertritt – per App oder auf Papier dokumentiert – eröffnete ihnen umgehend Zutritt zu allen gesellschaftlichen Bereichen der Solidargemeinschaft.

Dieses Beispiel ist bewusst etwas weniger kontrovers entworfen, weil der formale Übertritt zu einer anderen Religion – unter äußerem Zwang – im Islam nicht sanktioniert wird.[2] Zudem darf man davon ausgehen, dass ein solcher Verwaltungsakt lediglich indirekt gesundheitliche Nebenwirkungen zeitigt. Und dennoch bin ich davon überzeugt, dass in einer Exekutive, die in dieser Weise handelte, extremistische Tendenzen sichtbar werden. Um es noch präziser zu formulieren: Die Regierung selbst kann ansonsten eine durchaus gemäßigte, liberale Politik vertreten. An dieser konkreten Stelle jedoch fällt es schwer, aktive Befürworter solcher Verordnungen als gemäßigt zu bezeichnen. Im Gegenteil: Das pauschale Diskriminieren einer heterogenen Gruppe, die Ablehnung jeglichen Dialoges aufgrund eines einzigen gemeinsamen Nenners gehört wohl eher ins politische Repertoire von Extremisten.

Glücklicherweise handelt es sich hier um ein theoretisches Beispiel. Trotzdem wäre es möglich, Bezüge zu den Coronajahren und zur gesellschaftlichen Ausgrenzung Ungeimpfter[3] herzustellen. Der Ausgangspunkt meiner Analyse könnte damit also tatsächlich in temporär extremistischen Einstellungen auf bestimmten Themenfeldern, weniger in einer umfassenden Programmatik, einer gefestigten Weltanschauung oder organisatorischen Strukturen verortet werden. Obgleich oder gerade weil diese Positionsbestimmung subjektiv von mir vorgenommen wird, lediglich auf einzelnen, prägnanten Beispielen und nicht etwa auf der Auswertung einer umfangreichen Befragung gründet. Anfügen sollte man ebenfalls, dass diese Spielart des Extremismus der Mitte sehr häufig nur zeitweise auf vereinzelten Politikfeldern auftritt, wie etwa in der Gesundheitspolitik: Er spiegelt dort ein durchaus heterogenes Spektrum,

---

2 Apostasie unter Zwang ist nach dem Koran ohnehin ungültig. Vgl. Sure 2:256 (Al-Baqara).

3 Die Verwendung des Containerbegriffs »Ungeimpfte« ist wissenschaftlich ungenau, weil man davon ausgehen kann, dass viele der »Ungeimpften« durchaus geimpft waren, beispielsweise gegen Grippe, nur eben nicht mit einem von der Politik als zulässig definierten mRNA-Serum. Sie dient in meinem Beitrag lediglich als (übernommene) sprachliche Vereinfachung, zur besseren Lesbarkeit des Textes.

in dem auch radikalere Parteien wie etwa die AfD in umgekehrter Weise liberale und demokratische Positionen vertreten können – ungeachtet ihrer sonstigen Ausrichtung.

Extremismus der Mitte in den Covidjahren

Die Maßnahmen, die ab März 2020 in Deutschland gegen die Ausbreitung des COVID-19-Virus getroffen wurden, erzeugten – wie bei einer Allergie – auffällige Symptome in der Gesellschaft: Abwehr-, Schutz- und Fluchtreaktionen in einer als lebensbedrohlich empfundenen Situation. Im anfänglichen Lockdown horteten manche Bürger sogar nicht lebensnotwendige, durchaus profane Dinge, wie etwa Klopapier. Menschliche Kontakte wurden penibel durch in kurzen Abständen novellierte Verordnungen definiert. Wer diese nicht genauestens befolgte, konnte als (potenzieller) Mörder[4] tituliert, sogar rechtlich belangt werden. Schließlich drängten viele Menschen zu einer Impfung mit mRNA-Seren, von denen weder die Inhaltsstoffe noch die genauen Wirkungen bekannt waren. Letztere wurden vor allem durch die Politik definiert, als bestimmte Seren – etwa aus Russland (Sputnik V), Indien (Covaxin) oder Schweden (AstraZeneca) – in Deutschland zeitweise nur eingeschränkt oder überhaupt nicht anerkannt wurden. Die in Deutschland zugelassenen Seren – wie Comirnaty – zeichneten sich in der Praxis jedoch ebenfalls weder durch eine hohe Wirksamkeit noch durch eine übermäßige Sicherheit aus.[5] Und erhielten – nicht nur aus diesen Gründen – umgekehrt in Indien und China keine Zulassung. Dessen ungeachtet eruptierte noch Anfang 2022 die Forderung nach einer allgemeinen Impfpflicht in Deutschland, drängte mit Wucht in die gesellschaftlichen Debatten. Der zu diesem Zeitpunkt kaum mehr als rational zu bezeichnende Diskurs erreichte nun neue Tiefpunkte. Insgesamt sind auf der Webseite ich-habe-mitgemacht.de über 1 700 Beispiele öffentlicher Beschimpfungen gegen Ungeimpfte und Skeptiker dokumentiert. Manche dieser Aussagen mögen einmalige Ausrutscher gewesen sein. Die große Zahl der Zitate, gerade von Menschen aus der gesellschaftlichen Mitte, belegt jedoch, dass dort tatsächlich extremistische Tendenzen sichtbar werden. Aufgrund der relativ eindeutigen Sachlage führe

---

4   Die Spiegel-Journalistin Samira El Ouassil (2020) definierte diese Haltung in Bezug auf Maskenverweigerer: »Mal ehrlich, es ist grob unhöflich, andere Menschen umbringen zu wollen.«

5   Dieser Sachverhalt ist inzwischen relativ gut aufgearbeitet, war aber seit der (schlampig gehandhabten) Zulassung der ersten Impfstoffe bekannt.

ich in meinem Artikel selbst nur wenige Zitate als Beispiele an und konzentriere mich auf das Phänomen selbst. Dabei sollten wir nicht vergessen, dass die in Bedrängnis geratene Minderheit der Ungeimpften auch nicht vor ebensolchen Erwiderungen zurückschreckte. Die Sanktionen aber betrafen fast ausschließlich ungeimpfte Mitbürgerinnen und Mitbürger. Dazu gehörten Maßnahmen, die in der westlich-demokratischen Welt zuvor in vergleichbarer Weise während der Apartheid und der Rassentrennung in den Südstaaten der USA zur Anwendung gekommen waren. Wie dort, konnten diese Maßnahmen großflächig umgesetzt werden und fanden Befürworter aus der Mitte der Gesellschaft. Natürlich kann man die Anwendung der Segregation nicht eins zu eins vergleichen. In den Südstaaten und in Südafrika bezogen sich derartige Formen der Diskriminierung auf äußere, unveränderliche Merkmale der Menschen, waren zudem aus einer langen und brutalen Geschichte des Unrechts gewachsen. Umso mehr muss es verwundern, dass etwas ähnlich Ausgrenzendes, geradezu Extremes innerhalb kürzester Zeit in Deutschland und anderen demokratischen Staaten eingeführt werden konnte.

Die autoritäre Persönlichkeit

Erklärungen für dieses Phänomen lassen sich in der Steuerung des gesellschaftlichen Diskurses durch die Leitmedien finden. Man findet sie darüber hinaus in Haltungen und Meinungen, die von Menschen besonders dezidiert vertreten werden, aus denen sich ein Extremismus der Mitte äußert. Natürlich ist dieses Phänomen nicht neu: Theodor Adorno hatte mit seiner groß angelegten Studie der »autoritären Persönlichkeit« bereits kurz nach dem Zweiten Weltkrieg nachgewiesen, dass sich faschistoide Persönlichkeitsmerkmale in allen Teilen der US-amerikanischen Gesellschaft gebildet hatten (Adorno et al. 1950). Das Raster, das sein Team damals in den Befragungen benutzte, ist auch heute noch aufschlussreich. Dort geht es eben nicht um Äußerlichkeiten wie die Befürwortung von Kreuz oder Stern in der Religion, sondern um Fragen der familiären Prägung; in der Faschismus-Skala geht es auch um das Festhalten an gesellschaftlichen Konventionen, die Autoritätshörigkeit, um das Ahnden von Regelverstößen, die Ablehnung des Schöngeistigen und Subjektiven, den Aberglauben, die Identifikation mit den Machthabern, die Herabsetzung Andersdenkender, den Glauben an das Böse bzw. irrationale Bedrohungen und den Umgang mit Sexualität. Bis auf den letzten Punkt wäre etwa die populistische Impfpflicht-Rede der Grünen-

Abgeordneten Emilia Fester am 17. März 2022 im Bundestag ein Beispiel für derartige Einstellungen in der Gegenwart.

Allerdings sollte man vorsichtig sein, Folgerungen daraus ungefiltert ins Hier und Jetzt zu übertragen. Obwohl Adorno seine Studie in den progressiven Bundesstaaten Kalifornien und Oregon durchgeführt hatte, war die US-amerikanische Gesellschaft damals – in der McCarthy-Ära zu Beginn des Kalten Krieges – wesentlich reaktionärer aufgestellt als unsere heutige. Man tut Emilia Fester wohl vordergründig Unrecht, wenn man ihre Haltung mit dem US-Konservatismus der späten 1940er Jahre gleichsetzt. Doch aus Adornos Forschung entstehen selbst heute noch neue Fragen: Warum wollten Menschen den Begriff der »Solidarität« nur noch in vereinfachter, neoliberaler Form verstehen, ausschließlich auf die aktuelle Impfung bezogen, die damit wichtiger wurde als alle anderen zuvor erbrachten Leistungen für die Gemeinschaft? Warum waren Menschen bereit, aufgrund neuer, willkürlicher Verordnungen aktiv auszugrenzen? Warum haben Menschen die Einhaltung offensichtlich unsinniger Regeln[6] mit großer Ernsthaftigkeit überwacht?

Gewiss, auch dazu gibt es bereits einige Antworten, wieder aus den Vereinigten Staaten. Etwa von Stanley Milgram (1974), der bereits 1961 nachwies, dass nicht wenige Menschen unter Anleitung einer wissenschaftlichen Autorität bereit sind, mehr oder weniger systematisch zu foltern. Doch auch hier ist ein linearer Vergleich unpassend. Schließlich wurde in den Coronajahren nicht gefoltert; vor allem ging es für die meisten Menschen vorrangig darum, Leben zu schützen. Zuerst das eigene, dann Familie und Freunde, schließlich wollte man auch eine Ansteckung der Mitmenschen vermeiden. Ganz im Sinne des neoliberalen homo oeconomicus, der seinen eigenen Vorteil wahrnimmt und damit (scheinbar) auch anderen hilft.

Bedenklich ist im Vergleich vor allem, dass das evident Extreme mancher Maßnahmen (Segregation, Schulschließungen, Ausgangssperren) nicht umgehend angepasst, nicht einmal besonnen diskutiert werden konnte. Und dass es Menschen gab, die hier nicht etwa mäßigend und vermittelnd wirkten, sondern unnachgiebig auf der Einhaltung vieler sinnbefreiter, sogar des-

---

6 Beispielsweise die Maskenpflicht im Freien, Ausgangssperren oder das Zutrittsverbot für Ungeimpfte in Theatern, Museen, Bibliotheken, Restaurants (2G-Regeln). Eine prägnante Zusammenfassung liefern die Versionen des § 28a Infektionsschutzgesetz: »Besondere Schutzmaßnahmen zur Verhinderung der Verbreitung der Coronavirus-Krankheit-2019 (COVID-19) bei epidemischer Lage von nationaler Tragweite«. Problematisch sind derart undurchdachte Verordnungen auch deshalb, weil sie Widerspruch geradezu herausfordern und eine echte Gefahr damit wesentlich schwerer bekämpft werden kann.

truktiver Verordnungen bestanden. Eine Konstellation, die den Maßnahmenprotest zusätzlich befeuerte und damit negativ auf die gesellschaftliche Kohärenz wirkte. Anders als etwa bei der Pandemie von 2009, die ohne Gefährdung des demokratischen Konsenses beendet werden konnte.

Doch mir geht es auch darum, die Frage zu ergründen, in welchen Konstellationen bestimmte Haltungen in der Gegenwart eine solche Wirksamkeit entfalten konnten, dass heterogene Teile der bundesdeutschen Bevölkerung ein extremistisches Verhalten zeigten; dieses auch aggressiv rechtfertigten, obwohl man etwas Derartiges noch kurz zuvor nicht von ihnen hätte erwarten dürfen. Dazu könnte auch die Auflösung kognitiver Dissonanzen, widersprüchlicher Wahrnehmungen beigetragen haben. Nicht zuletzt die Medien unterstützten autoritativ eine Politik linker und progressiver Parteien, die man vorher eher von der reaktionären Rechten erwartet hätte. Wie aber konnte diese Konstellation überhaupt entstehen?

Wo die politische Peilung versagt: Im Bermudadreieck aus Programmatik, Projektion und Praxis

Das Bild einer Partei konturiert sich, behaupte ich, aus der Spannung zwischen Programmatik, Projektion und Praxis. Drei Perspektiven also, die nicht identisch sind, in Extremfällen nur geringe Überschneidungen aufweisen. Dabei besteht die Programmatik aus dem Parteiprogramm, das auf Landes- und Bundesdelegiertenkonferenzen verabschiedet wird. In der Regel handelt es sich um Empfehlungen, die in den großen Parteien Versatzstücke für fast jede politische Richtung bieten, aber leider nur selten vollständig gelesen und öffentlich diskutiert werden. Zur politischen Praxis, auch zur Wirkung der Politik besteht nicht immer eine Verbindung. Zudem erfährt die Programmatik im politischen Prozess Veränderungen, etwa in Koalitionsverträgen oder Gesetzesvorlagen. Wichtiger ist in dieser Konstellation die Projektion[7] der Wählerinnen und Wähler, die eine andere Sichtweise auf die Praxis selbst bestimmt. Diese Projektion wird aus unterschiedlichen Quellen gespeist, etwa der Selbstdarstellung der Parteien, auch dem Einfluss von Familie und Freunden, eigenen biografischen Erfahrungen, darunter der schulischen und universitären Bildung. Schließlich

---

7 Nicht zu verwechseln mit der (verwandten) Projektion in der Meinungsforschung, der Wahrnehmung und Darstellung politischer Stimmungen mittels Politbarometer, zur kurzfristigen Bestimmung eines möglichen Wahlergebnisses.

kann den Medien auf diesem Feld eine nicht zu unterschätzende Bedeutung zugesprochen werden.

Beim aktuellen Extremismus der Mitte fällt zuerst eine Widersprüchlichkeit zwischen der politischen Praxis und den Darstellungen zur Erzeugung der Projektion auf. Dazu ein Beispiel aus der Außenpolitik: Im Dezember 2022 würdigte Außenministerin Annalena Baerbock als Staatsgast Narendra Modis Indien als »Wertepartner«. Aus macht- und außenpolitischer Perspektive ist dagegen wenig einzuwenden. Deutschland benötigt Bündnispartner, und Indien stellt im Reigen der neuen Großmächte sicher eines der kleineren Übel dar. Doch verblüfft die Leichtigkeit dieser auch in den Qualitätsmedien kolportierten Aussage – angesichts der klar rechtsextremen Ausrichtung des Staatschefs und seiner Partei, der hindunationalistischen Bharatiya Janata Party. Noch präziser: Auf der Suche nach einer Parteitradition vereinnahmte Modi selbst den Spiritus Rector der Waffen-SS-Division »Legion Freies Indien«, Subhash Chandra Bose.[8] Zudem diskriminiert die Politik der BJP religiöse und ethnische Minderheiten,[9] benutzt Frauen lediglich zur Selbstdarstellung und vergiftet damit das politische Klima der äußerst korrupten Demokratie.[10] Das ist die politische Praxis. Es überrascht also, dass am jovialen Umgang mit dem »Wertepartner« keinerlei substanzielle Kritik geübt wurde, weder von der Außenministerin noch von den Medien, wie dies etwa bei Trump, Bolsonaro oder Putin geschieht. Hier aber sendeten die Medien Signale, die eine klare Rezeption verhindern, die Projektion beeinflussten. Ein Bericht im ZDF über Baerbocks Reise unterstreicht am 5. Dezember die Suche nach einem »Gegengewicht« zu China, nach Fachkräften, nach Klimaschutz. In der damit erzeugten Projektion besucht die Außenministerin also die größte Demokratie der Welt, das farbenprächtige Land Gandhis, wo Kühe verehrt werden, das sich rasant zu einem IT-getriebenen Global Player mit Millionen von dynamischen Fachkräften entwickelt. Allerdings findet sich im ZDF – im Gegensatz zur Mehrheit der anderen, ähnlich gelagerten

---

8 Dazu verkündete Modi unter anderem die Errichtung einer achteinhalb Meter hohen Statue des »Netajis« (Führers) Bose am India Gate in Neu-Delhi, dem wichtigsten Kriegerdenkmal Indiens (Statesman News Service 2022).

9 In Indien kommt es immer wieder zu gezielten Ausschreitungen und Pogromen gegen Moslems. Eine aktuelle Liste von Ereignissen findet sich etwa bei Human Rights Watch. Bürgerkriegsähnliche Zustände herrschen in ländlichen Gebieten einiger Bundesstaaten (Chhattisgarh, Orissa, Jharkhand), in denen die Regierung mit besonderer Brutalität gegen die indigene Bevölkerung vorgeht. Linke Aktivisten, die sich für die Rechte der Indigenen einsetzen, werden aufgrund falscher Beweise verhaftet und unter schwierigen Bedingungen – ungeachtet ihres Alters oder ihres Gesundheitszustandes – im Gefängnis festgehalten (vgl. DHNS 2022).

10 Die Mechanismen dieser korrupten Demokratie beschreibt Katherine Boo (2012).

Artikel[11] – inzwischen auch ein Beitrag über die rechtsextreme Ausrichtung der indischen Regierung.

Für zusätzliche Verwirrung sorgen hier jedoch programmatische Bekundungen Baerbocks zu ihrer »feministischen« Außenpolitik. Dass ihre indischen »Wertepartner« in der politischen Praxis brutale Chauvinisten und verknöcherte Patriarchen[12] sind, spielt in dieser Konstellation keine Rolle mehr. Im Bermuda-Dreieck von Praxis, Projektion und Programmatik ist keine Peilung, keine Orientierung mehr möglich. Plötzlich erscheinen Extremisten als gemäßigt, werden Patriarchen zu *Allies*. Dass es sich beim Beispiel Indien nicht um eine Ausnahme handelt, zeigen die außenpolitischen Positionen zum Krieg in der Ukraine. Die Anliegen der »feministischen« Außenpolitik werden dort von den Ukrainern mit einer ganz anderen, recht konservativen Motivation verteidigt. Vor allem der Nationalstolz, aber auch der Opfermut fast ausschließlich ukrainischer Männer haben bisher (ebenso wie eine akzeptable Frontzulage und logistische Unterstützung aus dem Westen) dazu beigetragen, den russischen Vormarsch an den östlichen Fronten aufzuhalten. Entsprechend gewürdigt wurden in den deutschen Medien auch die Kämpfer des Asow-Regiments, das in einer rechtsextremen Tradition steht. Aus einer realpolitischen Position – wie sie Henry Kissinger und Zbigniew Brzeziński im Kalten Krieg vertraten – ist diese Haltung nachvollziehbar und passend. Wie sich diese Konstellation allerdings in eine »grüne« und »feministische« Außenpolitik fügt, ist – ohne den erstaunten Blick auf verzerrte Projektionen – eigentlich kaum zu erklären.

Nun ist alles möglich – was genau so in den Coronajahren geschehen ist, wo selbst die Antifa plötzlich die Interessen der Pharmaindustrie verteidigte. Betont werden sollte bei diesen Beispielen dennoch, dass nicht das Außenministerium eine problematische Rolle spielt, sondern die Gemengelage, die keine präzise politische Verortung mehr zulässt. Es sind genau diese Umstände, die einen Extremismus der Mitte ermöglichen, mit seiner temporären, liquiden Natur. Verändern sich die Einflüsse und Perspektiven aus Praxis, Projektion und Programmatik, dann ändert sich selbstverständlich auch die ideologische Substanz, deren Gehalt aber in den entstandenen

---

11 Die Tagesschau titelte dazu beispielsweise am 5. Dezember 2022: »Besuch in Neu-Delhi: Baerbock würdigt Indien als Wertepartner«. Mathias Peer (2022) begann seinen Artikel im *Handelsblatt* mit der Schlagzeile »Baerbock lobt Indien als Wertepartner«, verwies im Nebensatz aber auf eine aktuelle außenpolitische Problematik (»obwohl das Land enorme Mengen an russischem Rohöl importiert«). Im Teaser wurde die Aussage weiter betont: »Die Außenministerin schwärmt in Neu-Delhi von der Partnerschaft mit Indien. Dabei will das Land sein boomendes Geschäft mit Russland trotz des EU-Preisdeckels sogar ausbauen.«

12 Während die Regierung Modi eine Besserstellung der Frauen verspricht, werden in Indien Frauen und Minderheiten auch weiterhin massiv und aktiv benachteiligt (vgl. Kundu 2022).

Verzerrungen nicht mehr bemessen werden kann. Dazu lassen sich unzählige weitere Beispiele finden.

Intransigenz der Haltungen

Die Weigerung einer Ulmer Berufsschullehrerin, Wolfgang Koeppens Roman »Tauben im Gras« (1951) aufgrund einer von ihr als rassistisch gelesenen Sprache als Abiturvorbereitung zu unterrichten, wäre nur eines davon (Meisoll 2023). Koeppens Prosa ist poetisch, ambigue, präzise, gleichzeitig fast dokumentarisch, damit auch in ihrer Zeit verhaftet. Der Autor spiegelt die Perspektiven unterschiedlicher Protagonisten in den frühesten Jahren der Bundesrepublik. Und selbstverständlich befinden sich darunter Aussagen, die aus heutiger Sicht als rassistisch gedeutet werden können, weil Teile der Gesellschaft – die Koeppen kritisch beschreibt – damals rassistisch eingestellt waren. Es erfordert ein Eindenken in die historischen Zusammenhänge, in Techniken literarischer Darstellung, es erfordert Sprachverständnis sowie Empathie, um sich mit den daraus hervortretenden Haltungen im Roman auseinanderzusetzen, wie auch die Kultusministerin von Baden-Württemberg befand (Deutschlandfunk 2023).

Wie bereits angedeutet, klebt der Extremismus der Mitte damit gewiss nicht am Logo einer Partei. Denn die grüne Kultusministerin Theresa Schopper verteidigte hier den Roman eines bedeutenden linksliberalen Schriftstellers gegen die Angriffe einer Beamtin, die sich selbst als afrodeutsch definiert. Selbst in der *Jungen Welt*, einem sonst nicht als rassistisch bekannten Medium, wurde »Tauben im Gras« danach ausdrücklich positiv rezensiert (Grumbach 2023). Ein Teil der Problematik besteht hier wohl in der »modernen Empfindlichkeit« (Flaßpöhler 2021) der »Selbstgerechten« (Wagenknecht 2021), die sich schneller verletzt fühlen und keine Empathie mehr für andere Positionen aufbringen (siehe Sandra Kostner in diesem Buch). Sie reagieren gekränkt, mit einer radikalen Einseitigkeit der Vorwürfe, unter bewusster Ausblendung des kulturgeschichtlichen Kontextes,[13] der Verweigerung eines Dialogs, der Unbedingtheit, Forderungen durchzusetzen, bei gleichzeitiger Eskalation der Kampfzone in die mediale Öffentlichkeit, selbst

---

13 Der Deutschlehrerin dürfte bekannt gewesen sein, dass »Tauben im Gras« keinesfalls in das Spektrum wirklich rassistischer Romane in der deutschsprachigen Literatur passt, wie etwa Hans Zöberleins »Befehl des Gewissens« (1937) oder Artur Dinters »Sünde wider das Blut« (1918). Auch die Biografie Koeppens, sein Gesamtwerk und dessen Rezeption lieferten bislang keinerlei Anhaltspunkte für einen Rassismusverdacht.

unter eminenter Gefährdung der eigenen Existenz. Denn die Studienrätin lehnte nicht nur eine gütliche Einigung ab, die darin bestanden hätte, einen anderen Kurs, eine andere Lektüre zu unterrichten. Sie startete darüber hinaus eine Petition, Koeppens Roman generell für den Schulunterricht zu verbieten, und kündigte ihr Ausscheiden aus dem Schuldienst an, falls das (linksliberale) Buch weiter im Lehrplan verbleibe (Meisoll 2023, SWR 2023).

Cancel Culture

Damit wären wir beim Thema Cancel Culture, die in ihren unterschiedlichen Ausprägungen nur ein Symptom, ein Gradmesser für Intransigenz ist und an dieser Stelle nicht mit ihren jeweils unterschiedlichen Ausprägungen und Beispielen – Zensur, Absagen, Abmahnungen, Kündigungen, Hassreden oder Demonstrationen gegen Veranstaltungen – behandelt werden soll. Klar ist, dass sie in ihrer Extremform demokratischen Prinzipien widerspricht, häufig von einer Minderheit, teilweise sogar Einzelpersonen ausgeht, die mit ihrer Agitation, auch über eine mediale Amplifizierung, den Eindruck erwecken können, dass viele Menschen entschlossen hinter dem Abbruch des Dialoges stünden. Dennoch ist es schwierig, Entscheidungsträger, die derartige Tendenzen exekutiv durchsetzen, nicht im Windschatten extremer Haltungen, auch eines Extremismus der Mitte zu verorten. Selbstverständlich muss man ihnen zugestehen, dass sie durch eine rigide Verhinderung kontroverser Debatten auch die Einrichtung unter ihrer Leitung schützen. Andererseits nimmt der offene, demokratische Diskurs gerade daraus Schaden. Eine extreme Forderung erhält durch einseitige exekutive Unterstützung meistens eine höhere Wirksamkeit. Gerade aus solchen ungleichen Bündnissen erwachsen dem spontanen Extremismus der Mitte zusätzliche Kräfte.

Offene Diskurse als Ventil

Interessanterweise spielen rechtsextreme Parteien keine Rolle mehr, wenn kritische Fragen offen artikuliert werden können. Dies zeigte sich etwa bei der Wiederwahl Boris Palmers zum Tübinger Oberbürgermeister 2022, wo kein rechter Gegenkandidat antrat.[14] Palmer hatte den Diskurs über Mig-

---

14   Konkret handelte es sich bei den Gegenkandidaten um die dreifache Mutter und Politikwissenschaftlerin Ulrike Baumgärtner (Bündnis 90/Die Grünen, 22 Prozent), die Volkswirtin

rationspolitik geöffnet und damit ein Ventil für den politischen Druck aus der rechten Mitte geschaffen. Natürlich stellt sich die Frage, ob ein Politiker wie Palmer nicht selbst als Extremist der Mitte zu bezeichnen wäre. Doch gerade die Fokussierung schärft an dieser Stelle die Definition: Der Extremist der Mitte unterbindet den Dialog, wertet andere Positionen pauschal ab, ist nicht an einer Modifikation seiner eigenen Argumente interessiert. Damit gleicht er den Extremisten von links und von rechts, die bisweilen wenig Verständnis für die Spielregeln einer offenen Gesellschaft aufbringen. Dabei entstehen auch Schnittmengen – trotz grundsätzlicher thematischer Differenzen.

Sicherheit

Denn auch der Extremist der Mitte sucht Sicherheit; gewiss nicht in der Migrationspolitik wie die Extremisten von rechts. Doch in der Gesundheitspolitik markierten die Extremisten der Mitte wiederum ihr eigenes Feld, auf dem sie keinesfalls zu Konzessionen bereit waren, wo sie ihre eigenen autoritären Vorstellungen von Sicherheit durchsetzten. Kleinste Verstöße wurden dann regelkonform und mit aller Härte geahndet: Wer etwa in der Bahn keine Maske tragen wollte, konnte von einem halben Dutzend Polizisten aus dem Zug geholt, verhaftet und abgeführt werden. Selbst wenn man sich alleine in einem Abteil oder sogar Waggon aufhielt. Denn der Extremist der Mitte war nicht nur bestrebt, die – aus seiner Sicht letale – Gefahr der Ansteckung zu minimieren; er duldete darüber hinaus keine Zuwiderhandlungen gegen Verordnungen, selbst wenn aus dem Verstoß keinerlei gesundheitliche Konsequenzen resultierten.

Genau darin zeigte sich der Charakter des Extremisten der Mitte: Die Schutzverordnung wurde zum Selbstzweck erhoben, losgelöst von der tatsächlichen epidemiologischen Lage, die durch verzerrte Messungen und schwammige Statistiken[15] ohnehin höchst ungenau wiedergegeben wurde. Losgelöst auch von der schwierigen wirtschaftlichen Lage und vor allem

---

Sofie Geisel (SPD, 21,4 Prozent), den Kabarettisten Markus Vogt (Die Partei, 2,2 Prozent), den Entrümpler Sandro Vidotto (0,8 Prozent) sowie den Bademeister Frank Walz (1,0 Prozent). Palmer selbst erhielt 52,4 Prozent der Stimmen, bei einer Wahlbeteiligung von 62,6 Prozent.

15 Eine konzise Stellungnahme zu ungenauen Statistiken findet sich auf der Webseite https://7ar gumente.de, einer Gruppe von Wissenschaftlern, die faktenbasiert gegen die Impfpflicht argumentiert(e).

der katastrophalen Entwicklung zwischenmenschlicher Beziehungen im sogenannten Lockdown. Anstatt hier mäßigend zu wirken, den Dialog mit jenen aufrechtzuerhalten, die nicht mehr bereit waren, dem extremen Kurs zu folgen, Synthesen zu bilden, Kompromisse zu schließen, heizten einige besonders überzeugte Extremisten der Mitte die Situation zusätzlich an. Wer etwa den Einfluss der Pharmaindustrie und ihre enormen Krisen-Gewinne kritisch hinterfragen wollte,[16] konnte schnell als »Verschwörungstheoretiker« ausgegrenzt werden. Selbst das Benutzen des Wortes »Elite« im falschen Kontext zog die Gefahr nach sich, als »Antisemit« verdächtigt zu werden.[17] So verengte das allzu beflissene Aufkleben derart abwertender Etiketten in der Praxis nicht nur den demokratischen Diskurs, sondern zeigte auch, wie stark – im Adorno'schen Sinne – die Autoritätshörigkeit unter manchen Menschen in der Mitte der Gesellschaft geworden war. Sichtbare gesellschaftliche Fehlentwicklungen wurden in dieser Konstellation nicht mehr kritisiert, sondern verteidigt und unterstützt.

Die Bewegungen des Extremisten der Mitte

Man kann für diese wenig konstruktiven Verhaltensweisen eine Vielzahl an Gründen vortragen; auffällig ist aber, dass der Extremist der Mitte – anders als der Extremist von rechts oder links – in derartigen Konstellationen häufig konform mit dem Diskurs einer echten oder scheinbaren Mehrheit geht, gerne gestützt durch Autoritäten. Während sich die Extremisten des Randes absondern, außerhalb des Konsenses stellen, dadurch mitunter dauerhaft sichtbar werden, bewegt sich der Extremist der Mitte vorwiegend im Kollektiv, bleibt in der Psychologie der Massen verhaftet. Dabei befindet er sich in einem widersprüchlichen Zustand. Denn gleichzeitig drängt es ihn dazu, sich von seinen Mitmenschen abzuheben: aus Geltungsbedürfnis, aus krisengeborener Angst, aus einer unbestimmten Aggression heraus. Nicht

---

16 Zum profitorientierten Vorgehen und zum Lobbyismus der deutschen Pharmaindustrie vgl. den sehr späten Versuch einer Aufarbeitung in den Leitmedien, etwa in der *Zeit* (Schwarz 2023).

17 Die Europäische Kommission warnt(e) beispielsweise vor »implizit und versteckt antisemitischen Formulierungen (etwa »Ostküsteneliten« in den Vereinigten Staaten)«. Ähnliche Hinweise findet man auf der Webseite der Bundeszentrale für politische Bildung oder auch beim *Faktenfuchs* des Bayrischen Rundfunks. Problematisch ist, dass die Warnungen auf diesen Webseiten einen kritischen Diskurs lähmen und gleichzeitig keinerlei Hinweise liefern, wie man dem grassierenden Lobbyismus und der verdeckten Einflussnahme großer Pharma- und Digitalunternehmen verbal begegnen sollte.

zuletzt aus dem Gefühl, die radikal richtigen Lösungen durchsetzen zu müssen. In diesen ebenfalls temporären Zeiträumen setzt er sich – für die Dauer von Stunden, Wochen, im Einzelfall auch wenigen Jahren – mit extremen Forderungen an die Spitze der Massen, vermag diesen sogar einen neuen, stets populistischen Impetus zu verleihen, eine andere Richtung zu geben. Dabei kann er aus allen möglichen gesellschaftlichen Bereichen hervortreten – als Politiker, Journalist, Wissenschaftler, Arzt, couragierter Bürger. Bis er wieder in der Masse und den Zeitläuften versinkt. Tatsache ist jedoch, dass der Extremist der Mitte – in viel stärkerem Maße als die Extremisten des Randes – von den Medien beleuchtet, hervorgehoben, gemacht wird. Für seinen Auftritt ist dies unabdingbar. Denn, wie erwähnt, der Extremist der Mitte bewegt sich politisch unsichtbar in der Masse, im Zentrum der Gesellschaft. Bekannt wird er nur durch die Verbreitung seiner Aussagen, manchmal auch seines Verhaltens, das aber meistens im gesetzlich vorgegebenen sozialen Rahmen bleibt.

Anders als die Extremisten von links oder rechts entführte er bislang auch keine Flugzeuge, beging keinen Bankraub, legte keine Bomben, um seine Forderungen durchzusetzen. Sein Verhalten ist im Einzelfall dennoch nicht weniger zerstörerisch. Auch eine radikale, einseitige Gesetzesvorlage birgt destruktive Potenziale. Ein Zeitungsartikel, selbst ein Tweet kann inzwischen eine vernichtende Wirkung haben. Wobei auch hier einschränkend bemerkt werden sollte, dass die ernsthafte Rezeption sehr häufig auf eine kleine Gruppe von Menschen beschränkt bleibt, die Medium, Haltung oder auch nur Beruf eint. Die Nachricht diffundiert zwar indirekt in weitere Kreise der Gesellschaft. Dort wird sie mit vergleichsweise hoher Intensität aber nur kurzfristig wahrgenommen. Bis sie vom nächsten Aufreger abgelöst wird. Das Fatale daran ist jedoch, dass der Extremist der Mitte wenigstens temporär einen Zugang zu den Leitmedien verfügt, um seine Ansichten zu verbreiten. Und er besteht im Zirkelschluss auf der Position, dass alle Meldungen, die über die Leitmedien abgesetzt werden, sachlich richtig sind. Daran darf man in begründeten Fällen Zweifel hegen; weshalb mit dem Faktenchecker eine weitere Instanz geschaffen wurde, die die Meldungen prüft. Scheinbar unabhängig, aber doch von den Leitmedien beauftragt und bezahlt, häufig mit einer schwachen Stellung in der Hierarchie des Mediums, als Praktikant oder Volontär.[18] Deshalb überrascht es nicht, wenn Faktenchecker fast im-

---

18 Fast nie handelt es sich bei Faktencheckern um Fachwissenschaftler, was (nicht nur) während der Coronajahre zu der kontroversen Situation führte, dass fachfremde Nachwuchsjournalisten über die Einschätzung wissenschaftlicher Arbeiten zu befinden hatten.

mer eine positive Kongruenz zwischen den Aussagen des Extremisten der Mitte und dem Leitmedium herstellen (Andrick 2022) – und damit in der Affirmation Teil des Extremismus der Mitte werden können.

Verhältnis zu den Leitmedien

Aber zurück zu den Leitmedien. Wer in deren mediales Kreuzfeuer gerät, muss sich zumeist gegen Journalisten behaupten, die sich nicht immer fair verhalten. So werden Informationen verkürzt weitergegeben und emotional formuliert. Gegendarstellungen werden ignoriert oder mit noch härteren Vorwürfen beantwortet (Rieg 2023). Eine zusätzliche Problemdimension entsteht durch die fortdauernde Abrufbarkeit der im Netz dokumentierten Dispute. Jedoch nicht für den Extremisten der Mitte, vertritt dieser doch die herrschende Meinung, nur etwas prononcierter. Selbst wenn sich seine Aussagen später, in ruhigeren Zeiten, als Blasen erweisen sollten, kann er sich jederzeit rechtfertigen. Woher sollte er es – wie Mitte und Mehrheit der Gesellschaft, wie Millionen anderer Menschen auch – denn besser gewusst haben? Mit ein bisschen Zerknirschung kann er sich später sogar als Aufarbeiter präsentieren, als geläuterter Mensch mit einer gehörigen Portion Selbsterkenntnis. Damit revidiert er immerhin seine Extremposition, akzeptiert wieder die Regeln des demokratischen Diskurses. Doch es gibt auch hier Variationen: Wenn etwa manche Exponenten der extremen Mitte wider besseres Wissen sogar eine Aufarbeitung der Coronajahre verwerfen und darauf beharren, dass der Ausnahmezustand – mit allen Fehlern und Nebenwirkungen – grundsätzlich die richtige Entscheidung gewesen sei.[19]

Die vom Extremisten der Mitte attackierten Skeptiker und Querdenker befinden sich dagegen in einer schwierigeren Lage. Nicht selten wurden ihnen Etiketten verpasst, die sich nicht mehr aus der Berichterstattung im Netz lösen lassen, die ihre Biografie verunstalten wie ein Brandmal. Schlimmer noch als die Folgen einer Strafanzeige, die in letzter Konsequenz zwar den Beruf kosten kann, aber nicht öffentlich werden muss. Einmal tituliert als

---

19 Wie etwa Janosch Dahmen, der den Vorstoß der FDP-Fraktion im Bundestag, eine Enquete-Kommission einzusetzen, ablehnte. Der gesundheitspolitische Sprecher der Grünen im Bundestag befürchtete »nachträgliche Schuldzuweisungen«, wobei »weiteres Vertrauen der Bevölkerung« verloren gehen könne (James 2023). Dahmen vermutete noch in einem Tweet vom 11. Mai 2023 eine Verschwörung von Querdenkern, als in Ratingen ein offenbar verwirrter Mann in seiner Wohnung eine Explosion verursachte und dabei auch Sicherheitskräfte teilweise schwer verletzte.

»Rechtsextremisten«, »Schwurbler«, »Querdenker«, »Rassisten« oder »Neofaschisten«, müssen sie fortan erklären, warum sie dem harschen Urteil – besonders der Qualitätsmedien – doch nicht entsprechen (Meyen 2020). Sie sind herausgefordert, die geringsten Spuren des Zweifels zu tilgen, wenn sie wieder gesellschaftlich akzeptiert werden oder sogar ihren Lebensunterhalt in einer Anstellung verdienen wollen.

Gestörter Bezug zur Geschichte und Eurozentrismus

Ein weiteres Charakteristikum des Extremisten der Mitte besteht in seinem gestörten Bezug zur Geschichte. Denn er denkt und argumentiert häufig nicht linear-historisch, sondern situativ-kontemporär. Wer die Geschichte in ihrer Entwicklung betrachtet, weiß, dass jedes Volk, jedes Land, jede Kultur durch Höhen und Tiefen gegangen ist, einmal Täter, dann wieder Opfer war. Vor diesem Hintergrund wird es schwierig (aber gewiss nicht unmöglich, etwa beim Holocaust), bewertende Vergleiche zu ziehen, in einen Wettbewerb zu treten, wer denn mehr gelitten habe, eine Hierarchisierung noch der Opfergruppen vorzunehmen. Ein historisch denkender Mensch kennt auch die Gefahren, die sich hinter den genannten kollektiven Kategorien verbergen. Geschichte – und vor allem die Geschichtswissenschaft – betrachtet deshalb häufig die differenzierte Mikroebene, den einzelnen Menschen, arbeitet Ergänzungen, Kontraste, sogar Widersprüche zu den gängigen Narrativen heraus, ohne diese zu leugnen. Der Extremist der Mitte reagiert dagegen auf – häufig medial vermittelte – Details der Gegenwart. Historische Vorgänge bewertet er aus dem Bewusstsein seiner unmittelbaren Gegenwart heraus, nicht selten spontan, emotional, eindimensional. Dabei glaubt er fest an seine eigene moralische Überlegenheit. Diese manifestiert sich für ihn bereits darin, verbal oder per Emoticon auf der richtigen Seite zu posten. Historische Details, Entwicklungen, Vergleiche sind ihm dann weniger wichtig, werden meistens konsequent ausgeblendet. Schließlich könnten sie das Gefühl der moralischen Überlegenheit tangieren. Restriktive Sprachregelungen – unabhängig von der konkreten Situation – wären hier nur ein Beispiel.

Dagegen wird etwa der inflationäre Gebrauch des Englischen – trotz seiner unübersehbar kolonialen und kapitalistischen Aspekte – nicht als problematisch wahrgenommen. Im Gegensatz zu postkolonialen Ansätzen, wie sie beispielsweise von Ngũgĩ wa Thiong'o in seinem bahnbrechenden Werk »Decolonising the Mind« (1986) artikuliert wurden. Vielleicht ließe sich dieses Unterschätzen anderer kulturkritischer Perspektiven auch damit begründen, dass für den Extremisten der Mitte die westliche, marktwirtschaftlich ausgerichtete Gesellschaft – entgegen allen Beteuerungen – doch Priorität zu haben scheint. Dies zeigt sich nicht nur im verklärten Blick auf Indiens Regierung, sondern auch bei deutschen Reaktionen auf die Black-Lives-Matter-Bewegung. Während die US-Bewegung in Deutschland breit und positiv rezipiert wurde, ignorierte man eine verwandte, ebenso verzweifelt kämpfende Strömung in Nigeria (Onuzo 2020). Mag sein, dass deren Anhänger suspekt waren, weil sie eine Graswurzelbewegung gegen Regierungsvertreter in Abuja und anderen Städten Nigerias bildeten. Dort instrumentalisierte die herrschende Klasse des Vielvölkerstaates die Coronamaßnahmen für sich und drängte größere Teile der Bevölkerung in noch tiefere Armut (Orjinmo 2020). Korrupte Spezialeinheiten der Polizei ermordeten sogar Demonstrierende, ohne dass dies in deutschen Medien thematisiert worden wäre. Es ist gewiss möglich, dass das geopolitische Interesse Deutschlands seinen Schwerpunkt nicht in Nigeria findet. Aber aus britischen Medien und in Beiträgen nigerianischer Journalisten weltweit konnte man sich immerhin über die durchaus wirkungsvolle Bewegung informieren. Gefolgert werden könnte also, dass der engagierte Antirassismus des Extremisten der Mitte doch sehr westlich geprägt und eurozentrisch ist. Eine Haltung, die sich in einem demokratischen Kontext auch bei der unglücklichen Rückgabe der Benin-Bronzen zeigte.

Allerdings wäre es gewagt zu behaupten, dass sich damit implizit ein westlicher Rassismus verbände. Vielmehr lässt die Fixierung auf Europa und Nordamerika auf ein gewisses Desinteresse schließen, ein Räkeln in der eigenen medialen Komfortzone. Gefährlich ist diese geistige Trägheit dennoch, weil Neues und anderes nicht selbstständig erschlossen wird. Denn das gegenwärtige Agenda-Setting der Medien besteht auch darin, neue Themen und Herausforderung mit alten Gewissheiten zu kombinieren. Das ist bei dynamischen Entwicklungen – wie der Covidkrise – jedoch gefährlich. Denn die Bedrohungslage kann nicht mehr fokussiert analysiert werden, sondern wird normativ mit anderen Politikfeldern vermischt. Der Extremist der Mitte ist daher nicht nur bereit, schneller einem bestimmten Kurs zu folgen; er bleibt ihm auch fester verbunden, folgt ihm in andere Themen hinein. So galt das Maskentragen in der Covidkrise als ein Zeichen von Solidarität, von Umsicht, von Verantwortungsbewusstsein. Natürlich war die Praxis oft eine andere: Mit Masken wurden korrupte Geschäfte gemacht,[20]

---

20 Wie etwa von Andrea Tandler, die über Kontakte in die bayrische Politik mehr als 48 Millionen Euro an Provisionen kassierte, aber nur deshalb in erster Instanz zu einer Haftstrafe

die Tragepflicht wurde manchmal sogar polizeilich durchgesetzt. Obwohl die erratische Praxis sehr häufig keinerlei wissenschaftlichen Standards genügte. Vor allem wenn Einweg- bzw. Alltagsmasken sich einer sehr langen und nicht immer hygienischen Verwendung erfreuten. Für den Extremisten der Mitte hatte das Tragen der Maske dagegen eine hohe Symbolkraft: Man durfte vermuten, dass der Maskenträger eine progressive Agenda vertrat. Wer Maske trug, zeigte angesichts der Krise seine Sorge um die Schwächeren. Oder wie es Christian Drosten (2020) zu Beginn der Krise formulierte: »Und die Idee wäre ja sowieso: Jetzt, wo wir sehr wenig in der Öffentlichkeit sind, diese Masken auch eben nur dann bei den Ausflügen in die Öffentlichkeit zu tragen, als Geste, Signal, als Höflichkeit.«

So konnte man auch zu verstehen geben, dass man antirassistisch, ökologisch, feministisch war, aufseiten der Wissenschaft ergo der Vernunft stand. Im Umkehrschluss konnten Extremisten der Mitte schließen, dass Menschen ohne Maske das Gegenteil unterstützten: Rassismus, Mitweltzerstörung, Patriarchat, Schlachthäuser, Sekten, Wissenschaftskritik ergo Aberglauben. Natürlich ist diese Gleichung sehr einfach. Aber die Art und Weise, wie Menschen ohne Maske bisweilen als verantwortungslos und egoistisch dargestellt wurden, lässt darauf schließen, dass sie von Extremisten der Mitte keinesfalls als nachdenklich, höflich, abwägend oder solidarisch wahrgenommen wurden. Und selbstverständlich waren Extremisten der Mitte ebenso bereit, gegen Minderheiten und Außenseiter vorzugehen, falls diese vom Mehrheitskurs abwichen und individualistische Tendenzen zeigten. In solchen Fällen waren auch dort »unabhängige Geister. Ökos. Tierschützer und Anthroposophen. Kritiker von Globalisierung und Regierung. Jesus-Freaks, Anarchisten und ein paar Versprengte, die schon immer vor dem Mobilfunkstandard 5G gewarnt haben. Abonnentinnen der taz (»Wo ist das kritische Hinterfragen? Wo ist die Aufklärung?«), enttäuscht von ihrem Blatt. Dissidenten. Veganer« (Frank 2020) nicht vor Verbalattacken geschützt. Wie in dem hier zitierten *taz*-Artikel, wo Arno Frank die Frage »Macht Bio wirr?« erörterte – und am Ende doch wieder eine Verbindung von unangepassten Minderheiten über Coronaproteste und Verschwörungstheorien zum Rechtsextremismus zog.[21]

---

von vier Jahren und fünf Monaten verurteilt wurde, weil sie ihr Einkommen nicht ordentlich versteuert hatte (Jerabek et al. 2023).

21 Ibid. Dabei reproduzierte er selbst eine Verschwörungstheorie: die Unterwanderung von Protesten durch Rechtsextremisten. Diese Verschwörungstheorie – oder besser: Verschwörungsthese – wird aktuell (Januar 2024) auf die Bauernproteste angewendet. Auf diese Weise wird vom eigentlichen Problem abgelenkt; wobei die Protestierenden mit ihren Fragen und Anliegen ins gesellschaftliche Abseits gedrängt werden.

Den Extremisten der Mitte kümmerte dabei auch der weltweit recht unterschiedliche Umgang mit der Pandemie und dem Maskentragen recht wenig. Selbst wissenschaftliche Erkenntnisse, dass das Tragen (verschmutzter) Einwegmasken im Freien – etwa in Fußgängerzonen – keinen entscheidenden Einfluss auf die Verbreitung des Virus hat, wurden ignoriert. Denn wichtiger als die Sachlage war wohl die politische Haltung, der Korpsgeist, die Zugehörigkeit zum eigenen Lager, die sich mit Maske und Impfnachweis verband.

Zusammenfassung

In den Coronajahren wurde der Extremismus der Mitte plötzlich sichtbarer: Auf der verzweifelten Suche nach Sicherheit befürworteten nicht wenige Menschen die Einschränkung der Grundrechte, verbunden mit einem starken Staat und einem einheitlichen, kollektivistischen Vorgehen. Andersdenkende wurden systematisch ausgegrenzt, häufig abgewertet – in einer Weise, die an Adornos »autoritären Charakter« erinnerte. Auf anderen gesellschaftlichen Feldern entspringt diese Haltung einer übersteigerten Sensibilität, leichter Verletzbarkeit, zu einer affektiven Polarisierung tendierend, nicht selten analog zur eingeschränkten Perspektive eines Kindes. Hier zeigt sich der Extremismus der Mitte auch intransigent, versteht Geschichte sehr oberflächlich, mit eurozentrischer, westlicher Perspektive.

Die Analyse des Phänomens wird jedoch durch seinen temporären Charakter, ohne definierte Ideologie, ohne eigene Strukturen, aus der Mitte der Gesellschaft heraus agierend, erschwert. Dennoch hoffe ich, dass mein Beitrag eine Annäherung an die Problematik darstellt.

Literatur

Adorno, Theodor W.; Frenkel-Brunswik, Else; Levinson, Daniel; Sanford, Nevitt (1950): The Authoritarian Personality. New York: Harper & Brothers.

Andrick, Michael (2022): Was tun »Faktenchecker«? In: Berliner Zeitung, 10. August.

Backes, Uwe (2011): Warum die Mitte selbst extrem werden kann. In: Brodkorb, Matthias (Hrsg.): Extremistenjäger!? Der Extremismus-Begriff und der demokratische Verfassungsstaat. Banzkow: Adebor, S. 19–32.

Canetti, Elias (1960): Masse und Macht. München: Hanser.

Deutschlandfunk (2023): Kultusministerin Schopper hält an »Tauben im Gras« als Abi-Pflichtlektüre fest. 30. März.

DHNS (2022). Varavara Rao: The old man won't die in jail. Thanks, SC. In: Deccan Herald, 15. August.

Drosten, Christian; Hennig, Korinna (2020): Masken können andere schützen. Coronavirus-Update 19. In: NDR. 23. März.

Flaßpöhler, Svenja (2021): Sensibel. Über moderne Empfindlichkeit und die Grenzen des Zumutbaren. Stuttgart: Klett-Cotta.

Frank, Arno (2020): Macht Bio wirr? Corona und Verschwörungstheorie. In: taz, 23. Mai.

Grumbach, Detlev (2023): Koeppens Roman »Tauben im Gras«. Es geht um Bündnisse. In: Junge Welt, 10. Juli.

Herold, Maik; Joachim, Janine; Otteni, Cyrill; Vorländer, Hans (2023): Polarisierung in Deutschland und Europa. Eine Studie zu gesellschaftlichen Spaltungstendenzen in zehn europäischen Ländern. MIDEM Studie 2023-2. Dresden: Mercator Forum Migration und Demokratie.

James, Katharina (2023): Grünengesundheitsexperte [sic] gegen Enquete-Kommission zur Corona-Politik. In: Die Zeit, 26. April 2023.

Jerabek, Petr; Rauch, Manuel; Arnö, Alexander (2023): Masken-Millionärin Tandler muss fast viereinhalb Jahre in Haft. In: BR24live, 15. Dezember.

Koeppen, Wolfgang (1951): Tauben im Gras. Stuttgart: Scherz & Goverts.

Kundu, Amitabh (2022): India Discrimination Report. Summary Edition. Neu-Delhi: Oxfam India.

Le Bon, Gustave (1961): Psychologie der Massen. München: Kröner.

Lipset, Seymour Martin (1960): Political Man. New York: Doubleday & Company.

Meisoll, Astrid (2023): Rassismus. Ulmer Lehrerin will wegen Roman nicht mehr unterrichten. In: SWR Aktuell, 11. März.

Meyen, Michael (2020): Die Leitmedien als Problem. In: Journalistik, Heft 3, S. 262–273.

Milgram, Stanley (1974): Obedience to Authority: An Experimental View. New York: Harper & Row.

Onuzo, Chibundu (2020): Black lives matter everywhere. That's why the world should support the #EndSARS movement. In: The Guardian, 16. Oktober.

Orjinmo, Nduka (2020): Why Nigerian looters are targeting Covid-19 aid. In: BBC News Africa, 26. Oktober.

El Ouassil, Samira (2020): Liebe Schutzmaskenverweigerer! In: Spiegel Online. 16. Juli.

Peer, Mathias (2022): Baerbock lobt Indien als Wertepartner – obwohl das Land enorme Mengen an russischem Rohöl importiert. In: Handelsblatt, 5. Dezember.

Rieg, Timo (2023): Qualitätsdefizite im Corona-Journalismus. Eine kommentierte Fallsammlung. In: Research Gate.

Schwarz, Meike (2023): Der Einfluss der Pharmaindustrie war zu groß! In: Die Zeit, 10. Februar.

Statesman News Service (2022): ›Grand statue‹ of Netaji to come up at India Gate: PM Modi. In: The Statesman, 20. Januar.

SWR (2023): »Tauben im Gras«: Lehrerin findet Kompromiss zu Abi-Pflichtlektüre in BW annehmbar. In: SWR Aktuell, 30. April.

Thiong'o, Ngũgĩ wa (1986): Decolonising the Mind. Nairobi: Heinemann Educational.

Wagenknecht, Sahra (2021): Die Selbstgerechten. Mein Gegenprogramm – für Gemeinsinn und Zusammenhalt. Frankfurt am Main: Campus.

Fechner, Matthias (2024): Gibt es einen »Extremismus der Mitte«?. In: Mediensystem und öffentliche Sphäre in der Krise, herausgegeben von Hannah Broecker und Dennis Kaltwasser, S. 201-222. Neu-Isenburg: Westend. https://doi.org/10.53291/9783949925214_9

Unter Feuer

Medienkampagnen im Digitalen Kapitalismus.

Persönliche Erfahrungen und sozioökonomische Treiber am Beispiel des Ukrainekrieges

Patrik Baab

Einleitung: Unerhörte Begebenheiten

Am 28. September 2022 wird unser Hotel in Donezk beschossen. Eine 155-mm-Artilleriegranate fliegt knapp an meinem Zimmer im 5. Stock vorbei. Sie verfehlt das »Park Inn« um wenige Meter und schlägt auf dem Parkplatz ein. Die Druckwelle fegt durch die Eingangshalle. Tresen, Mobiliar, Lampen – alles zerberstet. Ein Pfosten rettet der jungen Frau am Empfang das Leben. In den unteren vier Etagen splittern alle Scheiben (Ria Nowosti 2022; ExtremNews 2022). Gerade hatten wir das Hotel verlassen; nur durch Zufall entgehen wir dem Tod. Was hat das mit Medienkampagnen im Digitalen Kapitalismus zu tun? Ich will versuchen, das zu erklären.

Am 25. April 2023 sitzt die taz-Reporterin Esther Geisslinger in der mündlichen Verhandlung des Schleswig-Holsteinischen Verwaltungsgerichts. In Schleswig wird über meine Klage gegen die Kündigung meines Lehrauftrages an der Christian-Albrechts-Universität zu Kiel wegen meiner Recherchen im Donbass verhandelt. Der Kammervorsitzende und die Berichterstatterin würdigen mein »beeindruckendes Lebenswerk«, zu dem auch mehr als 20 Jahre kritischer Berichterstattung über Missstände in Putins Russland gehörten. Interviews werden eingespielt, in denen ich erkläre, dass es sich bei den Referenden im Donbass um keine freie und geheime Wahl gehandelt habe. Putins Angriffskrieg habe ich schon gar nicht legitimiert, dazu liegen eidesstattliche Erklärungen vor. Das hat Esther Geisslinger nicht interessiert. Sie schreibt: »Putin-Propagandist darf weiter lehren« (Geisslinger 2023).

Wenn eine Sau durchs Dorf getrieben wird, ist offenbar jedes Mittel recht. Hauptsache Klicks, Quote, Auflage. Das ist die Währung, die zählt, für die Rendite, bei der Vergabe von neuen Aufträgen, Anstellungen, Beförderungen. Man spricht von »Klick-Druck«. Denunziation aus purer Selbstermächtigung. Mit der Treibjagd wird die Aufmerksamkeit des Publikums gebunden, sein Blick von den tatsächlichen Problemen abgelenkt: Brot und Spiele. Es handelt sich um eine Refeudalisierung der bürgerlichen Öffentlichkeit. Denunziation ist ein Geschäftsmodell, aber auch ein Modell der Zensur.

Am Karfreitag 2023 wollen mein Freund Friedhelm, seine Tochter und ich in der Kieler Kneipe »Palenke« gegen 22:30 einen Absacker trinken. Der Kellner kommt auf mich zu: »Herr Baab, Sie sind ein Verschwörungstheoretiker. Sie bekommen hier kein Bier. Verlassen Sie sofort das Lokal!« Betroffen ziehen wir uns zurück. Die Tochter kommentiert: »So stelle ich mir 1933 vor!« Grund genug, unseren Schrecken woanders runterzuspülen (Baab 2.5.2023).

Verschwörungstheoretiker; Querdenker; Coronaleugner; Rechtsextremist; Putin-Propagandist; Antisemit: Das sind die Denunziationsetiketten des ökolibertären und nationalreaktionären Bürgertums. Sie dienen dazu, Propaganda durchzusetzen, Dissidenz auszugrenzen, die Bevölkerung zu spalten, die Existenz der Zielperson zu vernichten, durch die Erzeugung von Angst vorauseilenden Gehorsam zu erzwingen. Dahinter steht ein Ziel: Die Herrschaft der Machteliten zu sichern (Mausfeld 2018, 174 ff.). Aber orchestriert werden diese Kampagnen von ihren intellektuellen Satrapen. Die Denunziation hat ein Gesicht: Es sind Bürgerkinder aus dem akademischen und journalistischen Milieu, die das gefühlte Interesse ihrer Klasse durchsetzen. Der Kellner im »Palenke« heißt Moritz, studiert an der Uni Kiel und arbeitet beim Campus-Radio.

Fragen und Erklärungsversuche

Mich interessiert heute: Wo liegen die gesellschaftlichen Triebkräfte dieser Denunziationskampagnen? Was akzeleriert und potenziert sie? Wie können wir sie stoppen? Eine Kampagne ist eine zeitlich begrenzte Kommunikationsmaßnahme mit einem definierten Ziel. Mit journalistischer Informationsgebung hat dies nichts zu tun. Wir werden sehen, warum das so ist.

Die Überlegungen zur Orchestrierung von Denunziationskampagnen konzentriere ich auf vier Sphären: 1. auf redaktionelle Entscheidungsprozesse, 2. auf persönliche Prädispositionen, 3. auf die Affekt-Ökonomie des Digitalen Kapitalismus und 4. auf den Bereich politischer Propaganda.

Dabei bin ich nur das Beispiel; eigentlich geht es gar nicht um mich. In meinem Falle kenne ich die Vorgänge und verfüge über die Unterlagen, die eine kohärente Einschätzung ermöglichen. Aber es geht im Kern um den Kampf um Ihre Grundrechte: um die Verteidigung der Republik gegen identitäre Antidemokraten. Der Einzelfall ist repräsentativ für die Bedrohung der Demokratie.

Trickser und Täuscher: das Handwerk der Denunzianten

Lars Wienand berichtet über meine Donbass-Reise im Herbst 2022 unter dem Titel: »Scheinreferenden Hurra!«, präsentiert mich als Wahlbeobachter Putins und unterstellt, Putins Angriffskrieg sei mir wohl egal. Dagegen bin ich gerichtlich vorgegangen. Wir betrachten seinen Artikel etwas näher.

Zunächst prüfe ich am Beispiel von t-online die handwerkliche Versiertheit von Lars Wienand. Dazu lege ich grundlegende Kriterien der Nachrichten an. Sind die sieben nachrichtlichen Kernfragen beantwortet: Wer? Wo? Was? Wann? Wie? Warum? Woher die Meldung? Außerdem: Wurde das Zwei-Quellen-Prinzip beachtet? Wurde der Grundsatz befolgt: Et audiatur altera pars?

Wer? Diese Frage wird beantwortet, es handelt sich um mich, Patrik Baab. Wo? Auch dies wird genannt, im Donbass. Wann? Das Geschehen spielt sich zweifelsfrei Ende September 2022 ab. Was? Hier scheiden sich die Geister. Lars Wienand stellt mich als Wahlbeobachter hin, obwohl ein klares Dementi vorlag. Seine einzige Quelle sind russische Medien im Netz. Das Internet ist aber ein Filter, der aussieht wie ein Fenster. Man findet dort nur, was andere nach ihren Interessen hochgeladen haben. Also wäre eine zweite Quelle außerhalb der digitalen, in der realen Welt, zwingend gewesen. Ein Anruf bei der zuständigen Zivilkammer der Russischen Föderation oder ein Blick auf deren Website hätte genügt, um festzustellen, dass ich kein Wahlbeobachter gewesen sein kann (Civic Chamber 2022). Recherchezeit: vielleicht 15 Minuten. Dies wäre auch in der aktuellen Berichterstattung zumutbar, ja zwingend gewesen. Die Prüfung des »Was« wurde unterlassen; das Zwei-Quellen-Prinzip missachtet. Der Verdacht drängt sich auf: Wienand wollte seine Story nicht kaputtrecherchieren.

Wie? Hier wird es interessant. Die Frage, wie ich zu den Referenden gelangt bin, hat t-online nicht interessiert. Eine Prüfung hätte erbracht, dass es sich um eine Anschlussreise handelte, die lange vor der Verkündung der Referenden geplant war und Publikationszwecken diente (Baab 2023). Dies hätte aber nicht ins Framing gepasst: Agenda Setting ist immer auch Agenda Cutting (Schiffer 2021, 14).

Die Frage, warum die von Wienand so genannten »Scheinreferenden« gerade so ausfallen und nicht anders, wird gar nicht gestellt. Darin zeigt sich der mangelnde Sachverstand des t-online-Autors. Von den Konflikten in der Ostukraine, der Geschichte der Region, ihrer Kultur, den Ursachen des Krieges hat Lars Wienand offenbar keine Ahnung, und es interessiert ihn auch nicht. Pierre Bourdieu weist darauf hin, dass journalistische Ignoranz gefährlich ist. Denn sie führt dazu, dass Vorgänge skandalisiert werden, die für Fachleute weder verwunderlich noch spektakulär oder skandalös sind (Bourdieu 1998, 25, 61). So verhält es sich auch mit den Referenden im Donbass: Auch wenn die Durchführung internationalen Standards einer freien und geheimen Wahl nicht entsprochen hat, so bilden sie doch die Stimmung in der Bevölkerung ab. Darin sind sich Historiker einig.

Denn der Donbass wird seit März 2014 von der ukrainischen Armee beschossen. Nach Angaben der Vereinten Nationen gab es mehr als 14 000 Tote, ein großer Teil davon Zivilisten (Permanent Mission 2022). Man stelle sich einmal vor, der Sitz des Schleswig-Holsteinischen Verwaltungsgerichts, Schleswig, würde acht Jahre lang von Fregatten der Bundesmarine aus Eckernförde beschossen, mehr als 14 000 Menschen seien zu Tode gekommen. Womöglich würden die Schleswiger dann auch aus guten Gründen für den Anschluss an Dänemark votieren. Vorangegangene Stimmungstests im Donbass fielen ohne Ausnahme ähnlich aus (Kudelia 2014; Kudelia 2016, 22 f.; Sakwa 2016, 154; Cristaudo 2022). Das alles zeigt nur: Minderheitenprobleme können nicht mit Bomben gelöst werden (Bauman 2003, 224).

Ergänzend darf erwähnt werden, dass die Ukraine erst 1922 zu einer stabilen Staatlichkeit gefunden hat. Nach dem Ersten Weltkrieg, in dem ein kleiner Teil der heutigen Ukraine zum Kaiserreich Österreich-Ungarn gehörte und der größere östliche Teil zum Zarenreich, nach dem russischen Bürgerkrieg (bis 1920) und dem russisch-polnischen Krieg wurden im Frieden von Riga (1921) der westliche Teil bis ca. 150 Kilometer westlich Kiew Polen zugeschlagen (die sog. Curzon-Linie nach dem Versailler Vertrag 1919). Der östliche Teil blieb bei Sowjetrussland. Den weitgehend agrarischen Gebieten wurden die russischen Regionen Charkiw, Luhansk, Donezk, Saporischschja und Cherson, also alle Gebiete östlich des Dnjepr, zugeschlagen, um eine wirtschaftlich tragfähige Einheit zu bilden (Klussmann 2016). Die inzwischen von der russischen Armee eroberten Gebiete gehörten also ursprünglich zu Russland, die Bevölkerung ist überwiegend russischer Herkunft. Dies hätte vielleicht geholfen, das Ergebnis des Referendums besser zu verstehen, herrschte nicht bei den genannten Autoren völlige Ignoranz gegenüber der ukrainischen Geschichte.

Woher die Meldung? Lars Wienand stützt sich ausschließlich auf russische Staatsmedien, die in der EU als Propagandamedien gelten und teilweise, wie der Sender RT Deutsch, gesperrt sind. Hier darf man fragen, warum diese Quellen einerseits als unseriös gelten, andererseits aber zu Denunziationszwecken verlässlich genug sind. Allein der Gesprächs- oder Skandalisierungswert scheint zu zählen, oder: Der Zweck heiligt die Mittel.

Wir halten also fest: Von sieben W-Fragen wurden vier nicht beantwortet. Das Zwei-Quellen-Prinzip wurde missachtet. Der Grundsatz »et audiatur altera pars« wurde nicht befolgt. Hintergrundinformationen wurden nicht herangezogen. Handwerklich Standards wurden missachtet. Eine Realitätsprobe fand nicht statt. Charakteristisch ist die gemeingefährliche Ignoranz, mit der Lars Wienand bei seiner Skandalisierung die Geschichte der Region, die Konfliktgenese, das kulturelle Umfeld und den Forschungsstand ausblendet. Hier handelt es sich, wie ich es an anderer Stelle ausgedrückt habe, um journalistische Drohnenpiloten, die fernab des Geschehens eine Zielperson zum Abschuss freigeben, ohne jegliche Kenntnis der realen Sachverhalte (Altrogge 2022). Dies zeigt exemplarisch, wie ungebildete Journalisten ihr Publikum verblöden. Das Ergebnis: Ganz schlechtes Handwerk.

Aber damit nicht genug. Andere Medien wie Spiegel Online, die taz und das NDR-Medienmagazin Zapp schreiben die Meldung von t-online ab, ohne die Eingangsinformation zu prüfen. Im Journalismus nennt man das: Verletzung der Sorgfaltspflicht. Nun werden sogenannte Experten eingebunden, von denen man weiß, dass sie dasselbe Framing teilen (Schiffer 2021, 19, 31). So interviewt Zapp Volker Lilienthal, den Inhaber der Rudolf-Augstein-Stiftungsprofessur in Hamburg, der allein schon dadurch einen klaren Interessenbezug hat. So bilden sich selbstreferenzielle Zitierkartelle, die Denunziationskaskaden in Gang setzen mit dem Ziel der öffentlichen Ächtung. Dieser Schritt wiederum gelingt durch zügige Ansprache der Arbeitgeber, teilweise direkt verbunden mit der Aufforderung, die Zielperson zu sanktionieren, wolle man nicht als Sympathisant oder gar Mittäter an den Pranger gestellt werden (Hintergrund 2022).

Das ganze Vorgehen zeigt, dass hier Journalisten aus der Beobachterrolle heraustreten und selbst zu Akteuren werden. Es zeigt auch: Es geht nicht um Faktentreue, sondern um einen Empörungsimpuls, der auf der Basis des herrschenden Meinungsklimas Aufmerksamkeit binden soll. Colin Crouch: »Nachprüfbare Fakten spielen keine Rolle. Wir leben im postfaktischen Zeitalter.« (Crouch 2021, 242 f.) Man könnte sarkastisch sagen: Die Sitzredakteure brauchen kein Handwerk mehr, sondern Killerinstinkt. Das böse Nazi-Wort von der »Lügenpresse« gewinnt bestürzende Aktualität. Aber warum? Dies versuche ich in vier Schritten zu analysieren: 1. auf der redaktionellen, 2. auf der individuellen, 3. auf der sozioökonomischen und 4. auf der politischen Ebene.

Redaktionelle Entscheidungen: Ein Blick in die Blackbox

Journalistische Entscheidungen fallen in Redaktionen. Damit findet hier auch das strategische Framing statt. Den Alltag prägen Zeitdruck, Personalnot, redaktionelles Meinungsklima, Klick-Druck, Entscheidungsstrukturen und prekäre Beschäftigungsverhältnisse. Entscheidend ist hier, dass freie Mitarbeiter eine blatt- und programmprägende Rolle spielen, aber meist nach Zeilen oder Sendeminuten bezahlt werden und damit im Grunde Stücklohn erhalten. Dies bringt sie in wirtschaftliche Abhängigkeit von den höheren Entscheiderebenen. Ihr Widerspruchsgeist ist deshalb meist ausgesprochen gering.

Die meisten Redaktionen funktionieren nur, weil eine Heerschar von freien Mitarbeitern die Arbeit am Laufen hält. Diese »Freien« möchten auch morgen und übermorgen noch Aufträge erhalten. Deshalb entwickeln sie ein feines Sensorium für das, was der Chef haben will. Sie leben schließlich davon, dass ihre Themen »gekauft« werden. Wer sich in diesem System sperrig und unbotmäßig verhält, wird sich schnell einen anderen Job suchen müssen; er passt nicht zur »redaktionellen Linie«. Der ehemalige Chef der US-amerikanischen Federal Communications Commission, Nicholas Johnson, erzählt die Geschichte von einem Freien, »der zunächst mit einem Recherche-Thema ankommt, die Idee aufschreibt und das Exposé an seinen Redakteur weiterleitet. Dort wird ihm gesagt, dass die Story nicht läuft. Er fragt sich warum, aber beim nächsten Mal ist er vorsichtig genug und bespricht sowas zuerst mit dem Redakteur. Dort wird ihm gesagt, dass es besser wäre, die Geschichte nicht zu schreiben. Beim dritten Mal denkt er zwar an eine Recherche-Geschichte, belästigt seinen Redakteur aber nicht mehr damit, weil er weiß, dass das nichts bringt. Beim vierten Mal denkt er gar nicht weiter über solche Ideen nach.« (Lee u. Solomon 1991, 98)

In einem solchen redaktionellen Klima fällt es Führungskräften leicht, durch die Erzeugung von Angst vorauseilenden Gehorsam zu erzwingen. Die Auswahlkriterien bei der Rekrutierung, die Milieu-Affinität und das System der freien Mitarbeit mit seinen Abhängigkeiten lassen in Redaktionen ein subtiles System vorauseilenden Gehorsams entstehen. Die Mitarbeiter bieten dann ihre Themen schon so an, dass der »Spin« ins Framing der redaktionellen Linie passt – oder sie lassen sich auf der Konferenz ein Thema »zuwerfen«.

Wie das in der Praxis läuft, zeigt die Genese des Zapp-Beitrags von Caroline Schmidt und Lea Stuckmeier. Der Beitrag legt weiter nahe, ich sei ein Wahlbeobachter des Kremls gewesen. Auf eine Prüfung der Eingangsinformation wird verzichtet. Außerdem nimmt der Bericht Bezug auf eine Diskussionsrunde bei Ken Jebsen. Dort spreche ich im Zusammenhang mit den – nachgewiesenen – geheimdienstlichen Verstrickungen und heimlichen Reisen von Uwe Barschel in die DDR vom »Tiefen Staat«. Der geneigte Leser mag nun erwarten, hier folge eine luzide argumentative Auseinandersetzung in Kenntnis der Ermittlungsakte oder eine journalistische Kritik der Diskussionsrunde. Denn wer selbst gute Interviews führt, braucht die Konkurrenz von Ken Jebsen nicht zu fürchten. Aber weit gefehlt.

Vielmehr rückt mich der Beitrag in die Nähe von Verschwörungstheorien: Ich spräche vom »Tiefen Staat«, ein Begriff, der auch von Verschwörungstheoretikern benutzt werde (Zapp 2022). Diese Argumentationsmethode hat zwei Elemente: 1. Konstruktion einer Kontaktschuld; 2. Analogiebildung zwecks Bedeutungsverschiebung. Dies will ich kurz semiologisch erläutern.

Zunächst wird eine Kontaktschuld konstruiert: Ein Kontakt zu Ken Jebsen wird negativ konnotiert nach dem Motto: Spiel nicht mit den Schmuddelkindern. Das Prinzip ist simpel: Zunächst wird ein Gegner definiert. Dann wird die Zielperson dem gegnerischen Lager zugeordnet. Es handelt sich also nicht um eine Argumentation in der Sache, sondern ad hominem. Solche Konstrukte, mit denen nicht zur Person oder zur Sache recherchiert wird, sondern politisch verdächtige Dritte auf die Zielperson abfärben sollen, stellen klassische Pseudoargumente dar und sind zur journalistischen, wissenschaftlichen oder juristischen Beweisführung ungeeignet, weil sie nicht auf Tatsachen beruhen (Meyen 2021, 105–121; Agora 2020, 12).

Zweitens wird eine Analogie auf der Signifikanten-Ebene gebildet: Die Zielperson wird über einen Begriff, ein Bezeichnendes, hier »Tiefer Staat«, mit einem negativ konnotierten zweiten Diskursfeld, hier »Verschwörungstheoretiker«, in Verbindung gebracht. Dadurch ergibt sich eine Bedeutungsverschiebung auf der Signifikatebene und damit des gesamten Zeichensystems. Denn ein Zeichen ist definiert als Korrelation eines Signifikanten mit einem Signifikat (Barthes 1979, 34; Eco 1977, 167). Auf diese Weise wird die ursprüngliche Bedeutung des Begriffes »Tiefer Staat« eskamotiert. Dabei handelt es sich um einen sozialwissenschaftlich klar umrissenen und empirisch belastbaren Begriff. Rechercheure wie Mike Lofgren sehen darin »eine Entwicklung, keine Verschwörung« (Lofgren 2016, 32 ff.). Den Zapp-Autoren bleibt der Forschungsstand aber fremd. Ihr Ziel ist vielmehr, einen Fachbegriff umzuformen in eine Denunziation.

Die Konstrukte von Kontaktschuld und sachfremder Analogiebildung wurden auch in den USA während der McCarthy-Ära angewendet und dienten damals schon böswilliger Denunziation. Insgesamt handelt es sich darum, aus purer Selbstermächtigung das Diskursfeld zu definieren und die Zielperson aus dem Debattenraum auszugrenzen. Eine Auseinandersetzung in der Sache findet nicht statt. Aber um Vernunftkritik geht es nicht. Im Kern geht es um die Zerschlagung demokratischer Öffentlichkeit. Hilfsweise hätte man vielleicht auch eine Bücherverbrennung durchführen können. Die Denkfiguren der Akteure sind ähnlich. Es handelt sich um identitäres Denken.

Mit demokratischer Öffentlichkeit hat diese Cancel Culture nichts zu tun. Denn Demokratie heißt, auch solche Positionen in der Arena der Öffentlichkeit zu Wort kommen zu lassen, die einem nicht gefallen. Aber inzwischen sind viele Akademiker und Journalisten Träger und Promoter identitätspolitischen Denkens. Es zielt darauf ab, spezifische soziale Gruppen in den Mittelpunkt zu stellen und eine höhere Anerkennung dieser Gruppe durchzusetzen. Dabei werden kulturelle, ethnische, soziale oder sexuelle Merkmale benutzt. Diese Politisierung der Identität richtet sich gegen den Universalismus der Aufklärung. Es handelt sich also um eine zentrale Diskursfigur der Gegenaufklärung. Die Annahme, dass unterschiedliche Kulturen auf unterschiedlichen Wegen zur Erkenntnis gelangen und Sonderrechte für sich in Anspruch nehmen können, gilt historisch als Vorstufe des Rassendenkens und der nationalen Überlegenheit (Furedi 2018, 14 f.). Freiheit heißt in dieser Perspektive nicht mehr, in der Debattenarena argumentativ zu überzeugen, sondern sich zu einer Gruppe zu bekennen, eine bestimmte Haltung aufzuzeigen. Alle, die sich dem kollektiven Prozess nicht fügen, verlieren somit ihren Geltungsanspruch. Damit sind identitätspolitische Ansätze direkt anschlussfähig an faschistische Denkfiguren. Der Historiker Götz Aly: »Auch der Nationalsozialismus war eine identitäre Bewegung!« (Aly 2023). Dies zeigt, in welchem Maß sich antidemokratisches Denken bereits in die Köpfe der Redakteure abgesenkt hat.

Nun zum Herstellungsprozess. Bei einer Online-Personalversammlung am 29. September 2022 forderte der Leiter der Redaktion Panorama, Volker Steinhoff, im Chat dazu auf, sich mein Verhältnis zu Ken Jebsen und mein Auftreten als Wahlbeobachter im Donbass vorzunehmen. Dies ließen sich die Zapp-Reporterinnen Caroline Schmidt und Lea Stuckmeier nicht zweimal sagen. Denn nun wussten sie, dass ein solcher Beitrag »von oben« gewünscht wurde. Sie hatten eine Lizenz zur Denunziation.

Unmittelbar nach meiner Rückkehr landete ein Einschreibebrief von der Personalleiterin des NDR Landesfunkhauses Schleswig-Holstein, Gaby Kies, in meinem Briefkasten. Darin heißt es:

> »Uns wurde ihre Tätigkeit in der Ukraine anlässlich einer Presseanfrage bekannt. Einen diesbezüglichen Nebentätigkeitsantrag haben wir nicht finden können. Sollten Sie der Ansicht sein, dass es sich nicht um eine genehmigungspflichtige Nebentätigkeit handelt, teile Sie uns Ihre Begründung bitte mit.« (Kies 2022)

Mein Anwalt antwortete daraufhin der Wahrheit entsprechend, dass keine Nebentätigkeit vorliegt. Bis zu diesem Zeitpunkt hat auf NDR-Seite noch immer keine Prüfung der Eingangsinformation stattgefunden. Auch einen Anruf der Personalabteilung habe ich nicht erhalten. Das Verfahren ist recht schlicht: Man übernimmt ungeprüft Fake News, um darauf arbeitsrechtliche Vorgänge aufzubauen.

In diesem Vorgang liegt das Geschäftsmodell der Denunzianten nun offen zutage: Freie Mitarbeiter erledigen unter Missachtung simpler Handwerksregeln und frei von Recherche Auftragsarbeiten für Führungskräfte und verdienen damit ihr Geld. Diese Führungskräfte veranlassen ein strategisches Framing im vorauseilenden Gehorsam, aus milieuspezifischer Perspektive oder aus wirtschaftlichem Erfolgsdruck. Politisch geht es darum, den demokratischen Debattenraum zu verengen, Personen auszugrenzen und damit Diskursherrschaft durchzusetzen. Im Staatsvertrag über den NDR heißt es in § 8: »Der NDR ist in seinen Angeboten zur Wahrheit verpflichtet […] Nachrichten sind vor ihrer Verbreitung mit der nach den Umständen gebotenen Sorgfalt auf Wahrheit und Herkunft zu prüfen.« Mein Anwalt Markus Kompa kommentierte: »Dummheit ist leider nicht justiziabel.« Aber für Dummheit Geld bezahlen?

Als redaktionelle Triebkräfte von Denunziationskampagnen lassen sich festhalten: 1. Mangelhaftes journalistisches Handwerk führt zur ungeprüften Übernahme von Falschmeldungen; 2. Freie Mitarbeit führt in wirtschaftliche Abhängigkeit und fördert das Interesse an hohem Stücklohn; 3. Journalistischer Opportunismus führt zu subtiler Anpassung an die vermeintlich herrschende Meinung; 4. Die Konkurrenz um innerredaktionelle Anerkennung fördert vorauseilenden Gehorsam; 5. Weisungsgebundenes Handeln führt in den weitgehenden Verlust innerer Pressefreiheit.

Individuelle Prädispositionen: Die Psychopathologie der Denunziationskampagne

Offenbar werden freie Mitarbeiter zu willigen Vollstreckern, weil zu begünstigenden redaktionellen Faktoren auch individuell-charakterliche Voraussetzungen kommen. Unabhängig vom Einzelfall sind sie in der journalistischen Berufsgruppe gehäuft anzutreffen. Wie das läuft, zeige ich wiederum am Beispiel des Beitrags von Caroline Schmidt und Lea Stuckmeier in »Zapp«.

Journalismus ist immer auch das Gegenteil von Information: Agenda Setting ist immer auch Agenda Cutting. Journalismus ist immer auch Framing, und diese Rahmung, im Englischen »bias in media«, folgt immer auch Interessen: »Denn nur im Zusammenspiel von Interessen und journalistischen Hypothesen wird verständlich«, so Sabine Schiffer, »warum etwas für relevant erachtet wird und anderes nicht« (Schiffer 2021, 14). Darin liegt das Wesen von Propaganda: die ständige Wiederholung von Schlüsselbegriffen, Slogans und verzerrten Versionen des Geschehens (Lee u. Solomon 1991, XVI). Im Versuch, mich in Verbindung zu bringen mit Verschwörungstheorien und Putins Politik unterschlägt der Beitrag alles, was diesem Ziel widerspricht. Ein Blick ins digitale Filmarchiv des NDR hätte erbracht:

Als erster Reporter des deutschen Fernsehens habe ich 2002 und 2003 über ultranationalistische und faschistische Bewegungen in Russland berichtet (https://vimeo.com/105864785).

2006 habe ich illegale Öltransporte und Verletzung internationaler Regeln durch die Russische Föderation recherchiert (https://vimeo.com/115120004). Dabei haben zwei russische Kollegen und ich dem Zoll ein Schnippchen geschlagen und ein geheimes schwimmendes Öllager im Finnischen Meerbusen aufgesucht sowie ein zweckentfremdetes Ölbekämpfungsschiff auf der Marinebasis Kronstadt ohne Drehgenehmigung gefilmt. Damit haben wir eine Verhaftung durch die Miliz und die Verurteilung zu langen Gefängnisstrafen riskiert. Diese Dreharbeiten haben mir eine Begegnung mit zwei Vertretern des russischen Inlandsgeheimdienstes FSB im Andersen Hotel in der Ulitza Chapygina in St. Petersburg beschert: »Sie achten bitte darauf, dass aus Ihrer Arbeit Ihren russischen Kollegen keine Nachteile erwachsen!«

2008 habe ich für die ARD-Tagesthemen einen Bericht gemacht über den Handel mit gefälschten EU-Pässen in Russland (https://vimeo.com/365592398). Ein weiterer Missstand, dessen Dimensionen damals unbekannt waren. Dabei haben wir u. a. mit versteckter Kamera gedreht.

Im Jahr 2019 habe ich mit einem deutschen Kamerateam zum Untergang des Atom-U-Bootes »Kursk« in der Barentssee im Jahr 2000 recherchiert.

Die Ursachen der Explosion an Bord waren damals noch geheim (https://vimeo.com/367471392). Diese Dreharbeiten haben dazu geführt, dass der russische Inlandsgeheimdienst FSB wichtigen russischen Partnern die Zusammenarbeit mit uns untersagt hat. Die genannten Vorgänge können von meinen russischen Kollegen zeugenschaftlich belegt werden.

Im Jahr 2022 habe ich aus Polen einen Film mitgebracht über Ryszard Kuklinski, den wohl wichtigsten Agenten im Kalten Krieg (https://vimeo.com/692777742). In den Jahren 1972 bis 1981 hat Oberst Kuklinski als Stabsoffizier des Warschauer Paktes unter abenteuerlichen Bedingungen etwa 40 000 streng geheime Dokumente über die Stationierung sowjetischer Einheiten in Polen, Angriffspläne des Warschauer Paktes und die Entwicklung neuer sowjetischer Waffensysteme an die CIA übermittelt. Diese Unterlagen haben US-Präsident Jimmy Carter in die Lage versetzt, den sowjetischen Staats- und Parteichef Leonid Breschnew von einer Invasion Polens abzuhalten. Damit hat Kuklinski entscheidend dazu beigetragen, dass die Rote Armee 1981 nicht wie ursprünglich geplant in Polen einmarschiert ist.

Als Putin-Propaganda können diese Filme nicht bezeichnet werden. Dies zeigt: Im Zapp-Beitrag geht es um Agenda Cutting, ein negatives Framing zum Zweck der Denunziation. Dass auch hier die Eingangsinformation nicht überprüft wurde, verweist auf handwerkliche Schwächen der Autorinnen. Sie schreiben von anderen ab und passen sich so an die herrschende Meinung an. Dies geschieht auf Ansage von oben, denn irgendwie muss der Film ja durch die Abnahme und am Justiziar vorbeigekommen sein. Insgesamt bietet dies ein eindrückliches Bild vom Opportunismus der Intellektuellen.

Die Herstellung von Kontaktschuld – Ken Jebsen – und das Labelling »Verschwörungstheorie« passt wunderbar zum Diffamierungsvorhaben (Agora 2020). Dieser Begriff bietet, wie Umberto Eco sich ausgedrückt hat, »eine Form, die jeder nach Belieben mit einem Inhalt füllen kann« (Eco 2011, 99), und dient, so Zygmunt Bauman,

> »der Politik der Ausgrenzung, derer sich die herrschenden Mächte als Strategie zur Lenkung der Gesellschaft im Allgemeinen und als bevorzugte Technik des Regierens im Besonderen befleißigen« (Bauman 2018, 56).

Begriffe wie »Verschwörungstheorie«, so nichtssagend sie sind, zielen nicht auf Debatte, sondern darauf, die Zielperson als blind für Tatsachen und getrieben von bösen Absichten hinzustellen:

»Die Zuschreibung übler Absichten macht den Beweis der eigenen Aufrichtigkeit überflüssig [...] Sich solche Botschaften auch nur anzuhören käme einem Verrat an ›unserer‹ Identität gleich, durch den unsere Entschlossenheit geschwächt und die Grundfesten der Welt, zu der wir gehören: unserer Welt, untergraben werden könnten.« (Bauman 2018, 84 f.)

Aber in der charakterlichen Perspektive geht es hier nicht um Identität. Zumindest nicht nur, wie wir gleich sehen werden.

Freie Mitarbeit und befristete Verträge bilden die Basis dauerhafter prekärer Beschäftigung. Sie löst Angst und Unsicherheit aus. Diese offene Wunde im Lebens- und Arbeitsprozess verlangt nach Heilung. Der Journalismus bietet nun die Möglichkeit, bei der Heilung dieser Wunde selbst im Dunkel zu bleiben: Die Autoren verstecken sich hinter ihren Themen, in denen sie sich wichtig und bedeutungsvoll imaginieren. Sie äußern sich berichtend über andere, und doch liegt darin etwas von ihnen selbst, das macht ja gerade die individuelle Charakteristik ihrer Beiträge aus. Damit wird über das eigentliche Problem eine Art Maske gestülpt, und diese Maske ist dann die Reportage, der Bericht, der journalistische Film. Dabei findet eine Transformation statt: Die eigene prekäre Lage erfährt eine Entlastung durch die Selbstermächtigung, ein Thema orchestrieren zu können. Der Journalist kann mit immer neuen Themen herumspielen und bleibt doch selbst nicht auffindbar. Man könnte es pointiert auch so sagen: Journalisten sind Leute, die glauben, sich in ihren Texten verstecken zu müssen.

Man kann Journalismus auch verstehen als Inszenierung eines fragilen Ichs. Wenn Schreiben eine Art Wunscherfüllung ist, wie Sigmund Freud ausgeführt hat, dann erfüllen sich Journalisten den Wunsch, unsichtbar zu sein (Freud 1907). In diesem Sinne gilt der Satz von Roland Barthes auch für journalistische Produkte: »Der Text ist ein Lustobjekt.« (Barthes 1986, 11) Aber natürlich verweist ein Text, ein Film, versteckt auch immer auf den Autor zurück, seine Größe, seinen Mut, seine Präzision in der Recherche, seine Fehler, seine Erbärmlichkeit.

Vielleicht kann man es so sagen: Journalisten brauchen das Versteck ihrer Filme und Texte, und doch sind sie zugleich angetrieben von der Lust, sich zu zeigen und auf sich aufmerksam zu machen. Der Text bietet ihnen Schutz, kaschiert ihre Abgründe. Aber hier geht es nicht um eine fragile Identität. Es geht um etwas anderes: Es gibt kaum einen narzisstischeren Beruf als den des Journalisten: sich entäußern, die Welt über das eigene Ich von sich zu überzeugen, wenn auch in objektivierter, versachlichter Form, also in der Verstellung. Journalisten sind Narzissten, die sich nicht direkt anschauen wollen, die nicht direkt in den Spiegel sehen können (Linder 1981, 27).

Sigmund Freud beschreibt in seiner Studie zur narzisstischen Persönlichkeit »zwei fundamentale Charakterzüge«, nämlich »den Größenwahn und die Abwendung ihres Interesses von der Außenwelt [...] Die der Außenwelt entzogene Libido ist dem Ich zugeführt worden«. (Freud 1914) Vielleicht liegt hier ein Schlüssel zum Zapp-Beitrag. Die von Freud erwähnte Abwendung von der Außenwelt kann den partiellen Realitätsverlust erklären, der in der Ausblendung meiner Russlandreportagen erkennbar wird. Erst dieser Realitätsverlust ermöglicht die größenwahnsinnige Selbstermächtigung, mit Insinuationen von Verschwörungstheorien oder angeblichen Putin-Sympathien den Debattenraum abstecken und andere des Spielfelds verweisen zu wollen. Der narzisstische Sozialcharakter scheint im Journalismus seine zweite Heimat zu finden.

Christopher Lasch betrachtet den Narzissmus als die kongeniale Krankheit der neoliberalen Epoche und macht so aus einer Persönlichkeitsstörung eine Gesellschaftsstörung. Die narzisstische Reaktion werde ausgelöst von den kriegsähnlichen Bedingungen, die in der neoliberalen Gesellschaft herrschen, aus den Gefahren und der Unsicherheit, die uns umgeben, und aus dem Verlust des Vertrauens in die Zukunft (Lasch 2018, 64 f.). Ursächlich verantwortlich ist aber die neoliberale Verschiebung der Verantwortung für Fehlschläge im Leben auf die individuellen Akteure (Bauman 2018, 156). Den »neuen Narziss« charakterisiert Christopher Lasch so:

»Er verliert die Sicherheit von Gruppenloyalitäten und versteht jeden als Rivalen um die Vergünstigungen, die ein paternalistischer Staat zu vergeben hat. [...] Einerseits in seinem Verlangen nach Anerkennung und Bewunderung von ungestümem Konkurrenzdenken geprägt, misstraut er dem Wettbewerb doch, weil er ihn unbewusst mit ungezügeltem Zerstörungsdrang assoziiert [...] Er lobt Zusammenarbeit und Teamwork, während er zugleich tiefsitzende antisoziale Impulse verbirgt. Er predigt Respekt für Regeln und gesetzliche Vorschriften im heimlichen Glauben, dass sie auf ihn selbst gerade nicht gelten. Habsüchtig in dem Sinne, dass seine Erwartungen und Ansprüche unermesslich sind, [...] verlangt er nach unverzüglicher Befriedigung seiner Wünsche und lebt in einem Zustand ruhelosen, ewig unbefriedigten Begehrens.« (Lasch 2018, 4 f.)

Ruheloses Begehren; Konkurrenzdenken; Habgier; tiefsitzende antisoziale Impulse – das sind Kernbegriffe der Diagnose. Wenn dann die Objektbesetzung nicht so funktioniert, dass der oder das andere ihn mit Bewunderung, Zustimmung, Akklamation spiegelt, ihm nicht begeistert zujubelt, seine Vorurteile überhöht, um sein fragiles Ich zu stabilisieren, dann wandelt sich die narzisstische Objektbesetzung in den »Bösen Blick«. Es kommt zu einer »Aggressionsverschiebung« (Verhaeghe 2014): Die gekränkten Narzissten hinterm Schreibtisch verachten sich unterschwellig für ihre Feigheit, ihre Anpassungsbereitschaft. Diese Selbstverachtung wird zu Gehässigkeit gegenüber den Journalisten vor Ort im Kriegsgebiet. Der Feigling neidet dem Couragierten den Mut; der Angepasste neidet dem Unangepassten die Unangepasstheit; der Selbstbesoffene neidet dem Aufklärer die Nüchternheit.

Größenwahn und Abwendung von der Außenwelt haben im Journalismus zwei Konsequenzen: Die eine ist die Anlehnung an das herrschende redaktionelle Meinungsklima, damit Gruppenloyalität die Selbstüberhöhung stabilisiert; die andere ist der Verzicht auf die Realitätsprobe. Recherche wird zum Luxus. An ihre Stelle treten innerredaktionelle Allianzen. Es geht darum, mehr Profit aus einer Situation zu ziehen als die Konkurrenz. An den Börsen der Lebenspolitik, so Zygmunt Bauman, zahlt sich Solidarität nicht aus;

> »stattdessen prämieren sie Selbstbezüglichkeit, Egoismus und antisoziale Formen der Selbstbestätigung [...] Der Erfolg jedes anderen Menschen fühlt sich wie meine Niederlage an und vermindert zudem noch meine ohnehin schon mageren Chancen, ›nach oben zu kommen‹.« (Bauman 2018, 124 f.)

Damit ist der narzisstische Sozialcharakter wie geschaffen für die Affirmation bestehender Herrschaftsverhältnisse. Denn die ersehnte libidinöse Befriedigung, Anerkennung und Bewunderung, erreicht er im Gefüge der Herrschaft. Persönliche Anerkennung und materielle Gratifikation verteilen die jeweils Mächtigen im Apparat. Sie lassen damit den narzisstischen Sozialcharakter symbolisch an ihrer Herrschaft teilhaben und promovieren seinen sozialen Status, wofür er den Realitätsverlust wiederum gerne in Kauf nimmt (Erdheim 1992, 392 f.). Psychoanalytisch betrachtet handelt es sich hier auch um einen Regress in den ungelösten ödipalen Konflikt: Die Emanzipation von den Eltern findet nicht mehr statt; man vertraut den Autoritäten grundsätzlich. Damit wird der ödipale Konflikt nicht mehr ausgetragen. Vielmehr wird er blockiert unter tätiger Mitwirkung der Eltern, die den Ablösungsprozess durch Idealisierung ihres Nachwuchses unterlaufen. Die Rückkehr in den Mutterleib wird zur höchsten Form der Freiheit. »Warum«, fragen Gilles Deleuze und Félix Guattari, »kämpfen die Menschen für ihre Knechtschaft, als ginge es um ihr Heil?« (Deleuze u. Guattari 1979, 39) Damit hat das identitäre Denken ein psychotisches Unterfutter. Der blockierte ödipale Konflikt ist die seelische Grundlage der antidemokratischen Gesinnung. Denn jede Demokratie ist dem Misstrauen gegenüber den Machteliten geschuldet, gründet in der jahrhundertelangen Erfahrung mit dem Machtmissbrauch der Eliten und erfordert die aktive Einhegung von Macht.

Wie ein Untoter kehrt damit im narzisstischen Sozialcharakter die autoritäre Persönlichkeit zurück und wird zum eilfertigen Stützen des Status quo. Die Flucht aus der volatilen, von Mächtigeren abhängigen Existenz in die Anpassung verursacht eine autoritäre Wende des narzisstischen Charakters und macht ihn zu einem ebenso gefährlichen Helfer nicht demokratisch legitimierter Herrschaftsverhältnisse wie der traditionelle autoritär strukturierte Sozialcharakter, der durch Konformismus, Konventionalismus, Antipluralismus, Unterwürfigkeit und Gehorsam, Machtorientierung und Autoritätsgläubigkeit sowie einem sadomasochistischen Verhältnis zu anderen geprägt ist (Fromm 1983, 163).

Im Journalismus ist also der weit verbreitete narzisstische Sozialcharakter mit seinen zentralen Charakteristika Realitätsverlust und Selbstüberhöhung ein Träger der Propaganda und damit ein weiterer Treiber von medialen Denunziationskampagnen.

Die Ökonomie der Kampagne: Von der Information zum Ressentiment

Medienkampagnen funktionieren nur, wenn andere mitmachen. Der Initiator allein kann sich nicht durchsetzen. Hier geschieht Folgendes: Andere Medien springen auf das Thema drauf, die Meute nimmt Witterung auf. Einer schreibt vom anderen ab, statt die Eingangsinformation zu prüfen. In meinem Fall wurde die Denunziation von t-Online ungeprüft übernommen von Spiegel Online, taz, SHZ, den Studentenmedien Der Albrecht und Campus-Radio und anderen. Der SPIEGEL setzte am 27. Mai noch einen drauf, indem er behauptete, ich sei als Wahlbeobachter in den Donbass gereist und die Uni Kiel sei deshalb vor Gericht gezogen.

Wichtige Treiber solcher Medienkampagnen wurzeln in der Medienökonomie. Medien sind eben keine Ware wie jede andere, sondern sie haben einen Doppelcharakter: Journalistische Beiträge sind sowohl Wirtschaftsgüter, die zum Zweck der Gewinnerzielung verkauft werden, als auch Kulturgüter, die publizistisch Öffentlichkeit schaffen, zur Information und zur Meinungsbildung beitragen und damit gesellschaftliche Relevanz gewinnen. Dabei verkaufen privatwirtschaftliche Unternehmen wie Verlage, Onlineanbieter und Radio- oder Fernsehsender Aufmerksamkeit und verdienen so Geld auf dem Publikumsmarkt durch Vertriebserlöse und daneben auf dem Werbemarkt durch Anzeigenerlöse (Brinkmann 2021, 73 f.). Daraus erwächst die Orientierung am Profitprinzip.

Die Aufmerksamkeitsökonomie erwächst aus dem Warencharakter journalistischer Produkte und hat Folgen für Themenauswahl und die Präsentationsformen:

>»Die Journalisten tragen eine spezielle Brille«, schreibt Pierre Bourdieu, »mit der sie bestimmte Dinge sehen, andere nicht, und mit der sie die Dinge, die sie sehen, auf bestimmte Weise sehen. Sie treffen eine Auswahl, und aus dem, was sie ausgewählt haben, errichten sie ein Konstrukt. Das Auswahlprinzip ist die Suche nach dem Sensationellen, dem Spektakulären.« (Bourdieu 1998, 25)

Das privatwirtschaftliche Motiv besteht daneben darin, durch die Erzeugung von Ressentiments Klicks und damit höhere Werbeeinnahmen zu generieren. Dazu gilt es, allzu gründliche Recherchen zu meiden: Man könnte sich in Widersprüche verstricken. Dazu passt es eher, als journalistische Drohnenpiloten fernab der politischen Wirklichkeit im Kriegsgebiet Personen aufs Korn zu nehmen und öffentlich hinzurichten. Man lehnt sich zur Erleichterung der Arbeit an das verbreitete Meinungsklima und seine Vorurteile an, die es nun durch Skandalisierung zu verstärken gilt. Ihre Basis, so Pierre Bourdieu, ist journalistische Halbbildung:

>»Man läuft ständig Gefahr, sich zu täuschen und als unerhört zu beschreiben, was banal ist – einfach aus mangelndem Wissen. Darin liegt einer der Gründe dafür, dass Journalisten manchmal gefährlich sind: Da sie nicht immer gebildet sind, wundern sie sich über Dinge, die nicht sehr verwunderlich sind, und über wirklich Staunenswertes wundern sie sich nicht.« (Bourdieu 1998, 61)

Mit Sensationsgier allein lassen sich die handwerklichen Fehler aber nicht erklären.

Die Digitalisierung verändert die Medienlandschaft grundlegend, sowohl auf der Produzenten- als auch auf der Konsumentenseite, sowohl im Blick auf Medien als Wirtschafts- als auch als Kulturgut. Diese Veränderungen potenzieren und akzelerieren Medienkampagnen und sie erleichtern die Arbeit der Propagandamedien. Dazu muss man verstehen, dass sich Wertschöpfung und Warenzirkulation radikal verändern. Im Zentrum stehen nun proprietäre Märkte. Ihre Leitunternehmen sind Google, Apple, Facebook, Amazon, allesamt Monopole. »Klassische Monopolunternehmen agieren auf Märkten«, so Philipp Staab, »die Leitmedien des Digitalen Kapitalismus hingegen SIND Märkte.« (Staab 2020, 30) Der Markt selbst wird privatisiert. Das ist ein konstitutiver Unterschied zur neoliberalen Ideologie, in deren Zentrum neutrale Märkte stehen: Die dominanten Märkte befinden sich in Privatbesitz. Entscheidend für sie ist die Reichweite, also die Größe des Nutzerstammes. Um Reichweite zu generieren, werden die Angebote aus anderen Geschäftsfeldern quersubventioniert. Die Konsumenten werden mit vordergründigen Umsonstangeboten geködert, die sie aber hinterrücks mit der Abgabe ihrer Daten bezahlen. Anders als klassische Monopole zeigt sich die Macht des Marktbesitzers und damit sein Profitmodell in vier Formen der Kontrolle: erstens in Informationen, dem zentralen Rohstoff; zweitens in Zugangskontrolle nach eigenem Ermessen; drittens in der Wahl der Leistungen; viertens in der Preiskontrolle – und zwar in Richtung auf Produzenten und Konsumenten.

Der zentrale Rohstoff dieser proprietären Märkte sind Nutzerdaten. Über das Sammeln und Aggregieren von Daten läuft die Wertschöpfung. Dies wirkt wiederum auf der Produzenten- als auch auf der Konsumentenseite. Auch in der Produktionssphäre werden die Nutzerdaten abgeschöpft: Der Journalist denkt, er durchsucht das Netz mit Google; aber Google durchsucht ihn. Dies ermöglicht nicht nur Verhaltens- und Leistungskontrolle, sondern auch prognostische Verhaltenslenkung über die bereitgestellten Suchergebnisse. Während der Journalist glaubt, er fände im Netz schier alles, werden ihm doch nur jene Ausschnitte der Welt präsentiert, die den Upload-Filter privatisierter Auswahl und Zensur durchlaufen haben. Das Ergebnis ist ein digitaler Realitätsverlust, der nur denen auffällt, die abseits des Mainstreams suchen oder vor Ort die Probe aufs Exempel machen.

Nachdem der Neoliberalismus die Beschäftigungsverhältnisse im Journalismus schon weitgehend liberalisiert und prekarisiert hat, kommen nun neue Risiken und Leistungsverdichtungen hinzu: Internet und Social Media müssen meist mit gleichem Personal versorgt werden. An eine gründliche Prüfung auch außerhalb des Netzes ist kaum noch zu denken. Während also die Daten- und Profit-Kaskaden nach oben hin zu den Plattformen fließen, fließen die »Risiko-Kaskaden« (Staab) vor allem nach unten (Staab 2020, 270).

Auf der Konsumentenseite ermöglichen das Internet und die sozialen Medien – Twitter, Facebook, Instagram – eine schnelle unmittelbare Reaktion. Dies erleichtert es dem Affekt, sich vor die gründliche Durchdringung und Abwägung der Themen zu schieben. Vernunftgeleitete Reaktion und Verarbeitung treten hinter Schnelligkeit und Emotionalisierung zurück. Nicht nur Wolf-Dieter Narr sieht hier einen langfristig wirkenden Verhaltenswandel. Er besteht »in einem Schwund der individuell gegebenen Reflexions- und Verarbeitungsmechanismen«: »Reize und Erwartungen erzeugen Antworten, ohne dass der einzelne zur eigenen Verarbeitung, zur Wahl, zum Widerstand in der Lage wäre.« Damit gehen die Kontrollkriterien und -informationen verloren; der Einzelne kann die Komplexität der Informationsfülle nur reduzieren, indem er ihr vertraut. Narr beschwört schon 1979

> »die Gefahr einer Gesellschaft bedingter Reflexe [...] genauer: einer Gesellschaft widerstandsloser, im Saft ihrer irrelevanten Subjektivität ertrinkender, allenfalls zu irrationalen Ausbrüchen fähiger Individuen« (Narr 1979, 491, 523).

Diese Prognose gewinnt im Übergang vom Neoliberalismus zum Digitalen Kapitalismus besondere Bedeutung. Denn, darauf hat Wolfgang Engler hingewiesen: »In allen vom Neoliberalismus umgegrabenen Gesellschaften herrscht massenhafte Wut.« (Engler 2021, 104) Sie richtet sich gegen die Machteliten, die Lohnabhänge zunehmend durch Sozialkürzungen, Privatisierung, Liberalisierung und eine Verschiebung der Verantwortung für die Lebensrisiken vom Staat auf die Individuen unter Druck gebracht haben. Bleibt diese Wut im alltäglichen Daseinskampf lange verkapselt, so wird die Emotionalisierung und Affektsteuerung der sozialen Medien zum Ventil der Triebabfuhr. Die Berichterstattung der Mainstreammedien betreibt dieses Geschäft, unterschwellige Wut zu kanalisieren und zu lenken, weil es Klicks, Auflage, Werbeeinnahmen, Quote bringt.

Damit die Monetarisierung von Ressentiments überhaupt funktionieren kann, muss sie eine emotionale Nachfrage beim Publikum stimulieren. Orchestrierte Kampagnen der Presse greifen, weil sie andocken können an dieser massenhaften Wut. Beide, Produzenten und Konsumenten, profitieren oberflächlich: Die einen durch Klickzahlen, die anderen durch Triebabfuhr:

»Logische Argumente«, so Heinz Abels, »sind ohnmächtig gegen affektive Interessen. Selbst die scharfsichtigsten Menschen benehmen sich wie Schwachsinnige, wenn eine verlangte Einsicht einem Gefühlswiderstand begegnet.« (Abels 2009, 257)

Auf diese Weise ist ein neues mediales Verwertungsmodell entstanden. Es ist nicht mehr in erster Linie Informations-basiert, sondern Ressentiment-getrieben. Im Kern geht es hier also darum, Ressentiments zu monetarisieren. Oder kurz: Hasserzeugung als Geschäftsmodell. Diese Monetarisierung von Ressentiments läuft v. a. über proprietäre Märkte. Dienste wie Twitter, auf denen sich fast ausschließlich die Meinungsbildung der Geschwatzeliten vollzieht, treiben dies an. Die Kürze erzwingt Zuspitzung und Kompression der Erregungskurven.

Am 27. Mai 2023 schreibt DER SPIEGEL:
»Die Universität Kiel zog ebenfalls wegen eines auffälligen Dozenten vor Gericht, konnte sich aber nicht durchsetzen. Sie hatte dem früheren NDR-Journalisten Patrik Baab einen Lehrauftrag entzogen, nachdem er als ›Wahlbeobachter‹ zu russischen Scheinreferenden in besetzte Regionen der Ukraine gereist war […] Das Verwaltungsgericht Schleswig entschied allerdings, dass die Hintergründe der Reise nicht ausreichend aufgeklärt worden seien; die Kündigung des Lehrauftrages sei rechtswidrig. Der Streit geht auch hier vermutlich in die nächste Instanz.«

Wahr ist dagegen: Nicht die Uni Kiel hat Patrik Baab, sondern ich habe die Uni Kiel vor Gericht gezogen. Ich war kein »Wahlbeobachter« im Donbass und bin auch nicht als solcher gereist. Von den geplanten Referenden habe ich erst während der Reise erfahren. Zweck der Reise war die Recherche für ein Buchprojekt. Dieser Hintergrund wurde vor Gericht auch geklärt. Die Kammer hat aber festgestellt, dass es die Uni Kiel vor der Kündigung des Lehrauftrages verabsäumt hat, genau diese Hintergründe zu klären. Auch deshalb lautet das Urteil, dass die Kündigung nicht rechtens war.

Falschaussagen und Verdrehungen, wohin man blickt. War bei der SPIEGEL-Autorin Lisa Duhm Vorsatz im Spiel? Selbstermächtigung nach dem Motto: Wer fertiggemacht wird, bestimmen wir? Eins steht fest: Es hätte genügt, die Pressemitteilung des Verwaltungsgerichts zu lesen. Sie steht online. Auch andere Quellen sind öffentlich. Über eine Realitätsprobe in der realen Welt reden wir hier nicht; googeln ist offenbar schon zu viel verlangt (Guérot, Baab, Bhakdi, Meyen 2023). Man könnte sarkastisch sagen: Die

Sitzredakteure brauchen kein Handwerk mehr, sondern Killerinstinkt. Konfrontiert wurde ich auch nicht. Es wird nicht mehr mit Betroffenen, sondern nur noch über sie geredet, damit auch ja nichts das eigene Vorurteil gefährdet. Hier bildet sich, wie »Die Welt« völlig zu recht berichtet hat, eine Gruppe von Online-Journalisten heraus, die den Realitätskontakt verloren haben und sich als »journalistische Drohnenpiloten« gerieren: Zum Zweck einer Anreicherung der Klickzahlen werden Denunziationskampagnen gestartet, die Zielperson ins Visier genommen und mit kontextfreien Behauptungen belegt, ohne dass irgendwelche Kenntnisse zur Berichterstattungsregion, ihrer Geschichte und Kultur oder den besonderen Gegebenheiten im Kriegsgebiet vorliegen. Das herrschende Meinungsklima wird zum Maßstab der Berichterstattung erhoben und ersetzt eingehende Recherche (Altrogge 2022). Das ist Null-Recherche und ganz schlechtes Handwerk. Warum macht das Lisa Duhm vom SPIEGEL?

Mit dem neuen Wertschöpfungsmodell konstituiert sich ein neues soziales Herrschaftsverhältnis. Denn über die gesellschaftliche Machtverteilung entscheidet die Aneignung von Mehrwert im Arbeitsprozess. Philipp Staab schreibt von einer »Enteignung von Arbeit«:

> »Nachhaltige Profite lassen sich im Kontext schlanker digitaler Infrastrukturen zudem häufig nur auf Kosten der Arbeit erzielen […] Konsolidierte proprietäre Märkte verstetigen […] den Transfer ökonomischen Wohlstands vom Faktor Arbeit zum Faktor Vermögen.« (Staab 2020, 274 f.)

Damit ist der Digitale Kapitalismus auch im Journalismus eine »Maschine zur Produktion sozialer Ungleichheit« und privilegiert politisch-zivile Konformität (Staab 2020, 301). Da seit Jahren die durchschnittliche Profitrate in den marktkapitalistischen Ökonomien fällt, muss diesem tendenziellen Fall entgegengewirkt werden (Nachtwey 2016, 53–58). Damit ist der Digitale Kapitalismus auch im Journalismus eine »Maschine zur Produktion sozialer Ungleichheit« und privilegiert politisch-zivile Konformität (Staab 2020, 301). Dies bedeutet, dass der Anpassungsdruck in den Redaktionen zunimmt und wiederum verstärkt vorauseilenden Gehorsam erzwingt. Beides trifft auf Nachwuchskräfte, die sich weitgehend homogen aus dem gehobenen bürgerlichen Milieu rekrutieren (Hartmann 2018, 11 f.; Jones 2015, 84–123; Klöckner 2019, 25 f.).

Sie teilen die Weltsicht ihrer Klasse, setzen die Themen bürgerlicher Milieus und blicken aus der Perspektive nicht der Arbeiter und Angestellten, sondern der Gewerbetreibenden und Produktionsmittelbesitzer auf die Welt. Ihren Habitus prägt, so Pierre Bourdieu, »respektvoller Konformismus« (Bourdieu 1982, 519): Sie buckeln nach oben und passen sich an. Instinktiv vollziehen sie die Interessen des gehobenen Bürgertums nach, denn es handelt sich um die kollektiven Vorurteile ihres eigenen sozialen Umfelds: die Stabilisierung der Profitrate publizistisch zu flankieren und kritische Stimmen durch »strategisches Framing« (Schiffer 2021, 21) denunziatorisch abzuwerten. In Transformationsphasen wie dem Übergang zum Digitalen Kapitalismus, in denen die »rauchenden Ruinen des Neoliberalismus« (Staab 2020, 290–293) noch nicht abgeräumt sind und sich das neue Produktionsregime noch nicht stabilisiert hat, treten diese bürgerlichen Lohnschreiber besonders aggressiv auf. Die Denunziationskampagnen haben zum Ziel, jene Dissidenten zu isolieren, die vor einer Verschärfung der Ausbeutung und einem Rückbau der Demokratie durch das neue Produktionsregime warnen.

Joseph Vogl benennt präzise die Gefahren, die in der politischen Ökonomie des Ressentiments heraufziehen:

»So befördert die Ökonomie des Ressentiments das Konkurrenzsystem, sie beliefert Meinungsmärkte und fusioniert mit Bewertungsautomatismen, sie erzeugt beschränkte Erlebnisbezirke, vervielfältigt abgesonderte Pseudogemeinschafften, privilegiert plebiszitäre Autoritätsfiguren, und sie wendet die Beunruhigung durch globale Märkte, transnationale Interventionskräfte und wirtschaftliche Abhängigkeiten in handgreifliche Denunziationsformeln um, die sich dann etwa auf die Grenzüberschreitungen von Migranten, europäischen Bürokaten, gierigen Investoren oder finanzindustriellen Verschwörern gleichermaßen beziehen können. Die im Ressentiment gärende Kritik nimmt stets einen ›polizeilichen‹ Weg, sie fahndet und verdächtigt und sucht zur Wirksamkeit von abstrakten Systemprozessen vermeintlich haftbare und konkret fassbare Ersatzobjekte herbei.« (Vogl 2021, 181 f.)

– wie Ulrike Guérot, Michael Meyen oder Patrik Baab.

Dies ist ganz im Sinne der Machteliten, die darum wissen, dass sich die von ihnen ausgelöste Wut keinesfalls gegen sie selbst richten darf. Deshalb fördern sie durch Propaganda die Aggressionsverschiebung auf innere Feinde wie Flüchtlinge oder äußere Gegner, z. B. durch die Weckung von Russenhass und Putin-Dämonisierung (Schneider 2022). Die politische Ökonomie des Ressentiments begünstigt damit die Politik der Ausgrenzung, der sich die Machteliten zur Lenkung der Gesellschaft und als Regierungstechnik bedienen. Zu diesem politischen Konzept gehört das populistische Verfahren des »Wir-gegen-sie« und damit die Förderung des identitären Denkens, das auf Bekenntnisse, nicht auf Erkenntnisse abzielt:

> »Debatten in Glaubensfragen«, so Zygmunt Bauman, »zielen nicht auf Konsens, sondern darauf, die Gegenseite als unheilbar taub und blind für die ›Tatsachen‹ und von bösartigen Absichten getrieben hinzustellen [...] Unter diesen Umständen lautet das Erfolgsrezept für Populisten: die Wut ständig am Schwelen halten.« (Bauman 2018, 84 f., 88)

So werden ganz en passant auch Dissidenten und Kritiker des herrschenden Parteienkartells mundtot gemacht. Die Retortenbabys des Digital-Journalismus wollen Recherchen vor Ort torpedieren, damit niemand mehr ihre Falschinformationen aufdecken kann. Damit versuchen sie auch, das Primat der Propaganda durchzusetzen – aus purer Selbstermächtigung. Damit der Mechanismus funktioniert, gerät Information zu einem nachrangigen Gut, zu einem Gebrauchswert, der mehr und mehr verloren geht. Er wird ersetzt durch die Steigerung des Ressentiments. Wenn aber in erster Linie Ressentiments monetarisiert werden, geht es nicht mehr um Information. Damit verliert eine Zeitung ihren zentralen Gebrauchswert und beeinträchtigt langfristig auch ihren Tauschwert. Die Krise der Medien ist im Kern eine Krise des Journalismus: Mit Lügen lässt sich auf die Dauer kein Geld verdienen – es sei denn, auch dem Publikum geht es nur noch um Triebabfuhr, um Ressentiments. Aus dem Gleichklang der Herzen wird dann ein Gleichklang der Hetze.

Damit legen sich die Medien wie alle ideologischen Apparate wie ein Schutzwall um die Interessen der Machteliten. Statt aufzuklären, betreiben sie das Geschäft der Gegen-Aufklärung (Mausfeld 2018, 162 f.). Im Werte-Westen erleben wir gerade eine neue Zerstörung der Vernunft. Die Rückkehr zum Ressentiment in den Medien zerstört damit die Fundamente der Demokratie. Joseph Vogl meint, dass diese

> »Feinseligkeit aller gegen alle nicht nur zu einem erfolgreichen Geschäftsmodell, sondern zu einem überaus zukunftsfähigen Gemeinschaftsgefühl geworden ist. Es ist nicht ausgeschlossen, dass es das Ferment einer neuen Vorkriegszeit liefern wird.« (Vogl 181 f.)

Der Autor wurde von der Wirklichkeit längst überholt. Eines Vorkrieges bedarf es nicht mehr. Wir befinden uns bereits in einem neuen Krieg im Herzen Europas, der weiter eskaliert. Die Ökonomie des Ressentiments wurde zum Rohstoff der Kriegstreiber.

Machteliten und Satrapen – wie politische Verfolgung orchestriert wird

Was nun folgt, ist ein Pingpongspiel zwischen den ideologischen Apparaten bürgerlicher Herrschaft. Sein Ziel ist es, unter Umgehung rechtsstaatlicher Verfahren verdeckte Zensur durchzusetzen, durch die Erzeugung von Angst bei Dritten voraueilenden Gehorsam zu erzwingen und die wirtschaftliche Existenz der Zielpersonen zu vernichten. Dabei geht es nicht um Einzelfälle.

Die Kampagne funktioniert nur, wenn andere mitmachen. Deshalb hilft man etwas nach. T-Online und andere Organe hatten es nicht so sehr eilig, die Vorwürfe gegen mich zu prüfen, als vielmehr bei den genannten Universitäten anzurufen. Die Darstellung von Helge Buttkereit trifft es wohl:

»Der Journalist erfährt von Baabs Anwesenheit vor Ort, recherchiert in dessen Umfeld und stellt eine Presseanfrage an die Berliner Hochschule für Medien, Kommunikation und Wirtschaft (HMKW). ›Wissen Sie, was Ihr Lehrbeauftragter dort treibt? Bei den Scheinreferenden? Der legitimiert die doch! Finden Sie das gut?‹ So könnte es gewesen sein. Wie genau, spielt keine Rolle, denn laut eigener Aussage telefoniert die Hochschule mit dem Delinquenten, der durch seine bloße Anwesenheit am falschen Ort zur falschen Zeit zu einem solchen gemacht wurde. Und dann wird eine Stellungnahme eiligst auf der Homepage veröffentlicht. Tenor: Wir verurteilen und trennen uns […] Unterdessen ist der Artikel im Netz erschienen. Autor Wienand kann den Vollzug seiner Mission gleich noch einbauen, online lässt sich vieles rasch ändern und erweitern.« (Buttkereit 2022)

Der Anruf der HMKW ließ tatsächlich nicht lange auf sich warten. Wir stehen am Rande der grauen Zone und sind direktem Beschuss gerade entgangen. Die Leitung ist voller Störgeräusche. Ich höre nur: »Wir werden uns scharf von Ihnen abgrenzen […] Was Sie da vor Ort sehen, ist Scheinobjektivität!« Das überrascht mich dann doch. Jemand, der bestenfalls Zeitungswissen besitzt, will per Ferndiagnose aus einer Distanz von 2 100 Kilometern die

Wahrheit im Kriegsgebiet kennen. Das wäre auch für Osteuropa-Experten eine Herausforderung. Aber der Kanzler der HMKW, Roland Freytag, ist kein Osteuropa-Experte, sein Fach ist die Psychologie. In seinem Fachgebiet nennt man so etwas eine Projektion. Wieder wird klar: Es geht nicht um sachgerechte Prüfung, sondern um Zensur unliebsamer Informationen. Das ideologische Narrativ darf keinesfalls aufgebrochen werden.

Auch die Universität Kiel hat meinen Lehrauftrag sofort gekündigt. Im Unterschied zur HMKW war der Lehrauftrag aber bereits ausgefertigt. Dies ermöglicht den Klageweg. Gekündigt wurde im Eilverfahren, denn es drohe Gefahr im Verzug. Deshalb wurde auf die verwaltungsrechtlich vorgesehene Anhörung verzichtet. Die Christian-Albrechts-Universität sieht ihren Ruf gefährdet, weil ich mir im Donbass die Rolle eines Wahlbeobachters angemaßt oder zumindest diesen Eindruck erweckt hätte. Wieder keine sachgemäße Prüfung der Falschbehauptung. Der Dekan der Wirtschafts- und Sozialwissenschaftlichen Fakultät, Professor Christian Martin, schreibt, so die Verwaltungsakte, die dem Gericht vorliegt: »Ich weiß auch nicht, was es im Donbass großartig zu schauen gibt.« Das ist die Bankrotterklärung jeder Wissenschaft. Denn ihre Erkenntnisse werden an der Realität gemessen. Auch hier: Um sachgemäße Prüfung ging es offenbar nicht; sondern darum, sich in Panik vor vermeintlich schlechter Presse zu schützen und sich eilfertig dem herrschenden Meinungsklima zu unterwerfen. Das zeigt: Es ging nicht um Erkenntnis, sondern um Bekenntnis – Bekenntnis zu einer Kriegspartei, der Ukraine und der Nato. Mit Wissenschaft hat das nichts zu tun.

Medien, Universitäten, staatliche Pressestellen haben eins gemeinsam: Es handelt sich um ideologische Apparate. Das sind alle Apparate, welche die geistige Reproduktion der Gesellschaft organisieren. Diese ideologischen Apparate prägen nun eine subtile Kooperation mit den repressiven Staatsapparaten aus (Althusser 1970, 22). Universitäten und Staatsorgane nutzen die Medienkampagne für ihre Säuberungs-, Zensur-, Ausgrenzungs- und Disziplinierungsinteressen. Denn wenn die Realität aus dem Kriegsgebiet in die deutschen Wohnzimmer gelangt, wird eine Realitätsprobe möglich und damit die Propaganda unterlaufen. Deshalb muss der Reporter vor Ort diskreditiert werden – wenn er nicht bereits vorher gehirngewaschen ist. Daran haben Staatsorgane und Universitäten gleichermaßen ein Interesse.

Es ist kein Zufall, dass zumindest an einer Uni gerade jene aktiv meinen Rausschmiss betrieben haben, die sich transatlantischen Netzwerken wie dem German Marshall Fund verpflichtet sehen. Dies zeigt, wo die eigentlichen Drahtzieher der Zensur- und Denunziationsöffentlichkeit sitzen. Damit ist keineswegs gemeint, dass die Akteure Anweisungen aus Langley erhalten. Vielmehr belegt die Eilfertigkeit ihres Handelns, dass sie sich selbst in einer Art Bringschuld sehen, die es abzuarbeiten gilt. Denn immerhin geht es um Tagungseinladungen, Stipendien, Recherchereisen oder die Bewilligung von Forschungsprojekten. Solche Wissenschaftler nennt der frühere Ministerialdirektor in der US-Gesundheitsbehörde David Michaels »science-for-sale specialists« – Wissenschaftler, die für Geld zu haben sind (Michaels 2020, 3). Damit gemeint sind nicht unbedingt direkte Zahlungen. Man glaubt, dass es besser für die eigene Karriere ist, sich als Legitimationsakquisiteur für amerikanische Interessen zu betätigen.

Die Verstrickungen des Kieler Ordinarius Werner Kaltefleiter in geheimdienstliche Machenschaften von BND und CIA während des Kalten Krieges hat Katja Backhaus herausgearbeitet (Backhaus 2013). In den Jahren 2005 bis 2012 hat Presseberichten zufolge die CAU 2,7 Mio. Euro von Bundesverteidigungsministerium und Nato bekommen, die zum großen Teil an das Kieler Institut für Sicherheitspolitik (ISPK) von Professor Joachim Krause geflossen sind. Diese Gelder gingen v. a. in ein Projekt zur Aufstandsbekämpfung in Afghanistan. Projektpartner war damals das Center for a New American Security von Victoria Nuland, welches sich den Schutz amerikanischer Interessen zur Aufgabe gemacht hat und teils vom Rüstungskonzern Northrop Grumman bezahlt wird (Berger u. Streitfall 2019). Krause zählt auch zum Umfeld der Integrity Initiative, einem Programm des britischen Institute for Statecraft, welches Nato und britischen Geheimdiensten nahesteht. Offiziell soll es russische Desinformation entlarven, aber eigentlich geht es um Nato-Propaganda. Dem German Cluster der Integrity Initiative gehörten 2019 der inzwischen verstorbene Politikwissenschaftler Hannes Adomeit, sein Freund Joachim Krause, der ehemalige MI6-Agent Harold Elletson und Marie-Luise Beck vom Zentrum Liberale Moderne an (Berger 2019). Kritiker nennen Krause einen »Nato-Hausmeister« (Stremme 2014). Kein Wunder, dass er dem deutschen Volk eine »Eskalationsphobie« im Ukrainekrieg andichtet (Krause 2023). In solche Kriegspropaganda passen meine Recherchen natürlich nicht hinein, deshalb müssen sie sanktioniert werden.

Dann fand ich heraus, dass auch die Staatsschutz-Abteilung im Bundesinnenministerium eine Akte über mich führt – als angeblicher Wahlbeobachter. So etwas geschieht meist auf Anweisung von oben. Man darf also fragen, ob das Büro der Innenministerin selbst solche Denunziationskampagnen orchestriert. Hier muss man fragen, ob Journalisten auch mit Geheimdiensten zusammenarbeiten und beispielsweise für den BND die Drecksarbeit machen, wie es die Bundesregierung in ihrer Antwort auf eine parlamentarische Anfrage im Deutschen Bundestag offen dargelegt hat (Matuschek

12.3.2023). Dasselbe gilt auch für Universitätsangehörige. Daneben sieht man hier, dass die ideologischen Apparate zusammenwirken wie ein System kommunizierender Röhren.

So entsteht wie von allein ein Zensur- und Denunziationskartell, das von US-Stiftungen und Vorfeldorganisationen der Nato gefördert wird. Allein für das Pentagon arbeiten 27 000 PR-Spezialisten mit einem Jahresbudget von fünf Milliarden Dollar, deren Ziel es ist, Medien mit gezielten Nachrichten, Experten für Interviews oder Footage fürs Fernsehen zu beeinflussen. Im Krieg der Nato gegen Serbien 1999 – nicht nur die Russen führen völkerrechtswidrige Angriffskriege – sorgten 31 PR-Agenturen für die Gleichschaltung der öffentlichen Meinung: Die Serben wurden als die Bösen, die muslimischen Bosnier als ihre Opfer dargestellt. Durch solche Manipulationen versteht bis heute so gut wie niemand, was in Jugoslawien eigentlich los war (Dahn 2022, 66, 168). Experten von sogenannten Denkfabriken, die staatlich finanziert werden oder Gelder aus der Rüstungswirtschaft erhalten, steuern über Fachartikel, Lobbyarbeit oder angebliche Experten, die ihre Interessen und ihre Finanzierung nicht offenlegen, den politischen Diskurs. Hier einige Beispiele: die Deutsch-Atlantische Gesellschaft; die Deutsche Gesellschaft für Wehrtechnik; der Bundesverband der Deutschen Sicherheits- und Verteidigungsindustrie; Beraterfirmen wie Beacon Global Strategies, das Institute for the Study of War, die Rand Corporation, die Brookings Institution, das Center for a New American Security, das National Endowment for Democracy, die Albright Stonebridge Group, das Project for a New American Century (Rötzer 2023).

Denunziationskaskaden, ausgelöst von akademischen und medialen Netzwerken, im Bunde mit Influencern auf Twitter, Facebook, Instagram usw. haben im Ergebnis ein Ziel: die wirtschaftliche Existenz der Zielpersonen zu zerschlagen. Hier geht es also nicht um eine demokratische Diskussion, sondern um das Gegenteil: die Verhinderung demokratischer Diskurse über strukturelle Gewalt. Den Kritikern der Nato-Propaganda soll die Existenzgrundlage entzogen werden. Dabei dreht es sich nicht um Einzelfälle. Vielmehr soll ein Exempel statuiert werden. Ziel ist, durch die Erzeugung von Angst vorauseilenden Gehorsam zu erzwingen. Initiiert wird dies im Kern von Staaten oder supranationalen Organisationen wie der EU und der Nato, PR-Agenturen, Thinktanks, NGOs, aber auch staatlich geförderten Einrichtungen wie Zentrum Liberale Moderne oder US-Stiftungen. So entsteht eine »Bewusstseinsindustrie«, als deren Treiber die ökolibertären und militaristisch-konservativen akademischen Milieus fungieren (Mausfeld 2018, 161).

Das Ziel der Medienkampagne ist immer, Dissidenten aus dem Debattenraum auszugrenzen und mundtot zu machen. Dabei ist der Maßstab der Medien für Dissidenz das staatlich verordnete Narrativ.

»Statt die Ereignisse für ihre Leser angemessen in den Zusammenhang zu stellen, posaunen sie lieber regierungsamtliche Narrative heraus. Was auch immer ihre Motive sind, die Mainstream-Medien […] setzen die Herrschaft der Propaganda durch, welche die Öffentlichkeit fehlinformiert. Online-Medien machen meist dasselbe. Es findet in Wirklichkeit sowohl in den USA als auch in Europa eine massive Zensur abweichender Standpunkte auf vielen Ebenen der Gesellschaft statt. Obwohl es kaum möglich ist, die schrecklichen Bilder aus der Ukraine zu ertragen ohne Ekel und Wut, ist es doch ein gefährlicher Irrtum, blindem Affekt zu erliegen und sich an das dominierende westliche Narrativ zu klammern. Dieses Narrativ fördert die am stärksten militaristischen und russophoben europäischen Regierungschefs, sowie jene, die sich am wenigsten trauen, der fehlgeleiteten amerikanischen Politik entgegenzutreten. Dieses Narrativ vernebelt die Sinne der europäischen und amerikanischen Staatsbürger und führt nur zu Hurrapatriotismus und Kriegshysterie.« (Abelow 2022, 48 f.)

Das Vorgehen der Konzernmedien dient dem Zweck, die Verwertungsbedingungen des Kapitals sicherzustellen und den Markt vor allzu starken regulierenden Eingriffen im Sinne der abhängig Beschäftigten abzusichern. Zu diesen Verwertungsbedingungen gehört es bei einer fallenden Profitrate auch, Sozialabbau durchzusetzen, die Zustimmung der Bevölkerung für neue Kriege zu organisieren und den Umbau vom Sozial- zum Rüstungsstaat voranzutreiben. Deshalb werden in den ideologischen Apparaten die Filtersysteme verstärkt. Dazu drei Beispiele: 1. Schule: Der Sohn eines Freundes darf bei der Abiturprüfung im Leistungsfach Geschichte zum Thema »Stalin-Note 1952« keine russische Literatur verwenden. 2. Medien: Die SPIEGEL-Redakteurin Lisa Duhm bezeichnet mich am 27. Mai 2023 erneut als Wahlbeobachter, obwohl gerichtlich längst klargestellt wurde, dass ich genau dies nicht war. Selbstermächtigung nach dem Motto: Wer fertiggemacht wird, bestimmen wir. 3. Universitäten: Eine Studie zählt im Zeitraum von 2020 bis April 2023 allein unter den Professoren in Deutschland, Österreich und der Schweiz 47 Beispiele für die Disziplinierung von Dissens (Uhlenwinkel u. Eigner 2023).

In einem erweiterten Sinne richten sich Medienkampagnen nicht nur gegen Personen: Die Ausgrenzung von Dissidenz geht immer mit massiver

Propaganda und Indoktrination einher. Bei Anne Morelli kann man nachlesen, wie die Kriegshysterie durch Propaganda gefördert wird. Auch und vor allem durch jene Propaganda, die von der Nato angewandt wird: 1. Der Kreml ist schuld an allem, er hat ja schließlich ein schwächeres Nachbarland überfallen. Wir wollen eigentlich gar keinen Krieg. 2. Es handelt sich um einen »unprovozierten« Angriffskrieg: Der Gegner ist einzig und allein verantwortlich für diesen Krieg. 3. Putin ist ein Faschist, ein Schlächter. Der Feind hat die Fratze des Teufels – oder zumindest eines Bösewichts. 4. In der Ukraine wird für »westliche Werte« oder »die Freiheit« gekämpft. Die wirklichen Interessen werden mit ehrenvollen, höheren Zielen verschleiert. 5. Der Feind begeht absichtlich abscheuliche Kriegsverbrechen – wie in Butscha. Wenn unsere Leute Fehler machen, dann ist es dumm gelaufen. 6. Wir haben kaum Verluste, aber der Feind hat enorme Verluste. Das hört man nun auf beiden Seiten, die tatsächlichen Zahlen sind geheim. 7. Wir kämpfen für eine gute Sache: Der Gegner muss verlieren lernen, wir sind moralisch ja im Recht. 8. Auch Dichter und Denker unterstützen unsere Sache. 9. Der Feind setzt international geächtete Waffen ein, Uranmunition, Giftgas, biologische Waffen, Streubomben. 10. Wer unsere Propaganda infrage stellt, ist ein Putinversteher, ein Lumpenpazifist, ein Unterwerfungspazifist, ein rechtsoffener Querfrontagitator, die 5. Kolonne Moskaus (Morelli 2022). In dieses Propagandanarrativ bin ich hineingeraten.

Denn eines darf auf gar keinen Fall passieren: Dass die Wahrheit über diesen Krieg bekannt wird. Deshalb muss der Reporter vor Ort als Feigenblatt der Aggressoren und Unterstützer eines Angriffskrieges hingestellt werden. Das Ziel ist, seine Glaubwürdigkeit durch Denunziation und politische Säuberungsmaßnahmen zu untergraben. Denn auf keinen Fall dürfen die eigenen Schandtaten, die eigene Mitverantwortung, die eigenen Interessen und das Leiden der anderen in die deutschen Wohnzimmer gelangen. Dies würde den Menschen ermöglichen, was die Propaganda unterläuft: die Realitätsprobe. Statt Kriegsbesoffenheit käme dann Ernüchterung. Propaganda funktioniert dann besonders gut, wenn die Menschen selbst keine Kenntnisse haben.

Zum Propagandanarrativ gehört es, wesentliche historische Fakten im Zusammenhang mit diesem Krieg auszublenden oder zumindest in den Hintergrund zu drängen. Hier, ohne Anspruch auf Vollständigkeit, sind die wichtigsten: 1. Die Nato-Osterweiterung bis an die russischen Grenzen trotz anderslautender Zusagen; 2. Der Putsch auf dem Maidan und die dafür verantwortlichen Drahtzieher um Victoria Nuland; 3. Die Prahlerei des damaligen Vizepräsidenten Joe Biden darüber, wie er mit finanzieller Erpressung die ukrainische Regierung gezwungen hat, einen Staatsanwalt zu feuern, der eine Korruptionsaffäre um ein Energieunternehmen mit Präsidentensohn Hunter Biden im Vorstand ermittelt hat; 4. Die Produktionsstätten für biologische Waffen in der Ukraine; 5. Das neonazistische Asow-Bataillon und ähnliche Organisationen; 6. Die Selbstbereicherung und das geheime Auslandsvermögen von Präsident Selenskij; 7. Menschenrechtsverletzungen in der Ukraine; 8. Selenskijs Gesetze zur Einschränkung der Meinungsfreiheit und zum Verbot von Parteien; 9. Die Repressalien gegen die russisch-orthodoxe Kirche; 10. Die endemische Korruption in der Ukraine (Fournier 2023). 11. Die Blockierung eines bereits unterschriftsreifen Friedensabkommens, das zwischen den Kriegsparteien im März in Istanbul ausgehandelt worden war – wofür es mindestens sechs Quellen gibt, zwei davon waren am Verhandlungsprozess beteiligt (Hill u. Stent 2022; Bennett 2023; Marcetic 2023; Kujat 2023).

Durch die propagandistische Eliminierung der Recherche vor Ort entsteht im öffentlichen Raum ein nachhaltiger Realitätsverlust, der wiederum die Grundlage darstellt für politische Fehlentscheidungen, die Konflikteskalation und Katastrophen Vorschub leisten. Denn aus dieser »Selbsthypnose« erwächst, so Barbara Tuchman, »ein Wunschhandeln, das sich von Tatsachen nicht beirren lässt«, und führt in die »häufigste und tödlichste Selbstverblendung: Die Unterschätzung des Gegners.« (Tuchman 1984, 15, 38; Mausfeld 2018, 159)

Das alles geht nicht mit Zwang; es geht nur mit Zustimmung. Diese aktive Mitwirkung zeigt die Anfälligkeit der akademischen Eliten für antidemokratisches Denken. Viele Akademiker und Angehörige der Eliten sehen ihre Karriere und ihre materielle Sicherheit abhängig von den Vereinigten Staaten und ihren Vorfeld-Organisationen (Hudson 2022). So entsteht ein Konglomerat akademischer Seelenverkäufer, die entweder transatlantischen Organisationen oder US-Stiftungen verpflichtet sind oder im vorauseilenden Gehorsam deren Narrative verbreiten. Den Akteuren selbst, so Upton Sinclair, fällt das nicht auf: »Es ist schwierig, einen Menschen von etwas zu überzeugen, wenn sein Gehalt davon abhängt, dass er es nicht versteht.« (Sinclair 1934, 19) Da ist es: Das »stahlharte Gehäuse der Hörigkeit«, welches »den Lebensstil aller Einzelnen [...] mit überwältigendem Zwange bestimmt« (Weber 1979, 188 u. Müller 2021, 344).

Wenn Presseorgane statt Fakten Denunziationskampagnen präsentieren; wenn leitende Universitätsangehörige einen Angriff auf die Presse- und damit auf die Meinungs- und Informationsfreiheit starten; wenn Professoren die Freiheit von Forschung und Lehre ohne Not zerschlagen – wohlgemerkt Rechte mit Verfassungsrang –, dann darf man getrost von antidemokratischem Denken sprechen. Es verbreitet sich nicht in Zirkeln geistig Minderbemittelter. Vielmehr machen sich Intellektuelle – oder das, was davon übriggeblieben ist, Akademiker – zum Treiber des antidemokratischen Denkens. Sie werden zu politisch-ideologischen Akteuren im Prozess der Meinungslenkung und Gesinnungskontrolle und damit zum selbsternannten Zensor mit dem Ziel, den öffentlichen Debattenraum auf den staatlich gewünschten Bereich zu verengen, ja auf den Suppenteller-Horizont der eigenen Krämerseele.

Angesichts dessen beklagt Noam Chomsky den Zusammenbruch des demokratischen Debattenraums:

»Vielleicht sind Teile der intellektuellen Klasse so tief in das Propagandasystem eingetaucht, dass sie die Absurdität dessen, was sie sagen, gar nicht wahrnehmen können. Wie auch immer, es ist eine drastische Erinnerung daran, dass die Arena des rationalen Diskurses genau dort kollabiert, wo Hoffnung bestehen sollte, dass sie verteidigt wird.« (Chomsky 2023)

Also in akademischen Kreisen. Der langjährige Kriegsreporter John Pilger spricht von einem »Konsens der Propaganda«: Hätte die Presse ihre Arbeit gemacht, wäre es wohl nicht zum Irakkrieg 2003 gekommen (Pilger 2023). Die »ideologischen Apparate« werden ausgerichtet auf die Flankierung postdemokratischer Herrschaft im Inneren, den Umbau vom Sozial- zum Rüstungsstaat und eine stärker militaristische, neoimperialistische Außenpolitik. Der Zerschlagung der Demokratie geht die Zerschlagung der demokratischen Öffentlichkeit voraus.

An dieser Transformation haben Medien und Universitäten entscheidenden Anteil, denn sie machen sich zum Träger der Gegenaufklärung und beeinflussen die Transformation des demokratischen Bewusstseins. Medienkampagnen gehören zum »Demokratie-Management« der Machteliten, mit denen sie ökonomisch und persönlich verschränkt sind. Ihr Ziel ist es, latente Ressentiments von den eigentlichen Problemen ab- und auf Surrogat-Objekte zu lenken und damit das Bewusstsein der Bürger zu manipulieren (Mausfeld 2018, 176).

Insgesamt sind Medienkampagnen der beschriebenen Art Teil einer digitalen »Refeudalisierung« (Habermas 1976, 233, 273 f.) bürgerlicher Öffentlichkeit und einer »Involution«, also einer Rückbildung der Demokratie zu einem autoritären, postdemokratischen Staat (Agnoli 1978, 10) – diesmal aber durch proprietäre Märkte und Überwachungskapitalismus. Diese Entdemokratisierung im Gewand der Demokratie gewährleistet eine Fortsetzung der Elitenherrschaft unter Krisenbedingungen. Ausgrenzung von Dissidenz funktioniert nur, wenn eine breite Entsolidarisierung stattfindet. In einer funktionierenden Solidargemeinschaft ist Ausgrenzung in dieser Form unmöglich. Allerdings hat der Neoliberalismus durch die Verlagerung der sozialen Verantwortung von der Gemeinschaft auf den Einzelnen die Voraussetzungen für breite Entsolidarisierung geschaffen: Kurze Zeit nach meinem Rauswurf aus dem »Palenke« in Kiel suchten Begleiter und Bekannte das Lokal wieder auf. Dies bestärkt die Ausgrenzer in ihrer Haltung und unterstützt deren Handlungen. Ohne Solidarität ist aber die Abwehr von Ausgrenzung zum Scheitern verurteilt.

Ergebnisse

Insgesamt lässt sich festhalten: Bei Medienkampagnen geht es nicht um Einzelfälle, sondern um Denunziationssoziotope. Ihr Ziel ist die Ächtung und Ausgrenzung von Dissens und damit die Zerschlagung des demokratischen Debattenraums.

Als redaktionelle Triebkräfte von Denunziationskampagnen lassen sich festhalten: 1. Mangelhaftes journalistisches Handwerk führt zur ungeprüften Übernahme von Falschmeldungen; 2. Freie Mitarbeit führt in wirtschaftliche Abhängigkeit und fördert das Interesse an hohem Stücklohn; 3. Journalistischer Opportunismus führt zu subtiler Anpassung an die vermeintlich herrschende Meinung; 4. Die Konkurrenz um innerredaktionelle Anerkennung fördert vorauseilenden Gehorsam; 5. Weisungsgebundenes Handeln führt in den weitgehenden Verlust innerer Pressefreiheit.

Im Journalismus ist zudem der in der Branche weit verbreitete narzisstische Sozialcharakter infolge von Selbstüberhöhung und Realitätsverlust ein Träger der Propaganda und damit ein weiterer Treiber von medialen Denunziationskampagnen. Denn die ersehnte libidinöse Befriedigung, Anerkennung und Bewunderung, erreicht er im Gefüge der Herrschaft. Persönliche Anerkennung und materielle Gratifikation verteilen die jeweils Mächtigen im Apparat. Sie lassen damit den narzisstischen Sozialcharakter symbolisch an ihrer Herrschaft teilhaben und promovieren seinen sozialen Status, wofür er den Realitätsverlust wiederum gerne in Kauf nimmt.

Das neue Produktionsregime des Digitalen Kapitalismus schafft die Voraussetzungen für die Potenzierung und Akzelerierung von Denunziationskampagnen. Denn es geht nicht mehr um Information, sondern um die Monetarisierung von Ressentiments. Das hat zur Folge, dass die Medien Fakten, die nicht zur Affektökonomie passen, immer hemmungsloser verschweigen oder verzerren. Damit sind wir im postfaktischen Zeitalter angekommen.

Angebot und Nachfrage bedingen sich in der Affektökonomie gegenseitig: In allen vom Neoliberalismus zerfurchten Gesellschaften herrscht eine ungeheure Wut. Diese Wut der Nutzer kann medial aktiviert, von den Ursachen der Missstände weggelenkt und auf Surrogat-Objekte fokussiert werden. Eine Protestbewegung ist nicht zu erwarten. Denn die abhängig Beschäftigten werden als Konsumenten mit Umsonst-Angeboten geködert. Wir befinden uns also in einem blockierten Konflikt.

Die Lenkung der Ressentiments ist das Geschäft der ideologischen Apparate. Im dialektischen Zusammenwirken – »Pingpongspiel« – orchestrieren die ideologischen Apparate Schule, Kirche, Medien, Thinktanks, Stiftungen und Universitäten die Affektsteuerung. Diese Apparate organisieren die Hegemonie der Machteliten, tragen bei zur Vermeidung von Legitimationskrisen und sichern die Reproduktionsbedingungen in der Elitendemokratie. Dabei gelingt es, die demokratische Verfassungsordnung des Grundgesetzes quasi auf dem Verwaltungsweg auszuschalten.

Deshalb wird der Debattenraum da am stärksten zerstört, wo man Hoffnung haben könnte, dass er verteidigt wird. Akademische und journalistische Milieus sind die ideologischen Treiber antidemokratischen Denkens und Handelns. Sie orchestrieren als »Kopflanger« die Manipulation der Bevölkerung, die Zerstörung der Vernunft und die Attacken der Gegenaufklärung. Denn genau dafür werden sie bezahlt. Initiiert werden die Kampagnen, an denen sie als willige Vollstrecker teilhaben, letztendlich von transatlantischen Organisationen, der Nato und den USA.

Die akademischen Hilfstruppen entstammen meist dem gehobenen Bürgertum und teilen dessen Perspektive auf die Welt. Im Gegensatz zu ihrem Selbstbild als unabhängige Wissenschaftler und Redakteure entsteht so eine verzerrte Darstellung der Realität, eine verdeckte Form der Zensur und ein Journalismus, der sich wie ein Schutzmantel um die politischen und ökonomischen Eliten legt.

Der Fall der Profitrate lässt die akademischen und journalistischen Apologeten bürgerlicher Herrschaft enger zusammenrücken. Das führt zur massiven Ächtung von Dissens. Das inquisitorische Vorgehen gegen Abweichler in Form von Medienkampagnen zerstört den demokratischen Debattenraum, führt zur Zerschlagung der Demokratie, mündet in eine postdemokratische Herrschaftsform und in neue Kriege. Kriegstreiberei, fanatische Hetze, journalistischer Realitätsverlust und Wahn gehen Hand in Hand.

Hoffnung auf eine Umkehr dieser Trends besteht unter den bisherigen Bedingungen nicht: Die breite gesellschaftliche Entsolidarisierung verhindert Gegenwehr genauso wie die Blockierung des Konflikts über die Verlockungen der Konsumsphäre. Deshalb brauchen wir einen grundlegenden Kurswechsel:

- Wir benötigen eine Strategie gegen die Angst. Sie ist es, vor der wir uns fürchten müssen (Fischer 2022). Denn sie erzwingt Anpassung und stabilisiert Herrschaftsverhältnisse. Der häufigste Satz im Neuen Testament lautet: Fürchtet Euch nicht!
- Wir brauchen eine Revitalisierung von Solidarität. Der Neoliberalismus hat sie zerstört, weil er die Verantwortung für soziale Verwerfungen weitgehend den Einzelnen aufbürdet. Solidarität muss vorgelebt werden.
- Wir müssen den bürgerlichen Propagandamedien die Legitimation entziehen durch Schaffung von Gegenöffentlichkeit. Dazu brauchen wir einen eigenen proprietären Markt, eine Art Facebook auf Spenden- oder Abo-Basis, einen digitalen Kommunikationsraum, der demokratisch geführt wird und langfristig die Profitlogik überwindet.

An jenem 28. September 2022, an dem unser Hotel »Park Inn« in Donezk unter Feuer liegt und wir nur durch Zufall dem Tod von der Schippe springen, greift unser einheimischer Fahrer Jewgenij Khatsko zum Telefon. Er kennt seine Leute. Er redet mit Artilleriebeobachtern.

»Die Granate kam aus Marjinka, 30 Kilometer entfernt. Dort haben die Ukrainer französische Haubitzen in Stellung gebracht. Ihr habt zu viel mit euren Anwälten gemailt und telefoniert. Die Richtschützen peilen das an.«

Die Granaten sind GPS-gesteuert und endphasengelenkt. Da hat offenbar nur eine Windböe einen Volltreffer verhindert. Raus aus dem Netz und immer in Bewegung bleiben – das ist das Wichtigste in den Kriegen des Digitalen Kapitalismus. Der Tod des Reporters vor Ort – das ist der definitive Sieg der Propaganda und des postfaktischen Produktionsregimes. Die Salonredakteure des ökolibertären Bürgertums rühren achselzuckend in der Kaffeetasse.

Literatur

Abelow, Benjamin: How the West brought War to Ukraine: Understanding how U.S. and Nato Policies led to Crisis, War, and the Risk of Nuclear Catastrophe. Great Barrington/Mass.: Siland Press 2022.

Abels, Heinz: Triebabfuhr. In: Ders.: Wirklichkeit. Über Wissen und andere Definitionen der Wirklichkeit, über uns und andere, Fremde und Vorurteile. Wiesbaden: VS Verlag 2009.

Agnoli, Johannes, Brückner, Peter: Die Transformation der Demokratie. Frankfurt a.M.: EVA 1978.

Agora-Initiative: Das Handbuch der öffentlichen Meinung. Erlangen 2020, S. 12. https://www.agora-initiative.de/wp-content/uploads/2020/04/das-handbuch-der-oeffentlichen-meinung-agora-initiative.pdf

Altrogge, Georg: NDR-Journalist Patrik Baab – Ansichten eines Grenzgängers. In: Die Welt v. 30. September 2022. https://www.welt.de/politik/plus241363835/NDR-Journalist-Patrik-Baab-bei-Scheinwahlen-in-der-Ostukraine-Ansichten-eines-Grenzgaengers.html

Althusser, Louis: Idéologie et appareils idéologiques d'État. In: La Pensée, Nr. 151, Juni 1970, S. 22. http://classiques.uqac.ca/contemporains/althusser_louis/ideologie_et_AIE/ideologie_et_AIE.pdf

Aly, Götz bei einer Diskussion mit Jens Bisky im Pfefferberg-Theater Berlin am 2. Februar 2023. Mitschrift des Autors.

A referendum that people earned with blood. International observers shared their impressions of the plebiscite in Donbass and the liberated territories. Civic Chamber of the Russian Federation v. 29. September 2022. http://oprf.ru/news/6553?lang=en (abgerufen am 7. Mai 2023).

Baab, Patrik: Recherchieren. Ein Werkzeugkasten zur Kritik der herrschenden Meinung. Frankfurt a.M.: Westend 2022.

Baab, Patrik: Blutige Erde. Ukraine – Reisen in ein Kriegsgebiet. Frankfurt a.M.: Westend (erscheint im August 2023).

Baab, Patrik: Studenten stehen auf – Kehrt in Kiel die APO zurück? In: Nachdenkseiten v. 2.5.2023. https://www.nachdenkseiten.de/?p=97111

Baab, Patrik: Interview zum Journalismus heute. In: Kontrafunk am 28.4.2023. https://kontrafunk.radio/de/sendung-nachhoeren/politik-und-zeitgeschehen/kontrafunk-aktuell/kontrafunk-aktuell-vom-28-april-2023#id-article

Baab, Patrik: Memo der mündlichen Verhandlung vor dem Verwaltungsgericht Schleswig-Holstein am 25. April 2023, S. 7. Archiv des Autors.

Babić, Sanjo: Donbass – Das war auch nach deutschem Recht ein Genozid. In: ExtremNews v. 23. Februar 2022. https://www.extremnews.com/ berichte/weltgeschehen/5cc61885a5a2c0b (abgerufen am 10. November 2022).

Backhaus, Katja: Zwei Professoren, zwei Ansätze. Die Kieler Politikwissenschaft auf dem Weg zum Pluralismus (1971 – 1998). In: Knelangen, Wilhelm u. Stein, Tine (Hg.): Kontinuität und Kontroverse. Die Geschichte der Politikwissenschaft an der Universität Kiel. Essen: Klartext 2013, S. 427–474.

Barthes, Roland: Elemente der Semiologie. Frankfurt a. M.: Syndikat 1979.

Barthes, Roland: Sade – Fourier – Loyola. Frankfurt a. M.: Suhrkamp 1986.

Bauman, Zygmunt: Flüchtige Moderne. Frankfurt a. M.: Suhrkamp 2003.

Bauman, Zygmunt: Retrotopia. Frankfurt a. M. 2018(2).

Beim Beschuss von Donezk wurden ein Hotel und sechs Häuser beschädigt. In: Ria Nowosti v. 28.9.2022 (При обстреле Донецка были повреждены гостиница и шесть домов, РИА Новости). https://ria. ru/20220928/donetsk-1819969758.html

Bennett, Naftali: Interview Ukraine War Negotiations. https://www.youtube.com/watch?v=ZpCTEBaTFS8 (abgerufen am 1. März 2023).

Berger, Jens: Streitfall: Militärische Forschungen an deutschen Unis. In: Nachdenkseiten v. 11. Januar 2019. https://www.nachdenkseiten. de/?p=48371 (abgerufen am 5. März 2023).

Berger, Jens: Integrity Initiative – Nato-Propaganda auch in Deutschland. In: Nachdenkseiten v. 7. Januar 2019. https://www.nachdenkseiten.de/?p= 48281 (abgerufen am 5. März 2023).

Bourdieu, Pierre: Die feinen Unterschiede. Frankfurt a. M.: Suhrkamp 1982

Bourdieu, Pierre: Über das Fernsehen. Frankfurt a. M. 1998.

Breyer, Patrick: Pressemitteilung v. 7.12.2022. https://www.patrick-breyer. de/ndr-skandal-untersuchungsbericht-bestaetigt-anschein-politischer-ruecksichtnahme/

Brinkmann, Janis: Journalismus. Eine praktische Einführung. Baden-Baden: Nomos 2021.

Buttkereit, Helge: Journalismus als Legitimation. Journalisten dürfen nicht in die Ostukraine fahren. Oder Veranstaltungen besuchen, die quer zum Mainstream sind. Denn ihre Anwesenheit »Legitimiert«. So zumindest die Kritik an einem Journalisten, der in der Ostukraine recherchiert hat. Dieses Verständnis von Journalismus hat weitreichende Folgen. In: Hintergrund v. 30. September 2022. https://www.hintergrund.de/allgemein/ rundschau/journalismus-als-legitimation/?highlight=baab (abgerufen am 24. Februar 2023).

Chomsky, Noam: Another World is possible. Let's bring it to Reality. Interview. In: Truthout v. 4. Januar 2023. https://truthout.org/articles/noam-chomsky-another-world-is-possible-lets-bring-it-to-reality/ (abgerufen am 27. Februar 2023).

Cristaudo, Wayne: The Narrative of Sham Elections. In: The Postil Magazine v. 1. November 2022. https://www.thepostil.com/the-narrative-of-sham-elections/?print-pos

Crouch, Colin: Postdemokratie revisited. Frankfurt a. M. 2021.

Dahn, Daniela: Im Krieg verlieren auch die Sieger. Nur der Frieden kann gewonnen werden. Hamburg: Rowohlt 2022.

Deleuze, Gilles, Guattari, Félix (1979): Anti-Ödipus. Kapitalismus und Schizophrenie. Frankfurt a. M.: Suhrkamp (2).

Deutscher Bundestag DS 20/5822 v. 1.3.2023: Zahlung von Bundesministerien an Journalisten des öffentlich-rechtlichen Rundfunks und privatrechtlicher Medien. https://dserver.bundestag.de/btd/20/058/2005822.pdf

Donezk meldet 48 ukrainische Angriffe und zwei verletzte Zivilisten binnen 24 Stunden. In: ExtremNews v. 28.9.2022. https://www.extremnews.com/nachrichten/weltgeschehen/f42718d07477987/4d718d0748048c/info

Eco, Umberto: Zeichen. Einführung in einen Begriff und seine Geschichte. Frankfurt a. M.: Suhrkamp 1977.

Eco, Umberto: Der Friedhof in Prag. München: Hanser 2011.

Ein Sittengemälde des Mainstream-Journalismus. In: Hintergrund v. 22. Dezember 2022. https://www.hintergrund.de/allgemein/rundschau/ein-sittengemaelde-des-mainstream-journalismus/?highlight=mainstream

Engler, Wolfgang: Die offene Gesellschaft und ihre Grenzen. Berlin: Matthes & Seitz 2021.

Erdheim, Mario: Die gesellschaftliche Produktion von Unbewusstheit. Frankfurt a. M.: Suhrkamp 1992.

Frenzel, Markus: Vorauseilender Gehorsam. In: Stern v. 5. September 2022

Freud, Sigmund: Der Dichter und das Phantasieren. In: Neue Revue. Halbmonatsschrift für das öffentliche Leben, Jg. 1907/08, H. 1, S. 716–724. https://www.gutenberg.org/files/28863/28863-h/28863-h.htm

Freud, Sigmund: Zur Einführung in den Narzissmus (1914). In: Kleine Schriften II. https://www.projekt-gutenberg.org/freud/kleine2/Kapitel9.html

Fromm, Erich: Die Angst vor der Freiheit. Frankfurt a. M.: Ullstein 1983.

Fournier, Dan: Ten inconvenient Truths about Ukraine largely ignored by the Media. In: Global Research v. 14. Januar 2023. https://www.global research.ca/ten-inconvenient-truths-about-ukraine-largely-ignored-by-msm/5804973 (abgerufen am 27. Februar 2023).

Furedi, Frank: Die verborgene Geschichte der Identitätspolitik. In: Richardt, Johannes (Hg.): Die sortierte Gesellschaft. Zur Kritik der Identitätspolitik. Frankfurt a. M.: Novo Argumente Verlag 2018, S. 13–25.

Geisslinger, Esther: Putin-Propagandist darf weiter lehren. In: taz v. 26. April 2023. Die Meldung musste nach Intervention meines Anwalts korrigiert werden.

Gotowiecki, Pawel: »I am this rector of the Józef Gołuchowski University of Applied Sciences, who dismissed Leszek Sykulski from his work. Of course, I can give you contact to him […] I am sure that you will find many common topics.« Mail v. 26. Februar 2023, 21:50.

Guérot, Ulrike, Baab, Patrik, Bhakdi, Sucharit, Meyen, Michael: Abschied vom Altpapier. Der SPIEGEL hat fertig. In: Nachdenkseiten v. 5. Juni 2023. https://www.nachdenkseiten.de/?p=98788

Habermas, Jürgen: Strukturwandel der Öffentlichkeit. Neuwied u. Berlin: Luchterhand 1976(8).

Hartmann, Michael: Die Abgehobenen. Wie die Eliten die Demokratie gefährden. Frankfurt a. M. u. New York: Campus 2018.

Hill, Fiona, Stent, Angela: The World Putin Wants. How Distortions About the Past Feed Delusions About the Future. In: Foreign Affairs, Sept./October 2022, v. 25. August 2022. https://www.foreignaffairs.com/russian-federation/world-putin-wants-fiona-hill-angela-stent (abgerufen am 1. März 2023).

Hudson, Michael: Wie die USA ihre globale Dominanz sichern wollen – US-Ökonom Michael Hudson im Exklusiv-Interview. In: Vierte Online v. 1. August 2022. https://www.vierte.online/2022/08/01/wie-die-usa-ihre-globale-dominanz-sichern-wollen-us-oekonom-michael-hudson-im-exklusiv-interview/

Jones, Owen: The Establishment and how they get away with it. London: Pengiun 2015.

Kies, Gaby: Schreiben v. 28.9.2022.

Klöckner, Marcus: Sabotierte Wirklichkeit oder: Wenn Journalismus zur Glaubenslehre wird. Frankfurt a. M.: Westend 2019.

Klussmann, Uwe: Zwischen Moskau und Berlin. Mit der Ukrainischen Sowjetrepublik schufen die Bolschewiki erstmals eine stabile Staatsform für das osteuropäische Land. Doch willkürlich gezogene Grenzen führten zu schweren Konflikten. In: Der Spiegel v. 28. November 2016.

https://www.spiegel.de/geschichte/zwischen-moskau-und-berlin-a-5bf6
b8f3-0002-0001-0000-000148207346 (abgerufen am 22. März 2023).

Krause, Joachim: Die Krise um den Irak und die internationale Ordnung. In:
Kieler Analysen zur Sicherheitspolitik Nr. 4, Januar 2003, S. 13. https://
www.ispk.uni-kiel.de/de/publikationen/kieler-analysen-zur-sicherheits
politik/upload-working-paper/kazs_4.pdf (abgerufen am 28. Februar
2023).

Krause, Joachim: Eskalationsphobie – eine deutsche Krankheit? In: Frankfu-
rer Allgemeine Zeitung v. 11. Februar 2023. https://www.faz.net/aktuell/
politik/inland/ukraine-krieg-eskalationsphobie-eskalationsphobie-eine-
deutsche-krankheit-18658032.html (abgerufen am 28. Februar 2023).

Kudelia, Serhiy: Domestic Sources of the Donbas Insurgency. Ponard Eura-
sia Policy Memo No. 351, September 2014. https://www.ponarseurasia.
org/wp-content/uploads/attachments/Pepm351_Kudelia_Sept2014.pdf

Kudelia, Serhiy: The Donbas Rift. In: Russian Politics & Law, 13. Juni 2016,
S. 5–27, hier: S. 22 f. https://www.tandfonline.com/doi/full/10.1080/10
611428.2017.1316062

Kujat, Harald: Interview über den Ukrainekonflikt. In: Alexander Wallasch
v. 24. Januar 2023. https://www.alexander-wallasch.de/gesellschaft/inter
view-mit-general-a-d-harald-kujat-ueber-den-ukrainekonflikt (abgerufen
am 28. Februar 2023).

Lapuente, Roberto J. de: Der Fall Baab: Journalismus als Delikt. In: Neu-
landrebellen v. 2. März 2023. https://www.neulandrebellen.de/2023/03/
der-fall-baab-journalismus-als-delikt/ (abgerufen am 2. März 2023).

LaRoche, Walter von: Einführung in den praktischen Journalismus. München: List 1984.

Lasch, Christopher: The Culture of Narcissism. American Life in an Age of
Diminishing Expectations. New York u. London: Norton 2018.

Lee, Martin, Solomon, Norman: Unreliable Sources. A Guide to Detecting
Bias in Media. New York: Lyle Stuart Book 1991.

Volker Lilienthal an Uni Kiel v. 16. März 2022, 11:52

Linder, Christian: Die Träume der Wunschmaschine. Essays über H. M. En-
zensberger, Max Frisch, Alexander Kluge, Peter Weiss, Dieter Wellershoff.
Reinbek: Rowohlt 1981.

Lofgren, Mike: The Deep State. The Fall of the Constitution and the Rise of
a Shadow Government. New York: Penguin 2016.

Maier, Michael: Öffentlich-Rechtliche: Götterdämmerung der Arroganz
im Norden. In: Berliner Zeitung v. 26. August 2022. https://www.
berliner-zeitung.de/politik-gesellschaft/medien-fernsehen-rundfunk-

skandal-affaere-ard-rbb-ndr-fall-patricia-schlesinger-oeffentlich-rechtli
che-sender-mitarbeiter-redakteure-journalisten-beklagen-politische-gaen
gelung-einflussnahme-li.260678

Marcetic, Branco: The Grinding War in Ukraine Could Have Ended a Long
Time Ago. In: Jacobin v. 2. August 2023. https://jacobin.com/2023/02/
ukraine-russia-war-naftali-bennett-negotiations-peace (abgerufen am
1. März 2023).

Matuschek, Milosz: Monika Jones: Die Frau, der die Regierenden vertrauen.
In: Freischwebende Intelligenz v. 12. März 2023. https://www.freischwe
bende-intelligenz.org/p/monika-jones-die-frau-der-die-regierenden

Matuschek, Milosz: Boykottiert den öffentlich-rechtlichen Rundfunk! Wieso
bezahlen Sie für Lügen, Werbung und Propaganda? Hören Sie einfach
auf damit. In: Freischwebende Intelligenz v. 29.4.2023. https://www.frei-
schwebende-intelligenz.org/p/boykottiert-den-offentlich-rechtlichen

Maus, Stephan: Ulrike Guérot war eine angesehene Professorin. Dann kam
Corona. Jetzt glaubt sie, von der CIA verfolgt zu werden. In: Stern v.
2.5.2023. https://www.stern.de/gesellschaft/ulrike-gu%C3%A9rot--wie-
die-einst-beliebte-politikwissenschaftlerin-abstuerzte-33411922.html

Mausfeld, Rainer: Warum schweigen die Lämmer? Wie Elitendemokratie
und Neoliberalismus unsere Gesellschaft und unsere Lebensgrundlagen
zerstören. Frankfurt a. M.: Westend 2018.

McKeigue, Paul, Miller, David, Mason, Jake, Robinson, Pierce: Briefing
note on the Integrity Initiative. Working Group on Syria, Propaganda
and Media, 21. Dezember 2018. https://syriapropagandamedia.org/wor
king-papers/briefing-note-on-the-integrity-initiative (abgerufen am
5. März 2023).

Meyen. Michael: Die Propaganda-Matrix. Der Kampf für freie Medien entscheidet über unsere Zukunft. München: Rubikon 2021.

Meyen, Michael: Habitus der Arroganz. Journalisten sind nicht mehr neu-
gierig, sondern fragen nur ab, was sie schon zu wissen glauben – eine
Dokumentation. In: Manova v. 28.4.2023. https://www.manova.news/
artikel/habitus-der-arroganz

Michaels, David: The Triumph of Doubt. Dark Money and the Science of
Deception. Oxford: Oxford University Press 2020.

Morelli, Anne: Propaganda During Times of War. In: The Postil Magazine v.
1. Mai 2022. https://www.thepostil.com/author/anne-morelli/ (abgerufen am 1. März 2023).

Müller, Hans-Peter (2021): Krise und Kritik – Klassiker der soziologischen
Zeitdiagnose. Berlin: Suhrkamp.

Nachtwey, Oliver: Die Abstiegsgesellschaft. Über das Aufbegehren in der regressiven Moderne. Berlin: Suhrkamp 2016(3).

Narr, Wolf-Dieter: Hin zu einer Gesellschaft bedingter Reflexe. In: Habermas, Jürgen (Hg.): Stichworte zur »Geistigen Situation der Zeit«. Frankfurt a. M.: Suhrkamp 1979, Bd. 2, S. 489–528.

Ottinger, Ulrike: Paris Calligrammes. Buch, Regie und Kamera: Ulrike Ottinger, Schnitt: Anette Fleming, Produktions-Assistenz: Sarah Eichhoff. 129 Min., Zero One Film in Koproduktion m. Idéale Audience, INA u. ZDF/3Sat, Deutschland u. Frankreich 2019.

Permanent Mission of the Russian Federation to the United Nations Office in Geneva: War Crimes and Crimes against Humanity Committed by the Ukrainian Military-Political Leadership in Donbass. https://geneva. mid.ru/en_US/web/geneva_en/donbasstragedy (abgerufen am 5. März 2022).

Pilger, John: The Coming War – Time to Speak Up. In: Consortium News v. 6. Mai 2023. https://consortiumnews.com/2023/05/01/john-pilger-the-coming-war-time-to-speak-up/

Plog, Jobst: »Menschlich sympathisch, aber nicht sehr überzeugend.« Muss die NDR-Spitze nach dem verheerenden »Klimabericht« zurücktreten? Der langjährige Intendant Jobst Plog findet, darüber muss man reden. In: Süddeutsche Zeitung v. 30.3.2023. https://www.sueddeutsche.de/medien/jobst-plog-ndr-krise-klimabericht-1.5778716?reduced=true

Rötzer, Florian: Kriegspropaganda: Experten von »Denkfabriken« steuern den politischen Diskurs. In: Overton-Magazin v. 12.6.2023. https:// overton-magazin.de/top-story/kriegpropaganda-experten-von-denkfabriken-steuern-den-politischen-diskurs/

Roosa, John: Tufts University: Students Counter Spies. In: The National Reporter, Winter 1985. http://www.namebase.net:82/campus/roosa.html (abgerufen am 5. März 2023).

Sagnol, Marc: Ukraine-Konflikt: Donbass unter Beschuss. In: Novo v. 26. September 2014. https://www.novo-argumente.com/artikel/ukraine_konflikt_donbass_unter_beschuss (abgerufen am 10. November 2022).

Sakwa, Richard: Frontline Ukraine. Crisis in the Borderlands, London u. New York: I. B. Tauris 2016.

Schiffer, Sabine: Medienanalyse. Ein kritisches Lehrbuch. Frankfurt a. M.: Westend 2021.

Schmidt, Caroline, Stuckmeier, Lea: Umstrittener Kritiker. In: Zapp v.

5. Oktober 2022. https://www.ndr.de/fernsehen/sendungen/zapp/Um-strittener-Kritiker,zapp13906.html

Schneider, Michael: Der »böse Russe«, die deutsche Geschichtsvergessen-heit und die Blindheit der Berliner Außenpolitik. In: tkp – der Blog für Science und Politik v. 1. Dezember 2022. https://tkp.at/2022/12/01/der-boese-russe-die-deutsche-geschichtsvergessenheit-und-die-blindheit-der-berliner-aussenpolitik/

Schneider, Wolf, Raue, Paul-Josef: Handbuch des Journalismus. Reinbek: Rowohlt 1999.

Sengers, Luuk, Hunter, Mark Lee: Drehbuch der Recherche. Das verbor-gene Szenario. Berlin: Netzwerk Recherche 2018, S. 41. https://netzwerk recherche.org/wp-content/uploads/2018/07/nr-Werkstatt-25_web.pdf

Sinclair, Upton: I, Candidate for Governor: And How I Got Licked. In: Oakland Tribune v. 11. Dezember 1934, S. 19, Spalte 3.

Staab, Philipp: Digitaler Kapitalismus. Markt und Herrschaft in der Öko-nomie der Unknappheit. Frankfurt a. M.: Suhrkamp 2020(2).

Stremme, Johannes: Nato-Hausmeister Krause an der Uni Kiel. In: Masken-fall v. 22. November 2014. https://www.maskenfall.de/?p=7000 (abgeru-fen am 28. Februar 2023).

Tuchman, Barbara: Die Torheit der Regierenden. Von Troja bis Vietnam. Frankfurt a. M.: S. Fischer 1984(3).

Uhlenwinkel, Anke, Egner, Heike: v. 5. Juni 2023. Vgl. auch diess.: Entlas-sung und öffentliche Disziplinierung von Professorinnen. Eine empirische Analyse struktureller Gemeinsamkeiten anscheinend unterschiedlicher »Fälle«. In: Beiträge zur Hochschulforschung v. 2. Mai 2021, S. 62–84. https://uni-salzburg.elsevierpure.com/de/publications/entlassung-und-%C3%B6ffentliche-degradierung-von-professorinnen-eine-e

Verhaeghe, Paul: Der neoliberale Charakter. Wir leben in einer Wirtschaft, die das Ethos verändert und psychopathische Persönlichkeitsmerkmale belohnt. In: Der Freitag v. 24.10.2014. https://www.freitag.de/autoren/the-guardian/der-neoliberale-charakter

Vogl, Joseph: Kapital und Ressentiment. Eine kurze Theorie der Gegenwart. München: Beck 2021(2).

Weber, Max: Die protestantische Ethik und der »Geist« des Kapitalismus. In: Archiv für Sozialwissenschaft und Sozialpolitik. 21, 1905, S. 1–110, https://archive.org/details/bub_gb_D_YnAAAAYAAJ/page/n7/mode/2up

Wehmeyer, Jan C., Kaleta, Philip: »Politischer Filter« und »Klima der Angst«: NDR-Redakteure erheben laut vertraulichem Untersuchungsbericht schwere Vorwürfe gegen Senderleitung. In: Business Insider v. 27. August 2022. https://www.businessinsider.de/wirtschaft/politischer-filter-klima-der-angst-ndr-redakteure-erheben-laut-vertraulichem-untersuchungsbericht-schwere-vorwuerfe-gegen-senderleitung-b/

Wehmeyer, Jan C.: Interne Verhöre, Abmahnung, Versetzung: Eine Gerichtsakte zeigt, wie der NDR mit einem Mitarbeiter umging, der die Senderleitung kritisiert hatte. In: Business Insider v. 2. September 2022. https://www.businessinsider.de/wirtschaft/interne-verhoere-abmahnung-versetzung-eine-gerichtsakte-zeigt-wie-der-ndr-mit-einem-mitarbeiter-umging-der-die-senderleitung-kritisierte-b/

Wolin, Sheldon S.: Umgekehrter Totalitarismus. Frankfurt a. M.: Westend 2022.

Zuboff, Shoshana: Das Zeitalter des Überwachungskapitalismus. Frankfurt a. M. u. New York: Campus 2018.

Zwei-Quellen-Prinzip. In: Mimikama. Zuerst denken – dann klicken. https://www.mimikama.org/glossar/zwei-quellen-prinzip/

Baab, Patrik (2024): Unter Feuer. In: Mediensystem und öffentliche Sphäre in der Krise, herausgegeben von Hannah Broecker und Dennis Kaltwasser, S. 223-263. Neu-Isenburg: Westend. https://doi.org/10.53291/9783949925214_10

War Propaganda Today – The Outsourcing of Propaganda and the Consequences for Democratic Accountability[1]

Piers Robinson

Abstract

All wars are accompanied by propaganda. For example, the US and UK governments worked with intelligence services to promote the 2003 invasion of Iraq through deceptive claims regarding a ›current‹ and ›threatening‹ Iraqi WMD programme. Since then, an important development relates to the way in which ›influence‹ operations, otherwise identifiable as propaganda, have been out-sourced to contractors some of which maintain the outward appearance of being neutral or of grassroots origin. The case of the 2011-present Syrian war is instructive here and includes a number of organisations and actors that can be traced back to UK government ›stratcom‹ and ›influence‹ initiatives. In addition, and in relation to the chemical weapons attack issues, a number of outsourced activities can be identified including a former UK British military officer, Bellingcat and the White Helmets: together these actors play an influential role in terms of shaping the information environment. Overall, these various activities can be understood as well-resourced and highly organized approaches to ›shaping the information environment‹ that involve action in the real world, so called ›propaganda of the deed‹. They involve the creation of propagandistic and deceptive narratives that serve one particular side in the Syrian war whilst maintaining the outward appearance that eclipses the role of former British military personnel and the original funding sources of these entities. As such, accountability is diminished

---

1   This chapter is developed from both an earlier work (Robinson 2022) and a presentation at the *Mediensystem und Öffentliche Sphäre in Der Krise* workshop, Ludwig Maximilian University, Munich, June 2023. Thanks to participants for feedback and comments on the earlier material.

because of the opaqueness of funding arrangements and involvement of former UK British military personnel which enable these entities to give the outward appearance of being neutral and independent with respect to the Syrian War. Moreover, the potential for strategies of deception to be employed is increased by these arrangements.

Introduction

It is well understood across the scholarly literature that wars involve extensive propaganda activities and that, to a very large extent, mainstream/corporate media function as key elements with respect to its dissemination (Knightley 2003; Robinson, Goddard, Parry, Murray and Taylor 2010; Taylor 1992). This was as true in the time of the Crimean War as it is today (Knightley 2003). Enemies are demonized, lies are told, military prowess and progress are exaggerated, and the so-called ›fog of war‹ descends across public awareness and understanding. Indeed, a tantalizing question is whether, despite all the developments in communication technology and the accumulated wisdom of decades of scholarship, war propaganda is as effective today as it has ever been, perhaps even more so? During World Wars I and II it was the institutions of the state that undertook the lion's share of propaganda activities through dedicated bureaucracies such as the Ministry of Information in the United Kingdom. Indeed, the importance of state-led information activities can be seen throughout the 20th century wars including Vietnam (50s, 60s, and 70s), the Falklands conflict (1981), as well as the 1991 and 2003 Gulf Wars (Robinson et al 2010). Gulf War One (1991), in particular, became famous for its dramatic military press briefings during which imagery of smart weapons guiding to their targets provided the backdrop for official briefers (Taylor 1992).

Over the last fifteen years, however, new and less well understood mechanisms have emerged through which war propaganda is generated and disseminated. Through ›outsourcing‹ and ›consultancy‹ it is now the case that ostensibly non-state and independent actors play an important role in terms of influencing ›hearts and minds‹ (Kinross 2020). Focusing upon this development, this paper explores in detail some of the ways in which non-state actors have come to play an important role in terms of influencing the ›information environment‹ with respect to the 2011-present war in Syria. The discussion proceeds as follows: Section 1) introduces the concepts of propaganda and outsourcing before providing a brief summation of the current

12-year war in Syria. Section 2) starts by detailing what is now known about a UK-led information operation in Syria involving former British military contractors operating private companies before then focusing on a specific issue area, that of the alleged chemical weapons attacks in Syria. Section 3) concludes the paper by discussing the implications of these forms of ›outsourced‹ propaganda for democratic accountability and the public's ability to discern truth from propaganda during wartime.

Concepts: Propaganda and Outsourcing Propaganda

Over time the term *propaganda* has come to be understood to mean highly manipulative and deceptive persuasive communication that occurs mainly in authoritarian political systems or, in a democracy, during the exceptional conditions of war. The academic study of propaganda reflects this understanding with a large volume of literature exploring propaganda during wartime (especially World War I and II and now, increasingly, the Cold War era) or exploring propaganda in non-democratic states. As argued elsewhere (Bakir, Herring, Miller and Robinson 2019) this perception is incorrect. In fact, propaganda has been an integral feature of democratic political systems since the early 20th century both in times of war and peace.

Propaganda, or ›non-consensual organized persuasive communication‹ (Bakir et al 2019), involves coordinated attempts to promote particular agendas through a complex array of communicative techniques which are principally manipulative in nature and involve various forms of deception as well as incentivization and coercion. For example, deception can occur through straightforward lying and, in the realm of international politics, Mearsheimer has described the significance of strategic deceptions in *Why Leaders Lie* (2010). Importantly, deception frequently occurs through omission, distortion of facts and misdirection (Bakir et al 2019). As such, the promotion of one-sided interpretations of an issue can be profoundly deceptive via omissions and distortions. At the same time when propaganda sources present themselves as independent and neutral, whilst actually being funded and supported by particular political actors, this is also a form of deception. Propaganda can also include incentivization and coercion. An example of the former is the promise of tax cuts during election campaigns. An example of the latter is the dropping of surrender leaflets in battle zones whereby the threat of lethal force is part of persuading combatants to surrender (Bakir et al 2019). The latter two propaganda tactics also highlight the fact that propaganda is about more than just messaging via linguistic and visual communication but also involves action in the ›real‹ world and so-called ›propaganda of the deed‹. Indeed, a good example of awareness within military circles as to the importance of real-world action with respect to what are sometimes referred to as ›influence operations‹ can be found in Mackay and Tatham's 2011 *Behavioural Conflict: Why understanding people and their motivation will prove decisive in future conflict.* They note that:

> … in a conflict environment it (attitude) will have more to do with deeds matching actions than with a clever marketing campaign. For example, messages of peace and security will not resonate if the local government offices are corrupt and if Coalition air strikes accidently kill civilians. (Mackay and Tatham 2011, 107: see also Robinson 2015)

In sum, the common thread throughout all of these persuasive communication techniques is that they involve a *non-consensual* process of persuasion: people are persuaded to believe something or to act in a particular way either through deception or because they have been incentivized or coerced. In short, their beliefs or actions are not freely chosen. Propaganda, then, is primarily manipulative in nature and, in general terms, incompatible with democratic requirements pertaining to an informed and free citizenry.

Outsourcing

In his recent study *Information Warriors: the Battle for Hearts and Minds in the Middle East*, Kinross discusses the emergence of the ›twin gods of outsourcing and consultancy‹ whereby now almost one hundred ›private companies could currently be engaged at any one time in promoting separate aspects of Britain's informational output‹ (2020 p. 191). According to Kinross, the total global outsourcing industry, as of 2016, was worth $76 billion (2020 p.192). The development of privatized information operations mirrors developments across other spheres such as the use of private military contractors (PMCs) (Leander 2005) as well as the panoply of private intelligence companies now in existence. Of course, whilst notionally independent companies, these contractors work for their clients and are obviously reliant upon funding, via contracts, for their existence. As such their activities and output must necessarily align with the interests and agendas of the governments and actors who fund them.

The extent to which these activities have replaced, or even supplanted, more traditional methods of influencing ›the information space‹ is not known. They do, however, represent a phenomenon distinct from the relatively well-documented propaganda activities witnessed during war time, noted in the introduction, whereby official military briefers and public relations officials play a major role in terms of generating and disseminating propaganda. It is also unknown exactly why they appear to have emerged, or at least expanded as argued by Kinross (2020), in the last couple of decades. One possibility is that the debacle over Iraqi weapons of mass destruction (WMDs) back in 2002–2004, in which intelligence agencies and government officials became implicated in the manipulation of intelligence reports that deceptively presented Iraq as a current WMD threat (Mearsheimer, 2010; Herring and Robinson, 2014), led to a desire to deliver propaganda messages at arms-length from governments both in order to be more persuasive but also to shield government officials from culpability for lying and deception. At the same time, there has been a shift from overt warfighting in the early stages of the 9/11 global ›war on terror‹, witness the invasions of Afghanistan and Iraq, toward covert proxy wars in countries such as Syria, discussed shortly, and Ukraine. This shift might have incentivized governments to outsource influence operations in order to better disguise the existence of these proxy wars.

The 2011-Present War in Syria

Civil disturbances and violence started in Syria in 2011 and occurred against the backdrop of the so-called ›Arab Spring‹. By 2012, violence had escalated and a leaked US Department of Defense report stated that the conflict was taking a ›clear sectarian direction‹, that ›the Salafist, the Muslim Brotherhood, and AGI are the major forces driving the insurgency in Syria‹, and that multiple external actors were involved: ›The West, Gulf countries, and Turkey support the opposition; while Russia, China, and Iran support the regime‹ (US Department of Defense, 2012). One important element of the war, at least from the perspective of understanding the position of Western governments, is the US-Saudi covert operation *Timber Sycamore*. The operation was described by the *New York Times* as a ›$1 Billion Secret C.I.A war in Syria‹ (Mazzetti, Goldman and Schmidt 2017) and involved an agreement between the CIA and Saudi Arabia aimed at supporting groups seeking to overthrow the Syrian government (see also Berger 2016 and Porter 2017).

Recent work published by investigative journalist Maxime Chaix (2019) claims that Operation Timber Sycamore can actually be traced as far back as October 2011 when the CIA was operating via the UK's MI6 intelligence service in order to avoid having to seek Congressional approval. The US, UK and France have also carried out direct military action against the Syrian government, for example following alleged chemical weapons attacks in Khan Shaykhun, 2017, and Douma, 2018. Today, after 12 years of war, the Syrian government has regained control of most of its territory and has been invited back into the Arab League, an indication of a move toward normalization of relations with its neighbors. At the same time, the north west territory of Idlib remains under the control of Turkish-backed opposition groups whilst US forces and US-backed groups occupy the oil fields in the north east. The US is maintaining a rigorous sanctions regime against Syria which serves to continue the destabilization of the country.

In broad terms, Western politicians and mainstream/corporate media have almost without exclusion presented the war as a simple struggle between pro-democratic rebels and a ruthless regime. This representation of the war has emphasized allegations of war crimes against the Syrian government (alleged use of chemical weapons against civilians and torture) and downplayed both the sectarian nature of opposition groups and the extensive involvement of external actors, other than Russia and Iran. Other perspectives have remained marginalized across Western media. For example, Syrian, Russian and Iranian claims that the Syrian government has been engaged in a legitimate fight against domestic and foreign-backed ›terrorists‹ have been well within the ›sphere of deviance‹ (Hallin 1986), rarely articulated in Western mainstream media and political debate. A large study (Frohlich 2018), based upon an extensive analysis of media reporting, government ›public relations‹ and NGO communications‹ across a series of conflicts including Syria, confirmed that Western media reporting tended to reinforce government positions (Frohlich and Jungblot 2018: 103). One chapter in this study noted the absence of Russian media and Russian perspectives from European parliamentary debates responding to the alleged use of a chemical weapon in Ghouta 2013 (Berganza, Herrero-Jimnez and Carratala 2018). Another recent study about war correspondents noted how coverage of the death of journalist Marie Colvin by CNN focused heavily on the apparently ahistorical evil of the Assad regime, glossing over any tough questions about the international politics that may have contributed to the war in Syria (Palmer 2018: p. 152). Palmer also notes the political bias in Colvin's own reporting: ›Colvin herself was also aligned with western political sentiments in this report ... Rather than serving as an objective eyewitness, then, in death Colvin was linked to a very distinctive political perspective‹ (Palmer 2018: 154 & 157).

That Western media have aligned themselves with those of Western governments should come as no surprise. Academic works have repeatedly and consistently evidenced the close proximity between media and government positions especially during war (Bennett and Paletz 1994; Hallin 1986; Robinson et al 2010) as well as the prevalence of war propaganda (Taylor 2002) in which conflicts are cast in simplistic and dichotomous terms, good vs. evil. It would be very surprising if future studies of the Syrian war find any evidence that significantly diverges from the two studies described above.

Outsourcing Pro War Narratives

The UK approach to managing communication and influence activities in relation to the war in Syria (Robinson 2022) has included the outsourcing of operations to contractors. For example, during the second half of 2012 two media reports described an opposition media outlet named Basma (Mcelroy 2012) which was linked to an organisation called ARK (Vela 2012) that had, in turn, been established by a former British diplomat, Alistair Harris (ARK 2021; Norton 2020). Slides from an ARK presentation (circa 2012) listed Basma's three lines of effort as aimed to »decrease support for the regime – increase support for the opposition – train a cadre of independent media«. It is now known through leaked documents that ARK played a major role with respect to the war in Syria. As Norton (2020) reports:

> In a leaked document it filed with the British government, ARK said its »focus since 2012 has been delivering highly effective, politically- and conflict-sensitive Syria programming for the governments of the United Kingdom, United States, Denmark, Canada, Japan and the European Union.« ARK boasted of overseeing $66 million of contracts to support pro-opposition efforts in Syria.

ARK also played an important role with respect to the establishment of the *Commission for International Justice and Accountability*. The former British diplomat Alistair Harris (ARK) describes how he developed this new NGO:

Back in 2011 the first project we undertook in Syria was to support the documentation of human rights violations with my very good friend Dr William Wiley … When Bill and I set out to train and support Syrian investigators to bring back from Syria (by routes [that] are [as] various as they were hazardous) contemporaneous documentation with a view to supporting the prosecution of all those responsible for war crimes in Syria. (Ark, undated)

Emerging from this proposal was the Commission for International Justice and Accountability (CIJA), established in 2014. It has since become a central component of drives to investigate and prosecute war crimes related to the war in Syria.

Another related component concerns the establishment in 2012 of a strategic communication programme in the Targeting and Information Operations unit of the Ministry of Defence (MOD) (McKeigue et al 2019a). A 2014 contract for the provision of strategic communication support to »moderate armed opposition« was awarded to a former Lieutenant-Colonel who had worked in the Targeting and Information Operations unit of the Ministry of Defence until 2012, through a company called InCoStrat (McKeigue et al. 2019a). A co-founder of InCoStrat was Emma Winberg, a former »member of the UK Foreign and Commonwealth Office,« who described her work as being in the »fields of strategic communications and community resilience« (McKeigue et al. 2019b). Activities included production of »videos, photos, military reports, radio broadcasts, print products and social media posts branded with the logos of fighting groups, and effectively run a press office for opposition fighters« (Cobain et al. 2016). According to Cobain et al. (2016), these activities occurred in close cooperation with the UK Foreign and Commonwealth Office (UK FCO).

A third component of the information and influence operation are the so-called White Helmets. According to the BBC (2021), former UK diplomat Alistair Harris (ARK) invited the late James le Mesurier, a former British army officer, to »move to Turkey and manage civil society projects across the border in Syria«. Le Mesurier worked for ARK between 2011 and 2014 and established the ›Syria Civil Defence‹ (SCD) also known as the White Helmets (le Mesurier's SCD is not the internationally recognized Syria Civil Defence, which operates within the structure of the existing Syrian state). As is known to those following the Syrian war, the White Helmets have become (in)famous: some argue they are a genuinely independent humanitarian organisation established in order to protect and save civilians (Di Giovanni

2018), whilst others argue that they are closely aligned with militant opposition groups and serve a key role in terms of generating messages that are favourable to the Western official narrative (Beeley 2015). As is the case with InCoStrat and opposition ›PR‹ operations, the activities were contracted out and, in this case, USAID and the UK government's Conflict Security and Stability Fund (CSSF) provided resources through, respectively, the NGOs Mayday Rescue established by le Mesurier in 2014 (UK Government 2017) and Chemonics (USAID 2017; White Helmets 2016). Winberg, who as noted above had co-founded InCoStrat, joined Mayday Rescue as chief impact officer in 2017 (she also became engaged and then married to le Mesurier).

Broadly, these outsourced operations perform an important role in terms of promoting Western official narratives regarding Syria (Robinson 2022: 85–89). The work of CIJA helps to underpin allegations of war crimes and torture attributable to the Syrian government and ISIS-linked groups but does not engage with the legality of the actions of either Western governments, their Gulf State allies or Israel with respect to the war. InCoStrat provided straight-forward public relations support for Western-backed opposition groups, whilst the White Helmets at the very least help to convey a partial view of the war and one which is in line with the perspective of the UK government and its allies (Robinson 2022: 85–89).

Alleged Chemical Weapons Attacks

An important narrative throughout the Syrian War has concerned allegations about the use of chemical weapons. The USA, UK, and France have led charges that the Syrian government has systematically deployed chemical weapons against civilians. The Syrian government and the Russian Federation have consistently refuted these allegations and accused opposition groups of staging alleged attacks. A well-known early instance of use was the sarin attack in Ghouta in 2013 and this led to the Syrian government acceding to the Chemical Weapons Convention (CWC) and dismantling its stockpiles of CW. The authorship of the Ghouta attack continues to be disputed. The UN/OPCW investigation of the attack concluded that it had occurred but did not attribute responsibility (UN 2013) whilst the Independent Commission of Inquiry on the Syrian Arab Republic, as of 2021, has not attributed responsibility. Some analysts claim that the Syrian government launched the attack (e. g., Warrick 2021) whilst others indicate that opposition groups were responsible (e. g., Hersh 2014). Recent review and analysis by William Van

Wagenen (2022) concluded opposition forces were behind the attack whilst a recent open-source investigation correlates the launch site of the sarin rockets with opposition-held territory (Kobbs, Kabusk and Larson 2021).

Following Syria's accession to the CWC in 2013, reports started to emerge in 2014 of chemical attacks using chlorine (McKeigue, Mason, Robinson and Miller 2018). Organisation for the Prohibition of Chemical Weapons (OPCW) Fact Finding Mission (FFM) reports, in tandem with the Joint Investigative Mission (JIM) and now the Investigation and Identification Team (IIT), have led to the attribution of responsibility for some of these alleged chemical attacks to the Syrian government (see Independent Commission of Inquiry on the Syrian Arab Republic 2021). The Syrian government and the Russian Federation dispute these reports, as well as the probity of the JIM and IIT mechanisms established in order to attribute responsibility for any chemical attacks identified by the FFMs. More broadly, the OPCW FFMs (and therefore the JIM and IIT attribution mechanisms which depend upon the FFM reports) are primarily reliant upon information supplied by groups operating alongside opposition groups, some of which have been funded and supported by Western governments (McKeigue et al 2018). As with Ghouta 2013, all of these events have been contested along predictable geo-political lines – USA and its allies blaming the Syrian government whilst Russia and Syria accuse opposition groups of carrying out or staging attacks – but also by analysts in the West (e. g., McKeigue et al 2018; Ritter 2019; Kobbs, Kabusk and Larson 2021). Most prominently the alleged chemical attacks in Khan Shaykhun in 2017 and Douma in 2018 attracted significant media attention and were swiftly followed with military action by the USA and its allies.

Shaping the Information Space on Chemical Weapons

Whilst the aforementioned operations – CIJA, InCoStrat and the White Helmets – can be traced back to UK-initiated ›stratcomm‹ and influence operations, it is not known whether there was a similar initiative regarding the promotion of the chemical weapons issue that can also be traceable to the UK government in such a direct manner. However, as will now be demonstrated, it is the case that actors funded directly or indirectly by the UK and other western governments have been key in terms of influencing the information environment with respect to chemical weapons.

Hamish de Bretton-Gordon

Hamish de Bretton-Gordon is a former British military officer who established a company called Secure Bio in 2011. As set out in a biography for a talk given by de Bretton-Gordon, its role is described as follows:

> SecureBio have been working in Syria and around with the international media since Feb 12. Hamish has travelled there often and has reported with the BBC on some of the very high-profile chemical attacks. He has also worked with US networks and British newspapers to smuggle chemical samples out of Syria for verification in UK and France. SecureBio continue to support and advise the media in Syria and Hamish is supporting the UK government and International community to remove chemical weapons from Syria. (de Bretton-Gordon, undated)

During 2013, prior to the Ghouta chemical weapons attack in August 2013, de Bretton-Gordon was involved in the gathering of samples in Syria. Specifically, during this period two British newspapers reported the existence of an MI6 sample-gathering operation in Syria (Coughlan and Michael 2013, Hughes 2013) whilst de Bretton-Gordon states he was involved with a *Times* newspaper journalist, Anthony Lloyd, in gathering samples from the 13 April 2013 incident at Sheik Maqsood (de Bretton-Gordon 2014). The British Prime Minister later, it is reported, referred to these alleged incidents noting that samples had been tested at the UK's Porton Down laboratory from Sheikh Maqsood and that ›[w]e believe the scale of the use is sanctioned by the Assad regime, ... [t]hat is the picture described to me by the joint intelligence committee‹ (Wintour, Elder and Norton-Taylor 2013).

It was also during this period that de Bretton-Gordon helped to establish a CBRN (chemical, biological, radiological, nuclear) task force (Reliefweb 2016) and which would later play a role in supplying information to OPCW FFM missions (OPCW 2014: 3–4). With respect to his activities in 2014, de Bretton-Gordon stated during a 2016 presentation at the UK Houses of Parliament that:

> I have covertly been in Syria collecting evidence of chemical weapons attacks and have been giving it to the OPCW and the UN. They cannot get to the places the chemical weapons attacks have happened because they're in rebel held areas. When I present evidence with our

teams from UOSSM [Union of Medical Care and Relief Organizations], we are not an international body etcetera etcetera. We provided the evidence of the chemical weapons attack in a town called Talmenes in April 2014, on the 29th of April 2014, three weeks after the attack; two weeks ago, two years later, the UN Security Council announced to the world that they had conclusive evidence that the regime had attacked Talmenes in April 2014 with chemical weapons. (de Bretton-Gordon 2016)

Bellingcat

During the early stages of the war in Syria an independent researcher, Eliot Higgins, published a blog under the pseudonym Brown Moses and established a reputation for analysing open-source material with respect to alleged chemical weapons incidents in Syria. By 2014 the organisation *Bellingcat* had emerged from these activities and has since grown to prominence. Higgins has held a position at the NATO aligned think tank the *Atlantic Council* as a non-resident fellow at their ›DFR lab‹, whilst Bellingcat has been in receipt of grants from organisations such as the National Endowment for Democracy which has been described as ›a largely state-sponsored arm of the United States government‹ (Hitchens 2019). It has also been documented that a significant proportion of *Bellingcat* staff are former military and intelligence personnel (MacLeod 2021). Broadly speaking, *Bellingcat* has played an important role in terms of working to underpin, through its open-source investigations, official Western narratives that the Syrian government is systematically using chemical weapons.

The White Helmets

The White Helmets, described earlier, have also come to play an important role with respect to alleged chemical weapons attacks, particularly with respect to supplying information to OPCW FFMs. Specifically, in 2018 Emma Winberg, chief impact officer at the the Mayday Rescue Foundation underpinning the White Helmets, explained that in 2015 training and equipment was provided to OPCW standards regarding collecting samples from the scenes of alleged uses of chemical weapons and she refers to ›in terms of the physical capture of evidence ... some of the more high-profile work that they have done in support of the OPCW and in collecting evidence around chlorine and sarin‹ (Winberg 2018). By 2017 a White Helmets/SCD ›chemical sampling unit‹ was being referred to in OPCW FFM reports (OPCW 2017). It is also now known that the White Helmets, including its ex British military founder James le Mesurier, played an important role with respect to supplying witnesses to the OPCW (Syria) FFM, for example with respect to the alleged chemical weapon attack in Khan Shaykhun in 2017, as well as in Douma 2018 (BBC 2020).

Opaque Vested Interests

Objectively, the question of alleged chemical weapons attacks in Syria raises a number of possibilities. It might be that the Syrian government is indeed systematically deploying such weapons. It is also logically possible that opposition groups are using such weapons. And it is, furthermore, plausible that either side might be staging so-called ›false flags‹ in order to implicate or frame the other side. In terms of getting to the truth of the matter, however, a number of problems are evident. The existence of western-backed actors (Hamish de Bretton Gordon) and organisations (*Bellingcat, White Helmets*), all with demonstrable ties back to Western military and all receiving substantial mainstream/legacy media coverage, means that a substantial amount of the ›information space‹ is being influenced by actors that are not independent of countries that are belligerents to the war in Syria. In one sense, this can be understood as a form of conflict of interest: the need for objective, neutral, balanced and accurate analysis and actions by these actors might conflict with the imperatives of their funders and supporters, the governments seeking to overthrow the Syrian government. Arising from these conflicting imperatives is the possibility of information being distorted, or even for false information to be communicated. It should come as no surprise to scholars of media, propaganda and war that suitably incentivized actors will work to promote or push certain narratives and eclipse inconvenient truths. Perhaps most importantly, these actors and organisations also play a role in influencing a notionally independent UN organization, the OPCW. As such, what is understood to be a gold standard international organisation, that should be providing an objective input regarding the issue of the alleged chemical weapons attacks, potentially‹ becomes a source of distorted and partisan information.

That these conflicts of interest have indeed led to significant manipulations and distortions is evidenced by the emergence of whistleblowers from within the OPCW who have testified to the manipulation of one particular OPCW FFM. In 2019, following the 2018 alleged chemical weapons (chlorine gas) attack in Douma, Syria, it emerged that at least two senior OPCW scientists were protesting that the investigation into that alleged attack was flawed (Berlin Group 21/Bustani, Falk, Robinson and Sponeck 2023). For example, testimony and leaked documentation showed that an original investigation report had been substituted, without the knowledge of the investigation team, with one that made false claims suggesting the alleged attack had occurred, a US delegation had been allowed to brief and potentially influence the investigation team, and the inspectors who deployed to Douma were sidelined and then locked out of the investigation. The consequences of these ›procedural flaws‹ (Berlin Group 21/Bustani, Falk, Robinson and Sponeck 2023) included suppression of toxicology evidence showing the deceased civilians were not killed by chlorine gas, repeated exaggeration of the evidence for chlorine gas release, suppression of witness testimony contradicting the allegation an attack had occurred, and failure to demonstrate that two chlorine cylinders, alleged to be the source of chlorine gas, had actually been dropped from a Syrian Air Force helicopter (Berlin Group 21/Bustani, Falk, Robinson and Sponeck 2023).

Notably, all of the actors listed above – Hamish de Bretton Gordon, Bellingcat and the White Helmets – played important and influential roles with respect to the Douma FFM. For example, de Bretton-Gordon frequently promoted and supported the official line held by the British government and publicly condemned anyone questioning the probity of the OPCW FFM or the alleged chemical weapons attacks as ›useful idiots‹ (de Bretton-Gordon 2020). In 2019 he used social media to ask the UK government to investigate UK-based academics researching the issue: ›Amazing some British Academics ›Assad's Useful Idiots‹ continue to deny this atrocity and teach at UK universities – I trust we are looking into this @DowningStreet twitter. com/UKforSyria‹.

Bellingcat, in addition to promoting the official narrative on the alleged Douma attack, have been involved in the dissemination of false information aimed at discrediting the dissenting scientists. Specifically, when it emerged that some senior OPCW scientists were questioning the accuracy of one of the organisations Syria FFMs, *Bellingcat* first published articles that sought to discredit the scientific arguments being made by them (Bellingcat 2020 a&b). Then, later, they published a letter they claimed had been sent to one of the dissenting scientists – Dr Brendan Whelan – by the OPCW's Director General which purportedly resolved the issues that had been raised by him: *Bellingcat* were seeking to discredit the inspector by presenting him as being dishonest by withholding this letter from the public, and giving the misleading impression that all the concerns raised by him had been addressed by the Director General (Bellingcat 2020c). In fact, Whelan had never seen the letter published by *Bellingcat*. The Director General had sent him an entirely different letter in response to his April 25 letter of complaint which had not addressed any of the concerns raised (Maté 2020a). A subsequent fact emerged showing that *Bellingcat* had been co-ordinating with the online news media outlet *Huffington Post* to discredit Whelan over the fake letter (Maté 2020b).

Finally, and most importantly, the White Helmets were closely involved with the alleged incident in Douma (Berlin Group 21/Bustani, Falk, Robinson and Sponeck 2023). As the first responders they were recorded both in the hospital scenes associated with the incident and entering an apartment building where up to 43 deceased civilians were filmed and photographed. Regarding the hospital scenes, it is of note that BBC producer Riam Dalati is stating publicly that ›[a]fter almost 6 months of investigations, I can prove without a doubt that the Douma Hospital scene was staged. No fatalities occurred in the hospital. All the #WH [White Helmets], activists and people I spoke to are either in #Idlib or #EuphratesShield areas. Only one person was in Damascus‹ (Dalati 2019). Furthermore, the White Helmets helped to supply witnesses to the FFM and, indeed, actually acted as witnesses for the FFM investigation. Here, again as noted above, the White Helmets founder James le Mesurier is reported to have played a direct role in terms of helping coordinate the supply of witnesses to the FFM. Significant contradictions and inconsistencies with respect to some of this witness testimony is documented in a recent review conducted by the author (Berlin Group 21/Bustani, Falk, Robinson and Sponeck 2023).

Discussion and Conclusion

It is well understood that the existence of opaque vested interests and conflicts of interest can generate biased and inaccurate information and knowledge. That is why society, across multiple spheres of activity, recognizes them as an issue. Such problems, potential and actual, are manifest in the case of the OPCW FFMs whereby state-backed actors variously interact with the FFMs either directly or otherwise through helping to maintain the official narrative promoted to Western publics. With respect to alleged chemical weapons attacks and the ›information space‹, there is a significant imbalance whereby actors funded and supported by one side in the conflict play an influential role in the public's perception of reality. This ability to ›shape the narrative‹ even extends as far as influencing an international UN-linked organization, the OPCW. The fact that these arrangements have indeed impacted negatively on the work of that organisation is evidenced by the fact that two of its most senior scientists have testified to manipulation and censorship (Berlin Group 21/Bustani, Falk, Robinson and Sponeck 2023). Set against this is the backdrop of a strategic communications/influence operation instigated by the UK government and delivered by former British military officers, which offered PR support, via InCoStrat, to opposition groups whilst contributing to narratives, via CIJA and the White Helmets, that cast the Syrian government in an unfavourable light whilst eclipsing Western efforts at ›regime change‹.

Three problems arise from involvement of outsourced communication and influence activities. First, because most members of the public remain unaware of the history and funding behind these organisations and actors, it is more difficult for them to use their own media literacy and critical thinking skills when evaluating the probity of the information they receive via these actors. Put simply, knowing that the White Helmets, for example, were established by a former British military officer and received significant financial support from the UK government would suggest some degree of caution is justified with respect to any claims they might make. Equally, knowing that de Bretton-Gordon was involved with an MI6 sample gathering operation in Syria might warrant greater due diligence in terms of assessing the accuracy of any claims he makes. Because, the public-facing presentation of organisations such as the White Helmets and Bellingcat suggest they are neutral and independent actors, which is not actually the case, audiences probably place more trust in them than they would otherwise do.

Second, outsourcing weakens accountability. If organisations and actors such as the White Helmets and Bellingcat do indeed generate output that, broadly speaking, aligns with the interests of the governments and actors that fund them, responsibility becomes blurred. Should those funding be held accountable for their informational output or should the outsourced organisations be held responsible for any given action or communication? To make this point more clearly, if some combination of the White Helmets and the CBRN task force ended up delivering false information to the OPCW, who then declare a chemical attack has occurred, does the blame lie with the outsourced actors on the ground, or does it lie with the governments who originally helped established these organisations? The answer is not clear, or rather certainly far less clear than in the Iraqi WMD case where intelligence agencies and governments were, ultimately, recognized as having misled Western publics (Butler Inquiry 2004; Chilcot Inquiry 2016).

Third, and because of points one and two, strategic deceptions (Mearsheimer 2010) become easier to implement and, therefore, more likely. The risks to governments are reduced because accountability mechanisms are weakened and thus blame, if caught out, can always be passed on to the outsourced organisations. At the same time, the effectiveness of a strategic deception is enhanced precisely because the lie is being delivered by what appear to be neutral and independent actors. In short, the deception is made more believable.

In the final analysis, and for the purposes of the argument in this paper, we can set to one side the question of how far various influence operations might have strayed into the territory of outright deception through lies and falsifications. What this paper does demonstrate, however, is 1) the extent to which the information space on Syria has been influenced by a variety of outsourced organisations and actors and 2) why this should be considered a problem. Kinross (2020: 223–224) notes in his work that:

> The facts that are now known about the methodologies used by the West in its successive wars in the Gulf, Iraq and Afghanistan lead to the conclusion that nothing in the projection of warfare beyond its immediate context in combat zones can ever be as simple as it seems or taken at face value; evidence shows that perception and reality have in some respects become distorted through the prism of the professional propagandists in a way that now makes it hard to distinguish between the reality of events and a managed perception of them.

Put succinctly, and at the very least, these arrangements are not conducive to well-informed publics and democratic accountability. Further investigation of, and research about, these outsourcing activities is urgently needed.

Returning to a question raised at the start of this paper – whether war propaganda today is just as, or even more, effective as that of over one hundred years ago – at the time of writing, the West is edging toward ever greater confrontation with Russia over Ukraine. The possibility of a full-blown conflagration clearly exists, and, sadly, we might well find that events provide an answer to this question quicker than academia.

Literatur

ARK (2021): https://www.ark.international (Accessed 16 August 2012).

ARK (Undated): »Accounting for War Crimes.« (Accessed 18 August 2021). https://www.ark.international/ark-blog/accounting-for-war-crimes.

Bakir, Vian; Herring, Eric; Miller, David; Robinson, Piers (2019): Organised Persuasive Communication: A New Conceptual Framework for Research on Promotional Culture, Public Relations and Propaganda. In: Critical Sociology, 45(3): 311–328.

BBC (2020): Mayday Episode 10; The Canister on the Bed. 20 November 2020. https://www.bbc.co.uk/programmes/p04sj2pt/episodes/downloads

BBC (2021): Mayday: How the White Helmets and James le Mesurier Got Pulled into a Deadly Battle for Truth. 27 Feb. https://www.bbc.com/news/stories-56126016 (Accessed 17 August 2021).

Beeley, Vanessa (2015): Syria's White Helmets: War by Way of Deception Parts 1 and II. In: 21ˢᵗ Century Wire. 23 October. http://21stcenturywire.com/2015/10/23/syrias-white-helmets-war-by-way-of-deception-part-1/ (Accessed 26 June 2017).

Bellingcat (2020a): The OPCW Douma Leaks Part 1: We need to talk about Alex. 15 January. https://www.bellingcat.com/news/mena/2020/01/15/the-opcw-douma-leaks-part-1-we-need-to-talk-about-alex/ (Accessed 17 September 2023).

Bellingcat (2020b): The OPCW Douma Leaks Part 1: We need to talk about Henderson. 17 January 2020. https://www.bellingcat.com/news/mena/2020/01/17/the-opcw-douma-leaks-part-2-we-need-to-talk-about-henderson/ (Accessed 17 September 2023).

Bellingcat (2020c): Unpublished OPCW Douma Correspondence Raises Doubts About Transparency of »OPCW Leaks« Promoters. 26 Ocotber. https://www.bellingcat.com/news/mena/2020/10/26/unpublished-opcw-douma-correspondence-raises-doubts-about-transparency-of-opcw-leaks-promoters/ (Accessed 18 September 2023).

Bennett, W. Lance; Paletz, David L. (1994): Taken by Storm: The Media, Public Opinion, and U.S. Foreign Policy in the Gulf War. Chicago: University of Chicago Press.

Berganza, Rosa; Beatriz Herrero-Jimenez; Adolfo Carratala (2018): The Dynamics of Parliamentary Debates on War and Conflict: Assessing the Impact and Role of the Media on the Political Agenda. In: Fröhlich, Romy (ed.): Media in War and Armed Conflict: The Dynamics of Conflict News and Dissemination, 111–135. Abingdon: Routledge.

Berger, Martin (2016): Operation Timber Sycamore and Washington's Secret War on Syria. In: MintPress News. 1 December. https://www.mint pressnews.com/operation-timber-sycamore-washingtons-secret-war-sy ria/222692/ (Accessed 11 August 2019).

Berlin Group 21/ Bustani, Jose; Falk, Richard; Robinson, Piers; von Sponeck, Hans-C. (2023): A Review of the Organisation for the Prohibition of Chemical Weapons Fact-Finding Mission Report into the Alleged Use of Chemical Weapons in Douma, Syria, in April 2018: *Evidence of Manipulation, Bias and Censorship*. 2023. https://berlingroup21.org/front-mat ter-and-introduction (Accessed 17 September).

de Bretton-Gordon, Hamish (undated): Bio for Military Speakers: Real Heroes; Real Stories. http://www.militaryspeakers.co.uk/speakers/ha mish-de-bretton-gordon-obe/ (Downloaded 15 September 2023).

de Bretton-Gordon, Hamish (2014): Chemical Weapons, Wilton Park podcast with Hamish De Bretton-Gordon, 1 July 2014. *Foreign, Commonwealth and Development Office*. https://www.wiltonpark.org.uk/podcast/ chemical-weapons/ (Accessed 2 August 2022).

de Bretton-Gordon, Hamish (2014). Remarks by Hamish de Bretton-Gordon' *All-Party Parliamentary Group (APPG) Friends of Syria*, 23 September 2016. http://www.appgfriendsofsyria.org/2016/09/remarks-by-hamish-de-bretton-gordon.html (Accessed 6 February 2022).

Chaix, Maxime (2019): La Guerre de L'Ombre en Syrie: CIA, Petrodollars et Djihad. Paris: Erick Bonnier.

Cobain, Ian; Ross, Alice; Ross, Evans; Mahmood, Mona (2016): How Britain Funds the ›Propaganda War‹ Against Isis in Syria. In: *The Guardian*, May 3. https://www.theguardian.com/world/2016/may/03/how-bri tain-funds-the-propaganda-war-against-isis-in-syria (Accessed 17 August 2021).

Coughlan, Tom; Evans, Michael (2013): MI6 tests smuggled Syria soil for nerve agent. In: *The Times*, 22 March 2013. https://www.thetimes.co.uk/ article/mi6-tests-smuggled-syria-soil-for-nerve-agent-2qnnrt902jw (Accessed 14 February 2022).

Dalati, Riam (2019). Twitter (13 Feb.). https://twitter.com/Dalatrm/status/ 1095677403198906369?s=20&t=3_vddh4hE6hg4rXsWvA1ww (Accessed 9 February 2022).

Fröhlich, Romy (ed.) (2018). Media in War and Armed Conflict: The Dynamics of Conflict News and Dissemination. Abingdon: Routledge.

Fröhlich, Romy; Jungblut, Marc (2018): The Dynamics of Strategic Communication Over Time: Patterns of Persuasive Communication and Its

Relevance for the Construction of Discourse on War and Conflict. In: Fröhlich, Romy (ed.): Media in War and Armed Conflict: The Dynamics of Conflict News and Dissemination, 76–110. Abingdon: Routledge.

Giovanni, Janine Di (2018). Why Assad and Russia Target the White Helmets. In: *New York Review of Books*. 16 October 2018. https://www.ny books.com/daily/2018/10/16/why-assad-and-russia-target-the-white-hel mets/ (Accessed 31 December 2019).

Hallin, Daniel (1986). *The »Uncensored War«: The Media and Vietnam*. Berkeley: University of California Press.

Herring, Eric; Robinson, Piers (2014): Report X Marks the Spot: the British Government's Deceptive Dossier on Iraq and WMD. In: Political Science Quarterly, 124(4): 551–584.

Hersh, Seymour (2014): The Red Line and the Rat Line: Seymour M. Hersh on Obama, Erdoğan and the Syrian rebels, In: *London Review of Books*, 36(8). https://www.lrb.co.uk/the-paper/v36/n08/seymour-m.-hersh/the-red-line-and-the-rat-line (Downloaded 5 July 2022).

Hitchens, Peter (2019): Bellingcat or Guard Dog for the Establishment. In: Mail on Sunday. https://hitchensblog.mailonsunday.co.uk/2019/11/my-response-to-the-bellingcat-attempt-to-spin-away-the-devastating-im plications-of-the-opcw-douma-leak-i-have.html (Downloaded 19 December 2019).

Hughes, Chris (2013): Syria IS using poison gas Sarin: British tests ›prove‹ chemical attack on rebels, by Chris Hughes. In: The Mirror, 17 May 2013. https://www.mirror.co.uk/news/world-news/syria-using-poison-gas-sarin-1893721 (Accessed 14 February 2022).

Independent International Commission of Inquiry on the Syrian Arab Republic (2021): ›United Nations Human Rights Council (HRC) Independent International Commission of Inquiry on the Syrian Arab Republic-Report, 46th session, 22 February – 19 March 2021‹, A/HRC/46/54. See also https://www.ohchr.org/Documents/HRBodies/HRCouncil/CoISy ria/COISyria_Chemical%20Weapons.jpg (Downloaded 2 July 2022).

Knightly, Philip (2003): The First Casualty: The War Correspondent as Hero, Propagandist and Myth-Maker from the Crimea to Iraq (updated edn). London: Andre Deutsch.

Kinross, Vyvyan (2020): Information Warriors: The Battle for Hearts and Minds in the Middle East. London: Gilgamesh.

Kobbs, Michael; Kabusk, Chris; Larson, Adam (2021): Ghouta Sarin Attack: review of open-source evidence. https://rootclaim-media.s3.amazonaws. com/syria2013evidence.pdf (Accessed 4 September 2021).

Leander, Anna (2005): The Power to Construct International Security: On the Significance of Private Military Companies. In: Millenium: Journal of International Studies, 33(3): 803–825.

MacLeod, Alan (2021). How Bellingcat Launders National Security State Talking Points into the Press. In: Mintpressnews. https://www.mintpress news.com/bellingcat-intelligence-agencies-launders-talking-points-me dia/276603/ (Accessed 17 September 2023).

Maté, Aaron (2020a): Draft Debacle: Bellingcat smears OPCW whistle-blower, journalists with false letter, farcical claims. 28 October. In: The Grayzone. https://thegrayzone.com/2020/10/28/draft-debacle-bellingcat-smears-opcw-whistleblower-journalists-with-false-letter-farcical-claims/ (Accessed 8 February 2022).

Maté, Aaron, (2020b): Bellingcaught: Who is the mysterious author of Bel-lingcat's attacks on OPCW whistleblower. In: The Grayzone. https://theg-rayzone.com/2021/03/24/author-bellingcat-opcw-whistleblower/ (Accessed 8 February 2022).

Mackay, Andrew; Tatham, Steven (2011): Behavioural Conflict: Why under-standing people and their motivations will prove decisive in future con-flict. Saffron Waldon: Military Studies Press.

Mazzetti, Mark; Goldman, Adam; Schmidt, Michael S. (2017): Behind the Sudden Death of a $1 Billion Secret C.I.A War in Syria. In: New York Times, 2 August 2017.

Mearsheimer, John (2010). Why Leaders Lie: the truth about lying in inter-national politics. Oxford: Oxford University Press.

McKeigue, Paul; Miller, David; Mason, Jake; Robinson, Piers (2019a): How the OPCW's Investigation of the Douma Incident Was Nobbled. In: Briefing Note: Working Group on Syria, Propaganda and Media. https://syriapropagandamedia.org/how-the-opcws-investigation-of-the-douma-incident-was-nobbled (Accessed 3 September 2021).

McKeigue, Paul; Mason, Jake; Robinson, Piers; Miller, David (2019b). James le Mesurier: A Reconstruction of his Business Activities and Covert Role. In: Briefing Note: Working Group on Syria, Propaganda and Me-dia. https://syriapropagandamedia.org/james-le-mesurier-a-reconstruc-tion-of-his-business-activities-and-covert-role (Accessed 18 August 2021).

Mcelroy, Damien (2012): Britain and US Plan a Syrian Revolution from an Innocuous Office Block in Istanbul. In: The Telegraph, 26 August. https://www.telegraph.co.uk/news/worldnews/middleeast/syria/9500503/Bri tain-and-US-plan-a-Syrian-revolution-from-an-innocuous-office-block-in-Istanbul.html (Accessed 16 August 2021).

Norton, Ben (2020): Leaked Docs Expose Massive Syria Propaganda Operation Waged by Western Govt Contractors and Media. In: The Grayzone, 23 September. https://thegrayzone.com/2020/09/23/syria-leaks-uk-contractors-opposition-media/ (Accessed 17 August 2020).

OPCW (2017): Note by the Technical Secretariat: Report of the OPCW Fact-Finding Mission in Syria Regarding as Alleged Incident in Khan Shaykhun, Syrian Arab Republic April 2017, 29 June 2017, S/1510/2017. *OPCW*, 45. https://www.opcw.org/sites/default/files/documents/Fact_Finding_Mission/s-1510-2017_e_.pdf (Accessed 25 September 2022).

OPCW (2014): Note by the Technical Secretariat: Second Report of the OPCW Fact-Finding Mission in Syria Key Findings. S/1212/2014, 10 September 2014, 3–4. https://www.opcw.org/sites/default/files/documents/Fact_Finding_Mission/s-1212-2014_e_.pdf (Accessed 6 February 2022).

Palmer, Lindsay (2018): Becoming the Story: War Correspondents since 9/11. Chicago: University of Illinois Press.

Porter, Gareth (2017): How America Armed Terrorists in Syria. In: The American Conservative, 22 June. https://www.theamericanconservative.com/articles/how-america-armed-terrorists-in-syria/ (Accessed 11 August 2021).

Reliefweb (2016): Chemical Weapons in Syria-National and International Responses, 6 December. https://reliefweb.int/report/syrian-arab-republic/chemical-weapons-syria-national-and-international-responses (Accessed 12 February 2022).

Ritter, Scott (2019): Bias, Lies and Videotapes: doubts dog »confirmed« Syria chemical weapons attack. In: The American Conservative. https://www.theamericanconservative.com/articles/the-douma-chemical-attacks-that-led-us-to-bomb-syria-were-a-opcw-lie/ (Accessed 4 October 2021).

Robinson, Piers (2022): Chemical Weapon Attacks and an Evil Dictator: Outsourcing Propaganda During the War in Syria. In: Hearns-Branaman, Jesse O.; Bergman, Tabe (eds.): Journalism and Foreign Policy: how the US and UK media cover official enemies. London and New York: Routledge.

Robinson, Piers (2015): News media, communications, and the limits of perception management and propaganda during military operations. In: Johnson, Robert; Clack, Timothy (eds.): At the End of Military Intervention: historical, theoretical, and applied approaches to transition, handover, and withdrawal. Oxford: Oxford University Press.

Robinson, Piers; Goddard, Peter; Parry, Katy; Murray, Craig; Taylor, Philip

(2010): Pockets of Resistance: British News Media, War and Theory in the 2003 Invasion of Iraq. Manchester: University of Manchester Press.

Taylor, Philip, M. (1992): War and the Media: propaganda and persuasion in the Gulf War. Manchester: University of Manchester Press.

UK Government (2017): Syria Resilience CSSF Programme Summary, 2017, draft document. https://assets.publishing.service.gov.uk/govern ment/uploads/system/uploads/attachment_data/file/630409/Syria_Resi lience_2017.pdf (Accessed 9 February 2022).

UN (2013) https://documents-dds-ny.un.org/doc/UNDOC/GEN/ N13/617/84/PDF/N1361784.pdf?OpenElement (Accessed 4 February 2022).

USAID (2017) Swift IV Semi-Annual Progress Report. https://pdf.usaid.gov/pdf_docs/PA00MTVV.pdf (Accessed 9 February 2022).

US Department of Defense Information Report (undated). http://www.judi cialwatch.org/wp-content/uploads/2015/05/Pg.-291-Pgs.-287-293-JW- v-DOD-and-State-14-812-DOD-Release-2015-04-10-final-version11. pdf (Download date 11 December 2019).

Van Wagenen, William (2022): »Sarin Doesn't Slice Throats«: The 2013 Ghouta Massacre Revisited. In: *The Libertarian Institute*, 14 June 2022. https://libertarianinstitute.org/articles/sarin-doesnt-slice-throats-the- 2013-ghouta-massacre-revisited/

Vela, Justin (2012): Holding Civil Society Workshops Whilst Syria Burns: In- side the State Department's Very Nonlethal Aid to the Syrian Opposition. In: Foreign Policy, October 12. https://foreignpolicy.com/2012/10/10/ holding-civil-society-workshops-while-syria-burns/ (Accessed 8 February 2022).

Warrick, Joby. (2021) Red Line: The Unravelling of Syria and America's Race to Destroy the Most Dangerous Arsenal in the World. New York: Double- day.

White Helmets (2016): Our Partners. https://web.archive.org/web/2016 1016121014/http:/www.syriacivildefense.org/our-partners (Accessed 9 February 2022).

Winberg, Emma (2018): Presentation at *Atlantic Council/DFR Lab 'Digital Sherlocks* event, 22 June 2018, Recording available at https://www.you- tube.com/watch?v=KSUxdyWiTnI (Accessed 6 February 2022).

Wintour, Patrick; Elder, Miriam; Norton-Taylor, Richard (2013): Syrian regime used sarin against opposition at least twice, says Cameron. In:

The Guardian, 14 June 2013. https://www.theguardian.com/world/2013/jun/14/syria-sarin-rebels-twice-cameron (Accessed 14 February 2022).

Robinson, Piers (2024): War Propaganda Today - The Outsourcing of Propaganda and the Consequences for Democratic Accountability. In: Mediensystem und öffentliche Sphäre in der Krise, herausgegeben von Hannah Broecker und Dennis Kaltwasser, S. 265-288. Neu-Isenburg: Westend. https://doi.org/10.53291/9783949925214_11

Kriegspropaganda damals und heute. Von den Techniken der Creel-Commission im Ersten Weltkrieg bis zum Cognitive Warfare der Nato seit 2020

Jonas Tögel

Einleitung

Ein bekanntes, aber wohl fälschlicherweise Mark Twain zugeschriebenes Zitat lautet: »Geschichte wiederholt sich nicht, aber sie reimt sich.« (SO01) Auch wenn es nicht Twain zugeordnet werden kann, so drückt das Zitat doch eine wichtige Perspektive aus, die man auch bei der Betrachtung von Propaganda nicht vernachlässigen sollte, nämlich wie lehrreich der Blick zurück in die Geschichte sein kann, um das aktuelle Tagesgeschehen besser verstehen und einordnen zu können.

Das hat auch und im Besonderen bei der Analyse von Propaganda Gültigkeit. Daher soll im vorliegenden Artikel die Retrospektive dabei helfen, den Blick zu schärfen für Propagandatechniken, die sich schon seit über 100 Jahren bewährt haben, bevor im Anschluss daran das modernste Manipulationsprogramm heute, die sogenannte »Kognitive Kriegsführung« der Nato (Claverie et al. 2022), näher erläutert wird. Dieser Analyse vorangestellt ist eine Annäherung an die zentralen Begriffe ›Propaganda‹ sowie ›Soft Power‹, die zum Verständnis der Thematik unerlässlich sind.

Propaganda aus psychologischer Perspektive

Der Begriff Propaganda ist bis heute hart umkämpft und daher nicht leicht zu definieren (Robinson 2019). Um der heutigen Begriffsverwirrung (Moloney & McGrath 2019) auszuweichen und sich einer Definition zu nähern, soll der Blick auf die Anfänge moderner Propaganda gelenkt werden, welche zu Beginn des 20. Jahrhunderts verortet werden können. Damals beschrieb Edward Bernays, einer der Ur-Väter moderner Propaganda (Tye 2002), wie es zu den heute oft unscharf verwendeten Begriffen Propaganda und Public Relations kam:

> »Propaganda wurde zu einem bösen Wort, weil die Deutschen es [von 1914–1918] benutzten. Was ich also gemacht habe, war, ein paar andere Wörter zu finden. So haben wir die Wörter »Public-Relations-Berater« erfunden.« (SO02)

Propaganda selbst, so Bernays, umfasse das, was man das »Herstellen von Zustimmung« nenne. »Es basiert auf Thomas Jeffersons Grundsatz, dass in einer demokratischen Gesellschaft alles von der Zustimmung der Bevölkerung abhängt.« (SO03). Mit dieser einfachen und in sich schlüssigen Argumentation hebelt Bernays jedoch wichtige Grundsätze einer demokratischen Gesellschaft, wie die auf einem rationalen Diskurs beruhende Entscheidung (einer Mehrheit) der Bevölkerung, effizient aus (Tögel 2023).

Seine Definition von Propaganda lautet:

> »Moderne Propaganda ist das stetige, konsequente Bemühen, Ereignisse zu formen oder zu schaffen mit dem Zweck, die Haltung der Öffentlichkeit zu einem Unternehmen, einer Idee oder einer Gruppe zu beeinflussen.« (Bernays 2016: S. 31).

Dieses gezielte Formen von Ereignissen wird in den Kapiteln 3 und 4 anhand konkreter Beispiele, an deren praktischer Umsetzung Bernays selbst beteiligt war, näher ausgeführt.

Aus der Vielzahl möglicher Definitionen und Beschreibungen von Propaganda soll abschließend auf die Bundeszentrale für Politische Bildung verwiesen werden. Sie erläutert Propaganda wie folgt:

> »Charakteristisch für Propaganda ist, dass sie die verschiedenen Seiten einer Thematik nicht darlegt und Meinung und Information vermischt. Wer Propaganda betreibt, möchte nicht diskutieren und mit Argumenten überzeugen, sondern mit allen Tricks die Emotionen und das Verhalten der Menschen beeinflussen, beispielsweise indem sie

diese ängstigt, wütend macht oder ihnen Verheißungen ausspricht.«
(SO03)

Der Begriff »Tricks« ist an dieser Stelle vage und wird in Kapitel zwei präziser als der gezielte Einsatz von Soft-Power-Techniken definiert werden. Dabei nähert man sich auch der von Bernays aufgeworfenen und bis heute strittigen Frage, ob Propaganda und Public Relations tatsächlich gleichzusetzen sind. Sie kann an dieser Stelle nicht beantwortet werden. Sicher ist jedoch, dass sowohl Propaganda als auch Public Relations auf den gezielten Einsatz von Soft-Power-Techniken bauen, der im folgenden Kapitel definiert wird.

Das Konzept der Soft Power

Eine Definition von Soft Power ist aus psychologischer Perspektive nicht einfach, denn obschon das Konzept und die mit ihr einhergehenden Techniken gut bekannt sind, wird der Begriff in der Psychologie nur selten verwendet. Ein Beispiel dafür ist das sehr umfangreiche Lexikon der Psychologie« (Wirtz 2000), in welchem auf über 2000 Seiten viele Tausend psychologische Begriffe erklärt werden, in dem jedoch Soft Power keine Erwähnung findet.

Anders sieht es aus, wenn man die Politikwissenschaft heranzieht. Dort wird der Begriff Soft Power in Abgrenzung zu Hard Power diskutiert. Hard Power ist das Ausüben von spürbarem Zwang oder Gewalt. Dieser Zwang hat aus der Sicht derjenigen, die ihn ausüben, einen entscheidenden, psychologischen Nachteil: Er ruft, beispielsweise in Form von militärischer Gewalt, die auch heute noch eingesetzt wird, stets großen Widerstand hervor. Der Grund für diesen liegt auch in dem Wunsch jedes Menschen nach Selbstbestimmung, welcher ein gut dokumentiertes, tiefes psychologisches Grundbedürfnis darstellt (Deci & Ryan 1985: S. 5ff).

Anders verhält es sich bei Soft Power, deren Einsatz keinen Widerstand hervorruft, da er meist unterhalb der menschlichen Wahrnehmungsschwelle für Beeinflussung verläuft. »Es handelt sich hierbei um Einflussstrategien, die üblicherweise als anstößig gelten und Formen der Manipulation darstellen. Solche Einflusstechniken können auch deshalb besonders wirksam sein, weil die unmerkliche Steuerung des Verhaltens keine Reaktanz erzeugt«, erläutern Fischer und Wiswede (2009: S. 615) in einer der seltenen Definitionen von »sanfter Macht« im akademischen psychologischen Diskurs.

Eine ähnlich lautende Definition findet sich bei dem Politikwissenschaftler Joseph Nye, welcher den Begriff der Soft Power maßgeblich prägte: »Soft

Power ist die Fähigkeit, andere zu überzeugen das zu tun, was du willst, ohne dass du Gewalt oder Zwang anwendest.« (Nye 2005: S. 11)

Sowohl Propaganda als auch Public Relations machen von dieser unmerklichen Beeinflussung Gebrauch, wofür es eine Vielzahl aktueller und historischer Beispiele gibt. Eine der ersten Kampagnen moderner Propaganda kann hier als lehrreiches Beispiel dienen, wie der gezielte Einsatz von Soft Power funktioniert: die Arbeit des »Ausschusses für Öffentlichkeitsarbeit« (Committee on Public Informationen«, auch Creel-Kommission genannt) zwischen 1917 und 1919 in den USA (Cull et al. 2003: S. 99).

Kriegspropaganda damals: Die Arbeit der Creel-Kommission

Als im Jahr 1914 der Erste Weltkrieg ausbrach, war die Haltung der USA für mehrere Jahre von Zurückhaltung geprägt. Woodrow Wilson, 1912 zu seiner ersten Amtszeit als US-Präsident gewählt, versprach noch im Wahlkampf um seine zweite Präsidentschaft, die USA würden sich auch weiterhin nicht an dem »Großen Krieg« beteiligen. Ein bekannter Wahlkampfslogan Wilsons lautete daher »He kept us out of war« (»Er hat uns aus dem Krieg herausgehalten«) (SO04). Diese Haltung bekräftigte er auch in einer Rede, als er klarstellte, dass die USA sich nicht am Krieg in Europa beteiligen würden: »Es gibt so etwas, wie ein Volk, das zu stolz ist für den Krieg« (Zinn 1980: S. 352), versicherte er der amerikanischen Bevölkerung, welche diese zurückhaltende Einstellung begrüßte. Als Wilson 1917 zu seiner zweiten Amtszeit vereidigt wurde, änderte er jedoch rasch seine Meinung und verkündete am 6. April 1917 den Kriegseintritt der USA. Der neue Leitspruch Wilsons war nun, dass man diesen Krieg führen müsse, einen »Krieg, um alle Kriege zu beenden«, und um die »Welt sicher für Demokratie« zu machen (Zinn 1980: S. 355).

Dieser plötzliche und radikale Kurswechsel brachte für die Wilson-Administration die große Aufgabe mit sich, ihn vor einer überwiegend kriegsmüden Bevölkerung zu rechtfertigen. Nur acht Tage nach dem Kriegseintritt der USA wurde daher das Committee on Public Information, wegen ihres Vorsitzenden George Creel, eines ehemaligen Journalisten und Medienprofis auch »Creel-Kommission« genannt, gegründet. Ihre Aufgabe war es, durch die bis dato umfassendste, landesweite Propagandakampagne die Meinung der Öffentlichkeit zum Kriegseintritt massiv zu beeinflussen (Zinn 1980; Elter 2005). Ihre Arbeit wurde folgerichtig von dem Politikwissenschaftler

Harold Lasswell mit der eines »heimlichen Propagandaministers« verglichen (Simpson 1994: S. 15). Die aus historischen Daten übermittelte Anzahl von über 75 Millionen veröffentlichten Einträgen durch die Creel-Kommission (Elter 2005: S. 27) verdeutlicht das Ausmaß der publizistischen Anstrengung, welche die Kommission unternahm.

An dieser Stelle sollen zwei psychologische Techniken dargelegt werden, derer sich die Kommission bediente, um die amerikanische Bevölkerung auf den Krieg einzuschwören: Gräuelpropaganda sowie die Dämonisierung und Entmenschlichung des Gegners, den die alleinige Schuld am Krieg traf.

Gräuelpropaganda

Wie so oft beim gezielten Einsatz moderner Propaganda, so war auch bei der Gräuelpropaganda (Peters 1964: S. 95 ff.) die psychologische Forschung der damaligen Zeit eine wertvolle Quelle für die Propagandisten, um ihre Einflusstechniken zu entwickeln. Vom Behaviorismus (Pawlow 1898) wusste man, dass sich durch ständige Wiederholung miteinander dargebotener Reize diese in den Köpfen der Menschen verbinden würden, während man von Sigmund Freud (1899) gelernt hatte, wie stark Menschen durch ihr Unbewusstes beeinflusst werden können – was bis heute eine der wichtigsten Erkenntnisse für den Einsatz von Soft Power darstellt. Edward Bernays, einer der Propagandisten der Creel-Kommission, erläuterte die Bedeutung der Tiefenpsychologie Freuds für seine Arbeit als PR- oder Propagandafachmann:

> »Ich hörte von der Theorie der Trauminterpretation meines Onkels, ich hörte davon, dass Psychologie eine wichtige Rolle spielt, um menschliches Verhalten einzuschätzen, ich hörte von Regression, Unterdrückung, Vermeidung, …« (SO03)

Eine besonders wirksame Strategie, welche auf den Erkenntnissen des Behaviorismus sowie der Tiefenpsychologie fußte, war es, die tiefen Gefühle der Menschen anzusprechen und durch ständige Wiederholung in ihren Köpfen eine Verbindung zu schaffen, die deutsche Soldaten mit gefährlichen Bestien gleichsetzte. Dafür wurden beispielsweise Plakate gedruckt und es erschienen Zeitungsberichte, die behaupteten, die Deutschen seien böse Hunnen, die in Belgien kleine Babys töteten (SO03) und viele andere Grausamkeiten begingen. Auch wurden deutsche Soldaten auf Plakaten als »Bestien« dargestellt, wobei die Einbindung von Künstlern in die Arbeit der Creel-Kommission diese Vielzahl an künstlerisch teils aufwendigen und sehr aussagekräftigen Plakaten und Pamphleten erst möglich machte (Elter 2005).

Dämonisierung und Entmenschlichung des (alleine schuldigen) Gegners

Die Gräuelpropaganda hatte noch einen weiteren Effekt, der ebenfalls aus Sicht der Kriegspropaganda erwünscht war: eine Verteufelung und Entmenschlichung des Gegners, dem man ferner die alleinige Schuld am Krieg zuschrieb (Ponsonby 1928).

Der britische Adelige und Politiker Arthur Ponsonby, der die Kriegspropaganda aller am Ersten Weltkrieg beteiligten Nationen später mit großem Engagement aufarbeitete, schreibt über diese Technik: »Der Vorwurf, dass der Gegner die alleinige Verantwortung für den Krieg trägt, ist bei jeder Nation in jedem Krieg üblich.« (1928: S. 57)

»Wenn man den Gegner als den einzig Schuldigen und Verursacher des Krieges erklärt hat, ist der nächste Schritt, den Gegner zu personifizieren. Da eine Nation aus Millionen von Menschen besteht, und die absurde Analogie eines einzelnen Verbrechers und einer Nation selbst halbwegs intelligenten Menschen auffallen würde, muss man ein Individuum herauslösen, auf das man den ganzen Zorn eines unschuldigen Volkes konzentrieren kann, das sich nur gegen einen »unprovozierten Angriff« verteidigt. Der Herrscher ist die offensichtliche Wahl, die man hier treffen wird.« (Ponsonby 1928: S. 71)

Auch hier halfen eine Einheitsfront bei den Zeitungen sowie eine Vielzahl an entsprechenden Plakaten, welche den deutschen Kaiser teilweise direkt als Teufel darstellten, bei der Verbreitung der Botschaft. »Geschichte ist die Geschichte des Kampfes von Teufeln und Erlöser«, bemerkt Lasswell (1938: S.59) dazu.

Auch wenn viele der grausamen Geschichten, welche man über die deutschen Soldaten oder den Kaiser sowie die alleinige Kriegsschuld Deutschlands verbreitete, einseitig oder gelogen waren, so entfaltete die Propaganda doch ihre intendierte Wirkung: Tiefe Gefühle wie Hass und Mitleid wurden angesprochen und die amerikanische Bevölkerung auf diese Weise aufgehetzt und von der Notwendigkeit einer militärischen Intervention gegen das Deutsche Kaiserreich überzeugt (Peters 1964: S. 95 ff.). »Aus friedliebenden

Menschen wurden auf einmal antideutsche Fanatiker. [...] Die Creel-Commission war sehr erfolgreich«, fasste Noam Chomsky den Erfolg ihrer Propagandakampagne zusammen (SO03).

Dieser propagandistische Erfolg aller am Krieg beteiligten Nationen – hier exemplarisch am Beispiel des amerikanischen Ausschusses für Öffentlichkeitsarbeit erläutert – war einer der Eckpfeiler des Kriegsgeschehens und daher mitverantwortlich für die über 17 Millionen Toten, welche der Erste Weltkrieg forderte.

Nach dem Krieg gab es zwar einerseits Bestrebungen, die massive Propagandakampagne der Regierung aufzuklären, andererseits sahen PR-Spezialisten wie Bernays ihre Arbeit als vollen Erfolg und führten sie auch nach dem Krieg fort (Bernays 1928, 1947: S. 113 ff.; Simpson 1994).

In dem Maße, wie Propaganda zunahm, mehrten sich auch die Warnungen vor der Macht der Manipulation der Massen mit psychologischen Mitteln, und der Zweite Weltkrieg gab warnenden Stimmen Auftrieb (siehe z. B. Arendt 1955; Ellul 1962).

Diese Macht wurde als so gefährlich eingeschätzt, dass ihre Wirkung bis heute mit der einer Atombombe verglichen wird. Ein Beispiel dafür ist der berühmte Aufsatz über Massenkommunikation von Lazarsfeld und Merton aus dem Jahr 1948, in dem die Autoren schreiben: Die

»Macht des Radios kann man nur mit der Macht der Atombombe vergleichen. Es herrscht die weit verbreitete Meinung, dass die Massenmedien ein mächtiges Instrument darstellen, welches für das Gute wie für das Schlechte verwendet werden kann und dass, in Abwesenheit angemessener Kontrollen, letztere Möglichkeit insgesamt wahrscheinlicher ist. Denn dies sind die Propagandamedien, und die Amerikaner sind besonders durch die Macht der Propaganda gefährdet.« (Lazarsfeld & Merton 1948: S. 105)

Nicholas Cull sieht diese Macht nicht nur durch das ansteigende Wissen um die Psyche des Menschen wachsen, sondern vor allem auch durch die zunehmende Verbreitung von Medien, die in unserem Leben immer präsenter sind und so die von Lippmann angesprochenen »Bilder in unserem Kopf« (Lippmann 2021: S. 55) zunehmend formen können:

»Was mich beunruhigt, ist, dass die Boulevardpresse an der Entstehung des Ersten Weltkriegs beteiligt war, und dass das Radio und die Wochenschauen zur Entstehung des Zweiten Weltkriegs beigetragen haben. Lasst uns hoffen, dass es keiner politischen Katastrophe diesen Ausmaßes bedarf, um der Welt beizubringen, mit der Allgegenwärtigkeit von Propaganda zurechtzukommen.« (SO05)

Auch heute noch gibt es diesen Vergleich von Soft-Power-Techniken und der Atombombe, wie im nächsten Kapitel deutlich wird, in dem auf das aktuellste und modernste Manipulationsprogramm heute eingegangen wird: die Kognitive Kriegsführung der Nato.

Der Cognitive Warfare der Nato heute

Die Kognitive Kriegsführung ist ein offizielles Programm der North Atlantic Treaty Organization, welches seit 2020 verstärkt vorangetrieben wird. Es kann, knapp zusammengefasst, als die »fortschrittlichste Form der Manipulation, die es heute gibt« (Tögel 2023: S.29; SO06: S. 3), beschrieben werden und nimmt als militärisches Angriffs- und Verteidigungskonzept jeden einzelnen Menschen selbst ins Visier mit dem erklärten Ziel, seine Gedanken, Gefühle und sein Verhalten manipulieren zu können. Diese Form der Kriegsführung ist für die Nato so zentral, dass sie plant, einen neuen, sechsten Kriegsschauplatz festzulegen. Neben den bisherigen fünf Kriegsschauplätzen oder Domänen *zu Wasser, zu Lande* und *in der Luft* sowie im *Internet* und im *Weltall* wird derzeit mit Hochdruck daran gearbeitet, den Menschen selbst als eigene Domäne festzulegen, entweder unter dem Begriff der »*Human Domain*« oder der »*Cognitive Domain*«.

Wie aktuell die Kognitive Kriegsführung ist, betonen die beiden Verteidigungsexperten Claverie und du Cluzel (2022: S. 25): »Der Cognitive Warfare ist schon bei uns. Die größte Herausforderung ist, dass er praktisch unsichtbar ist; alles, was man sieht, ist sein Einfluss, und dann [...] ist es oft schon zu spät.« (Tögel 2023: S. 9)

Im Kontext dieses Programms taucht auch die Analogie der »Atombombe« wieder auf: Als die Nato 2021 einen Innovationswettbewerb zur Kognitiven Kriegsführung ausschrieb, gewann das US-Unternehmen Veriphix, dessen Strategie des Monitorings und der Beeinflussung von sozialen Netzwerken als »Atombombe« der Informationsoperationen bezeichnet wird (Tögel 2023: S. 142; SO10).

Der Cognitive Warfare findet somit schon heute tagtäglich statt, ihn konkret nachzuweisen ist jedoch kaum möglich, da er nicht als solcher gekennzeichnet ist. Möglich ist jedoch eine systematische Analyse aktueller Berichterstattung, beispielsweise des Ukrainekrieges, in dem der Cognitive Warfare erbittert geführt wird. Eine kurze exemplarische Analyse anhand von zwei bereits im Ersten Weltkrieg etablierten Techniken, die im 3. Kapitel erläutert wurden, soll hier versucht werden.

Gräuelpropaganda

Es könnte sein, dass gezielte Gräuelpropaganda auf beiden Seiten, sowohl in westlichen als auch in russischen Medien, Teil der Kognitiven Kriegsführung sind. Dass es Gräuelpropaganda gibt, ist unstrittig. So beobachtet die Deutsche Welle, dass – ähnlich wie bei der Arbeit der Creel-Commission – während des derzeitigen Krieges eine Berichterstattung dominiert, welche sich auf Grausamkeiten konzentriert und somit die Gefühle der Menschen berührt. »Vergewaltigung, Verstümmelung, das Morden von Zivilisten – was wir jeden Tag über Gräueltaten aus der Ukraine hören, ist kaum zu ertragen« (SO07), schreibt die Deutsche Welle. Sie fährt dann mit einer Aufzählung von Verbrechen fort, die russische Soldaten begangen haben oder begangen haben sollen.

Während es aufgrund der aktuellen Lage nicht möglich ist, zu prüfen, ob die Berichte stimmen oder nicht, ist es aus psychologischer Sicht wichtig, darauf hinzuweisen, dass die Berichterstattung oft emotional geprägt ist.

Dämonisierung und Entmenschlichung des Gegners

Auch eine Entmenschlichung des jeweiligen Gegners findet statt. So sprach etwa die Zeitung *The Atlantic* beispielsweise von einem »Abstieg in die Unmenschlichkeit« der russischen Soldaten (SO08). Spiegelgleich findet sich eine ähnliche Abwertung auch von russischer Seite, die ihrem Gegner immer wieder abspricht, menschlich zu sein. Die ukrainischen Soldaten seien durch die Einnahme von Drogen zu ›bösartigen und tödlichen Monstern‹ geworden (SO09), so die russische Politikerin Irina Yarovaya.

Schluss

Für eine abschließende Beurteilung der Kognitiven Kriegsführung im Ukrainekrieg ist es noch zu früh. Sicher ist, dass sie stattfindet und heute mit allen Mitteln um die Köpfe und Herzen der Bevölkerung gekämpft wird.

Sicher ist auch, dass sie nicht zu mehr Frieden führen wird, sondern – wie jede Aufrüstung – wird auch die zunehmende Weiterentwicklung psychologischer Manipulationswaffen am Ende nur zu mehr Leid und Gewalt führen.

Eine Aufklärung über die Soft-Power-Techniken der Kognitiven Kriegsführung ist daher dringend geboten, und so, wie es bei der Analyse der Kriegspropaganda als Teil des Cognitive Warfare möglich ist, durch den Blick zurück in die Geschichte Analogien herzustellen, gilt das auch für die Aufklärung. Bereits vor mehr als 60 Jahren warnte der britische Intellektuelle Aldous Huxley daher vor den Gefahren einer von Soft Power dominierten öffentlichen Sphäre:

> »Wenn man seine Macht unendlich lange erhalten möchte, muss man die Zustimmung der Regierten erlangen. […] Das werden sie dadurch erreichen, dass sie die rationale Seite des Menschen umgehen und an sein Unbewusstes und seine tieferen Emotionen und sogar seine Physiologie appellieren, und den Menschen so dazu bringen, seine Versklavung noch zu lieben. Ich denke das ist die Gefahr, dass Menschen sogar auf gewisse Art und Weise unter dem neuen Regime glücklich sein werden. Aber sie werden glücklich sein in Situationen, in denen sie nicht glücklich sein sollten.« (Huxley 1960: S. 112)

Das gilt heute umso mehr, als sowohl die Mittel für Hard als auch Soft Power seither massiv zugenommen haben.

Nur durch die Basis des Grundverständnisses, dass alle Beteiligten in diesem Krieg Menschen sind, und durch eine gezielte Aufklärung und Bewusstmachung der u. a. auf Emotionalisierung und Entmenschlichung aufgebauten Manipulationstechniken lässt sich der Weg zum Frieden, den wir uns alle wünschen, wieder beschreiten.

Literatur

Arendt, Hannah (1955): Elemente und Ursprünge totaler Herrschaft, 1. Auflage. Frankfurt a. M.: Europäische Verlagsanstalt.

Bernays, Edward (1947): The engineering of consent. In: The Annals of the American Academy of Political and Social Science 250(1): 113–120.

Bernays, Edward (2016): Propaganda, 6. Auflage. New York: Ig Publishing.

Claverie, Bernard & Du Cluzel, François (2022): »Cognitive Warfare«: the Advent of the Concept of »Cognitics« in the Field of Warfare. In: Claverie, Bernard, Prébot, Baptiste, Buchler, Norbou & Du Cluzel, François (Hrsg.): Cognitive Warfare: The Future of Cognitive Dominance. NATO-STO Collaboration Support Office. Bordeaux, 25–32.

Claverie, Bernard, Prébot, Baptiste, Buchler, Norbou & Du Cluzel, François (2022): Cognitive Warfare: The Future of Cognitive Dominance. Bordeaux: NATO-STO Collaboration Support Office.

Cull, Nicholas J., Culbert, David & Welch, David (2003): Propaganda and mass persuasion: A historical encyclopedia, 1500 to the present, 1. Auflage. Santa Barbara: ABC-CLIO.

Deci, Edward L. & Ryan, Richard M. (1985): Intrinsic Motivation and Self-Determination in Human Behavior, 1. Auflage. New York: Springer. https://doi.org/10.1007/978-1-4899-2271-7

Ellul, Jacques (1962): Propagandes, 1. Auflage. Paris: Armand Colin.

Elter, Andreas (2005): Die Kriegsverkäufer: Geschichte der US-Propaganda 1917–2005, 1. Auflage. Frankfurt a. M.: Suhrkamp Verlag.

Fischer, Lorenz & Wiswede, Günter (2009): Grundlagen der Sozialpsychologie, 3. Auflage. München Oldenbourg Wissenschaftsverlag. https://doi.org/10.1524/9783486847826

Freud, Sigmund (1899): Die Traumdeutung, 1. Auflage. Leipzig, Wien: Franz Deuticke.

Huxley, Aldous (1960): Wiedersehen mit der Schönen Neuen Welt, 1. Auflage. München: Piper.

Lasswell, Harold Dwight (1938): Propaganda Technique in the World War, 2. Auflage. New York: Peter Smith

Lazarsfeld, Paul Felix, Merton, Robert King (1948): Mass communication, popular taste and organized social action, 1. Auflage. Indianapolis: Bobbs-Merrill, College Division.

Lippmann, Walter (2021): Die öffentliche Meinung: Wie sie entsteht und manipuliert wird, 1. Auflage, Neuausgabe. Frankfurt a. M.: Westend.

Moloney, Kevin & McGrath, Conor (2019): Rethinking Public Relations. Persuasion, Democracy and Society, 3. Auflage. London: Routledge. https://doi.org/10.4324/9780429489310

Nye, Joseph (2005): Soft Power: The Means to Success in World Politics, 1. Auflage. New York City: PublicAffairs.

Pawlow, Ivan Petrovitch (1898): Die Arbeit der Verdauungsdrüsen, 1. Deutsche Auflage. Wiesbaden: J. F. Bergmann.

Peters, Detlef R. (1964): Das »US-Committee on Public Information« – Ein Beitrag zur Organisation und Methodik der geistigen Kriegsführung in den USA im Ersten Weltkrieg. Minden: Inaugural-Dissertation zur Erlangung des Doktorgrades der Philosophischen Fakultät der Freien Universität Berlin.

Ponsonby, Arthur (1928): Falsehood in Wartime, 2. Auflage. London: Garland Publishing Company.

Robinson, Piers (2019): Expanding the Field of Political Communication: Making the Case for a Fresh Perspective Through »Propaganda Studies«. In: Frontiers Communication 4(26). https://doi.org/10.3389/fcomm.2019.00026

Simpson, Christopher (1994): Science of Coercion – Communication Research & Psychological Warfare 1945–1960, 1. Auflage. New York: Oxford University Press.

Tögel, Jonas (2023): Kognitive Kriegsführung. Neueste Manipulationstechniken als Waffengattung der NATO, 1. Auflage. Frankfurt am Main: Westend.

Tögel, Jonas (2023): Soft Power. Errungenschaft oder Gefahr für die Demokratie? In: F. Hutmacher, Fabian & Mayrhofer, Roland (Hrsg.): Errungenschaften. Historische und psychologische Perspektiven auf eminente Leistungen. Lengerich: Pabst Science Publishers.

Tye, Larry (2002): Father Of Spin. Edward L. Bernays and the Birth of Public Relations, Reprint. London: Picador.

Wirtz, M. A. (Hrsg.) (2020): Lexikon der Psychologie, 19. Auflage. Göttingen: Hogrefe.

Zinn, Howard (1980): A People's History of the United States, 1. Auflage. London: Harper & Row.

Siglen Quellenverzeichnis

SO01 Hofman, Daniel (2015): Die Geschichte wiederholt sich (nicht). Neue Zürcher Zeitung. URL: https://www.nzz.ch/wirtschaft/die-geschichte-wiederholt-sich-nicht-ld.745424. Letzter Aufruf: 27.06.2023

SO02 Bernays Edward [Interview]. In: Curtis, Adam (2002): The Century of the Self- Part 1: »Happiness Machines« [Dokumentation], England: BBC.

SO03 Leipold, Jimmy (2017): Edward Bernays und die Wissenschaft der Meinungsmache [Film], Frankreich: ARTE.

SO04 Cogan, Charles G. (2013): He Kept Us Out Of War. Huffington Post. URL: https://www.huffpost.com/entry/he-kept-us-out-of-war_b_3931495. Letzter Aufruf: 27.06.2023

SO05 Cull, Nicholas J. (2019): Nick Cull answers more Questions on Propaganda. USC Center on Public Diplomacy: CPD Blog. URL: https://

uscpublicdiplomacy.org/blog/nick-cull-answers-more-questions-propa ganda. Letzter Aufruf: 27.06.2023

SO06 Innovation Hub (2021): Cognition Workshop. Innovation Solutions to Improve Cognition. URL: https://www.innovationhub-act.org/sites/default/files/202107/210601%20Cognition%20Workshop%20Report-%20v3.pdf. Letzter Aufruf: 27.06.2023

SO07 Müller, Marco (2022): Ukraine-Krieg: Müssen Gräueltaten sein? Deutsche Welle. URL: https://www.dw.com/de/ukraine-krieg-m%C3%BCssen-gr%C3%A4ueltaten-sein-gewalt-und-vergewaltigung-im-krieg-russland-gegen-ukraine/a-61479816. Letzter Aufruf: 27.06.2023

SO08 Exum, Andrew (2022): The Russian Military Has Descended Into Inhumanity. The Atlantic. URL: https://www.theatlantic.com/ideas/archive/2022/04/bucha-ukraine-bodies-russian-military-crimes/629485/. Letzter Aufruf: 27.06.2023

SO09 Rolling Stone (2022): Russland-Propaganda fantasiert von ukrainischen Monster-Soldaten. Rolling Stone. URL: https://www.rollingstone.de/russland-propaganda-fantasiert-von-ukrainischen-monster-soldaten-2476437/. Letzter Aufruf: 27.06.2023

SO10 Apple Podcast (2020): 62: The Atom Bomb of Information Operations (An Interview with John Fuisz of Veriphix). URL: https://podcasts.apple.com/de/podcast/62-the-atom-bomb-of-information-operations/id1201114838?i=1000532746837

Tögel, Jonas (2024): Kriegspropaganda damals und heute von den Techniken der Creel-Commission im Ersten Weltkrieg bis zum Cognitive Warfare der NATO seit 2020. In: Mediensystem und öffentliche Sphäre in der Krise, herausgegeben von Hannah Broecker und Dennis Kaltwasser, S. 289–301. Neu-Isenburg: Westend.
https://doi.org/10.53291/9783949925214_12

Vernunft und Hybris: Rationalistisches Gesellschaftsmanagement als ideologisch-historische Konstante

Dennis Kaltwasser

The urge to save humanity is almost always only a false-face for the urge to rule it. Power is what all messiahs really seek: not the chance to serve.

Henry Louis Mencken, *Minority Report*

Niemand ist verpflichtet, eine geistige Krise der Gesellschaft mitzumachen; im Gegenteil, jedermann ist verpflichtet, diesen Unfug zu unterlassen und in Ordnung zu leben.

Eric Voegelin, *Wissenschaft, Politik und Gnosis*

Der vorliegende Band widmet sich der gegenwärtigen umfassenden Krise der öffentlichen Sphäre und des Mediensystems. Dabei sind mit »Krise« vor allem der kommunikationsethische Verfall im Sinne der fortgesetzten Missachtung demokratischer Prinzipien in der öffentlichen Kommunikation und der qualitative Einbruch in der kollektiven Wissensbildung[1] gemeint. Die Analyse möglicher Ursachen dieser epistemischen Krise erfordert dabei sowohl eine situationsangemessene thematische wie auch eine diachrone Wei-

---

[1] Patterson (2021) spricht in diesem Zusammenhang von einem gegenwärtigen »Dark Age«, einem dunklen Zeitalter, und konkretisiert dies folgendermaßen: »Innumerable ideas which are assumed to be rigorous are often embarrassingly wrong and utilize concepts that an intelligent teenager could recognize as dubious. [...] Whether it's the Copenhagen interpretation, Cantor's diagonal argument, or modern medical practices, the story looks the same: shockingly bad ideas become orthodoxy, and once established, the social and psychological costs of questioning the orthodoxy are sufficiently high to dissuade most people from re-examination.«

tung des Blicks. Der Evolutionsbiologe Bret Weinstein bringt diese Notwendigkeit zum Ausdruck, wenn er sagt:

> Wenn man eine dunkle Periode durchlebt – eine Ära, in der unsere Fähigkeit zur Sinnfindung, unsere öffentliche Wahrheitssuche, zu einem Rauschen verkommen ist, weil jede einzelne Institution, die man normalerweise für diese Aufgabe nutzen würde, von etwas vereinnahmt oder von etwas überzeugt wurde, das sie vollkommen dysfunktional gemacht hat – dann […] muss man bereit sein, eine breite Palette von Hypothesen in Betracht zu ziehen. […] Angesichts der überzeugenden Beweislage müssen wir für alle möglichen Erklärungen offen sein. (DH01)

Auf der Suche nach Ursachen für diesen Verfallsprozess soll im folgenden Beitrag anhand der Einlassungen gesellschaftlich, politisch und philosophisch einflussreicher Akteure und Geistarbeiter eine Denktradition nachgezeichnet werden, deren bestimmenden Elemente über verschiedene politische Ordnungen, ökonomische Systeme und technologische Entwicklungsstufen hinweg seit der Antike in ihren Grundzügen und Kernthemen stabil bleiben und in ihrer Reichweite bis zu den Fundamenten eines illiberalen und antidemokratischen Menschen- und Weltbildes reichen. Ihre Analyse als totalitäres, auf Kontrolle zielendes Gegenstück zum Ideal einer liberalen partizipativen Gesellschaftsordnung und Kommunikationsethik kann aus meiner Sicht einen wichtigen Beitrag zur Diagnose der aktuellen Situation leisten.

Nachfolgend sollen zunächst in einer ersten Annäherung anhand von zwei Schlüsseldokumenten der Frühen Neuzeit wichtige Aspekte dieser widerstreitenden Konzeptionen illustriert werden. Im zweiten Abschnitt wird die Krise der gegenwärtigen demokratischen Kommunikationskultur auf der Folie antiker griechischer Demokratieprinzipien skizziert. Anschließend werden kurz die aus der Aufklärung hervorgegangenen moralphilosophischen und (abwesenden) metaphysischen Grundlagen sowie ihre Folgen für postrevolutionäre Gesellschaftskonzeptionen und das ihnen zugrunde liegende Menschenbild dargestellt. Im vierten Abschnitt folgt sodann eine Rückblende, in der Platons *Politeia* als antiker Vorläufer moderner totalitärer Gesellschaftskonzeptionen vorgestellt wird. In den Abschnitten 5 und 6 werden schließlich die vielfältigen Aspekte illiberalen totalitären Denkens in der Moderne und ihre gesellschaftliche Reichweite dokumentiert.

Zwei Schlüsseldokumente der Frühen Neuzeit

Im Jahr 1525 erblickt ein erstaunliches Dokument das Licht der Welt. Jene Zeit war geprägt von der durch den Buchdruck angestoßenen Medienrevolution, der damit verbundenen Reformation sowie Staatenbildungsprozessen, die sich im Kontext eines Übergangs von geistlicher zu weltlicher Herrschaft vollzogen. Vor diesem Hintergrund stellten die Aufrechterhaltung der sich ausdifferenzierenden Feudalgesellschaft und die daraus resultierende steigende Abgabenlast eine untragbare Belastung für die Bauern dar. Bei dem erwähnten Dokument handelt es sich um die *Zwölf Artikel von Memmingen*,[2] in denen die Bauern während des deutschen Bauernkrieges ihre Forderungen gegenüber dem Schwäbischen Bund formulierten. Im Zentrum der Forderungen der Bauern standen Menschen- und Freiheitsrechte, allen voran die Abschaffung der Leibeigenschaft sowie die Wiederherstellung gemeinschaftlicher Nutzungsrechte an zuvor durch »die Herrschaften« (Artikel 5) auf »unbrüderliche« Weise (Artikel 4) enteigneten Allmenden wie Wäldern und Gewässern für Jagd und Fischerei. An dem Dokument sind drei Aspekte bemerkenswert, die bereits zu jener vorbürgerlichen Zeit in Richtung einer zukünftigen liberalen Gesellschaftsordnung weisen:

i. der hohe Stellenwert, welcher den gottgegebenen individuellen Freiheitsrechten und der Universalität der Menschenwürde zugemessen wird (»Darumb erfindt sich mit der geschryfft **das wir frey seyen und wöllen sein** [...]«);

ii. der besondere Status des geforderten Rechts auf freie Wahl und angemessene Repräsentation (»Zum Ersten ist unser diemuettig bytt un beger/ auch unser aller will un maynung/ das wir nun fürohin gewalt und macht wöllen haben/ **ain ganze gemain sol ain Pfarer selbs Erwoelen** und kyesen. Auch gewalt haben denselbigen widerzuentsetzen/ **wan er sich ungepürlich hieldt** [...]«);

iii. die Bereitschaft zur argumentativen und rechtsverbindlichen Auseinandersetzung über die Grundlagen dieser Forderungen (»Zum zwelften ist unser beschluß un endtlyche maynug/ wann ainer oder mer Artickel alßhie gesteldt (So dem wort Gotes nit gemeß) weren/ als wir dan nit vermainen die selbigen artickel/ wo man uns mit dem wort Gots **für un-**

---

2 Die *Zwölf Artikel* waren schon deshalb beeindruckend, weil sie in einer für die Zeit gigantischen Auflage von 25 000 gedruckt und im Gebiet des Heiligen Römischen Reiches verbreitet wurden.

zimlich anzaigen/ wolt wyr daruon abston/ **wan mans uns mit grundt der schrifft erklert** [Herv. d. Verf.]«) (ZA01).

Ein radikal anderes Menschenbild und damit ein anderes frühneuzeitliches Verständnis der Grundlagen gesellschaftlicher Koordination finden wir im Kontrast dazu bei einem Vordenker der Aufklärung: Thomas Hobbes. Im Jahr 1651 wird Hobbes' *Leviathan* veröffentlicht, es gilt als eines der bedeutendsten Werke der politischen Philosophie. Der Mensch im Naturzustand wird hier vorrangig nicht als *freies*, sondern als *schutzloses* Wesen aufgefasst, das – im Krieg aller gegen alle – seine Vernunft in erster Linie als Werkzeug einsetzt, um sein nacktes Überleben und seinen Besitz zu sichern. Die Übertragung seiner Souveränität an den schützenden allmächtigen Staat erscheint vor diesem Hintergrund wie ein Reflex seines Selbsterhaltungstriebs, die Vernunft hinter dieser Entscheidung ist eine rein instrumentelle. Gleiches gilt in dieser Perspektive für die Architekten der staatlichen Ordnung. Habermas (1978, 50) stellt fest, dass es unter diesen Bedingungen nicht mehr »des praktisch klugen Handelns von Menschen untereinander« bedarf, sondern einer »korrekt berechneten Erzeugung von Regeln, Verhältnissen und Einrichtungen«:

> »[Deshalb kommt] das Verhalten der Menschen nur mehr als Material in Betracht. Die Ingenieure der richtigen Ordnung können von den Kategorien sittlichen Umgangs absehen und sich auf die Konstruktion der Umstände beschränken, unter denen die Menschen wie Naturobjekte zu einem kalkulierbaren Verhalten genötigt sind. Diese Loslösung der Politik von der Moral ersetzt die Anleitung zum guten und gerechten Leben durch die Ermöglichung des Wohllebens in einer richtig hergestellten Ordnung. (Habermas 1978, 50)

Diese Loslösung der Politik von der Moral und die Fixierung auf ein funktionierendes, auf Stabilität orientiertes Staatswesen, das störende Elemente mit allen Mittel beseitigen muss, zeigt sich u. a. in Hobbes' Empfehlung zum richtigen Umgang mit dem Phänomen der Hexenverfolgung. Für Hobbes als Mann der Rationalität und Empirie war klar, dass der Vorwurf der Zauberei in einer fundamental mechanischen Welt jeder Grundlage entbehren musste – die grausamen Praktiken der peinlichen Befragung und der Hexenverbrennung billigte er dennoch:

> For, as for witches, I think not that their witchcraft is any reall power; but yet **that they are justly punished, for the false belief they have**

that they can do much mischeife, joyned with their purpose to do it if they can, their trade being nearer to a new religion than to a craft or a science [Herv. d. Verf.]. (Hobbes 1991 [1651], 7 f).

Hobbes transformiert damit das vielfach herbeikonstruierte Verbrechen des Schadzaubers in eines der bloßen bösartigen Absicht der Beschuldigten. Bereits diese Absicht, vor allem aber das Festhalten an einer metaphysischen (und damit für Hobbes unwissenschaftlichen) Weltsicht, sollte nach seiner Auffassung bestraft werden mit dem Ziel, die Einhaltung bestehender sozialer Normen zu erzwingen.[3] Um des staatsstabilisierenden Effekts willen war Hobbes bereit, Fragen der Wahrheit und Gerechtigkeit zu übergehen und zu ignorieren, dass der eigentliche Vorwurf unzutreffend war und die Geständnisse darüber hinaus unter Folter erpresst wurden.

Diese beiden Beispiele geben einen ersten Einblick in die Grundzüge zwei diametral entgegengesetzter Verständnisse von rationalem Handeln und seiner Bedeutung für die gesellschaftliche Ordnung. Während die Bauern in den *Zwölf Artikeln* eine vernünftige Begründung für die bestehende Rechtspraxis fordern (*für unzimlich anzaigen, mit grundt der schrifft erklert*) und sich dem Urteil, welches sich aus der Beratung ergebenden würde, fügen wollen (*wolt wyr daruon abston*), kommt für Hobbes Vernunft nur als Grundlage der Systemarchitektur und der Beurteilung von Disziplinierungsmaßnahmen durch die gesellschaftliche Elite ins Spiel, eine argumentative und damit rationale Auseinandersetzung mit den regierten Subjekten wird von ihm nicht in Erwägung gezogen. Die gleiche Haltung zu staatlicher und individueller Vernunft, wenn auch auf einem anderen philosophischen Fundament, finden wir beispielsweise auch bei Hegel, der knapp 200 Jahre nach Hobbes in § 258 seiner *Grundlinien der Philosophie des Rechts* schreibt:

Der Staat ist als die Wirklichkeit des substantiellen Willens [...] das an und für sich Vernünftige. Diese substantielle Einheit ist absoluter unbewegter Selbstzweck [...] dieser Endzweck [hat] das größte Recht gegen die Einzelnen, deren höchste Pflicht es ist, Mitglieder des Staats zu sein. (Hegel 1986 [1832–1845], 399)

Nachfolgend sollen Stationen der Entwicklung der beiden skizzierten Denkschulen und ihrer konkurrierenden normativen Auffassungen zu Gebrauch

---

3 Für eine Diskussion weiterer Belegstellen, die diese Deutung stützen, vgl. Bostridge 1997, 38 ff.

und Stellenwert von Rationalität im Zusammenhang mit gesellschaftlicher Organisation nachgezeichnet werden.

Demokratische Traditionen in der Krise

Hobbes' Haltung widerspricht, ebenso wie jene Hegels, ganz grundlegend dem Selbstbild, das zum Grundstock gegenwärtiger demokratischer Gesellschaften gehört. In einem Seminar zum Thema »Sprache und Demokratie« konnte ich kürzlich mit den Teilnehmern einleitend über den Menschen als politisches Wesen sprechen. Wir hatten zunächst sehr grundlegend überlegt, dass jede soziale Koordination auf die Vereinbarung von Regeln des Zusammenlebens angewiesen ist. Neben der Frage, welche Aspekte des gesellschaftlichen Lebens überhaupt geregelt werden können und müssen, hatte mich vor allem interessiert, welche gesellschaftlichen Gruppen an der Festlegung dieser Regeln beteiligt sein sollen. Sichtlich irritiert von der Frage antwortete eine Studentin daraufhin: »Na, im Idealfall wir alle!« Diese Reaktion zeigt, dass heute zumindest noch eine Idee davon existiert, dass »wir alle« aufgrund unserer Vernunftbegabung in der Lage sind und das (natürliche) Recht dazu haben, über die Regeln unseres Zusammenlebens zu bestimmen, und dass dieses Ideal zumindest für manche gewissermaßen zum *Common Sense* der gesellschaftlichen Organisation gehört.

Diese Idee hat eine lange Tradition. In der Frühphase des Vormärz spricht Joseph Görres, Herausgeber des *Rheinischen Merkur*, von der entstandenen »öffentlichen Meynung« und vom »Volk [das] Theil nimmt am gemeinen Wohle; [das] sich darüber zu verständigen sucht, was sich begibt; [das] durch Thaten und Aufopferungen sich werth gemacht, in den öffentlichen Angelegenheiten Stimme und Einfluß zu gewinnen« (Görres 1814). Diese Vorstellung war freilich weder zu jener Zeit noch um 1525 neu, wir finden sie bereits in der griechischen Antike. So sah man in der attischen Demokratie des 5. Jahrhunderts v. Chr. auf der Grundlage einer allgemeinverbindlichen Rechtsordnung das Rederecht in der Volksversammlung für alle Athener als konstitutives Merkmal der Freiheit der Bürger und es galt ein Verbot der Ausgrenzung von Redebeiträgen. Politische Partizipation war darüber hinaus nicht nur ein allgemeines Recht,[4] sondern sogar eine Pflicht und we-

---

4 Mit den hinlänglich bekannten Einschränkungen: Frauen, Sklaven und Metöken besaßen nicht die gleichen politischen Rechte wie athenische Männer. Diese Einschränkungen sind in emanzipatorischer wie in menschenrechtlicher Hinsicht sicher relevant, der Kern der

sentlicher Bestandteil der eigenen kulturellen Identität. So heißt es etwa in Perikles' *Rede auf die Gefallenen* bei Thukydides:

> Wir vereinigen in uns die Sorge um unser Haus [und zugleich unsere] Stadt, und den verschiedenen Tätigkeiten zugewandt, **ist doch auch in staatlichen Dingen keiner ohne Urteil.** Denn einzig bei uns heißt einer, der daran gar keinen Teil nimmt, nicht ein stiller Bürger, **sondern ein schlechter,** und nur wir entscheiden in den Staatsgeschäften selber oder denken sie doch richtig durch. **Denn wir sehen nicht im Wort eine Gefahr fürs Tun,** wohl aber darin, sich nicht durch Reden zuerst zu belehren, ehe man zur nötigen Tat schreitet. [Herv. d. Verf.] (Thukydides 2,40,2)

Dieses radikaldemokratische Bekenntnis zu einer breiten Partizipation in der politischen Entscheidungsfindung zeigt sich auch in dem Modus zur Vergabe von Ämtern. Jeder athenische Bürger wurde prinzipiell als befähigt angesehen, ein öffentliches Amt zu bekleiden. Die 700 Amtsträger wurden daher nicht aufgrund ihrer Herkunft, ihres Expertenstatus oder durch ein Auswahlverfahren, sondern per Los bestimmt, was den Athenern als Symbol für bürgerschaftliche Gleichheit galt. Das Bedürfnis nach Sicherheit, einer funktionierenden Infrastruktur und angemessener Ausübung des Amtes wurde durch volle Transparenz und strenge Kontrolle der Amtsträger sichergestellt.

Auch wenn die moderne Gesellschaft in ihrer Organisation, Ausdifferenzierung und Institutionalisierung als Staat komplexer geworden ist und das Politische den resultierenden Machtdynamiken immer wieder aufs Neue abgerungen werden muss (vgl. Wolin 2019, 248 f.; Nordmann 2020, 101 f.), erweisen sich die attischen partizipativen Prinzipien im Gesellschaftsbild der Mehrheit, beispielsweise erkennbar in den oben erwähnten *Common-Sense*-Annahmen der Studentin über ein Kernelement demokratischer Praxis, als erstaunlich beharrlich. Sichtbar werden sie auch im gegenwärtigen akademisch-philosophischen Diskurs, etwa wenn Habermas darauf hinweist, dass

> der moralische Sinn der ›Richtigkeit‹ einer wohl begründeten Norm [...] sich darin [erschöpft], dass diese Norm im Lichte guter Gründe allgemeine Anerkennung ›verdient‹ [...] Die Richtigkeit von Normen

---

demokratischen Idee und ihr prinzipieller Gegensatz zu einer expertokratischen Gesellschaftsarchitektur ist dennoch klar erkennbar.

[bezieht sich] auf die verpflichtende oder bindende Kraft von generalisierten Verhaltenserwartungen, welche auf die Zustimmung der möglichen Adressaten und Betroffenen rechnen dürften […]. (Habermas 2016, 818)

Vor der sogenannten Coronakrise (vgl. BP01) wurde diese geteilte Haltung zuletzt im größeren Maßstab deutlich bei den Demonstrationen gegen die transatlantischen Freihandelsabkommen TTIP und später CETA, bei denen der absurde Grad der Geheimhaltung der Vertragsinhalte und der antidemokratische Charakter des Verfahrens thematisiert wurden und an denen in Deutschland bis zu 320 000 Menschen teilnahmen (DF01). Der badische Landesbischof Cornelius-Bundschuh forderte seinerzeit, »internationale Verträge müssten transparent verhandelt werden und den Schutz von Demokratie sowie Rechtsstaat gewährleisten« (TS01).

Und dennoch steht es schlecht um die Demokratie und der Kampf und das Politische wird zunehmend mit ungleichen Mitteln geführt. Crouch spricht in diesem Zusammenhang bereits 2004 von einer »Post-Demokratie« und stellt alarmiert fest:

Während die formalen Bestandteile der Demokratie in vollem Umfang erhalten bleiben – und heute in mancher Hinsicht sogar gestärkt werden – gleiten Politik und Regierung zunehmend in die Kontrolle privilegierter Eliten zurück, wie es für vordemokratische Zeiten charakteristisch war. (Crouch 2004, 6)

Wenige Jahre später beschreibt Mies (2020, 35) das derart charakterisierte System treffend als »Fassadendemokratie« und Wolin (2015) warnt vor dem Aufziehen eines »invertierten Totalitarismus« als Konsequenz einer Gesellschaftsorganisation, in der demokratische Partizipation zunehmend durch technokratisches Management ersetzt wird. Diese Einschätzung kann auch empirisch belegt werden. In ihrer groß angelegten Studie *Elites, Interest Groups, and Average Citizens* an der Princeton University kommen Gilens und Page zu dem ernüchternden Ergebnis:

Wenn man die Präferenzen der wirtschaftlichen Eliten und die Stände der organisierten Interessengruppen berücksichtigt, scheinen die Präferenzen des Durchschnittsamerikaners nur einen winzigen, gegen Null gehenden, statistisch nicht signifikanten Einfluss auf die öffentliche Politik zu haben. […] Unsere Ergebnisse zeigen, dass in den Vereinigten

Staaten die Mehrheit *nicht* regiert – zumindest nicht in dem kausalen Sinne, dass sie die Ergebnisse der Politik tatsächlich bestimmt. (Gilens/ Page 2014, 575 ff.)

Diese Entwicklungen passen nicht zum traditionellen Bild einer demokratisch verfassten Gesellschaft: Zu deren zentralen Merkmalen gehört auch heute (noch), dass jeder Bürger eine Stimme hat und gesellschaftliche Teilhabe, oder zumindest die prinzipielle Möglichkeit der politisch wirksamen Partizipation gegeben sind und diese von einem funktionierenden Staat nicht nur geschützt, sondern auch benötigt werden.

Materialistischer Utilitarismus als antidemokratische Triebfeder

Angesichts dieses bemerkenswerten und sich beschleunigenden Auseinanderdriftens von demokratischem Selbstverständnis und politischer Realität in den westlichen Gesellschaften drängt sich die Frage auf, ob es sich hierbei lediglich um ein emergentes Phänomen, gewissermaßen um einen gesellschaftlichen Unfall in Zeitlupe handelt. Während die oben diskutierten demokratischen Prinzipien zum jederzeit abrufbaren Kernbestand der gegenwärtigen politischen Bildung gehören,[5] ist sowohl im gesellschaftlichen Bewusstsein als auch im hegemonialen Demokratiediskurs die Tatsache deutlich schwächer präsent, dass eine lange dominante Denktradition von der Antike bis in die Gegenwart existiert, die diesen Idealen nicht nur feindlich gegenübersteht, sondern aktiv deren Überwindung zum Ziel hat. Gemeint ist damit nicht ein konkretes politisches Programm und auch keine philosophische Schule, auch wenn Philosophen und Intellektuelle in unterschiedlichen gesellschaftlichen Positionen diese Ansichten zu allen Zeiten vertreten haben. Es handelt sich hierbei vielmehr um eine grundsätzlich illiberale Haltung, die aus einem reduktionistischen Menschenbild und einer teleologischen Weltanschauung fließt. Ihre großen Linien können im Rahmen dieses Beitrags nur holzschnittartig umrissen werden.

---

5 Die *Bundeszentrale für politische Bildung* weist in ihrer Einführung in das politische System der BRD etwa darauf hin, dass »[d]ie Demokratie [...] vor allem von den Bürgerinnen und Bürgern [lebt], sie sind die Basis der Staatsgewalt. In Wahlen und Bürgerentscheiden, durch gesellschaftliches und politisches Engagement, und durch ihr Interesse für die diskutierten Themen legen sie die Grundlage für einen funktionierenden Staat.« (BP02)

Wichtigstes Element dieser ideengeschichtlichen Strömung ist die Annahme, dass die Mitglieder einer Gesellschaft aufgrund unterschiedlicher intrinsischer, meist intellektueller Qualitäten über unterschiedliche Rechte verfügen und auch unterschiedliche Aufgaben übernehmen müssen – das Prinzip der natürlichen Gleichheit aller Bürger und die mit ihr verbundenen Werte der Freiheit und der Selbstbestimmung werden hier als fundamental verfehlt angesehen. Über das Selbstbild dieser moralisch-intellektuellen Elite schreibt Thomas Sowell:

> [D]ie Vision der Auserwählten [ist] nicht nur eine Vision der Welt und ihres Funktionierens in einem kausalen Sinn, sondern auch eine Vision ihrer selbst und ihrer moralischen Rolle in dieser Welt. Es ist eine Vision der differenzierten Rechtschaffenheit. Es ist keine Vision der Tragödie des menschlichen Daseins: Es gibt Probleme, *weil* andere nicht so weise oder so tugendhaft sind, wie die Auserwählten. (Sowell 1995, 5)

Den resultierenden Gegenentwurf zu gleichberechtigter demokratischer Partizipation finden wir dabei in Spielarten einer auf Grundlage einer szientistischen Managementideologie von Eliten gesteuerten Gesellschaft. Besonderen Stellenwert hat dabei die Idee der Gefahrenabwehr, wie Sowell weiter ausführt:

> Trotz der großen Vielfalt an Themen in einer Reihe von Kreuzzügen der Intelligentsia während des 20. Jahrhunderts waren einige Schlüsselelemente den meisten von ihnen gemeinsam:
> 1. Die Behauptung einer großen Gefahr für die gesamte Gesellschaft, einer Gefahr, der sich die Masse der Menschen nicht bewusst ist.
> 2. Dringender Handlungsbedarf, um eine drohende Katastrophe abzuwenden.
> 3. Die Notwendigkeit für die Regierung, das gefährliche Verhalten der Vielen drastisch einzuschränken, als Reaktion auf die vorausschauenden Schlussfolgerungen der Wenigen.
> 4. Eine verächtliche Ablehnung gegenteiliger Argumente als entweder uninformiert, unverantwortlich oder von unwürdigen Absichten motiviert. (ibid.)

Die Legitimation des notwendigen Herrschaftsanspruches leitet sich einerseits aus einer angenommenen besonderen Fähigkeit der herrschenden

Klasse (oder, bis diese gesellschaftliche Position erreicht ist: der revolutionären Avantgarde) zu rationalem Denken – bzw. in der Folge der *Scientific Revolution* zu ›wissenschaftlicher‹ Erkenntnis auf der Basis empirischer Daten – und andererseits aus einer materialistisch fundierten utilitaristischen Moralphilosophie ab, die jedoch häufig nur implizit vorausgesetzt wird. Metaphysisch begründete Seinsordnungen oder Moralvorstellungen werden als primitiv oder reaktionär abgelehnt.[6] Die prototypische Utopie besteht in der Ein- und Zurichtung einer nachhaltigen, auf die Berechnung und Zuteilung von Ressourcen[7] fokussierten, technisch effizienten, postpolitischen und *gerade deshalb* ›optimal funktionierenden‹ Gesellschaftsordnung, die auf der Grundlage wissenschaftlicher Prinzipien in einem kontrollierten Equilibrium gehalten wird. Zum Zweck der legitimatorischen Absicherung wird bereits seit der Antike dieses angestrebte Gleichgewicht neben der bereits erwähnten Gefahrenabwehr häufig mit einer ›gerechten Gesellschaft‹ (vgl. Platons *Politeia*), seit dem 18. Jahrhundert auch mit dem Topos sozialer Gerechtigkeit in Verbindung gebracht oder gar mit dieser gleichgesetzt. Von dort aus sind eine Reihe weiterer Formen der Gerechtigkeit als legitimatorische Grundlage der illiberalen Gesellschaftssteuerung entwickelt worden: Ökologische Gerechtigkeit (vgl. BP03), Geschlechtergerechtigkeit (vgl. UN01), Klimagerechtigkeit(vgl. Macquarie 2022), Impfgerechtigkeit (vgl. Privor-Dumm et al. 2023), Queer-Gerechtigkeit (vgl. SCSJ: »Social Justice is Queer Justice«, SC01; »Remarks by President Biden and First Lady Jill Biden at Pride Celebration«, WP01), um nur einige zu nennen.

---

6 Vgl. etwa Comtes Bemerkungen zu den »theologisch-metaphysischen Vo*rstellungen*« in der »*Kindheitsperiode der Menschheit*« (1994 [1844], 23f.) oder d'Holbachs *Système de la Nature* (1770), in dem religiöse Moralgrundlagen kategorisch abgelehnt werden. Die Folgen der Negation von metaphysischem oder spirituellem Wissen und der daraus resultierenden Entwicklung des wissenschaftlichen Humanismus charakterisiert Sherrard (2007 [1976], 73) treffend, wenn er schreibt: »Nothing belongs any longer to the sphere of the gods or to the sphere of the supernatural. There is nothing and nowhere which must not be investigated and if possible exploited. Neither the ocean bed nor the stars can escape. Nor – so long as they can be shown to be efficient in the sense of being the best and most effective means for achieving a certain measurable purpose – can these systematic invasions be stopped or repudiated. If efficient technical means for achieving something exist or can be produced, then these means must be put into action irrespective of what this thing is or of what the cost may be in human terms.«

7 Vgl. hierzu etwa SDG 12.2 der *Sustainable Development Goals* der Vereinten Nationen (»Material footprint per capita«) oder die Prinzipen der Technocracy Inc.-Bewegung: »Technocracy finds that the production and distributions of physical wealth on a global scale for the use of all citizens can be accomplished only by an accounting of technology – a holarchial style of governance of efficiency and function; A technate.« (TI01)

Fast ein Jahrhundert vor der Entstehung der Technokratie-Bewegung in den 1930er Jahren[8] finden wir diese Ideen bereits bei sozialistischen Vordenkern wie Auguste Comte, dem gleichzeitigen Mitbegründer der positivistischen Denkschule und der akademischen Disziplin der Soziologie, welcher in seiner von szientistischen Glaubenssätzen geprägten *Rede über den Geist des Positivismus* von 1844 beklagt,

> daß die grundlegende Beziehung von Wissenschaft und Technik bisher notwendig selbst von den besten Geistern infolge der ungenügenden Ausdehnung der Naturwissenschaft, die den wichtigsten und schwierigsten, unmittelbar die menschliche Gesellschaft betreffenden Forschungsgebieten noch fern geblieben ist, nicht angemessen erfaßt werden konnte. In der Tat ist die rationale Auffassung von der Einwirkung des Menschen auf die Natur auf diese Weise wesentlich auf die anorganische Welt beschränkt geblieben, woraus sich ein allzu unvollkommener Anreiz für die Wissenschaft ergab. Wenn diese große Lücke einmal hinlänglich ausgefüllt sein wird, womit man heute beginnt, wird [...] die Technik [...] nicht mehr ausschließlich geometrisch, mechanisch oder chemisch usw. sein, sondern auch und in erster Linie politisch und moralisch. (Comte 1994 [1844], 32 f.)

In der Anwendung einer solchen wissenschaftlich fundierten Sozialtechnik hat das Individuum mit seinen Bedürfnissen und Eigenheiten, mit seinen Wünschen, Überzeugungen und Vorstellungen keinen Platz mehr.[9] Folgerichtig gibt es für den Comte'schen Positivismus

> nicht den eigentlichen (individuellen) Menschen, sondern nur die Menschheit, denn unsere gesamte Entwicklung danken wir – unter welchem Gesichtspunkt man sie auch betrachten mag – der Gesellschaft. Wenn die Idee der Gesellschaft noch (immer) eine Abstraktion unseres Geistes zu sein scheint, so liegt das vor allem an der alten philo-

---

8   Auf die Frage »What Is Technocracy?« antwortet das von *Technocracy Inc.* herausgegebene Magazin *The Technocrat* (1937): »Technocracy is the science of social engineering, the scientific operation of the entire social mechanism to produce and distribute goods and services to the entire population of this continent. For the first time in human history, it will be done as a scientific, technical engineering problem.« (TT01)

9   Das Absehen von solchen Erwägungen gehört ohnedies zum Kernbestand materialistischen Denkens, wie Lenin in *Materialismus und Empiriokritizismus* schreibt: »Der Materialismus betrachtet in vollem Einklang mit der Naturwissenschaft als das ursprünglich gegebene die Materie, als das Sekundäre – Bewußtsein, Denken, Empfindung.« (1975 [1908], 37)

sophischen Denkweise; denn in Wahrheit kommt der Idee des Individuums [...] diese Bezeichnung zu. (Ibid., 80)

Wenn jedoch die Gesellschaft sich nicht als das Ergebnis individueller Perspektiven und ihrer politischen Aushandlung konstituiert, kann und muss in dieser kollektivistischen und positivistischen Perspektive ›die Wissenschaft‹ die Regie bei der Einrichtung des politischen und ökonomischen Lebens übernehmen. Diese radikale Abkehr von partizipativen Prinzipien ist umso bemerkenswerter, wenn man bedenkt, dass in Frankreich wenige Jahre zuvor mit spektakulärer Brutalität gegen die vormaligen Autoritäten die feudal-ständische durch eine ostentativ bürgerlich-liberale Gesellschaft ersetzt wurde. Walter Ulbricht bringt diese szientistische Überzeugung als einer der zahlreichen Erben des Comte'schen positivistischen Denkens zum Ausdruck, wenn er sagt:

Die Entwicklung des sozialistischen Systems, vor allem die Verwirklichung des Wirtschaftssystems als Ganzes, ist in zunehmendem Maße eine Frage der wissenschaftlichen Führung. [...] Wir orientieren uns an der bewussten wissenschaftlichen Steuerung komplexer Prozesse und Systeme durch den Menschen und für den Menschen. In diesem Sinne bedienen wir uns der Kybernetik. (Walter Ulbricht, 2. Mai 1968; zit. n. Brzezinski 1970, 170)

Hier wird offenbar, dass »durch *den* Menschen« in keiner sinnvollen Interpretation wissenschaftliche Steuerung »durch *alle* Menschen« meinen kann, sondern nur Führung durch eine wissenschaftliche Elite. Die Unterwerfung des Individuums unter das Diktum einer Expertenkaste und die Ausübung von Zwang ist in dieser technokratisch-kollektivistischen Perspektive moralisch unbedenklich, da sie auf legitimierenden rationalen Grundsätzen beruht und dem nicht hinterfragbaren Fortschritt dient. Dies rechtfertigt auch die extrinsische Übersetzung der von ihnen geäußerten in die »wahren« Interessen der geführten Klassen. Trotzki bringt diesen Gedanken 1920 in der *Pravda* klar zum Ausdruck:

Da der Sowjetstaat die Arbeit im Interesse der Arbeiter selbst organisiert, steht der Zwang in keiner Weise im Widerspruch zu den persönlichen Interessen des Arbeiters, sondern stimmt im Gegenteil völlig mit ihnen überein – natürlich unter der Voraussetzung, dass die Arbeitskraft intelligent und wirtschaftlich eingesetzt wird. (On The Labour Army, Pravda, No. 63 (MX01))

Zu Comtes Weggefährten gehörte neben John Stuart Mill, der in einem Brief an Alexander Bain über Comtes *Rede* schrieb, »I think it very nearly the grandest work of the age«,[10] auch Henri de Saint-Simon. In dessen *Briefen eines Genfer Einwohners an seine Zeitgenossen* (1803) finden wir neben einem unerschütterlichen Glauben an den Fortschritt und das Primat der Wissenschaft und der Kunst auch darauf aufbauende konkrete Pläne für ein gesellschaftliches Schichtenmodell und einen Führungsanspruch der Klasse der Intellektuellen:

[…] Ich richte meine Ausführungen an verschiedene Teile der Menschheit, wobei ich drei Klassen unterscheide. Die erste, zu der Sie und ich die Ehre haben, zu gehören, marschiert unter dem Banner des menschlichen Fortschritts: Sie besteht aus den Wissenschaftlern, den Künstlern und allen Menschen mit liberalen Ideen. Auf dem Banner der zweiten Klasse steht »Keine Innovation«. Zur zweiten Klasse gehören alle Besitzenden, die nicht zur ersten Klasse gehören. Die dritte Klasse, die sich auf das Wort »Gleichheit« beruft, umfasst den Rest der Menschheit. Zur ersten Klasse sage ich Folgendes […] Ihr, die Wissenschaftler und Künstler […] seid der Teil der Menschheit, der die größte intellektuelle Kraft besitzt und am besten geeignet ist, eine neue Idee zu erfassen. Lasst die Mathematiker, die an der Spitze stehen, den Anfang machen! Wissenschaftler und Künstler, untersucht mit dem Auge des Genies den gegenwärtigen Zustand des menschlichen Geistes. Ihr werdet erkennen, dass das Zepter der öffentlichen Meinung in euren Händen liegt; ergreift es also kühn. (Zit. n. Markham 1964, 2 [Übers. d. Verf.])

Die in den Briefen von Saint-Simon formulierte expertokratische Vision beschränkt sich jedoch nicht auf eine rein intellektuelle Vormachtstellung der Klasse der Wissenschaftler und Künstler im öffentlichen Diskurs. Er strebt für diese Klasse – und damit, wie so oft, für sich selbst – auch einen gehobenen gesellschaftlichen Status und eine vorübergehende materielle und damit politische Machtposition[11] an:

---

10 Vgl. Pearce 2015, 446.
11 Der transitorische Charakter dieser verliehenen gesellschaftlichen Macht nimmt in gewisser Weise die spätere marxistische Idee von der magischen Auflösung des Staates im Endstadium des Kommunismus vorweg. Engels schreibt hierzu 1878 im *Anti-Dühring* (3. Abschnitt, »Theoretisches«): »Der erste Akt, worin der Staat wirklich als Repräsentant der ganzen Gesellschaft auftritt – die Besitzergreifung der Produktionsmittel im Namen der Gesellschaft – ist zugleich sein letzter selbständiger Akt als Staat. Das Eingreifen einer Staatsgewalt in gesellschaftliche Verhältnisse wird auf einem Gebiete nach dem andern überflüssig und schläft

Wenn ihr [meinen Plan] annehmt und beibehaltet, werdet ihr die beiden großen Waffen der Herrschaft – Ansehen und Reichtum – dauerhaft in die Hände der einundzwanzig aufgeklärtesten Männer legen. Die Folge wird aus vielen Gründen ein schneller Fortschritt in den Wissenschaften sein. Es ist eine Tatsache, dass mit jedem Fortschritt in den Wissenschaften die Entdeckungen leichter werden, so dass diejenigen, die wie ihr nur wenig Zeit für Bildung aufwenden können, mehr lernen können, und wenn ihr gebildeter werdet, werdet ihr die von den Reichen erlangte Vorherrschaft schmälern. Ihr werdet bald, meine Freunde, hervorragende Ergebnisse sehen. (Zit. n. Markham 1964, 8 f. [Übers. d. Verf.])

Wenig später stellt Saint-Simon in *Du système industriel* fest: »Das Problem der sozialen Neuordnung muss *für das Volk* gelöst werden. Das Volk selbst ist passiv und apathisch und muss von jeder Betrachtung der Frage ausgeschlossen werden.« (zit. n. MacIver 1922, 240 [Übers. d. Verf.])[12] Es ist hier von besonderer Bedeutung, dass Saint-Simon offenbar keinen Widerspruch zwischen den »liberalen Ideen« der Mitglieder seiner ersten Gesellschaftsschicht »unter dem Banner des menschlichen Fortschritts« und dem kategorischen Ausschluss des »Volkes« von politischer Mitwirkung aufgrund mangelnder Qualifikation sieht. Dieses elitäre Liberalismusverständnis steht in einem scharfen Gegensatz zu den Annahmen des klassischen Liberalismus über die unveräußerlichen Rechte des Individuums auf Freiheit und Selbstbestimmung, aus dem sich auch ein Recht auf Mitbestimmung ableitet.[13,14]

---

dann von selbst ein. An die Stelle der Regierung über Personen tritt die Verwaltung von Sachen und die Leitung von Produktionsprozessen. Der Staat wird nicht ›abgeschafft‹, er stirbt ab.« Bekanntermaßen ist es zu diesem Absterben niemals gekommen.

12 Im Zusammenhang mit den hier diskutierten Ideen beobachtet MacIver (1922, 241): »Much of his writing on this point has what we would now call a true Marxian ring about it and it becomes obvious where Marx found some, at least, of his inspiration. Further, we could almost say that the idea of a government of experts specially concerned with economic questions could be considered as a forerunner of the present Soviet system such as is aimed at in Russia, with its crude beginnings in the Paris Commune [...]«

13 Vgl. die amerikanische Unabhängigkeitserklärung von 1776: »We hold these truths to be self-evident, that all men are created equal, THAT they are endowed by their Creator with certain unalienable Rights, that among these are Life, Liberty and the pursuit of Happiness.« (DI01) Darauf direkt Bezug nehmend mahnt Lincoln in seiner Gettysburg Address von 1863: »[G]overnment of the people, by the people, for the people, shall not perish from the earth.«

14 Ein solches Liberalismusverständnis harmoniert dafür umso mehr mit der gegenwärtigen Geringschätzung sämtlicher Erscheinungsformen des sogenannten ›Populismus‹.

Die Orientierung an einem in vielen utilitaristischen Werken nahezu selbstevident erscheinenden und damit alternativlosen Gemeinwohl sowie die philosophischen Grundlagen seiner Bestimmung können dabei als maßgeblicher Faktor für den emergenten totalitären Charakter darauf aufbauender Ideologien und Gesellschaftssysteme gesehen werden. Auch Saint-Simon, dessen Werk einen großen Einfluss auf Marx ausübte, sieht die singuläre Aufgabe gesellschaftlicher Organisation darin, »für die größtmögliche Zahl von Menschen am vorteilhaftesten zu sein« (zit. n. Markham 1964, 83). In scharfer Abgrenzung gegen diese Konzeption eines rational begründbaren selbstevidenten Gemeinwohls, bei dessen Bestimmung »das Volk [...] von jeder Betrachtung der Frage ausgeschlossen werden [muss]«, wendet Schumpeter ein:

Der Versuch, die Menschen zu zwingen, etwas anzunehmen, das man für gut und großartig hält, das sie aber nicht wollen – auch wenn man erwartet, dass es ihnen gefällt, wenn sie die Ergebnisse sehen –, ist das Kennzeichen einer antidemokratischen Überzeugung. [...] Es gibt [...] kein eindeutig bestimmtes Gemeinwohl, auf das sich alle Menschen einigen oder durch die Kraft rationaler Argumente zu einer Einigung gebracht werden könnten. Das liegt nicht in erster Linie daran, dass manche Menschen etwas anderes wollen als das Gemeinwohl, sondern an der viel grundlegenderen Tatsache, dass das Gemeinwohl für verschiedene Individuen und Gruppen zwangsläufig unterschiedliche Dinge bedeutet. Diese Tatsache, die dem Utilitaristen durch seinen verengten Blick auf die Welt der menschlichen Wertvorstellungen verborgen bleibt, wird in Grundsatzfragen zu Konflikten führen, die durch rationale Argumente nicht beigelegt werden können, weil die letztendlichen Werte – unsere Vorstellungen davon, wie das Leben und die Gesellschaft sein sollten – jenseits der Reichweite der bloßen Logik liegen. (Schumpeter 2003 [1943], 237 ff.)

Jeremy Bentham, Zeitgenosse von Saint-Simon und Comte, gilt als der Begründer des modernen Utilitarismus. Ein kurzer Blick auf seinen empiristischen Entwurf einer gemeinwohlorientierten Moral- und Rechtsphilosophie, der bereits einige Jahre vor der Französischen Revolution veröffentlicht wurde, kann den totalitären Kern dieser auf den ersten Blick menschenfreundlichen Moralphilosophie veranschaulichen. Bentham geht in seiner *Introduction to the Principals of Morals and Legislation* von der materialistischen Annahme aus, dass das menschliche Leben ausschließlich von zwei Grundkonstanten bestimmt sei, nämlich dem Streben nach Lust und der

Vermeidung von Schmerz. Diese beiden sind nach Benthams Auffassung die einzigen »souveränen Gebieter«, die in ethischer und praktischer Hinsicht handlungsleitend sind:

> Ihnen allein obliegt es, uns zu zeigen, was wir tun sollten, und zu bestimmen, was wir tun werden. An ihren Thron ist einerseits der Maßstab für richtig und falsch, andererseits die Verbindung von Ursachen und Wirkungen gekettet. (Bentham 2000 [1781], 14)

Die moralische Bewertung menschlichen Handelns ergibt sich demnach einzig und allein aus ihren Konsequenzen für das so definierte quantifizierbare ›Glück‹ einer anonymen Mehrheit. Bentham bemerkt hierzu:

> VI. Man kann also sagen, dass eine Handlung dem Prinzip der Nützlichkeit oder, der Kürze halber, der Nützlichkeit entspricht (d. h. in Bezug auf die Allgemeinheit), wenn die Tendenz, die sie hat, das Glück der Allgemeinheit zu vergrößern, größer ist als diejenige, die sie hat, es zu vermindern.[15] […]

> X. Von einer Handlung, die dem Prinzip der Nützlichkeit entspricht, kann man immer entweder sagen, dass sie eine ist, die getan werden sollte, oder wenigstens, dass sie nicht eine ist, die nicht getan werden sollte. Man kann auch sagen, dass es richtig ist, dass es getan werden sollte, oder zumindest, dass es nicht falsch ist, dass es getan werden sollte; dass es eine richtige Handlung ist, oder zumindest, dass es keine falsche Handlung ist. Wenn man sie so auslegt, haben die Worte *sollen*, *richtig* und *falsch* und andere dieser Art eine Bedeutung; wenn nicht, haben sie keine. (Bentham 2000 [1781], 15 f.)

Die nachfolgenden Abschnitte XII bis XIV des Kapitels zum *Principle of Utility* verwendet Bentham darauf, zu zeigen, dass es gegen sein Argument keinen *rationalen* Einwand, beispielsweise auf der Grundlage individuel-

---

15 Dieses Prinzip wurde, suggestiv verklammert mit seiner ostentativen Verankerung in rationalem Denken, u. a. in dem Star-Trek-Film *The Wrath of Khan* (1982) durch die Figur des Spock popularisiert, der sich in einer ikonischen Szene für die Besatzung der *Enterprise* opfert mit den Worten: »Logic clearly dictates that the needs of the many outweigh the needs of the few«, worauf Captain Kirk antwortet: »Or the one.« Der Fairness halber muss erwähnt werden, dass im darauffolgenden Film *The Search for Spock* (1984) dieses Prinzip im Kontext von Spocks Rettung umgekehrt wird. Dennoch wird die Umkehrung konsequent als irrational gekennzeichnet (»Humans are sometimes illogical«).

ler Erfahrungen oder metaphysisch begründeter Wertvorstellungen, geben könne (vgl. Bentham 2000 [1781], 16 f.) – der totalitäre Charakter seiner Moralphilosophie wird bereits auf diesen ersten Seiten deutlich.

Privilegien und Aufgaben der hier skizzierten gesellschaftlichen und intellektuellen Eliten leiten sich in ihrer Selbstwahrnehmung also aus ihrer exquisiten Rationalität sowie aus der Verantwortung für das utilitaristisch definierte Wohl der Gesellschaft ab. Die Rede ist hier wohlgemerkt nicht vom Wohl der gegenwärtig existierenden, sondern einer fiktiven *zukünftigen* Gesellschaft. In ihrer Vorstellung sind ihnen die Verwaltung und Formung des Lebens vom Schicksal anvertraut. Lifton gibt in *Thought Reform and the Psychology of Totalism* eine präzise Beschreibung des Selbstbildes dieser Elite und ihrer Perspektive auf ihre Mitmenschen:

> Ideologische Totalisten [werden] von einer besonderen Art von Mystik angetrieben, die [...] Manipulation nicht nur rechtfertigt, sondern sie sogar zwingend erforderlich macht. Zu dieser Mystik gehört das Gefühl, ein »höheres Ziel« zu verfolgen, ein »unmittelbares Gesetz der gesellschaftlichen Entwicklung« erkannt zu haben und selbst die Wächter dieser Entwicklung zu sein. Indem sie so zu Instrumenten ihrer eigenen Mystik werden, schaffen sie eine Aura um die manipulierenden Institutionen – die Partei, die Regierung, die Organisation. Sie sind die (von der Geschichte, von Gott oder einer anderen übernatürlichen Kraft) »Auserwählten«, die den »mystischen Imperativ« ausführen, dessen Verfolgung alle Erwägungen des Anstands oder des unmittelbaren menschlichen Wohlergehens überflüssig macht. (Lifton 1989, 422)

Auffassungen darüber, welche Aspekte des gesellschaftlichen und persönlichen Lebens durch sie kontrolliert werden sollen und welche Mittel hierfür zulässig sind, gehen dabei historisch in vielen Fällen weit über Fragen der Geheimhaltung oder der Beschneidung von Mitspracherechten hinaus und reichen von Lüge, Propaganda, psychologischer Manipulation und der externen Steuerung intimster Lebensbereiche bis hin zur Kontrolle des Körpers und schließlich des Rechts auf Leben selbst. Es sind eben diese ideologisch begründeten Ansprüche, die auch heute einen entscheidenden Beitrag zum oben diskutierten Verfall der demokratischen Kommunikationskultur leisten. Im Folgenden sollen die Entstehung und Stationen der Geschichte dieser Ideologie skizziert werden.

Rückblende: Platons *Politeia*

Eine fundamentale Abneigung gegen die Demokratie und den Willen zur totalitären Gesellschaftsführung finden wir bereits bei Platon. In seinem 375 v. Chr. verfassten Dialog *Politeia* kritisiert er die Demokratie vor allem für ihr ungezügeltes Verlangen nach Freiheit: /

> Wenn eine demokratische Stadt nach Freiheit dürstet [...] und sich über den Durst am ungemischten Wein der Freiheit berauscht, dann wird sie ihre Regierenden bestrafen, wenn diese nicht ganz nachgiebig sind und ihr in reichem Maß Freiheit gewähren,[16] indem sie sie als verbrecherisch und oligarchisch beschuldigt [...]. (563b)

Um dieses Problem zu umgehen, entwirft Platon auf der Suche nach der Natur der Gerechtigkeit des Menschen ein ideales Staatswesen als anschauliches Vergleichsobjekt. Sein Staatsmodell wurzelt in den angenommenen Bedürfnissen und Konsumwünschen der Bürger der »opulenten« (im Kontrast zur frugalen) Stadt und wird vordergründig im dialogischen Verfahren entwickelt. Sokrates wandelt sich im Gespräch mit Platons Brüdern Glaukon und Adeimantos sowie einigen anderen jedoch zu Beginn des zweiten Buchs vom fragenden Philosophen zum erleuchteten Lehrer. Er eröffnet die Diskussion zunächst mit Überlegungen zu den notwendigen Gütern des täglichen Lebens wie Nahrung, Kleidung und Wohnung und geht von dort über zu den weitergehenden Wünschen der Bürger nach Wohlstand und Kultur, etwa in den Bereichen Dichtung, Theater oder auch den kulinarischen Genüssen. Dabei wird die scheinbar zwingende Orientierung an einer nicht näher begründeten Effizienzmaxime vorausgesetzt, mit der aufgrund der unterschiedlichen angeborenen Begabungen der Menschen eine moralische Verpflichtung zu Arbeitsteilung und Spezialisierung begründet wird. Diese Überlegungen münden schließlich in einer stratifizierten Gesellschaft, in der drei distinkte Klassen von Bürgern ihre jeweils eigenen Aufgaben erfüllen sollen und dabei über unterschiedliche Privilegien verfügen.

---

16 Diese Aversion der Eliten gegen das ›Gewähren‹ von Freiheiten, die als eine historische Konstante erscheint, beschreibt Benda (1978 [1946], 14 f.) in *Der Verrat der Intellektuellen*: »Im übrigen lässt sich nicht leugnen, daß Demokratie gerade kraft ihres Oktroi der individuellen Freiheit ein Moment von Unordnung impliziert. ›Wenn Sie in einem Staat‹ schrieb Montesquieu, ›keinen Lärm von Streitigkeiten vernehmen, so können Sie sicher sein, daß es in ihm keine Freiheit gibt.‹ [...] Im Gegensatz dazu gewährt der ›Ordnungsstaat‹, eben weil er auf ›Ordnung‹ aus ist, den Individuen keinerlei Rechte – allenfalls denen einer Klasse. Er kann sich nichts anderes vorstellen als Verhältnisse, in denen die einen befehlen und die anderen gehorchen.«

Die erste Klasse und gleichzeitig die breite Basis der gesellschaftlichen Pyramide bilden bei Platon die Arbeiter, zu denen die Bauern, das produzierende Gewerbe, Handel und Logistik sowie die Tagelöhner gehören. Ausgehend von der Überlegung, wie die anfallende Arbeit möglichst effizient (»reichlicher und schöner und leichter«) erledigt werden könne, spielt neben der Arbeitsteilung vor allem der Gedanke eine wichtige Rolle, »dass [...] keiner von uns von Natur ganz gleich ist wie der andere, sondern dass jeder verschiedene Anlagen hat, der eine zu dieser, der andere zu jener Betätigung« (370b). In diesem Zusammenhang wird bereits zum ersten Mal erkennbar, dass der platonische Bürger sein Existenzrecht nicht seinem Schöpfer oder seiner unveräußerlichen Menschenwürde verdankt, sondern seiner Verwertbarkeit im Produktionsprozess, wenn es etwa über die Lohnarbeiter heißt: »Nach ihrem Verstand verdienen sie zwar kaum, in die Gemeinschaft aufgenommen zu werden; doch macht sie ihre Körperkraft für schwere Arbeiten geeignet« (370e).[17] Es ergibt sich hieraus eine Verpflichtung zur Arbeit gemäß den angeborenen Anlagen. Die Mitglieder der Arbeiterklasse sind dadurch nicht wie bei Perikles als freie Bürger »den Tätigkeiten zugewandt«, sondern auf diese Tätigkeiten und ihren Nutzwert reduziert. Auch steht ihnen die Berufswahl nicht frei, denn »[wir haben] dem Schuster verboten, sich gleichzeitig als Bauer oder Weber oder Baumeister zu versuchen [...] Und einem jeden [...] haben wir [...] *eine* Aufgabe zugeteilt, nämlich die, zu der er von Natur veranlagt ist und die er sein ganzes Leben hindurch – unter Verzicht auf die übrigen – erfüllen soll [...]« (374c).

Die zweite Klasse der Wächter entsteht in der *Politeia* als Folge des expandierenden Konsums in der Stadt, welcher in Sokrates' Argumentation den Krieg zur Eroberung von neuem Land sowie die Verteidigung der eigenen Landesgrenzen erforderlich macht. Im Gegensatz zu den Arbeitern widmet sich Platon in großem Detail der Auswahl, Erziehung, Führung und sozialen Organisation dieser Klasse. Zunächst muss wie bei den Arbeitern die gesellschaftliche Position des Wächters streng auf der Grundlage der natürlichen Begabung und Eignung besetzt werden. Auch hierbei handelt es sich nicht um eine autonome Entscheidung der Bürger, dieses Privileg fällt den Philosophen zu: »Es wäre nun also offenbar unsere Aufgabe [...] die Naturen auszuwählen, die zur Bewachung der Stadt geeignet sind« (375a). Hieran schließt sich eine ausführliche Diskussion über die sachdienliche Erziehung der Wächter an. Der erste Bildungsaspekt, der von den Philosophen kont-

---

17 Dies wirft die Frage auf, was mit jenen geschehen soll, die weder über Verstandes- noch über Körperkraft verfügen.

rolliert werden muss, sind – analog zur Kindererziehung – die Geschichten, welche die Wächter hören dürfen, damit sie in ihrer »Seele [nicht] Meinungen aufnehmen, die [...] ganz anders sind als die, die wir bei ihnen erwarten müssen« (377e). Platon lässt Sokrates daraus schließen:

[Wir müssen] offenbar zuerst die Mythendichter beaufsichtigen; ist das, was sie erzählen, gut, dann nehmen wir es an; im anderen Falle müssen wir es ablehnen. Und dann werden wir veranlassen, daß die Ammen und Mütter die Geschichten, die wir gebilligt haben, ihren Kindern erzählen und damit ihre Seelen weit mehr bilden als die Leiber mit ihren Händen. Von denen jedoch, die sie heute erzählen, müssen wir die meisten ausschließen. (377e)

Bemerkenswert ist in diesem Zusammenhang zunächst, dass sich die Notwendigkeit der Zensur in der Erziehung auch auf (potenziell) wahre Begebenheiten erstreckt, womit das moderne Konzept der *malinformation*[18] vorweggenommen wird. Noch erstaunlicher ist jedoch die Idee, wahre, aber gefährliche Informationen zwar der Allgemeinheit vorzuenthalten, sie aber, sofern es nötig ist, sehr wohl mit ausgewählten wohlhabenden Bürgern in geheimgesellschaftlichen Zusammenkünften zu besprechen:

Was Kronos getan und was er von seinen Söhnen erlitten hat, das, meine ich, sollte man, auch wenn es wahr wäre, nicht so leichthin vor unverständigen [...] Leuten erzählen, sondern man sollte es am besten verschweigen. Ist es aber doch nötig, davon zu reden, dann sollte man das heimlich vor möglichst wenig Zuhörern tun, und zuerst opfern, und zwar nicht nur ein Schwein, sondern ein großes und schwer erschwingliches Opfer, damit möglichst wenige in den Fall kommen, das zu hören.[19] (378c)

---

18 Mit *malinformation* werden wahre aber ›potenziell schädliche‹ Informationen bezeichnet (als aktuelles Beispiel für Zensur von *malinformation* vgl. Michael Shellenbergers Zeugenaussage über die staatlich angeleitete Zensur von Beiträgen zu Impfnebenwirkungen vor dem *House Select Committee on the Weaponization of the Federal Government* (MS01, 44)), vgl. auch Broecker in diesem Band.

19 Die Teilnahme am Treffen des Weltwirtschaftsforums in Davos kostete 2023 pro Ticket 19 000 US-Dollar, setzt aber eine Mitgliedschaft (52 000 US-Dollar pro Jahr) voraus. Teilnahme an Sitzungen hinter verschlossenen Türen erfordert den Status des *Industry Associate* (137 000 US-Dollar pro Woche, YF01). Die Teilnahme an Bilderberg-Konferenzen kann gar nicht erkauft werden, sie setzt auch für Journalisten eine persönliche Einladung und die Einhaltung der Chatham-House-Regeln zwingend voraus. (CH01)

Ergänzt werden diese Überlegungen zu Geheimhaltung und Zensur durch produktive Aspekte des Narrativmanagements, etwa wenn Sokrates Erziehende dazu auffordert, Streit zwischen den Göttern zu verschweigen und »von Anfang an den Kindern eher in diesem Sinne ihre Geschichten [zu] erzählen«. Er stellt zudem fest: »[M]an muss auch die Dichter nötigen, ihre Sagen in ähnlicher Art zu gestalten.« (379b) Ähnliches gilt für Geschichten über Hades und seine Schrecken: Um den Wächtern im Krieg die Angst vor dem Tod zu nehmen, soll Hades in der Dichtung stattdessen gelobt werden, und damit das auch geschieht, »[müssen wir] also offenbar auch die überwachen, die von diesen Mythen erzählen wollen« (386a).

Als noch grundlegender in dieser Hinsicht kann die »Edle Lüge« gesehen werden, die Platon seinen Sokrates im dritten Buch verteidigen lässt. Es geht hierbei um zwei kontrafaktische Gründungsmythen, die den Bürgern erzählt werden sollen, um eine spezifische Kultur einzurichten und so die Regierbarkeit der Stadt sicherzustellen:

> Wir haben vorhin gesagt, daß es notwendige Täuschungen gibt, fuhr ich fort. Was könnte uns nun dazu verhelfen, eine edle Täuschung dieser Art vor allem den Regenten selber glaubhaft zu machen, oder wenn nicht ihnen, dann doch dem übrigen Volk? (414e)

Über diese Mythen sollen zwei Glaubenssätze und damit verbundene Werte bei den Bürgern etabliert werden, nämlich dass sie (i) die Erde als ihre gemeinsame Mutter und (deshalb) ihre Mitbürger als ihre Familienmitglieder betrachten und (ii) den ihnen durch Geburt und natürliche Anlagen zugewiesenen Status und ihre Rolle in der Gesellschaft ohne Widerstand akzeptieren.[20] Dass es sich hier aus kommunikationsethischer Perspektive um eine manipulative Lüge und damit um eine Form der Propaganda handelt, wird im Text von Sokrates selbst und auch von Platon-Apologeten freimütig zugegeben. Alan Bloom bemerkt etwa im Vorwort der zweiten Ausgabe seiner Übersetzung dazu:

> Diese ganze Frage der Lüge ist von Platon von Anfang an sorgfältig vorbereitet worden [...] schließlich wird unverblümt gesagt, dass die

---

20 Popper analysiert das platonische Staatsprojekt u. a. deshalb als Versuch der Abkehr von der neu entstandenen offenen (demokratischen) Gesellschaft und als Versuch der Restauration einer geschlossenen Gemeinschaft, in der Status und Rolle in der Gesellschaft fixiert sind (vgl. Popper 1957, 343 ff.); für eine Diskussion der Bedeutung dieser platonischen Ideen für das Management der Unternehmenskultur vgl. Shaw (2021).

einzige wirklich gerechte bürgerliche Gesellschaft auf einer Lüge beruhen muss. Sokrates zieht es vor, sich der Frage mit Klarheit zu stellen. **Ein gutes Regime kann nicht auf Aufklärung beruhen**; [...] Das ist eine radikale Aussage über das Verhältnis von Wahrheit und Gerechtigkeit, die zu dem Paradoxon führt, **dass Weisheit nur in einem Element herrschen kann, das von der Lüge beherrscht wird**. [...] Und vielleicht wird das eigentümlich moderne Phänomen der Propaganda demjenigen klarer, der sieht, dass es mit einem Mythos der Aufklärung zusammenhängt, der durch die platonische Analyse selbst in Frage gestellt wird. [Herv. d. Verf.] (Bloom 1991, xviii)

Im fünften Buch behandelt Platon schließlich Fragen der zwischengeschlechtlichen Beziehungen und der Familienorganisation. In einem ersten Schritt argumentiert Sokrates mit einigem Aufwand dafür, dass Frauen ebenso wie Männer – diesmal trotz der verschiedenen Naturen – das Wächteramt übernehmen sollen. Aus der Form ihrer gemeinsamen Ausbildung und Unterbringung resultiere weiterhin, dass den Wächtern kein privates Eigentum erlaubt sei, dass »sie nichts zu eigen besitzen als ihren Leib, während alles übrige gemeinsam ist« (465b). Da die Wächter unter allen Bürgern die besten seien (457b), sollen nur diese (aus scheinbar selbstevidenten Gründen) untereinander auch zwischengeschlechtliche Verbindungen eingehen dürfen.

An dieser Stelle beginnt Platon einen direkten Angriff auf die Einheit der Familie und bezieht in die Kontrolle über das Leben der Wächter rassistische und eugenische Überlegungen mit ein. Zunächst fordert er, dass »alle diese Frauen diesen Männern allen gemeinsam gehören sollen, und daß keine mit einem allein zusammenleben darf. Auch die Kinder sollen gemeinsam sein; kein Vater darf sein Kind und kein Kind seinen Vater kennen« (457e). Damit all das gelingen kann, dürfen die Regenten nicht zulassen, dass sich die Wächter »ungeordnet [...] vermischen« (459a). Stattdessen werden sie im Rahmen von eigens hierfür veranstalteten Zeremonien jene »heiligen Vermählungen« anordnen, die »den größten Segen stiften«. Platon erläutert diesen größten Segen am Beispiel der Zucht von Jagdhunden. Die Tiere seien zwar schon von »edler Rasse«, doch komme es darauf an, die besten Exemplare miteinander zu paaren: »Und wenn die Fortpflanzung nicht auf diese Weise geregelt wird, bist du doch auch der Ansicht, daß der Schlag [...] der Hunde bedeutend schlechter wird?« (459d). Hieraus ergibt sich, so Sokrates, dass

die besten Männer den besten Frauen möglichst oft beiwohnen müssen, dagegen die schlechtesten Männer den schlechtesten Frauen möglichst selten. Und die Kinder der einen muss man aufziehen, die der anderen aber nicht,[21] wenn die Herde auf möglichst hohem Stande bleiben soll. (460c)

Damit die Zahl und ›Qualität‹ der Vereinigungen sowie die Anonymität der Nachkommenschaft unter die altruistische Kontrolle der Philosophen kommen, sieht Sokrates ein geschickt manipuliertes Verlosungsregime vor, damit der »Minderwertige bei jeder Vermählung die Schuld beim Schicksal und nicht bei den Regenten sucht«. Wie bei der »Edlen Lüge« gibt es auch hier eine utilitaristische Rechtfertigung für den Betrug: »Wahrscheinlich werden unsere Regenten ausgiebigen Gebrauch von Unwahrheit und Täuschung machen müssen, zum Wohle der Regierten. Sagten wir doch, daß alles dergleichen nützlich ist, wenn man es auf diese Art, eben als Heilmittel, gebraucht.« (459d)

Ein letzter Aspekt, der spätestens ab der Frühen Neuzeit immer wieder die Fantasie der Eliten anregen wird, besteht in der quantitativen Bevölkerungskontrolle: »Die Zahl der Vereinigungen aber werden wir von den Regenten bestimmen lassen, damit möglichst die gleiche Zahl der Bürger beibehalten bleibt, unter Berücksichtigung der Kriege und Seuchen und aller ähnlichen Fälle, damit unsere Stadt nach Möglichkeit weder zu groß noch zu klein wird.« Die Erziehung der Kinder in der Familie ist, wie bereits erwähnt, unerwünscht und unter diesen Umständen ohnehin unmöglich. Wenn also Kinder zur Welt kommen (und aufgrund ihrer ›Qualität‹ am Leben gelassen werden), »so übernimmt sie die dazu bestellte Behörde« (460c).[22] Soweit Platons Pläne für die Lebensführung der Wächterklasse. Weitere Sonderbarkeiten, wie etwa ein Stilldienst für die Säuglinge der Wächter (vgl. 461a) sowie die angeordnete Zwangsprostitution zur Belohnung von Kriegshelden (vgl. 468c), erscheinen vor diesem monströsen Hintergrund kaum noch der Erwähnung wert.

Der dritten Schicht der Philosophenkönige schließlich (der Platon natürlich ebenso selbst angehört wie später etwa Saint-Simon oder Comte der Klasse der Wissenschaftler[23] angehören werden) fällt aufgrund ihrer Rationalität und ihres exklusiven Zugangs zu den Formen – und damit in der

---

21 Hier erhalten wir auch eine naheliegende Antwort auf die weiter oben gestellte Frage, was mit jenen geschehen soll, die weder über Verstandes- noch über Körperkraft verfügen.

22 Die Erziehung der Kinder durch den Staat ist eine bemerkenswert stabile Idee, vgl. etwa das *Manifest der Kommunistischen Partei*, II.

23 Der Führungsanspruch, der sich aus dieser Klassenzugehörigkeit ergibt, wird in heutiger Zeit verkörpert durch Figuren wie NIAID-Direktor Anthony Fauci, wenn er von sich selbst sagt: »It's easy to criticize me, but they're really criticizing science because I represent science. That's dangerous.« (PC01)

platonischen Lehre zur Realität selbst (vgl. siebentes Buch) – letztlich keine geringere Aufgabe zu als die Rettung der Welt. In der Praxis bedeutet dies die Berufung zum Gesellschaftsmanagement auf der Grundlage rationaler Planung. Selbstredend leitet sich aus dieser gigantischen Aufgabe auch ein absoluter Machtanspruch ab:

> Wenn nicht [...] die Philosophen Könige werden [...] und wenn dies nicht in eines zusammenfällt: die Macht in der Stadt und die Philosophie, und all die vielen Naturen, die heute ausschließlich nach dem einen oder dem anderen streben, gewaltsam davon ausgeschlossen werden, so wird es, mein lieber Glaukon, mit dem Elend kein Ende haben, nicht für die Städte und auch nicht, meine ich, für das menschliche Geschlecht. (474a)

Es ist gerade dieser letzte Gedanke, der insbesondere in der politischen Philosophie des 20. und 21. Jahrhunderts immer wieder auftaucht. Im Folgenden soll dies an ausgewählten Beispielen dokumentiert werden.

Nachhaltigkeit und Bevölkerungskontrolle

Die in den vorangegangenen Abschnitten skizzierte Elitenideologie und die ihr immanente illiberale Kommunikationsethik kann zwar als eine Ursache der gegenwärtigen gesellschaftsweiten epistemischen Krise gesehen werden. Wie im letzten Abschnitt zu sehen war, beschränkt sich der Managementanspruch der Expertenklasse jedoch nicht auf Fragen der kollektiven Wissenskonstitution. Vielmehr kann das Streben nach Kontrolle über das geteilte Wissen als Ausschnitt eines größeren Kontrollbedürfnisses verstanden werden, das auch die physisch-biologische Domäne und letztlich das Leben selbst umfasst. Im folgenden Abschnitt soll dies beispielhaft für die Bereiche der Bevölkerungskontrolle und der Eugenik dokumentiert werden.

Das Gespenst der Überbevölkerung

Wie in Platons *Politeia* deutlich wurde, spielt für die utopische Zurichtung der Gesellschaft auch die ›richtige‹ Bevölkerungszahl eine wichtige Rolle. Der entscheidende neuzeitliche Impuls für diesen Planungsaspekt stammt von Thomas Malthus, einem Ökonomen der britischen East India Company. Malthus vertrat 1798 zum ersten Mal die These, dass die Bevölkerungszahlen stets zu einem geometrischen Wachstum, die landwirtschaftlichen Ressourcen jedoch zu einem arithmetischen Wachstum tendieren, was zu einer vorhersehbaren Lebensmittelkrise führen müsse. Er war der Auffassung, dass Sozialingenieure diese Krisen nutzen müssten, um die Größe der »menschliche Herde« wissenschaftlich zu verwalten. Dabei geht es Malthus auf offensichtliche Weise nicht darum, die Sterblichkeit in der Bevölkerung zu reduzieren, sondern durch eine Begünstigung der ›richtigen‹ Todesursachen die Kontrolle über die Bevölkerung zu behalten. In der 2. Ausgabe seines *Essay On The Principle Of Population* (1803) erläutert Malthus:

Eheschließungen und Geburten hängen hauptsächlich von den Todesfällen ab, und […] es gibt keine größere Ermutigung für frühe Ehen als eine hohe Sterblichkeit. Wir sollten den Gang der Natur bei der Hervorbringung dieser Sterblichkeit unterstützen, anstatt uns törichterweise und vergeblich zu bemühen, sie zu behindern; und wenn wir die zu häufige Heimsuchung durch die schreckliche Form des Hungers fürchten, sollten wir die anderen Formen der Zerstörung, die wir der Natur aufzwingen, eifrig fördern. In unseren Städten sollten wir die Straßen enger machen, mehr Menschen in die Häuser drängen und die Rückkehr der Pest fördern. […] Ein Volk, das von ständiger Not getrieben wird und immer wieder von Hungersnöten heimgesucht wird, kann nur durch einen grausamen Despotismus niedergehalten werden. (Malthus 2018 [1803], 407 f.)

Basierend auf diesen Annahmen machte Malthus auch der Politik konkrete Vorschläge, die später vom britischen Weltreich aufgegriffen wurden:

Ich schlage eine Regelung vor, die besagt, dass kein Kind, das aus einer Ehe hervorgeht, die nach Ablauf eines Jahres nach dem Datum des Gesetzes geschlossen wurde, und kein uneheliches Kind, das zwei Jahre nach demselben Datum geboren wurde, jemals Anspruch auf Unterstützung durch die Gemeinde haben sollte […] Der Säugling ist, vergleichsweise gesprochen, von geringem Wert für die Gesellschaft, da andere sofort seinen Platz einnehmen werden. (Ibid., 423)

Die Umsetzung von Malthus' ›Wissenschaft‹ der Bevölkerungssteuerung in der Form der Armengesetze von 1838 sorgten dafür, dass für die Masse der verarmten Bevölkerung keine über die Arbeitshäuser hinausgehende staatliche Unterstützung bereitgestellt wurde. Zwischen 1845 und 1851 führten etwa die Aufhebung der Maisgesetze und die irische ›Kartoffel-Hungersnot‹ dazu, dass eine Million Iren verhungerten, während Nahrungsmittel unter militärischer Bewachung exportiert wurden (IH01).

Dieser malthusianische Blick auf das Leben, die Gesellschaft und die Freiheit des Individuums hat breite Strömungen der politischen Ideengeschichte stark beeinflusst, in der ersten Hälfte des 20. Jahrhunderts vor allem führende Vertreter des britischen Sozialismus. Im nachfolgenden Abschnitt zur Eugenik finden sich hierfür weitere Belege, an dieser Stelle soll stellvertretend der britische Philosoph und Mathematiker Bertrand Russell, Mitglied der Fabian Society, zitiert werden, der für sein Werk 1950 den Literaturnobelpreis erhielt. In *The Effects Of Science On Society* schreibt Russell zum Thema der Bevölkerungskontrolle:

> Was ist die unvermeidliche Folge, wenn die Bevölkerungszunahme nicht eingedämmt wird? Es muss zu einer allgemeinen Senkung des Lebensstandards in den jetzt wohlhabenden Ländern kommen. [...] Am Ende wird es eine Einheitlichkeit des Elends geben, und das malthusianische Gesetz wird ungehindert herrschen. (Russell 1968 [1953], 102)

Die Lösung dieses Problems liegt auch für Russell in der staatlichen Kontrolle der Bevölkerungsgröße:

> Die Nationen, die sich gegenwärtig schnell vermehren, sollten ermutigt werden, die Methoden zu übernehmen, mit denen im Westen das Bevölkerungswachstum eingedämmt wurde. Die erzieherische Propaganda könnte mit Hilfe der Regierung dieses Ergebnis innerhalb einer Generation erreichen. (Ibid., 103)

Da Russell die auf solche Weise organisierte Geburtenkontrolle als probates Mittel vorzieht, kommen andere Verfahren, wie Malthus sie noch bevorzugt hatte, für ihn nur als zweitbeste Lösung in Betracht:

> Ich behaupte nicht, dass die Geburtenkontrolle die einzige Möglichkeit ist, um die Bevölkerungszunahme zu verhindern. Es gibt andere Möglichkeiten, welche Gegner der Geburtenkontrolle wohl vorziehen würden. Der Krieg [...] hat sich in dieser Hinsicht bisher als enttäuschend erwiesen, aber vielleicht erweist sich der bakteriologische Krieg als wirksamer. Wenn es gelänge, einmal in jeder Generation einen

Schwarzen Tod über die Welt zu bringen, könnten sich die Überlebenden ungehindert vermehren, ohne dass die Welt zu voll würde. (Ibid.)

Nachdem zunächst Hungersnöte (Malthus) und die Gefahr von Verteilungskriegen (Russell) zur Legitimation der Bevölkerungskontrolle ins Feld geführt wurden, kam mit der von der Rockefeller Foundation unterstützten Ökologiebewegung der späten 60er Jahre eine neue, diesmal globale Bedrohung ins Spiel. Bedeutende Publikationen jener Zeit waren Bücher wie *The Limits to Growth* des Club of Rome, *The Unfinished Agenda* des Rockefeller Brothers Fund oder *The Population Bomb* von Paul Ehrlich, von dem in seiner 19. Auflage 1988 bereits mehr als zwei Million Exemplare in Umlauf waren. In Ehrlichs *Population, Resources, Environment* (1970)[24] heißt es:

Die Größe der menschlichen Bevölkerung muss unter rationale Kontrolle gebracht werden […] Um eine Bevölkerungskontrolle zu erreichen, müssen außergewöhnliche Veränderungen in den menschlichen Einstellungen stattfinden – Einstellungen, die durch Äonen biologischer und kultureller Evolution entstanden sind. Diese Veränderungen werden bei den Menschen unweigerlich auf Widerstand stoßen; die Kontrolle des Todes geht ihnen leicht von der Hand, aber die Geburtenkontrolle geht ihnen gegen den Strich. Die Ansichten der Menschen über Geburtenkontrolle und Familiengröße so zu ändern, dass sie mit dem Ziel einer besseren Zukunft für die gesamte Menschheit übereinstimmen, ist eine der größten Herausforderungen, denen sich die Menschheit je gestellt hat. (Ehrlich 1972 [1970], 273)

Die hier anvisierte systematische Veränderung der Einstellungen in der Bevölkerung zum Thema der Fortpflanzung und Geburtenkontrolle – eine Veränderung welche »bei den Menschen unweigerlich auf Widerstand stoßen« wird – ist auf deliberativem Wege demokratisch organisierter Kommunikation nicht zu erreichen. Sie setzt, wie Russell bemerkt, Strategien der erzieherischen Propaganda voraus. Elemente solcher Strategien sind unter anderem die Eskalation der Versicherheitlichungsrhetorik (vgl. Broecker 2022) durch die Konstruktion immer neuer Bedrohungsszenarien sowie die darauf

---

24   Zu den Autoren einer späteren Auflage des Werks von 1978, nun mit dem neuen Titel »Ecoscience«, gehört auch John Holdren, unter US-Präsident Barack Obama von 2009 bis 2017 Berater für Wissenschaft und Technologie.

aufbauende Erzeugung von Feindbildern. Während in Ehrlichs Version die Menschheit zumindest *in abstracto* noch Nutznießer der Gefahrenabwehr sein soll, ist sie 1991 – ein Jahr vor der »Konferenz der Vereinten Nationen über Umwelt und Entwicklung« in Rio unter der Führung von Maurice Strong, einem engen Freund von David Rockefeller – bereits zum Feind mutiert, wie King und Schneider, Autoren des Club of Rome, in *The First Global Revolution* schreiben:

> Auf der Suche nach einem neuen Feind, der uns vereinen könnte, kamen wir auf die Idee, dass Umweltverschmutzung, die drohende globale Erwärmung, Wasserknappheit, Hungersnöte und Ähnliches dazu passen würden. In ihrer Gesamtheit und in ihren Wechselwirkungen stellen diese Phänomene tatsächlich eine gemeinsame Bedrohung dar, die die Solidarität[25] aller Völker erfordert. Aber wenn wir sie als Feind bezeichnen, tappen wir in die Falle, vor der wir bereits gewarnt haben, nämlich Symptome mit Ursachen zu verwechseln. Alle diese Gefahren sind durch menschliches Handeln verursacht und können nur durch veränderte Einstellungen und Verhaltensweisen überwunden werden. Der wahre Feind ist also die Menschheit selbst. (King/Schneider 1991, 115)

Auch wenn die Sachgrundlagen solch hysterischer Propaganda in vielen Fällen geradezu absurd erscheinen, ist sie dennoch in der Lage, eine hochgradig menschenfeindliche Diskursformation zu erschaffen, welche die etwa von Malthus oder Russell formulierten Ziele des Bevölkerungsmanagements bis hin zur Verkleinerung der Herde äußerst effektiv unterstützt. Ein eindrückliches Beispiel hierfür liefert eine Buchbesprechung des Biologen David Graber, immerhin selbst Vater, von Bill McKibbens *The End Of Nature* in der Los Angeles Times:

> McKibben ist ein Biozentriker, und ich bin es auch. Uns interessiert nicht der Nutzen einer bestimmten Art, eines frei fließenden Flusses oder eines Ökosystems für die Menschheit. Sie haben einen intrinsischen Wert, größeren Wert – für mich – als ein weiterer menschlicher Körper oder eine Milliarde davon. Das menschliche Glück und ganz sicher die menschliche Fruchtbarkeit sind nicht so wichtig wie ein wil-

---

25 Hier wird bereits die sich abzeichnende Umdeutung des Solidaritätsbegriffs erkennbar, die im Kontext der »Coronakrise« als Werkzeug der Verhaltensökonomie eine wichtige Rolle spielte.

der und gesunder Planet. Ich kenne Sozialwissenschaftler, die mich daran erinnern, dass die Menschen Teil der Natur sind, aber das stimmt nicht. Irgendwann – vor etwa einer Milliarde Jahren, vielleicht der Hälfte davon – sind wir aus dem Vertrag ausgestiegen und zu einem Krebsgeschwür geworden. Wir sind zu einer Plage für uns selbst und für die Erde geworden.[26] (LT01)

Von der Eugenik in den transhumanistischen Wahn

Betrachtet man die Bevölkerung einer Stadt, eines Landes oder der Erde nicht als eine Gruppe von Individuen, ausgestattet mit Menschenwürde und dem unveräußerlichen Recht auf Selbstbestimmung und Teilhabe an der Gesellschaft, sondern als eine Herde – gewissermaßen als Verfügungsmasse, über die je nach Gusto der Philosoph, der Intellektuelle, der Experte, die Partei oder der Staat Gewalt hat –, so stellt sich neben der oben behandelten Frage nach der richtigen Größe der Herde auch die Frage nach der Verbesserung ihrer Qualität. Wie wir gesehen haben, hat bereits Platon dem Problem der Zucht bei der Einrichtung seiner gerechten Stadt einen hohen Stellenwert eingeräumt. In der Neuzeit sind bemerkenswerterweise auch für dieses Thema Malthus' Schriften eine wichtige Station, diesmal als Anregung für einen anderen Theoretiker des britischen Weltreichs: Charles Darwin. Dieser schreibt 1876 in seiner Autobiografie:

Im Oktober 1838 [...] las ich zufällig zum Vergnügen »Malthus über die Bevölkerung«, und da ich durch lange Beobachtung der Lebensgewohnheiten von Tieren und Pflanzen gut darauf vorbereitet war, den überall stattfindenden Kampf ums Dasein zu begreifen, fiel mir sofort auf, dass unter diesen Umständen günstige Varianten dazu neigen würden, erhalten zu bleiben, und ungünstige vernichtet werden. Die Folge davon wäre die Bildung neuer Arten. Hier hatte ich also endlich eine Theorie, nach der ich arbeiten konnte; zit. n. (Barlow 1958, 120)

---

26 Die ganze Korruption deterministischen Denkens (oder gnostischer Mystik) spiegelt sich interessanterweise in einer Replik auf Grabers Rezension in einer der folgenden Ausgaben, in der es heißt: »If we are a cancer, as Graber says, it is a natural cancer, one that was programmed into Earth's genetic system from the beginning and is now being triggered – 5 billion cells and escalating. We aren't responsible. The Creator is. We're just following orders, just executing the game plan.«

Inspiration bezog Darwin nicht nur von Malthus, sondern auch von Russell Wallace und vor allem von seinem Cousin Francis Galton, der seinerseits 1883 in seinem Werk *Inquiries into Human Faculty and its Development* den Ausdruck »Eugenik« prägte, 1904 in London das Eugenics Records Office am University College etablierte und in seinem letzten Lebensjahr eine eugenische utopische Novelle mit dem Titel *Kantsaywhere* verfasste (vgl. Gillham 2001, 98 f.). Mit Verweis auf diese beiden Autoren als Grundlage seiner Ausführungen schreibt Darwin 1871 in *The Descent of Man*:

> Bei den Wilden werden die körperlich oder geistig Schwachen bald eliminiert, und diejenigen, die überleben, weisen in der Regel einen kräftigen Gesundheitszustand auf. Wir zivilisierten Menschen dagegen tun unser Möglichstes, um den Ausscheidungsprozess zu stoppen; wir errichten Anstalten für Schwachsinnige, Krüppel und Kranke; wir führen Armengesetze ein; und unsere Mediziner setzen ihr ganzes Können ein, um das Leben eines jeden bis zum letzten Augenblick zu retten. [...] **So vermehren die schwachen Mitglieder zivilisierter Gesellschaften ihre Art.** Niemand, der sich mit der Zucht von Haustieren beschäftigt hat, wird bezweifeln, dass dies für die menschliche Rasse höchst schädlich sein muss. Es ist erstaunlich, wie schnell [...] falsch gelenkte Sorgfalt zur Entartung einer Haustierrasse führt; aber außer im Falle des Menschen selbst ist kaum jemand so unwissend, seine schlechtesten Tiere sich vermehren zu lassen. [Herv. d. Verf.] (Darwin 1871, 168)

Aufgegriffen und popularisiert wurde die eugenische Ideologie auf Grundlage (sozial)darwinistischer Prinzipien wie bereits erwähnt zunächst vom intellektuellen Establishment des britischen Sozialismus. Hierzu gehörten neben anderen Beatrice und Sidney Webb, George Bernard Shaw, H. G. Wells, Harold Laski, John Maynard Keynes, Aldous und Julian Huxley, Charles Galton Darwin und auch Bertrand Russell. Damit hatten die eugenischen Ideen der britischen intellektuellen Elite einen erheblichen Einfluss auf die Sozialpolitik in der ersten Hälfte des 20. Jahrhunderts und in den meisten westlichen Ländern wurden eugenische Gesellschaften gegründet. Wie weit die Anmaßung ging, zeigt eine Einlassung des englischen Schriftstellers D. H. Lawrence; er formuliert seine Vision im Jahr 1908 folgendermaßen:

> Wenn es nach mir ginge, würde ich eine Tötungskammer bauen, die so groß ist wie der Kristallpalast, mit einer Militärkapelle, die leise spielt,

und einem Kinematographen, der hell leuchtet; dann würde ich in die Seiten- und Hauptstraßen gehen und sie hineinbringen, alle die Kranken, die Zurückgebliebenen und die Verstümmelten; ich würde sie behutsam führen, und sie würden mir ein müdes Dankeschön zulächeln; und die Kapelle würde leise den »Halleluja-Chor« spielen. (Zit. n. Carey 1992, 12)

Motivation für solche Überlegungen war die Annahme, dass die von aufgeklärten Eliten zu errichtende Gesellschaft vom Ballast der körperlich, geistig oder moralisch Minderwertigen befreit werden müsste, wenn sie effizient funktionieren sollte. George Bernard Shaw bemerkt hierzu:

Der einzige grundlegende und mögliche Sozialismus ist die Vergesellschaftung der selektiven Züchtung des Menschen. (JF01)

Shaw, der Mitglied der Royal Society, der Eugenics Education Society, der Fabian Society, Nobelpreisträger und Autor des Gründungsprogramms der britischen Labour-Partei war, sieht hierfür wie Lawrence neben der Zucht auch das Mittel der Euthanasie vor und greift dabei die von ihm vorgestellte Tötungskammer auf:

Ein Teil der eugenischen Politik würde schließlich dazu führen, dass wir ausgiebig von der Tötungskammer Gebrauch machen. Sehr viele Menschen müssten aus dem Leben gerissen werden, einfach weil es die Zeit anderer Menschen verschwendet, sich um sie zu kümmern. (TC01)

Auch Julian Huxley, Vorsitzender der London Zoological Society, erster Generalsekretär der UNESCO und Bruder von Aldous, der seinerseits eng mit D. H. Lawrence befreundet und stark von ihm beeinflusst war (vgl. Vitoux 1974), teilt diese Auffassung. Er schreibt 1930:

Jeder fehlerhafte Mann, jede fehlerhafte Frau und jedes fehlerhafte Kind ist eine Last. Jeder Kranke ist ein zusätzlicher Körper, den die Nation ernähren und kleiden muss, der aber wenig oder gar nichts einbringt. (HE01)

Im Rahmen dieses Übersichtsartikels können die sich anschließenden zahlreichen Stationen eugenischer Ideologie nur angedeutet werden, hierzu gehören u. a.: (i) die US-amerikanischen Eugenikgesetze in 32 Bundesstaaten

(1907–1932), (ii) daraus folgende 70 000 Zwangssterilisationen, (iii) das eugenische Programm von Margaret Sanger und der in ›Planned Parenthood‹ umbenannten ›American Eugenics Society‹ von 1922, (iv) das nach amerikanischem Vorbild entworfene deutsche ›Gesetz zur Verhütung erbkranken Nachwuchses‹ von 1933 sowie (v) der Horror der nationalsozialistischen ›Rassenhygiene‹.

Zwei Jahre nach dem Zweiten Weltkrieg entwirft Huxley, der ebenfalls ein glühender Verehrer von Darwin war (vgl. Huxley et al. 1958), zum Antritt seines UNESCO-Vorsitzes ein Manifest mit dem Titel *UNESCO: Its Purpose and its Philosophy*, in dem die wichtigsten Ziele der Organisation für Erziehung, Wissenschaft und Kultur der Vereinten Nationen festgehalten werden. Es war Huxley nicht entgangen, dass die Schrecken des eugenischen Programms der Nationalsozialisten zu einem PR-Problem geworden waren, und er sah es als eine wichtige Aufgabe der UNESCO an, dieses Problem zu lösen:

> Die Anpassung des Grundsatzes der demokratischen Gleichheit an die Tatsache der biologischen Ungleichheit ist eine große Aufgabe für die Welt, die immer dringlicher wird, je weiter wir bei der Verwirklichung der Chancengleichheit voranschreiten. […] Gegenwärtig ist es wahrscheinlich, dass die indirekte Wirkung der Zivilisation eher dysgenisch als eugenisch ist; und in jedem Fall scheint es wahrscheinlich, dass der Ballast der genetischen Dummheit, der körperlichen Schwäche, der geistigen Instabilität und der Krankheitsanfälligkeit, die bereits in der menschlichen Spezies vorhanden sind, sich als zu große Last erweisen wird, um einen wirklichen Fortschritt zu erzielen. Auch wenn es stimmt, dass eine radikale eugenische Politik für viele Jahre politisch und psychologisch unmöglich sein wird, ist es für die UNESCO wichtig, dass das eugenische Problem mit größter Sorgfalt untersucht wird und dass die Öffentlichkeit über die auf dem Spiel stehenden Fragen informiert wird, damit vieles, was heute undenkbar ist, zumindest denkbar wird. (Huxley 1947, 21)

Um der Ideologie der Eugenik ein neues, massenkompatibles Image zu verschaffen, verpackt er sie fortan als »evolutionären Humanismus«. Das leicht durchschaubare Ziel der Verwendung dieses Begriffs lag darin, das Bild einer »humanen« Eugenik zu prägen, indem er sie mit den Menschenrechtsbewegungen nach dem Zweiten Weltkrieg assoziierte. In den 1950er Jahren definierte er die Eugenik als sozial fortschrittlich, indem er sie in die Logik der neuen Wohlfahrtsstaaten einpasste: Sie bot »Lösungen« für Armut und Krankheit zu einer Zeit an, als die Ausrottung von Krankheiten die internationale Agenda bestimmte. Huxley verknüpfte die Eugenik zudem geschickt mit einer Reihe von Reformbewegungen wie der Popularisierung der Geburtenkontrolle und der Reform des Abtreibungsrechts (vgl. Weindling 2012, 481).[27]

1957 entwirft Huxley in *New Bottles for New Wine* schließlich den Begriff des ›Transhumanismus‹ als neues Etikett für ein altes Projekt, dessen Quintessenz er folgendermaßen auf den Punkt bringt:

Es ist, als ob der Mensch plötzlich zum Geschäftsführer des größten Unternehmens überhaupt ernannt worden wäre, des Unternehmens der Evolution. [...] Wir werden von neuen Prämissen ausgehen. Zum Beispiel [...], dass die Qualität der Menschen, nicht die bloße Quantität, das Ziel sein muss, und dass deshalb eine konzertierte Politik erforderlich ist, um zu verhindern, dass die gegenwärtige Flut des Bevölkerungswachstums alle unsere Hoffnungen auf eine bessere Welt zunichte macht. (Huxley 1957, 13)

Am Beginn des neuen Jahrtausends ist diese adaptierte Ideologie des Transhumanismus, welche geniale und damit gottgleiche Ingenieure des Lebens zwingend voraussetzt, allgegenwärtig. So klärt etwa Policy Horizons Canada, 2021 darüber auf, welche Projekte der bio-digitalen Konvergenz die kanadische Regierung verfolgt und »how the convergence of digital technologies and biological systems is becoming a part of our future, and how it may impact our lives« (PH01). In Forbes berichtet Sarwant Singh, Senior Partner des WEF und Mitglied des Global Agenda Councils, im Jahr 2017 über »Transhumanism And The Future Of Humanity: 7 Ways The World Will Change By 2030«. Er schreibt:

Unsere *Visionary Innovation Group* untersuchte drei grundlegende Säulen der Menschheit und wie sie sich in den kommenden 10–15 Jahren

---

27 Noch ein kurzes Stück jüngerer Geschichte kann illustrieren, wie verbreitet eugenische Ideen in demokratisch regierten Staaten sind: Bis 1976 wurden im sozialdemokratischen Schweden etwa 63 000 Frauen vom Staat sterilisiert, der eigens ein »staatliches Institut für Rassenhygiene« eingerichtet hatte. In Norwegen waren es 40 000, in Dänemark 6 000. Teenager im Alter von 15 Jahren wurden sterilisiert, einige ohne die Zustimmung ihrer Eltern, wegen so banaler Unzulänglichkeiten wie Kurzsichtigkeit oder weil sie angeblich kein Urteilsvermögen oder »keine erkennbare Vorstellung von Ethik« hatten (vgl. JF01).

entwickeln werden: unser Körper, unser Denken und unser Verhalten. [...] Letztendlich war es unser Ziel, die Art und Weise zu bestimmen, wie sich der Wandel der Menschheit und der Transhumanismus auf den Einzelnen, die Gesellschaft, die Unternehmen und die Regierung auswirken werden. (FB01)

Und der israelische Historiker Yuval Noah Harari, festes Inventar der jährlichen Treffen der globalen Elite in Davos, fragt 2018 erwartungsvoll: »Will the future be human?«

Wir gehören wahrscheinlich zu den letzten Generationen des Homo sapiens. In ein oder zwei Jahrhunderten wird die Erde von Wesen beherrscht werden, die sich von uns mehr unterscheiden als wir uns von Neandertalern oder Schimpansen unterscheiden. Denn in den kommenden Generationen werden wir lernen, wie man Körper, Geist und Gehirne konstruiert. Dies werden die Hauptprodukte der Wirtschaft des 21. Jahrhunderts sein. (YH01)

Die Frage nach alternativen Zukunftsentwürfen, parlamentarischer Kontrolle oder zumindest demokratischer Abstimmung über all diese Entwicklungen scheint sich niemandem zu stellen – die Sachzwänge sind offenbar erdrückend.

Propaganda und Informationskontrolle im 20. und 21. Jahrhundert

Dass das bis hierhin dokumentierte Menschen- und Gesellschaftsbild der Elite sich auch in ihren Vorstellungen über Öffentlichkeit, Zugang zu Informationen und die Partizipation an politischen Entscheidungen niederschlägt, liegt auf der Hand. Auch hier lohnt zur Kontextualisierung der gegenwärtigen Krise der Öffentlichkeit ein Blick in die jüngere Ideengeschichte. Bereits mit den ersten Zeitungen des 17. Jahrhunderts, die Nachrichten von Staats- und Gelehrtensachen einer breiten Bevölkerung zugänglich machten, wurde der Ruf nach Zensur laut und das Interesse des gemeinen Pöbels an politischen Zusammenhängen wurde polemisch bekämpft. Beispielhaft bringt dies im Jahr 1698 Balthasar Sinold genannt von Schütz, Theologe und Geheimrat des Grafen Christian August von Solms-Laubach, in *Das Courieuse Caffee-Haus zu Venedig* zum Ausdruck:

Ich muß [...] bekennen [...]/ daß die übermäßige Zeitungs=Begierde/ eine dermassen schädliche Kranckheit sey/ welche durch ihren Miß-brauch dem gemeinen Wesen viel Schaden bringet. [...] Es ist nichts gewöhnlicheres/ als daß die Bauern in der Schenke ein Collegium curiosum über die ordentlichen Post=Zeitungen halten/ und durch den capabelsten aus ihrem Mittel selbige buchstabiren lassen/ wenn man sie hernach [...] fragen solte/ was sie daraus verstanden/ so würde es in nichts anderem bestehen/ als daß sie Rom [...] oder andere Oerter nen-nen hören/ also/ daß es weit rathsamer vor sie gewesen wäre/ sie hätten [...] mit einer Holtz-Axt [...] an einem guten Eich Baume auf den Hieb gefochten/ als daß sie die edle Zeit mit solchen Dingen verderben/ die sich weit über den Gipfeln ihres Stroh=Daches erstrecken. (CV01)

Die gleichen Positionen finden sich bei den Architekten des modernen Pro-pagandaapparates des 20. Jahrhundert wieder. Weder Revolutionen noch die Entstehung einer bürgerlichen Öffentlichkeit oder die formale Konstitution demokratisch verfasster Staaten konnten an dieser offenbar über Jahrtau-sende gleichbleibenden Haltung der intellektuellen Elite etwas ändern. In bemerkenswerter Offenheit geben dies etwa prominente Mitglieder des US-amerikanischen Committee on Public Information (CPI), das 1917 in einer gigantischen Propagandaaktion die amerikanische Bevölkerung vom Kriegs-eintritt überzeugte,[28] zu Protokoll. Edward Bernays, Neffe von Sigmund Freud und Onkel von Marc Randolph, dem Gründer von Netflix, schreibt 1928 in *Propaganda*:

Die bewusste und intelligente Manipulation der Gewohnheiten und Meinungen der Massen ist ein wichtiges Element der demokratischen Gesellschaft. Diejenigen, die diesen unsichtbaren Mechanismus der Gesellschaft manipulieren, bilden eine unsichtbare Regierung, die die wahre herrschende Macht in unserem Land ist. [...] Wenn wir den Mechanismus und die Motive des Gruppendenkens verstehen, wird es dann möglich sein, die Massen, ohne deren Wissen, nach unserem Willen zu kontrollieren und zu steuern? Die jüngste Praxis der Pro-paganda hat bewiesen, dass dies möglich ist, zumindest bis zu einem gewissen Punkt und innerhalb gewisser Grenzen. (Bernays 1928, 9)

---

28 US-Präsident Wilson war 1914 mit dem Wahlkampfversprechen gewählt worden, die USA nicht in den Ersten Weltkrieg zu involvieren. Die amerikanische Öffentlichkeit lehnte eine Intervention zu diesem Zeitpunkt vehement ab.

Zur Legitimation dieser verdeckten antidemokratischen Regierungsform macht Walter Lippmann, ebenfalls Mitglied des CPI und Mitbegründer des Council on Foreign Relations, auf die von ihm angenommenen Gefahren eines unkontrollierten demokratischen Prozesses aufmerksam:

> Eine falsche Idealisierung der Demokratie kann nur zu Desillusionierung und zu Tyrannei führen. [...] Die Öffentlichkeit muss in ihre Schranken gewiesen werden, damit sie im Rahmen ihrer Befugnisse handeln kann [... und] damit wir frei sind von dem Getrampel und dem Gebrüll der verwirrten Herde. (Lippmann 1993 [1925], 145)

Die gezielte Verwendung von Propaganda zum Zweck der Steuerung der öffentlichen Meinung verändert nach Lippmann grundlegend, was in der Zukunft unter Demokratie zu verstehen ist:

> In der Generation, die jetzt die Geschicke lenkt, ist die Persuasion zu einer selbstbewussten Kunst und zu einem regulären Organ der demokratischen Regierung geworden. [... D]as Wissen, wie man Zustimmung erzeugt, [wird] jedes politische Kalkül und jede politische Prämisse verändern. Unter dem Einfluss der Propaganda [...] sind die alten Konstanten unseres Denkens zu Variablen geworden. Es ist zum Beispiel nicht mehr möglich, an das ursprüngliche Dogma der Demokratie zu glauben. (Lippmann 1998 [1922], 248 f.)

Fünfzehn Jahre später schreibt Harold Lasswell, der im Zweiten Weltkrieg Leiter der Abteilung für die »Study of War Time Communications« in der Bibliothek des amerikanischen Kongresses war und 1955 das Amt des Präsidenten der American Political Science Association innehatte, in der *Encyclopaedia of the Social Sciences* den Eintrag zu ›Propaganda‹, dort heißt es:

> Propaganda als bloßes Werkzeug ist nicht moralischer oder unmoralischer als ein Pumpengriff. Die moderne Welt ist in besonderem Maße auf sie angewiesen [...] Die moderne Auffassung von sozialem Management ist zutiefst von der propagandistischen Einstellung geprägt. [Die] Rücksichtnahme auf die Menschen in der Masse beruht nicht auf demokratischen Dogmen, wonach die Menschen die besten Richter über ihre eigenen Interessen sind. Der moderne Propagandist erkennt ebenso wie der moderne Psychologe an, dass die Menschen ihre eigenen Interessen oft schlecht einschätzen können [...] Die älteren demokratischen

Lehren erlaubten es dem nominellen Führer, sich seiner Führungsaufgabe durch eine Art verfahrenstechnische Täuschung zu entziehen: Man nahm an, dass es »da draußen« einen »allgemeinen Willen« gab, und die Pflicht des Führers bestand darin, sorgfältig darauf zu achten, dass er sich durch die Maschinerie von Abstimmungen und legislativen Diskussionen manifestierte. Der Schwerpunkt der Aufmerksamkeit wurde von der Verwaltung und der Reflexion auf den Hokuspokus verlagert. [Der Propagandist hingegen] glaubt, dass eine der stärksten Ursachen für den sozialen Wandel die Problemeinstellung selbst ist, die so oft die Zielsymbole hervorbringt, die die Anpassung leiten können. Das bedeutet, dass der Propagandist in der Lage und bestrebt ist, die Methoden der wissenschaftlichen Beobachtung und Analyse auf die gesellschaftlichen Prozesse anzuwenden […] (Lasswell 1937, 525-527)

Auch nach dem Krieg und den Erfahrungen mit dem Propagandaapparat der Nationalsozialisten ändert sich dieses Demokratieverständnis der Elite nicht. So urteilt etwa der britische Historiker Sir Lewis Namier, der im Propaganda- und Informationsministerium sowie in der Abteilung für politische Aufklärung des britischen Außenministeriums gearbeitet hatte, in seinem Werk *England in the Age of the American Revolution* in der zweiten Ausgabe von 1961:

Es gibt keinen freien Willen im Denken und Handeln der Massen, genauso wenig wie bei der Umlaufbahn der Planeten, den Wanderungen der Vögel und dem Sturz von Lemminghorden ins Meer. (Namier 1961, 40 f.)

Der Kern der Botschaft lautet: Würde man den Massen gestatten, auf wirksame Weise in die Arena der Entscheidungsfindung einzutreten, könnte das nur in einer Katastrophe enden. Zahllose Einlassungen dieser Art ziehen sich auch durch die folgenden Jahre bis in unsere Gegenwart. Exemplarisch sei hier nur eine zentrale Figur im Kontext der Einflussnahme auf Social-Media-Plattformen durch die amerikanische Regierung, Richard Stengel, Mitarbeiter des Außenministeriums und Autor von *Information War* (2020), genannt. Bei einer Konferenz des bereits erwähnten Council on Foreign Relations zum Thema ›Combating Disinformation and Fake News‹ im Mai 2018 sagte er ohne einen Anflug von Ironie:

In meinem alten Job im Außenministerium war ich, wie die Leute dort scherzhaft sagten, Chefpropagandist […] Ich habe nichts gegen Propaganda. Jedes Land macht Propaganda, man muss Propaganda für die eigene Bevölkerung machen. (RS01)

Wie – neben vielen anderen Beispielen – das sogenannte ›Panikpapier‹ des Bundesministeriums für Gesundheit oder die Publikationen des SPI-B, der ›Nudge Unit‹ der britischen Regierung aus dem Jahr 2020 (vgl. Kaltwasser 2022, 100 ff.;) deutlich zeigen, bestimmt diese Haltung mittlerweile durchgehend die kommunikative Praxis demokratischer Regierungen.

Zum Abschluss soll der Wirtschaftspolitiker und Vorstandsvorsitzende der russischen Sberbank, Herman Gref, zu Wort kommen, der das in diesem Beitrag skizzierte Selbstverständnis der technokratischen Elite treffend formuliert. Beim International Economic Forum in Sankt Petersburg 2012 äußerte Gref, der ebenfalls Agenda Contributor und Mitglied im Stiftungsrat des WEF ist, im Rahmen einer Paneldiskussion mit dem vielsagenden Titel *Wisdom of the Crowd or the Authoritarian Genius?* als Reaktion auf einen Beitrag von Tim Kelsey, bis Dezember 2020 Vorstand der Australischen Digital Health Agency:

> Sie schlagen vor, die Macht – die tatsächliche Macht – in die Hände der Bevölkerung zu legen. Wenn jeder direkt am Management teilnehmen könnte, was würden wir dann managen? Wenn die Menschen erst einmal die Grundlagen ihrer Identität verstehen, wird es äußerst schwierig sein, sie zu beherrschen, das heißt: sie zu manipulieren. Die Menschen wollen nicht manipuliert werden, wenn sie über Wissen verfügen. [D]iese Einsicht [war] dreitausend Jahre lang geheimes Wissen, weil die Menschen verstanden, was es bedeutet, den Schleier von den Augen von Millionen von Menschen zu nehmen und sie unabhängig zu machen. Wie kann man sie dann noch beherrschen? Massenmanagement setzt ein Element der Manipulation voraus. Wie kann man eine Gesellschaft regieren, in der jeder den gleichen Zugang zu Informationen hat, in der jeder die Möglichkeit hat, die Informationen direkt zu beurteilen, Informationen zu erhalten, die nicht von staatlich ausgebildeten Analysten, Politologen und riesigen Maschinen, die sich auf die Köpfe der Menschen senken, präpariert werden – von Massenmedien, die »unabhängig« sind, deren Aufgabe jedoch immer noch die Erhaltung von [gesellschaftlichen] Schichten ist? […] Ihr Vorschlag macht mir Angst und ich glaube, Sie verstehen nicht, was Sie da sagen. (HG01)

Dem ist nichts hinzuzufügen.

Fazit: Menschen- und Gesellschaftsbilder im Konflikt

Zu den Kernideen deliberativer Demokratie gehört, dass durch den universellen Zugang zu Informationen und den schrankenlosen Austausch von Argumenten Verständigung bis hin zum Kompromiss erzielt werden kann und so gefundene Lösungen den Ansprüchen der Vernunft in sachlicher und moralischer Hinsicht gerecht werden. Im Zentrum steht dabei das Legitimationsideal der öffentlichen Beratung politischer Fragen. Als Grundlage einer freien Gesellschaft, in welcher die Würde des Menschen im Mittelpunkt steht, sind diese Prinzipien unverzichtbar. Die expertokratische Gesellschaft steht zu diesem Ideal in scharfem Gegensatz, das Konzept reicht zurück bis in die Antike. In der Folge der Scientific Revolution der Frühen Neuzeit und der Entwicklung einer materialistischen Philosophie hat sich diese Idee in das illiberale Projekt der Errichtung einer technokratisch organisierten Gesellschaft weiterentwickelt, in der das Individuum nurmehr zur Verfügungsmasse gehört. Diese Managementideologie wurde im 20. Jahrhundert zur gemeinsamen Basis sehr unterschiedlicher, zum Teil in erbittertem Konflikt begriffener kollektivistischer Gesellschaftsentwürfe, zu denen in der Praxis auch die nominell liberalen Demokratien gehören. Ihr gemeinsamer Kern besteht in der Vorstellung, dass die Missstände in einer Gesellschaft nur von einer intellektuell überlegenen rationalen Elite identifiziert und durch eine bürokratisierte bzw. heute eine algorithmisierte Planung beseitigt werden können. Damit das jeweils anvisierte Gesellschaftssystem funktionieren kann, muss die Freiheit des Individuums beschnitten, wenn nicht ausgelöscht werden. Der diesen Entwürfen gemeinsame totalitäre Kern bildet – ebenfalls seit der Antike – einen harten Kontrast zu den Prinzipien einer wirklich liberalen, demokratisch organisierten Gesellschaft, in der die Freiheit des Individuums und das Prinzip der Selbstregierung im Zentrum stehen.

Ziel dieses Beitrags war, den breiten Strom experto- bzw. technokratischer Ideologie als totalitäre historische Konstante zu skizzieren. Andererseits sollte der Einfluss dieses Denkens auf Eliten gegenwärtiger demokratischer Gesellschaften verdeutlicht werden. In einer Analyse der Grundlagen der aktuellen Krise der Öffentlichkeit müssen m. E. diese Faktoren als primäre Hindernisse für die Demokratisierung der Öffentlichkeit und den Schutz der Würde des Einzelnen verstanden und berücksichtigt werden.

Literatur

Barlow, Nora (Hg.) (1958): The autobiography of Charles Darwin 1809–1882. London: Collins.

Benda, Julien (1978 [1946]): Der Verrat der Intellektuellen. München: Carl Hanser.

Bentham, Jeremy (2000 [1781]): An Introduction to the Principles of Moral and Legislation. Kitchener: Batoche Books.

Bernays, Edward (1928): Propaganda. New York: Liveright.

Bloom, Alan (1991): Preface to *The Republic of Plato, 2nd Edition*. New York: Harper Collins.

Bostridge, Ian (1997): Witchcraft and its Transformations c. 1650 – c.1750. Oxford: Oxford Historical Monographs.

Broecker, Hannah (2022): Securitisation as Hegemonic Discourse Formation – An Integrative Model. Cham: Springer.

Carey, John (1992): The intellectuals and the masses. Pride and prejudice among the literary intelligensia 1880–1939. London: Faber and Faber.

Comte, Auguste (1994 [1844]): Rede über den Geist des Positivismus. Hamburg: Meiner.

Crouch, Colin (2004): Post-Democracy. Cambridge: Polity Press.

Darwin, Charles 1871: The Descent of Man. London: John Murray.

d'Holbach, Paul Thiry (1978 [1770]): System der Natur oder Von den Gesetzen der physischen und moralischen Welt. Frankfurt: Suhrkamp.

Ehrlich, Paul R./Ehrlich, Anne H. (1972 [1970]): Population, Resources, Environment. Issues in Human Ecology. 2nd Edition. San Francisco: W. H. Freemann and Company.

Gilens, Martin/Page, Benjamin (2014): Testing Theories of American Politics: Elites, Interest Groups, and Average Citizens. In: Perspectives on Politics, Volume 12, Issue 3, 564–581.

Gillham, Nicholas W. (2001): Sir Francis Galton and the Birth of Eugenics. In: Annual Review of Genetics, Vol. 35: 83–101.

Görres, Joseph (1814): Die teutschen Zeitungen. In: Rheinischer Merkur 80, 1.7.1814.

Habermas, Jürgen/Demmerling, Christoph/Krüger, Hans-Peter (2016): Kommunikative Vernunft. In: Deutsche Zeitschrift für Philosophie 64(5), 806–827.

Habermas, Jürgen (1978): Theorie und Praxis. Sozialphilosophische Studien. Frankfurt: Suhrkamp.

Hegel, G. W. F. (1986): Grundlinien der Philosophie des Rechts. Frankfurt: Suhrkamp.

Hobbes, Thomas (1991 [1651]): Leviathan. Ed. Richard Tuck. Cambridge.

Huxley, Julian et al. (1958): A Book that Shook the World. Anniversary Essays on Charles Darwin's Origin of Species. Pittsburgh: University of Pittsburgh Press.

Huxley, Julian (1957): New Bottles for New Wine. London: Chatto & Windus.

Huxley, Julian (1947): UNESCO: Its Philosophy and Its Purpose. UNESDOC Digital Library. Document code: 1 C/6, UNESCO/C/6.

Kaltwasser, Dennis (2022): Coronalogie der Ereignisse. In: Meyen, Michael/ Gansel, Carsten/Gordeeva, Daria (Hg.): #allesdichtmachen. 53 Videos und eine gestörte Gesellschaft. Köln: Oval Media, 70–143.

King, Alexander/Schneider, Bertrand (1991): The First Global Revolution. A Report by the Council of The Club of Rome. New York: Pantheon Books.

Lasswell Harold (1937): Propaganda. In: Encyclopedia of Social Sciences, Vol. 12. New York: MacMillan.

Lifton, Robert Jay (1989): Thought Reform and the Psychology of Totalism. Chapel Hill: University of North Carolina Press.

Lippmann, Walter (1993 [1925]): Phantom Public. New Brunswick: Transaction Publishers.

Lippmann, Walter (1998 [1922]): Public Opinion. New Brunswick: Transaction Publishers.

Lenin, W. I. (1975 [1908]): Materialismus und Empiriokritizismus. Berlin: Dietz.

Malthus, Thomas (2018 [1803]): An essay on the Principle of Population. 2nd Edition. London: Yale University Press.

MacIver, Alice M. (1922): Saint-Simon and His Influence on Karl Marx. In: *Economica*, No. 6, 238–245.

Macquarie, Rob (2022): What is meant by ›climate justice‹? Grantham Research Institute on Climate Change and the Environment, London School of Economics. URL: https://www.lse.ac.uk/granthaminstitute/ explainers/what-is-meant-by-climate-justice/

Markham, Felix (1964): Henri de Saint-Simon. Social Organization, the Science of Man And Other Writings. New York: Harper & Row.

Mencken, H. L. (1967 [1956]): Minority report: H. L. Mencken's Notebooks, Entry 369. New York: Alfred A. Knopf.

Mies, Ullrich (2020): Neoliberale Konterrevolution als Herrschaftsprojekt.

In: Mies, Ullrich (Hg.): Mega-Manipulation. Ideologische Konditionierung in der Fassadendemokratie. Frankfurt: Westend, 35–47.

Namier, Lewis (1961): England in the Age of the American Revolution. 2nd Edition. London: MacMillan.

Nordmann, Ingeborg (2020): Das Miteinander Sprechen und Handeln. In: Oefterin, Tonio et al. (Hg.): Hannah Arendt. Wiesbaden: Springer, 93–103.

Patterson, Steven (2021): Our Present Dark Age. URL: https://steve-patterson.com/our-present-dark-age-part-1/

Pearce, Trevor (2015): »Science Organized«: Positivism and the Metaphysical Club, 1865–1875. In: Journal of the History of Ideas, 76(3), 441–465.

Platon (2000): Der Staat. Politeia. Übersetzt von Rudolf Rufener. Artemis & Winkler: Sammlung Tusculum.

Popper, Karl (1957): Die offene Gesellschaft und ihre Feinde I: Der Zauber Platons. München: Francke Verlag.

Privor-Dumm et al. (2023): Vaccine access, equity and justice: COVID-19 vaccines and vaccination. In: BMJ Glob Health. 8(6): e011881. DOI: 10.1136/bmjgh-2023-011881

Russell, Bertrand (1968 [1953]): The effects of science on society. New York: AMS Press.

Schumpeter, Joseph A. (2003 [1943]): Capitalism, Socialism and Democracy. London: Routledge.

Shaw, David (2021): Plato's »Noble Lie« and the Management of Corporate Culture. In: Philosophy of Management, 20(4), 457–470.

Sherrard, Philip (2007 [1976]): Modern Science and the Dehumanization of Man. In: Lings, Martin/Minnaar, Clinton: The Underlying Reglion. An Introduction to the Perennial Philosophy. Studies in Comparative Religion, Vol. 10, No. 2.

Sowell, Thomas (1995): The Vision Of The Annointed. Self-Congratulation as a Basis for Social Policy. New York: Perseus.

Ulbricht, Walter (1968): »The Significance and Vital Force of the Teachings of Karl Marx for Our Era«, Pamphlet, Berlin, 2. Mai 1968, zit. n.: Brzezinski, Zbigniew (1970): Between two ages. America's Role in the Technetronic Era. New York: Viking Press.

Vitoux, Pierre (1974): Aldous Huxley and D. H. Lawrence: An Attempt at Intellectual Sympathy. In: The Modern Language Review, Vol. 69, No. 3, 501–522.

Wolin, Sheldon S. (2019): Hannah Arendt: Democracy and the Political.

In: Xenos, Nicholas (Hg.): Fugitive Democracy And Other Essays. New Jersey: Princeton University Press, 237–249.

Wolin, Sheldon S. (2017): Democracy Incorporated: Managed Democracy and the Specter of Inverted Totalitarianism. New Jersey: Princeton University Press.

Quellen

BP01 Die Corona-Krise und ihre Folgen. In: Bundeszentrale für politische Bildung.
URL: https://www.bpb.de/themen/gesundheit/coronavirus/306919/die-corona-krise-und-ihre-folgen/

BP02 Deutsche Demokratie. In: Bundeszentrale für politische Bildung, 12.4.2010.
URL: https://www.bpb.de/themen/politisches-system/deutsche-demokratie/

BP03 Ökologische Gerechtigkiet. In: Bundeszentrale für politische Bildung (Aus Politik und Zeitgeschichte 2007).
URL: https://www.bpb.de/shop/zeitschriften/apuz/30425/oekologische-gerechtigkeit/

CH01 Bilderberg Meetings, FAQ
URL: https://bilderbergmeetings.org/frequently-asked-questions

CV01 Balthasar Sinold: Das Courieuse Caffe-Haus zu Venedig
URL: https://openlibrary.org/books/OL17449783M/Das_curieuse_Caffe-Hauss_zu_Venedig

DF01 Deutschlandfunk: Großdemos gegen CETA und TTIP in sieben Städten
URL: https://www.deutschlandfunk.de/proteste-gegen-freihandelsabkommen-grossdemos-gegen-ceta-100.html

DH01 Darkhorse Podcast, 214th Evolutionary Lens: Polite Society Can Kill You
URL: https://www.youtube.com/watch?v=3U0P1t3QRKQ

DI01 The unanimous Declaration of the thirteen united States of America
URL: https://www.archives.gov/founding-docs/declaration-transcript

FB01 Sarwant Singh: Transhumanism And The Future Of Humanity: 7 Ways The World Will Change By 2030. Forbes 20.11.2017
URL: https://www.forbes.com/sites/sarwantsingh/2017/11/20/transhuma

nism-and-the-future-of-humanity-seven-ways-the-world-will-change-by-2030/?sh=76c66de77d79

GA01 Lincoln, Abraham (1863): Gettysburg Address: Nicolay Copy.
URL: https://www.loc.gov/exhibits/gettysburg-address/ext/trans-nicolay-copy.html

HE01 Disability in the Early 20th century. In: Historic England.
URL: https://historicengland.org.uk/research/inclusive-heritage/disability-history/1914-1945/

HG01 Gref, Herman (21.06.2012, International Economic Forum, St. Petersburg, 2012).
URL: https://www.youtube.com/watch?v=vCVfn8LDoF8

IH01 The Irish Story: The Great Irish Famine 1845–1851
URL: https://www.theirishstory.com/2016/10/18/the-great-irish-famine-1845-1851-a-brief-overview/#.Yo64kTPMK3A

JF01 Jonathan Freedland: Eugenics and the master race of the left. The Guardian, 1.5.2019
URL: https://www.theguardian.com/politics/from-the-archive-blog/2019/may/01/eugenics-founding-fathers-british-socialism-archive-1997

LT01 David Graber: Mother nature as a hothouse flower. LA Times, 22.10.1989.
URL: https://www.latimes.com/archives/la-xpm-1989-10-22-bk-726-story.html

MS01 The Censorship Industrial Complex, U.S. Government Support For Domestic Censorship And Disinformation Campaigns, 2016 – 2022. Testimony by Michael Shellenberger to The House Select Committee on the Weaponization of the Federal Government, March 9, 2023.
URL: https://judiciary.house.gov/sites/evo-subsites/republicans-judiciary.house.gov/files/evo-media-document/shellenberger-testimony.pdf

MX01 On the Labour Army. Talk with a Representative of the Soviet Press.
URL: https://www.marxists.org/archive/trotsky/1920/military/ch16.htm

PC01 *politico:* Fauci: ›I'm going to be saving lives and they're going to be lying‹
URL: https://www.politico.com/news/2021/11/28/fauci-lying-covid-research-cruz-523412

PH01 Policy Horizons Canada: What is the biodigital convergence? 29.7.2021
URL: https://horizons.service.canada.ca/en/2021/07/29/what-is-the-biodigital-convergence/

RS01 Richard Stengel, Combating Disinformation and Fake News, im Mai 2018
URL: https://www.cfr.org/event/political-disruptions-combating-disinformation-and-fake-news

SC01 Southern Colition for Social Justice (2023): Social Justice is Queer Justice
URL: https://southerncoalition.org/resources/social-justice-is-queer-justice/

TC01 Michael Coren: Eugenics and the intellectual left. In: The Critic, 16.9.2020
URL: https://thecritic.co.uk/eugenics-and-the-intellectual-left/

TI01 Technocracy Inc., Principles and Views.
URL: https://www.technocracyinc.org/about-us/

TS01 Tagesschau, TTIP-Proteste (10.10.2015)
URL: https://www.tagesschau.de/wirtschaft/ttip-proteste-103.html

TT01 What Is Technocracy? In: The Technocrat - Vol. 3 - No. 4 - September 1937
URL: https://archive.org/details/TheTechnocrat-September1937/page/n1/mode/2up

UN01 UNDP, Gender Justice
URL: https://www.undp.org/rolhr/justice/gender-justice

WP01 Remarks by President Biden and First Lady Jill Biden at Pride Celebration, 10.6.2023
URL: https://www.whitehouse.gov/briefing-room/speeches-remarks/2023/06/10/remarks-by-president-biden-and-first-lady-jill-biden-at-pride-celebration/

YF01 yahoo!*finance*: Davos 2023: Breaking down the cost of attendance.
URL: https://finance.yahoo.com/video/davos-2023-breaking-down-cost-170213126.html

YH01 Yuval Noah Harari: Will the future be human? WEF, Davos 25.1.2018.
URL: https://www.youtube.com/watch?v=hL9uk4hKyg4

ZA01 12 Artikel von Memmingen (Bayerische Staatsbibliothek, Rar. 1677#Beibd. 2).
URL: https://www.bavarikon.de/object/bav:BSB-CMS-000000000000149

Kaltwasser, Dennis (2024): Vernunft und Hybris: Rationalistisches Gesellschaftsmanagement als ideologisch-historische Konstante. In: Mediensystem und öffentliche Sphäre in der Krise, herausgegeben von Hannah Broecker und Dennis Kaltwasser, S. 305–350. Neu-Isenburg: Westend.
https://doi.org/10.53291/9783949925214_13